INTRODUCCIÓN
A LA LENGUA ESPAÑOLA

M.ª LUZ GUTIÉRREZ ARAUS
MANUEL ESGUEVA MARTÍNEZ
MARIO GARCÍA-PAGE SÁNCHEZ
PALOMA CUESTA MARTÍNEZ
ANA-JIMENA DEZA ENRÍQUEZ
ÁNGELES ESTÉVEZ RODRÍGUEZ
M.ª ANTONIETA ANDIÓN HERRERO
PILAR RUIZ-VA PALACIOS

INTRODUCCIÓN A LA LENGUA ESPAÑOLA

Editorial universitaria
Ramón Areces

Primera edición: junio 2005
Primer reimpresión: agosto 2006
Segunda reimpresión: julio 2007
Tercera reimpresión: diciembre 2007

Tomás Bretón, 21 - 28045 Madrid
Teléfono: 915.398.659
Fax: 914.681.952
Correo: cerasa@cerasa.es
Web: www.cerasa.es

ISBN-13: 978-84-8004-679-4
Depósito legal: M-52945-2007

Impreso por Campillo Nevado, S.A.
Antonio González Porras, 35-37
28019 MADRID

Impreso en España / *Printed in Spain*

Índice

Tema 1

El español en el mundo: lengua romance y lengua universal

Ana-Jimena Deza Enríquez

Introducción

En este tema se abordan los factores históricos que configuran la situación lingüística de la Península en la actualidad. Es necesario partir fundamentalmente del latín para explicar el mapa lingüístico actual. Se hace inevitable, además, la referencia a la invasión árabe, con notables consecuencias sobre las distintas lenguas y dialectos peninsulares, sin olvidar el caso del vasco, única lengua prerromana que sobrevivió y tuvo su importancia en la configuración del castellano primitivo. Se establecen cada uno de los distintos dominios lingüísticos surgidos en la Reconquista, para concluir con el surgimiento de las variedades meridionales del español y la configuración lingüística de la Península en la actualidad, con referencias a las lenguas de España. Se incluyen, por último, el español llevado a América en el siglo XV y otras variedades dialectales que atraviesan el mundo de una parte a otra, constatando la enorme importancia y extensión de la lengua española en la actualidad.

Muchas lenguas –incluido el latín– proceden del indoeuropeo, si bien el latín dio lugar a una variedad que se conoce como lenguas románicas. En la actualidad existen en Europa lenguas *románicas*, llamadas también **romances** o **neolatinas**, que son, entre otras: español, francés, italiano, gallego, portugués, catalán, rumano... Las diversas formas lingüísticas particulares basan su diferenciación en los cambios realizados a partir de un sistema homogéneo común, que en el caso de las lenguas románicas fue el latín vulgar.

1. Antecedentes lingüísticos de la Península Ibérica

1.1. Hispania prerromana

Antes de la llegada del latín a la Península Ibérica existía un conglomerado de lenguas conocidas como ibéricas (también llamadas *prerromanas*): ibérico, tartesio, célticas celtibérico, etc. Esta era la situación lingüística en suelo hispano en los siglos X y XI a. de C. Junto a ellas convivía otra lengua, el vasco, uno de los complejos dialectales más antiguos de la Península, que registra voces que no son vascas en origen, sino que bien pudieran ser ibéricas o de otra procedencia. El **vasco** (o eusquera) es la única lengua prerromana que sobrevivió al proceso de latinización de Hispania, así como a la romanización y a su contacto posterior con las lenguas neolatinas. Se habla en las tres provincias vascas y en Navarra. Como se verá en el Tema 23, sobre su origen –todavía desconocido– existen diversas teorías.

Dentro de las lenguas prerromanas de la Península no hay que olvidar la presencia de lenguas de colonización, habladas por fenicios, cartagineses y griegos, todas ellas de índole comercial, y que han dejado restos en monedas, topónimos, etc.

1.2. La romanización de Hispania. El latín

La incorporación definitiva de Hispania al mundo grecolatino data de fecha muy antigua y dura tres siglos. Comienza con el desembarco de los Escipiones en Ampurias (año 218 a. C.) y termina con la dominación de cántabros y astures (año 19 a. C.). Se romanizó primero el Nordeste del Ebro, el litoral mediterráneo y la Bética, y más tarde, la Lusitania y el Norte peninsular.

La romanización de Hispania trajo consigo, además de la pacificación del territorio, los conceptos de ley y de ciudadanía, el derecho, la administración y las obras públicas, y a través de la mitología, la religión. Tuvo como consecuencia una transformación radical en todos los órdenes de la vida: vestido, costumbres, agricultura, organización civil, jurídica y militar. Y, por supuesto, la lengua.

El **latín**, instrumento expresivo de todo el Imperio Romano, se impuso como lengua oficial. Al principio convivió, sin arrumbarlas, con las otras lenguas peninsulares, cuya desaparición no fue repentina, iniciándose así un período de bilingüismo hasta llegar a la latinización completa. Ésta, reforzada por la llegada del cristianismo, que tuvo al latín como única lengua litúrgica de Occidente, hizo que la cristianización se convirtiese en un nuevo factor de latinización.

En la época del Imperio Romano había tres clases de latín: el *latín arcaico* (muy conservador), el *clásico* (surgido del nacimiento de una tradición literaria que creó una norma lingüística), y el *vulgar* (el latín del pueblo o la lengua hablada que poco a poco se fue distanciando de forma irremediable de la lengua escrita o culta, conduciendo a las diversas variedades románicas). No existía, pues, un solo latín, sino varias modalidades diferenciadas por la acción de factores históricos, geográficos, dialectales y sociales.

1.3. Latín vulgar y latín hispánico

Consecuencia de la desmembración del Imperio Romano fue la evolución, y posterior conversión, del latín en las distintas lenguas romances que ya conocemos. Frente al *latín culto* (o latín literario) que se enseñaba en las escuelas, existía, como ya se ha visto, otro latín llegado de la mano de legionarios, administrativos y colonos, y empleado en la conversación de las masas populares: el ***vulgar***.

Todavía en la época imperial, el latín vulgar gozaba de uniformidad; pero al deshacerse el Imperio en el siglo V, las provincias romanas quedan aisladas unas de otras, se rompe la unidad lingüística y surgen diferencias locales que constituyeron idiomas distintos. Estos idiomas (o *lenguas romances*) eran, pues, dialectos del latín, y la Romania se escindió en dos grupos lingüísticos diferenciados: el oriental, que abarcaba la Dacia, cuna del rumano, Dalmacia y los dialectos del Centro y el Sur de la Península Itálica; y el occidental, formado por Galia, Retia, el Norte de Italia (o Galia cisalpina) e Hispania.

El apartamiento geográfico de la Península Ibérica respecto del Imperio de Roma fue la causa de que su latín evolucionase más lentamente. En el ***latín hispánico*** se conservan palabras arcaicas, fue más reacio a la incorporación de neologismos y permitió la entrada a usos que nada tenían que ver con el latín clásico. Los efectos fueron varios: se produjeron importantes cambios fonéticos y fonológicos, transformaciones gramaticales e incorporaciones léxicas o evoluciones semánticas más o menos complejas. Junto a todo ello, se abrieron paso los vulgarismos, las palabras nuevas y multitud de voces exóticas.

Tras la caída del Imperio Romano, Hispania fue ocupada por los visigodos (siglos V al VII), de origen germánico y fuertemente latinizados. El latín siguió usándose por los escritores hispano-godos. Era un latín bárbaro, lleno de confusiones en la declinación, de manera que el romance que se hablaba en Hispania al terminar la época visigoda era muy incipiente, con rasgos primitivos, y al que podemos calificar de ***prerromance***.

Después de la invasión árabe (s. VIII), el romance no desapareció en las zonas de dominación musulmana, en las que se daría, al menos en un principio, una situación de convivencia lingüística entre el romance y el árabe. El árabe llegó a imponerse como lengua de cultura, y su influencia fue notable, sobre todo, en el léxico, legándonos multitud de arabismos (Tema 21).

2. El español como lengua romance

2.1. El romance primitivo y los primeros romances hispánicos. El castellano

El habla vulgar surgida antes del siglo XI era una lengua nueva, pero a la que se despreciaba y calificaba de "*rusticus sermo*". En esa época convivían el latín de los eruditos y el romance del pueblo llano, lo que provoca la existencia entre notarios y escribas de un latín vulgarizado hablado por semidoctos, que intentaba acercar las formas latinas a la recién nacida fonética romance. Es decir, mezclaba latín con romance, romanceando el latín y latinizando el romance.

La palabra **romance**, que frente al latín como lengua de cultura escrita hacía referencia a la lengua hablada, viene de la palabra latina *romanice*, y con ella se designaba tanto la *lingua romana* o *romanice* (denominación ya existente en el Imperio Romano) cuanto la nueva lengua usada por el pueblo y que aún no constituía una entidad lingüística diferenciada. Era una denominación por oposición al latín, equivalente a la de *lengua vulgar* (o simplemente, *vulgar*), nombre este más tardío que el de *romance*.

El romance de los siglos IX al XI es el español primitivo de los antiguos Estados cristianos y al que conocemos a través de documentos, sobre todo notariales, que empleaban el latín, aunque el descuido o la ignorancia de sus transcriptores dio lugar a la introducción de voces y construcciones romances. Los dos primeros escritos conservados de esa lengua vulgar son las ***Glosas Emilianenses*** y las ***Glosas Silenses***, pertenecientes a los monasterios de San Millán de la Cogolla (La Rioja) y de Santo Domingo de Silos (Burgos), respectivamente. La labor de monjes y escribas consistió en anotar en los márgenes de escritos latinos la traducción al castellano de palabras y frases latinas. En esas anotaciones abundan formas inseguras provocadas por la falta de ideas claras sobre cuáles debían emplearse, lo que confiere al romance primitivo un carácter inestable.

Durante la Edad Media, los reinos cristianos de Galicia, León, Navarra, Cataluña, Aragón y Castilla ya estaban formados, y habían adquirido su propia fisonomía. Castilla era el más extenso, y consiguió sobreponerse a los demás. El fraccionamiento político influyó sobre el lenguaje originando rasgos diferenciales, lo que condujo a la fragmentación lingüística peninsular. Los dialectos existentes en ese momento eran el gallego-portugués, el leonés, el castellano, el navarro-aragonés y el catalán, en el Norte; y en el Sur, los dialectos mozárabes, que permanecieron aislados de los demás y sufrieron una evolución muy lenta.

Frente a todos ellos, el castellano evolucionó con más rapidez, mostrándose innovador ante las vacilaciones de los demás dialectos en la elección de posibilidades. Pronto se irradió por el Norte, Centro y Sur de la Península. Castilla se había alzado con la hegemonía política, y su dialecto habría de convertirse en **lengua de toda la comunidad hispánica**. No obstante, la aparición del castellano en la lengua escrita, que daba sus primeros balbuceos con las Glosas del siglo X, continúa en el XI en poemas a los condes castellanos y a los Infantes de Lara, si bien habrá que esperar a que el *Poema de Mio Cid* (1140), obra maestra de la poesía épica, consagre definitivamente el inicio de la literatura en lengua castellana.

2.2. El español, lengua universal

A finales del siglo XV, los Reyes Católicos –tras unificar los distintos reinos– elevan a España al rango de gran potencia, lográndose de este modo la moderna unidad lingüística española. Con Carlos V, España pasa a regir los destinos de Europa. El castellano, que comienza a llamarse **español**, se propagó entonces por Flandes, Italia y Francia, sus gentes aprendían el español con agrado y tenían a gala saber hablar castellano. Al mismo tiempo, diccionarios y gramáticas españoles aparecieron en el extranjero durante los siglos XVI y XVII, así como las traducciones de la *Celestina*, el *Amadís* o la *Cárcel de Amor* a otras lenguas. La difusión de la lengua española fue incesante.

En el siglo XVI se lleva a término la unificación de la lengua literaria. Desde entonces adquiere plena justificación el nombre de *lengua española*.

Fue esa difusión la que originó el sentimiento colectivo que llevó a ver en el romance castellano una significación más amplia que sobrepasaba lo regional, y un contenido histórico cultural más rico que el estrictamente castellano. Y junto al término "castellano" empezó a cundir el de *español*. ***Español, lengua española*** y otras denominaciones similares cobraron valor desde el siglo XV.

Tras el descubrimiento de América por Colón y la posterior labor de los colonizadores, el español se extiende por el continente americano. Dicho descubrimiento había abierto extensiones enormes para la propagación de la lengua castellana, y de este modo, el español se convertía en **lengua universal**.

3. El español en la actualidad

3.1. Variedades del español actual. Español de España y español de América

El español es una lengua que, como consecuencia de su proceso de expansión histórica, se habla hoy en territorios geográficamente muy diversos. Además de hablarse en España, el español se extiende, de un extremo al otro del mundo, por México, América Central y Meridional (excepto Brasil y Guayanas) y parte de Estados Unidos. También se habla español en Guinea Ecuatorial, y existen otras dos variedades cultivadas por dos minorías: el judeoespañol (o español de los judíos expulsados en 1492) y el español de Filipinas. En los tres últimos casos, y en mayor o menor medida según la región geográfica, el español está en retroceso, bien por la escasez drástica del número de hablantes (judeoespañol), bien por la competencia del inglés, que lo ha desplazado completamente de la lengua popular para sobrevivir, casi como una antigüedad de otros tiempos, en las clases altas bilingües (español de Filipinas), bien en competencia con el francés y otras lenguas autóctonas (Guinea).

Los dos grandes bloques del español hoy en día los constituyen el español de España y el español de América.

Las distintas variedades dialectales del **español de España** son, en primer lugar, las que aparecen en las zonas astur-leonesa y navarro-aragonesa, que configuran los llamados dialectos españoles *históricos*. Además, hay que referirse a los dialectos *modernos*, entre los que se cuentan: los dialectos de transición (Murcia y Extremadura); los dialectos meridionales (Andalucía y Canarias), el español de América y el español hablado en tierras españolas bilingües.

En España, junto al español –lengua oficial– coexisten gallego, vasco y catalán. Las tres últimas poseen características propias, y se practican en las Comunidades Autónomas correspondientes, en las que son cooficiales con el español. El español hablado por gallegos, catalanes y vascos presenta unos rasgos muy peculiares y fácilmente identificables.

El español se extendió en **América** por la colonización, proceso que se inicia cuando los caracteres esenciales del idioma ya estaban consolidados. En la constitución de la sociedad colonial tuvo cabida el elemento indígena, y la población nativa conservó sus idiomas originarios tanto como la lengua española se modificó según los hábitos de la pronunciación de los nativos. De ahí que a la hora de explicar las distintas divisiones establecidas sobre las variedades actuales del español de América haya que tener en cuenta las noticias en torno al proceso de colonización, su diferente cronología, la procedencia de los colonizadores y la acción de las lenguas indígenas. Las condiciones en que todos esos factores han intervenido en cada zona de Hispanoamérica han sido distintas y explican los particularismos de cada región (de hecho la delimitación de las distintas regiones dialectales americanas se lleva a cabo en función de los principales rasgos del español en los distintos países). A pesar de la enorme y compleja diversidad de las hablas americanas, la unidad de la lengua y la impresión de comunidad lingüística es incuestionable.

3.2. Otras variedades del español

No pueden ser olvidadas o relegadas las variedades dialectales de la lengua española –americanas, africanas, europeas y oceánicas–, los dialectos judeoespañoles extendidos por varias partes del mundo o las hablas criollas de base hispánica. El español se extiende actualmente por varios continentes

La colonización de **Guinea Ecuatorial**, situada en África occidental, comienza en 1858. A partir de 1887, gracias a las comunicaciones marítimas con España, se inicia el desarrollo de la educación en español. En 1959, los territorios de Fernando Poo y Río Muni, donde ya había un importante núcleo de hispanohablantes, se convirtieron en dos provincias españolas. En la época de Macías se prohibió el uso de la lengua española hasta 1979, y a partir de ese año se normaliza la docencia primaria y media. En 1982 se aprueba en referéndum el reconocimiento del español como lengua oficial. Actualmente, es hablado en los ámbitos docente, religioso y administrativo, alternando con las lenguas autóctonas. En la caracterización lingüística, hay que destacar la conservación de americanismos, voces cultas y giros desusados, lo que le da cierto aire arcaizante.

Mucha menos suerte ha corrido **el español de Filipinas**, en retroceso desde 1950, aunque no ha desaparecido totalmente. Su arraigo se vio obstaculizado por la lejanía de las islas y la escasa afluencia de población peninsular. En 1521, Magallanes realiza el primer viaje y descubre el archipiélago filipino. La falta de medios y la pobreza de aquellas tierras contribuyeron a que todavía en 1794 no se pudiera poner en vigor el decreto de Carlos IV, que establecía la enseñanza obligatoria y gratuita, lo que se consigue en 1815, y se llega a alcanzar un digno nivel en 1840. Se inicia entonces una lenta hispanización, que se vio truncada con la pérdida de la soberanía española en 1898. A comienzos del siglo XX se fue imponiendo el inglés en detrimento del español, lenguas ambas oficiales hasta que la constitución filipina impuso como lengua nacional el *tagalo*, dejando de serlo el español. Desde los años cincuenta, a pesar de su paulatino languidecimiento, se mantiene vivo al menos en un amplio sector, entre un dos y un ocho por ciento de la población. Además, no se pueden olvidar los aproximadamente 689.000 hablantes de chabacano, lengua criolla de base fonológica y léxica esencialmente española y con escasa influencia morfológica de otras lenguas autóctonas.

El **judeoespañol** es un extraordinario testimonio de fidelidad lingüística de una comunidad que durante cinco siglos ha vivido en entornos muy ajenos a los peninsulares, a la vez que constituye un dialecto excepcional, testimonio de conservadurismo a ultranza, que refleja, casi sin variación, el estado de la lengua del siglo XV. Los judíos desempeñaron un importante papel en la corte de Alfonso X y, tras su expulsión en 1492, se repartieron entre el imperio turco, Oriente y el Norte de África. Los avatares sufridos por este pueblo y la influencia de las lenguas cercanas conforman la situación en la actualidad de este dialecto. Hoy en día están escindidos en tres grupos: el ladino (Macedonia, Salónica y Bosnia), el balcánico (Rumanía, Bulgaria y Turquía) y el marroquí (Marruecos), cada uno de ellos con sus peculiaridades lingüísticas. Parte de la comunidad judía está asentada en Estados Unidos y constituye el grupo de sefardíes afincados en Nueva York, donde las nuevas generaciones van olvidando rasgos de la lengua tradicional. El declive del judeoespañol es progresivo: ha recibido multitud de expresiones turcas, rumanas, árabes o eslavas; dejó de ser lengua de cultura y se ha visto reducida al ámbito familiar.

Por último, hay que aludir al español en **Oceanía**. Descubiertas las Islas Marianas en el viaje de Magallanes a principios de 1521, la presencia del español ha ido retrocediendo. En 1980 sólo quedaba un resto de español como *lengua materna* en el 0,83 de la población de las Islas Marianas, concretamente en Guam. Desde 1974, la lengua oficial de estas islas es el inglés y, junto a él, el chamorro, de la familia malayo-polinesia. Los hispanismos dejaron su influjo en la fonología, la gramática y el léxico del chamorro, perviviendo en él una buena cantidad de topónimos y antropónimos españoles. Actualmente lo hablan unas 45.000 personas, gracias a una emigración reciente de habla hispana.

3.3. Situación actual del español en el mundo: países, millones de hablantes

Como ya hemos dicho, el español abarca parte de Norteamérica (México y Estados Unidos), Centroamérica (parte de México, Cuba, Puerto Rico, República Dominicana; Honduras, Guatemala, El Salvador, Nicaragua, Costa Rica, Panamá y Belice), y toda Suramérica (excepto Brasil y las Guayanas): Venezuela, Colombia, Ecuador, Perú; Bolivia, Paraguay, Uruguay, Argentina y Chile. En el español de todos estos países hay que tener en cuenta, además de los factores históricos, la caracterización lingüística y la variación regional.

En cuanto a los Estados Unidos, hay que distinguir, en primer lugar, el español que se habla en los estados del Sur, y que en California, Colorado, Arizona, Nuevo México, Texas y Luisiana es primera lengua (o *lengua mater-*

na). Interés creciente presenta también el español de la más reciente migración, aunque menos prestigioso, y que se habla al Este, en los grandes centros urbanos de Estados Unidos, como la ciudad de Nueva York, Illinois, Chicago y Florida (Miami, en concreto, presenta la mayor concentración de residentes hispanos de origen cubano). Los hispanos constituyen una importante minoría del país junto con la de raza negra, y se prevé un crecimiento significativo de la lengua española en las primeras décadas de este siglo.

El español es, hoy, lengua oficial y de cultura de unos aproximadamente 400 millones de personas. Tres de cada cuatro hispanohablantes hablan una variedad americana.

– **Países donde el español es lengua oficial**[1]

País	Hispanohablantes
Argentina	35.860.000
Bolivia	7.310.000
Chile	13.640.000
Colombia	41.880.000
Costa Rica	3.553.000
Cuba	11.148.000
Ecuador	11.760.000
El Salvador	6.123.000
España	40.120.000
Guatemala	7.370.000
Guinea Ecuatorial	486.000
Honduras	6.307.000
México	97.430.000
Nicaragua	4.697.000
Panamá	2.168.000
Paraguay	5.636.000
Perú	20.470.000
Puerto Rico	3.850.000
Repúbica Dominicana	8.270.000
Sáhara Occidental*	180.000
Uruguay	3.140.000
Venezuela	23.310.000
Total:	**354. 708.000**

* El pueblo saharaui, antigua colonia española, es un caso excepcional por no estar reconocido como país, pero sus habitantes tienen el español como lengua oficial.

[1] Las cifras están tomadas de la *Enciclopedia Británica Britannica Book of the Year 2003 (Events of 2002)* y del *Anuario de Naciones Unidas, United Demographic Yearbook.*

– **Países donde el español no es lengua oficial**[2]

Estados Unidos (20.720.000), Filipinas (2.280.000), Canadá (230.000), Belice (220.000), Francia (220.000), Antillas Holandesas (190.000), Alemania (140.000), Suiza (123.709), Australia (100.000), Suecia (56.000), Bélgica (50.000), Israel (50.000), Brasil (44.000), Andorra (29.000), Turquía (23.175), Marruecos (20.000). Otros lugares, como las Islas Vírgenes, Gibraltar, Aruba, Luxemburgo, Guam, etc., con menos de 20.000 hablantes de español cada uno de ellos, suman 36.800.

La suma de estos veintiún países es de **24.533.684** hispanohablantes, lo que añadido a los **354.708.000** nos da un total de **379.241.684** hablantes de español en el mundo[3].

Teniendo en cuenta la proporción actual entre los hablantes de una lengua y el número de habitantes nativos de dicha lengua en los países donde es oficial y las últimas proyecciones de población de Naciones Unidas, se han elaborado algunas estimaciones de la posible evolución del español hasta el 2050, siempre y cuando la distribución lingüística de las poblaciones nacionales se mantenga estable hasta entonces. De este modo, las previsiones para 2010 son de 395,3 millones de hispanohablantes y de 537,6 para 2050.

La permanencia del español en el mundo es debida, fundamentalmente, a sus características de homogeneidad, compacidad y cercanía en la distribución geográfica, siendo, al mismo tiempo, vehículo cultural y lengua de prestigio. Es una lengua en expansión constante (las cifran lo avalan), que ocupa el segundo lugar en el mundo después del inglés como lengua de comunicación internacional, triplicando al francés en el número de hablantes y en las proyecciones demolingüísticas.

El español es un idioma homogéneo, compacto y en expansión. Su homogeneidad viene dada por la sencillez de su sistema vocálico, la amplitud del consonántico, una sintaxis fácil de reconocer y un léxico dilatado. Geográficamente, es compacto por el agrupamiento y la contigüidad de los países donde es oficial, lo que vuelve muy extensa su área lingüística. Su alta comunicatividad y su baja diversidad (hablar lenguas diferentes) fortalecen y aseguran su expansión en el futuro.

---

[2] Datos entresacados de *Britannica Book of the Year 2003 (Events of 2002)* y de la *Britannica Book of the Year 1997 (Events of 1996)*.

[3] Esta es la cifra total que arroja nuestro estudio basándonos en las fuentes que hemos citado. En cualquier caso, los números, ante las continuas oscilaciones de población, son siempre relativos, lo que impide tomarlos al detalle.

Ejercicios

1. ¿Es el vasco una lengua románica? Razone su respuesta.
2. Señale la trascendencia del latín y del latín hispánico.
3. ¿Cómo se llama el latín del que proceden las lenguas romances? Explique cuál fue la causa por la que derivaron de ese latín las lenguas romances.
4. Enumere los dialectos surgidos en el siglo X como consecuencia de la fragmentación lingüística peninsular.
5. Castellano y español **no** son voces estrictamente sinónimas, aunque en la actualidad de empleen como tales. Señale qué las diferencia.
6. Indique cuáles son los dialectos del español en la actualidad.
7. ¿Cuántas son las lenguas de España? ¿Son cooficiales con el español?
8. ¿En qué países de ultramar se habla minoritariamente el idioma español?
9. ¿En cuántos países es lengua oficial el español? Enumere los cinco con mayor número de hablantes.

Tema 2

La lengua como sistema de comunicación. Nociones lingüísticas básicas

Pilar Ruiz-Va Palacios

Introducción

El ser humano, por su necesidad de comunicarse con sus semejantes, es un ser social. Es inimaginable la convivencia de un grupo de humanos que no necesiten transmitirse ningún tipo de información o mensaje. La vida social se basa de manera esencial en la comunicación.

La **comunicación** es el proceso por el que un mensaje emitido por una persona (emisor) es comprendido por su destinatario (receptor), gracias a la existencia de un código común. Los elementos que intervienen en el proceso de transmisión de la información forman el sistema de la comunicación.

En el proceso de la comunicación hay dos etapas obligatorias: la **codificación** (el emisor selecciona elementos del código y los combina para formar un mensaje capaz de expresar lo que necesita comunicar y lo envía a través del canal) y la **descodificación** (el receptor reconoce e interpreta la combinatoria de los elementos del código que componen el mensaje).

Estudiar el sistema de la comunicación lingüística nos introduce en el conocimiento del signo lingüístico, que es el eje de todo el estudio del sistema de la Lengua Española.

1. Elementos que intervienen en el acto de comunicación lingüística

En este esquema aparecen representados los elementos que intervienen en el **acto de comunicación**:

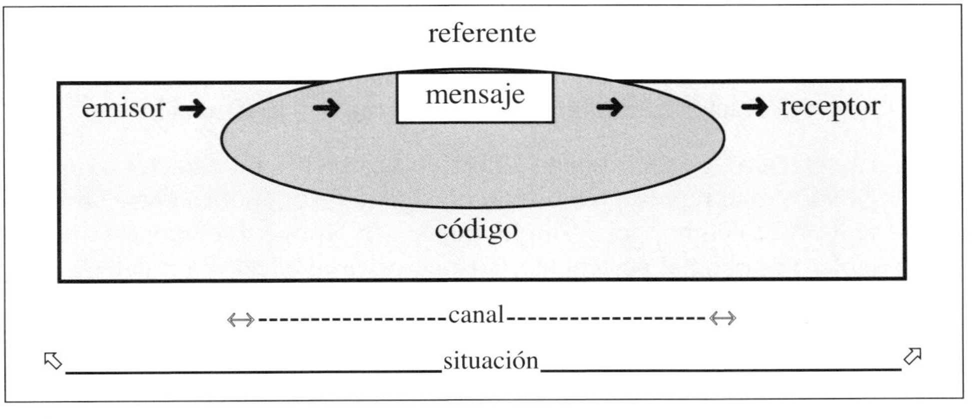

- El **emisor** es quien emite el mensaje. Puede ser una persona, un grupo, un mecanismo de una máquina o bien un animal (también se comunican los animales, aunque de modo menos elaborado que los humanos: los sonidos inarticulados con los que expresan satisfacción, miedo, amenaza o cortejo nupcial son asimismo formas de comunicación).

- El **receptor** es quien recibe el mensaje (ya sea persona, grupo, animal o máquina).
- El **código** es el conjunto de signos y de reglas que organizan las combinaciones posibles de éstos. En el lenguaje verbal, el código está constituido por la lengua (en sus dos aspectos: oral y escrito). Los miembros de una comunidad dada se comunican porque comparten el mismo código lingüístico. No hay comunicación posible si el emisor y el receptor no conocen el mismo código. Todo código está organizado como un sistema.
- El **mensaje** es la información que el emisor transmite al receptor. Para formar un mensaje, el emisor selecciona y combina unidades del código para expresar lo que necesita comunicar.

  A veces el mensaje emitido llega al receptor en ausencia del emisor, como es el caso de los libros y, muy en particular, de los medios de comunicación de masas: prensa, televisión, etc., por lo que al receptor, a su vez, no le es fácil adoptar el papel de emisor, a fin de intercambiar información. Se produce en esa situación lo que se denomina *mensajes unilaterales* –o comunicación unilateral–, frente a los *mensajes bilaterales* –o comunicación bilateral– propios del intercambio de papeles que se produce en el diálogo.

- El **canal** es el conducto por el que nos es transmitido el mensaje: el aire en una conversación, el cable en una comunicación telefónica, las ondas de la radiofonía nos transmiten el mensaje por el 'canal auditivo', y los libros, la prensa, el correo electrónico o los mensajes de texto, por el 'canal visual'.

  Además, intervienen en la comunicación otros dos elementos de carácter extralingüístico: el **referente** y la **situación**.

- El **referente** es todo objeto –físico o abstracto– de carácter extralingüístico, que representamos con un signo. Distinguimos entre un referente físico como, por ejemplo, puede ser "el objeto compuesto de un tablero horizontal sustentado por una o varias piezas verticales", y el signo "mesa" con el que se representa y alude a dicho objeto en el código de la lengua española.

- La **situación** es el conjunto de circunstancias espaciales, temporales, sociales e incluso personales que enmarcan el acto de comunicación. Engloba al emisor y al receptor durante el proceso de la comunicación y es exterior al código de la lengua. No debemos confundir la **situación** con el **contexto lingüístico**. Este último es el entorno de palabras en el que aparece una unidad lingüística dada.

2. El lenguaje y sus funciones

El **lenguaje** es la capacidad innata o genética del ser humano para comunicarse. Por extensión, también se llama **lenguaje**:

- A los sistemas de comunicación denominados a veces "lenguajes artificiales" en oposición a las lenguas naturales. Ejemplos: el lenguaje matemático, el musical, el cinematográfico, el informático, el químico, etc.
- A actos de comunicación que emplean códigos muy diversos no lingüísticos, en la acepción más amplia de la definición de lenguaje.

Ejemplos:

El lenguaje del semáforo es un sistema formado por tres colores (signos), y sus reglas consisten en excluirse entre sí (no pueden funcionar al mismo tiempo el rojo y el verde).

El lenguaje mímico occidental es un sistema constituido por un inventario limitado de gestos que se repiten para expresar lo mismo: besar, aplaudir, dar la mano, encogerse de hombros, fruncir el entrecejo, etc.

El lenguaje de los colores convenidos socialmente para atribuir un significado al vestido: el blanco del atuendo nupcial femenino, el negro del luto, el kaki o el azul marino de los uniformes militares, el rosa o el azul de la canastilla de los recién nacidos, etc.

Nosotros usaremos el término **lenguaje** en su primera acepción, es decir, como *facultad humana innata, en virtud de la que se comunican los seres humanos*. No son objeto de nuestro programa de estudio los lenguajes de naturaleza no lingüística.

El lenguaje cumple varias **funciones**, es decir, sirve para satisfacer diversas necesidades de comunicación de los seres humanos. Suelen distinguirse seis funciones: cada una de ellas está relacionada con cada uno de los elementos que intervienen en el acto de comunicación.

Hay que tener presente que lo habitual es que en un mensaje no se manifieste una sola función, sino que pueden coexistir varias funciones. La naturaleza del mensaje dependerá de la función predominante. Veamos en el esquema cómo las funciones se corresponden con los elementos del acto de la comunicación, anteriormente estudiados:

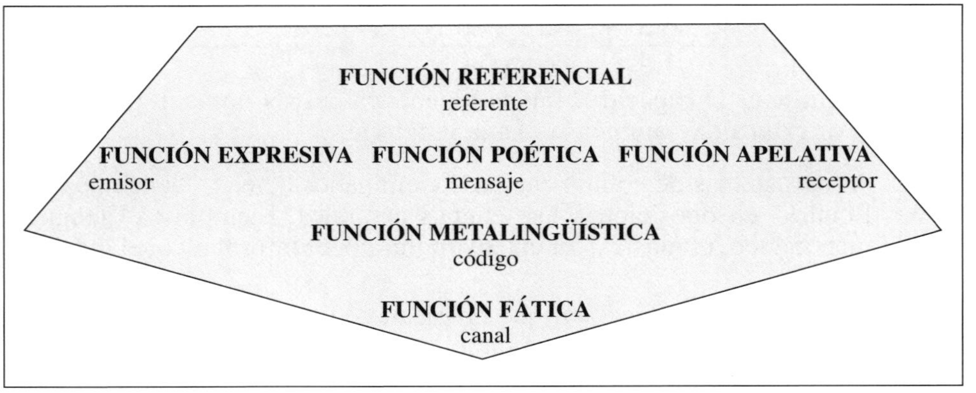

2.1. Función expresiva o emotiva

Manifiesta el estado de ánimo del emisor, el cual proyecta su actitud emotiva en el mensaje, además de transmitir información, sea ésta objetiva o no. Por ejemplo, en mensajes como *¡Madre mía, qué calor!*, *Tengo muchas ganas de comenzar este trabajo*, *Me niego a seguir andando a esta velocidad,* etc., se observa un predominio de la emotividad del emisor: todos tienen **función expresiva**. Se evidencia el recurso al énfasis en mayor o menor grado, no solo a través de la entonación exclamativa o de las interjecciones, sino también del propio contenido.

El uso del *yo*, de la primera persona verbal, es una manifestación de la función expresiva.

2.2. Función referencial o representativa

Es inherente a todo acto de comunicación: se puede decir que no existe un mensaje absolutamente desprovisto de información; por ello, aunque predomine otra función, la **función referencial** siempre es el telón de fondo del mensaje. Si predomina esta función, el mensaje tiene como fin transmitir información con una perspectiva objetiva y "representar" *referentes* (es decir, la realidad extralingüística) reales o imaginarios. Se suele producir en el ámbito del *él* / *ella* / *ello*, es decir, de la tercera persona del singular.

Son ejemplos de la función referencial los manuales de estudio, en los que, en principio, no suele traslucirse la actitud del emisor-autor, ni tampoco pretenden provocar en el receptor-estudiante una reacción (como no sea la del mero conocimiento...)

2.3. Función apelativa o conativa

En alguna medida, la pretensión natural del mensaje es provocar una respuesta, una reacción, por mínima que sea, en el receptor. En algunos mensajes se produce un predominio de esta finalidad: en ellos –con mayor o menor claridad– se informa al *receptor* de que se pretende que adopte un comportamiento determinado. El código de la lengua contiene medios específicos para señalar la **función apelativa** de un mensaje: el imperativo (*Escúchame. Come. Dime qué hora es.*) o las expresiones tanto de cortesía como exhortativas (*Por favor... ¿Sería usted tan amable..? ¡A ver si quedamos!*) o los vocativos (¡*Juanito*!; *Niña, ven*). Se produce en el ámbito comunicativo del *tú*, de la segunda persona.

El lenguaje publicitario, cuyo objetivo es influir en la conducta del receptor, emplea fórmulas en las que predomina la función apelativa: *Si el champú X es bueno para tu bebé, también es bueno para ti. Úsalo.*

2.4. Función fática o de contacto

Algunos mensajes sirven exclusivamente para establecer la comunicación, verificar si "fluye" o interrumpirla. Se centran en comprobar que se mantiene el contacto entre emisor y receptor a través del *canal*. El mensaje apenas tiene contenido, es un pretexto. Tienen **función fática** enunciados como: *Oiga. ¿Entiendes? ¿Sabes? Sí... sí. Hum... humm*, los cuales no tienen más misión que informar al interlocutor de que seguimos en contacto con él e indagar si él continúa en comunicación con nosotros. Esos mensajes se suelen emitir tanto durante una comunicación telefónica como en las conversaciones triviales sobre el tiempo en los encuentros en el ascensor o en cualquier intercambio de fórmulas sociales (*¿Qué tal?*), generalmente vacías de información.

2.5. Función metalingüística

A veces, el emisor necesita cerciorarse de que está utilizando con propiedad el *código* y formula mensajes que hacen referencia al sistema que lo organiza. Cada vez que solicitamos una aclaración sobre el significado de una palabra o expresión usada en un mensaje, nuestra pregunta tiene **función metalingüística**. El aprendizaje de las lenguas, bien sea el de la lengua materna en los niños, bien sea el de una lengua extranjera, produce multiplicidad de mensajes con función metalingüística Por ejemplo: *Las palabras acabadas en* –mente *son adverbios de modo. No se dice *rompido sino 'roto'. 'Superficial' significa sin profundidad.*

2.6. Función poética o estética

En algunos mensajes advertimos un particular cuidado de sus aspectos formales: no sólo es importante la información sino también la estética del mensaje. Es la función predominante en el discurso literario. Más allá de la simple transmisión de información, el emisor se sirve de todos los recursos lingüísticos que estima adecuados para darle originalidad y creatividad al mensaje (adjetivación, repeticiones, cambios de orden sintáctico, etc.). Por ejemplo: *¡Oh llama de amor viva / que tiernamente hieres / de mi alma en el más profundo centro!*

También puede manifestarse esta función en un mensaje no literario. Por ejemplo, en un registro coloquial de la lengua hablada, un emisor puede codificar un mensaje con **función poética** si selecciona las palabras y el modo de combinarlas, las inflexiones de la voz y la entonación con el fin de darle un sesgo creativo a la información que pretende transmitir. El resultado de esta creación será unas veces hermoso, otras veces, vulgar y, algunas otras, provocador o humorístico. Ejemplos: *Subirse por las paredes* es una expresión con sentido figurado, con función estética, instalada en el uso corriente del idioma; *Te patinan las meninges* muestra una asociación de significados (*patinar* + *meninges*) insólita. En el mismo registro coloquial se sitúa la variedad constantemente innovadora de los mensajes con función poética (o estética) que sirven para piropear, insultar, inventar motes, ironizar, bromear o producir un efecto cómico.

3. El signo lingüístico

Un **signo** es un elemento que representa a otro elemento. El signo es bilateral: consta de significante (forma concreta, material, perceptible por los sentidos) y significado (concepto abstracto, sin consistencia material). Todo objeto (audible, visible, palpable, olfateable o gustable) asociado a un concepto, que representa a otro objeto, es un signo. Existen muy diversas clases de signos, pero en este libro nos ocuparemos específicamente del signo lingüístico.

Como todo signo, el **signo lingüístico** resulta de la asociación de un significante y un significado. Significante y significado forman una combinación indisociable.

El **significante** del signo lingüístico es una imagen acústica, es decir, la *cadena fónica* a la que todo hablante asocia un mismo concepto. Una cadena fónica que no se asocie a un significado no forma parte de un signo lingüístico.

El **significado** es el concepto evocado por la cadena fónica. En la comunicación humana es imposible transmitir un concepto si no es por medio del soporte del significante: es impensable o indecible, o simplemente no existe.

Tanto el significante como el significado del signo lingüístico son de índole psíquica así como la relación que los une.

- La relación inseparable que se establece entre el significante y el significado con el objeto extralingüístico –referente– se denomina **significación.**
- El signo resultante de la asociación de un significante y un significado proviene siempre de un acuerdo de los miembros de una comunidad determinada para ser usado con fines comunicativos; por provenir de un convenio, decimos que el signo es **convencional**.

3.1. La arbitrariedad del signo lingüístico

El signo lingüístico es **arbitrario** porque la decisión de unir en un signo lingüístico una imagen acústica y un concepto es *arbitraria* o *inmotivada*. Es decir, no existía una razón que motivase escoger una determinada serie acústica frente a otra, en el momento en que una comunidad la asoció a un concepto y creó un signo lingüístico.

Tomemos un signo lingüístico, por ejemplo, la palabra *mujer*; se observa que la elección de la cadena de sonidos que forma su significante no está motivada por el concepto que evoca. Se podría haber elegido cualquier otra secuencia sonora, como lo evidencia el que en los códigos de otras lenguas ese significado vaya asociado a otros significantes:

español: *mujer*   catalán: *dona*   francés: *femme*   inglés: *woman*

La arbitrariedad del signo lingüístico no implica que el hablante pueda alterar la asociación de significante y significado a su capricho: una vez adoptado un signo lingüístico por una comunidad ningún miembro de ella está facultado para modificarlo. Los cambios que se producen en los signos, bien sea en el aspecto fónico como en el significativo, obedecen a la evolución histórica y tienen un alcance colectivo.

Algunos lingüistas consideran que las onomatopeyas (palabras cuyo sonido imita el del referente: *miau, tic-tac*, *ring, ring,* etc.) son signos lingüísticos motivados. Asimismo creen advertir alguna motivación en las palabras formadas por derivación, composición, etc. (Véase el Tema 21), por lo que *panadero* o *empanada* serían considerados signos más motivados que *pan*.

3.2. La linealidad del signo lingüístico

El signo lingüístico es **lineal**. En la lengua oral, el significante se desarrolla en el tiempo, por lo que sólo se lo puede percibir en dirección lineal: un sonido sucede a otro y no se superponen físicamente. La más mínima alteración en esa sucesión lineal supone un cambio que hace irreconocible el significante.

En la lengua escrita –sistema que representa gráficamente la lengua oral– cuando transcribimos los significantes, las letras guardan un orden lineal; si no es así, si resulta ilegible, es imposible asociar el significante a un significado.

La linealidad de los signos se aprecia, además, en el hecho de que, al relacionarse para formar mensajes, aparecen formando una cadena, la cadena hablada. Esto implica la sucesión física de los significantes de los signos, uno tras otro en el tiempo y en el espacio.

4. Las relaciones sintagmáticas y pardigmáticas de los signos lingüísticos

El carácter lineal del signo lingüístico y su capacidad de relacionarse linealmente con otros signos genera las relaciones sintagmáticas. Es precisamente la capacidad de los signos de relacionarse linealmente lo que permite formar mensajes verbales complejos.

> Las **relaciones sintagmáticas** son las relaciones de sentido que cada signo lingüístico mantiene con signos de diversas categorías gramaticales, ya sea en un grupo (denominado *sintagma*), ya sea en la oración.

Ejemplo: [*organizaciones*]

[[*las*] [*organizaciones*]]

[[*las*] [*organizaciones*] [*humanitarias*] [*de Europa*] **]** **[** [*prestan*] [*ayuda* [*a los refugiados*]] **]**

Las organizaciones humanitarias de Europa prestan ayuda a los refugiados.

Como se puede apreciar en el ejemplo, signos de diferentes categorías gramaticales (artículo, sustantivo, adjetivo, preposición, verbo, etc.) se encadenan "horizontalmente" y se relacionan formando grupos (sintagma nominal y sintagma verbal) hasta generar una oración.

Las **relaciones sintagmáticas** están prefijadas en el código de cada lengua, mediante reglas que establecen las combinaciones de signos que son aceptables y el orden en que deben producirse. En español, es posible la relación sintagmática *Las organizaciones humanitarias de Europa prestan ayuda a los refugiados*, pero no se admite la secuencia de signos **Las prestan humanitarias ayuda de a Europa los organizaciones refugiados humanitarias* como relación sintagmática con sentido aceptable.

La posición que ocupa cada signo en el orden de una relación sintagmática es significativa, teniendo en cuenta que no pueden aparecer dos unidades lingüísticas en el mismo lugar de la cadena hablada. Este principio rige la aparición de todas las unidades lingüísticas, desde el fonema a la oración.

Por otra parte, al formar una cadena hablada, estamos eligiendo entre los diversos signos que pueden desempeñar una misma función, es decir, que son capaces de mantener la misma relación sintagmática con los restantes signos de la cadena y que, por consiguiente, pueden ocupar la misma posición. Siguiendo con el ejemplo propuesto más arriba, podríamos sustituir el sustantivo *ayuda*, sin alterar las relaciones que ese sustantivo mantiene con los signos restantes, del siguiente modo:

Las organizaciones humanitarias de Europa prestan | *ayuda* / *auxilio* / *asistencia* / *socorro* / *atención* | *a los refugiados.*

El inventario en posición "vertical" de la columna de signos *ayuda, auxilio, asistencia, socorro, atención, etc.*, pertenece a la categoría gramatical 'sustantivo'. Todos ellos constituyen un **paradigma**, es decir, una clase de signos que podrían intercambiarse en la posición en que aparecen en la relación sintagmática de nuestro ejemplo.

> Las **relaciones paradigmáticas** son las relaciones de sentido existentes entre signos de la misma categoría que pueden aparecer en el mismo contexto sintagmático.
>
> Todo signo pertenece a un **paradigma** (clase o categoría gramatical) y puede formar parte de un **sintagma** (relaciones con otras categorías gramaticales).

5. El lenguaje, la lengua y el habla

Cada uno de los miembros de una comunidad humana (la china, la portuguesa, la griega...) tiene en común con los de las demás su capacidad para comunicarse mediante un código de signos. Es decir, en todos se manifiesta el **lenguaje verbal**, que es el lenguaje específico de los seres humanos. Sin embargo, cada uno usa una lengua distinta: la de su comunidad.

No hay que confundir el lenguaje con las lenguas. El lenguaje, en tanto que facultad humana para la comunicación, incluye todas las lenguas de todas las comunidades humanas.

- La **lengua** es el sistema de signos que emplea una comunidad lingüística como instrumento de comunicación: es un modelo general, abstracto, presente de manera colectiva en los cerebros de las personas que se comunican con el mismo código.

A eso aludimos cuando decimos: *lengua española, lengua catalana, lengua gallega* o *lengua vasca,* y es una incorrección lingüística decir **lenguaje español*, **lenguaje catalán*, etc.

El uso individual del modelo general de la lengua que hace un hablante cada vez que codifica un mensaje es lo que denominamos **habla**.

El hecho de habla es siempre concreto, físico, y se realiza en un momento y lugar precisos, opuestamente a la lengua que, como hemos dicho, es un modelo abstracto. El hablante –o emisor– que produce un hecho de habla es también concreto. Hablante, oyente –o receptor– y referentes varían cada vez que se produce un hecho de habla. El hecho de habla es siempre un mensaje único, diferente, en oposición a la lengua, que es un modelo permanente, una abstracción existente en los cerebros de los posibles hablantes y oyentes.

- La **lengua** es de carácter colectivo, abstracto y permanente en el tiempo.
- El **habla** es de carácter individual, concreto y momentáneo en el tiempo.

El modelo general de la lengua es el fundamento de los infinitos hechos de habla que puedan producirse.

La lengua y el habla se implican mutuamente y son las dos caras en que se manifiesta la facultad de expresión humana que es el lenguaje verbal.

Para que exista comunicación verbal, el hablante (= emisor) tiene que producir hechos de **habla** (= codificar mensajes), a partir de la **lengua** (= código), destinados a un oyente (= receptor). No existirá comunicación verbal si hablante y oyente no conocen una lengua (conjunto de signos y de reglas que rigen sus combinaciones) común.

6. La lengua como sistema

La lengua –el **código** de la lengua– se define como conjunto de signos y de reglas con que combinarlos para formar mensajes. Dichos signos y reglas no coexisten de modo caótico. Todas las unidades pertenecientes a la lengua se relacionan guardando un orden sistemático; si una se altera, repercute en el resto.

- El código de la lengua es un **sistema.** Cada elemento del sistema de la lengua pertenece a una categoría determinada, definida tanto por las posibilidades de combinarse con ciertos miembros del sistema como por la imposibilidad de hacerlo con otros.
- Un *sistema* es un conjunto cuyos elementos están regido por criterios de orden que regulan la manera en la que tienen que relacionarse entre sí (un ejemplo de ello es la conjugación verbal). Según la cantidad de elementos y de reglas de que conste, un sistema será más o menos complejo. Cuantos más mensajes permite transmitir un sistema lingüístico con los mismos elementos, sin que sea preciso crear unidades nuevas, tanto más económico es el sistema.

Las unidades que constituyen el código de la lengua se definen tanto por lo que define como por lo que las diferencia, y mantienen una *relación de oposición* con cada una de las demás unidades.

Hemos estudiado uno a uno los conceptos de *código, lengua* y *sistema*; veamos como se imbrican uno en otro:

La **lengua** es el **código** específico de la comunicación verbal. El código de la lengua está estructurado como un **sistema.**

7. La norma

Anteriormente han quedado descritas la lengua (en la que está prevista la estructura de todos los enunciados posibles) y el habla (realización de enunciados concretos por los hablantes).

Se ha explicado que cada hecho de habla tiene carácter de combinación inédita; pero, al mismo tiempo, los hechos de habla son actos de recreación, no son invenciones arbitrarias del hablante, reproducen modelos preexistentes. El hablante se sirve de patrones, de estructuras en uso en la lengua de su comunidad para construir un mensaje capaz de expresar lo que precisa comunicar, es decir: adapta sus necesidades comunicativas a modelos conocidos de cómo usar la lengua. Dichos modelos son algo así como la experiencia del "habla anterior".

Tales patrones de uso lingüístico son lo que acepta como correcto la comunidad de hablantes de una lengua y constituyen lo que denominamos **norma lingüística**. Dichos patrones nunca se desgajan, sin embargo, de la organización del sistema de la lengua, puesto que son simples combinaciones de unidades pertenecientes a aquél.

El sistema de relaciones que configura el código de la lengua puede percibirse como un conjunto de imposiciones que señala caminos abiertos y caminos cerrados, pero también es un marco de libertades, ya que admite infinitas combinaciones mientras no se alteren sus reglas básicas: el sistema tiene más carácter consultivo que imperativo.

Por el contrario, la **norma** es impositiva, puesto que, entre las amplias posibilidades de combinatoria que ofrece el sistema, obliga a usar unas formas lingüísticas concretas, consideradas como la única opción correcta en un ámbito geográfico-lingüístico determinado, o bien sociocultural.

La **norma** varía de una zona a otra en el mapa de una lengua: dentro de un mismo país y dentro de un mismo sistema lingüístico, el del español, por ejemplo, puede comprobarse que existen varias normas.

En relación con el lugar de donde procede o en donde vive habitualmente un hablante, podemos distinguir en sus hechos de habla, además de los rasgos de la norma general, los rasgos de la norma dialectal e incluso de una norma local.

- Hay un área en Andalucía en la que la norma es el *seseo* (realización del fonema /θ/ como [s], "pasiensia" por "paciencia"), mientras que en Cataluña, Valencia, parte de Galicia y del País Vasco, donde también existe seseo, la norma lingüística allí vigente lo rechaza como pronunciación incorrecta.

Aunque la manifestación más evidente de la **norma geográfico-lingüística** es la pronunciación, también se evidencia en diversas realizaciones morfosintácticas y léxicas.

- Por ejemplo: Son correctas las formas verbales 'quepo' o 'cupe'; ello constituye una imposición de la norma en la conjugación del verbo 'caber'. Según el sistema de la lengua, por analogía con los demás verbos de la 2ª conjugación, lo lógico sería formar *cabo y *cabí, formas que, sin embargo se rechazan como incorrectas.

En los hechos de habla, cada hablante revela unas peculiaridades individuales: edad, educación, ilustración, nivel socioeconómico. Pese a que esas características sean personales, también las presentan los hablantes de la misma zona geográfica y del mismo grupo socioeconómico o sociocultural. La explicación de que esas características sean comunes a grandes grupos de hablantes es la existencia de la **norma**.

Entre los hablantes de una comunidad hay una conciencia de lo que es "hablar bien" o "hablar mal". La **norma** establece un ideal de corrección estética y cultural que sirve de pauta, entre los hechos de habla posibles, para seleccionar el que mejor representa el modelo sociolingüístico de mayor prestigio.

De manera relativamente independiente de la norma vinculada a la localización geográfica del hablante, existe una **norma sociolingüística** y cultural. El mayor o menor respeto a la norma sociocultural se pone de manifiesto en lo que se clasifica como registros de los usos lingüísticos: *vulgar, familiar* o *coloquial, culto* y *literario*. Estos usos se diferencian no sólo por el vocabulario, sino también por la estructuración del discurso y por la pronunciación (Véase un estudio más detallado de estos aspectos en el Tema 24).

En resumen:

- La **norma** es el conjunto de reglas que dictaminan lo que se considera como usos más correctos del *sistema de la lengua* en una época o zona determinada. Los criterios de corrección lingüística vienen dictados en parte por la tradición o por la costumbre, y se instauran porque la Real Academia y ciertos sectores de la sociedad (los escritores, los dirigentes políticos, los periodistas, etc.) tienen suficiente prestigio para imponerlos como criterio de autoridad.
- La **gramática normativa** tiene por objeto fijar los usos correctos frente a las formas consideradas incorrectas y establece el canon lingüístico del *habla*.

Ejercicios

1. El enunciado *Estoy intentando resolver los ejercicios del Tema II del manual de Lengua Española en mi casa* constituye un mensaje. En este acto de comunicación distinga:
   ¿Quién es el emisor? ¿Quién es el receptor? ¿Cuál es el código? ¿Y el mensaje?
   ¿De qué tipo es el canal? ¿Cuál es el contexto lingüístico de la palabra *manual* en la expresión "El manual de Lengua Española"? ¿En qué situación se produce?
2. Indique qué función del lenguaje predomina en los siguientes enunciados:
   Hoy ha subido mucho la temperatura.
   ¿Cómo te ha sentado la siesta?
   Buenas tardes.
   Las funciones del lenguaje son seis.
   Ay, si yo tuviera aprobado ya el curso…
   Eres la alegría de la huerta.
3. Tras asegurarse de que comprende lo que significa cada característica del signo lingüístico, proponga una definición que las incluya todas. Aduzca un ejemplo.
4. Señale las relaciones sintagmáticas que advierte en este ejemplo: *Los alumnos han resuelto este ejercicio.*
5. Forme un paradigma de palabras que podrían ocupar el lugar de la palabra *ejercicio* en el ejemplo anterior.
6. Relacione las siguientes características con los conceptos de **lengua** y de **habla**: *momentánea, permanente, comunitaria, individual, concreta, abstracta.*
7. ¿A qué criterio lingüístico obedece que juzguemos correcto decir *He puesto la mesa* e incorrecto **He ponido la mesa*?

Tema 3

Fonología y fonética españolas

Manuel Esgueva Martínez

7. Vocales
    7.1. Clasificación de las vocales
        7.1.1. Modo de articulación
        7.1.2. Lugar de articulación
    7.2. Grupos vocálicos
        7.2.1. Diptongos
        7.2.2. Triptongos
        7.2.3. Hiatos

8. Consonantes
    8.1. Oclusivas
        8.1.1. Fonemas oclusivos orales
        8.1.2. Fonemas oclusivos nasales
    8.2. Fricativas
    8.3. Africadas
    8.4. Líquidas
        8.4.1. Laterales
        8.4.2. Vibrantes

Ejercicios

Introducción

Este tema sirve de introducción al estudio del sistema fonológico del español. Las nociones son básicas y tratamos de seguir las descripciones tradicionales que nos parecen más funcionales; así pues, consideramos imprescindible basarnos en el concepto de fonema y su distribución alofónica. Nos parece que la breve descripción de estas nociones presenta gran utilidad para todo tipo de investigaciones electrónicas y acústicas, reconocimiento de voz, sistematización de lenguas, etc. y facilita la explicación de algunos fenómenos fónicos del español.

1. Fonología y fonética

El signo lingüístico, que, como es sabido, tiene dos componentes: el *significante* (imagen acústica) y el *significado* (concepto, idea). Aquí nos ocuparemos del primero. Cuando hablamos, emitimos sonidos, pero no son realizados del mismo modo por todos los individuos ni tienen el mismo lugar de articulación, pues se encuentran modificados por el contexto fónico que los rodea.

El significante puede estudiarse **en el plano de la lengua,** como modelo o sistema de reglas que organiza el aspecto fónico **(fonología),** y **en el plano del habla,** como articulación de los órganos fisiológicos que producen una corriente sonora perceptible por el oído **(fonética).**

2. Fonema, alófono y grafía

La **unidad fonológica más pequeña** en que puede dividirse un conjunto fónico recibe el nombre de **fonema.** Por ejemplo, al segmentar el signo lingüístico *peso* obtengo cuatro fonemas: /p/ + /é/ + /s/ + /o/, pues son las unidades mínimas en que puede ser dividido y no es posible fragmentar cada uno de estos fonemas en elementos más pequeños. Tanto la /p/, como la /é/, como la /s/ o la /o/ son unidades indivisibles.

- La **Fonología** se ocupa de los sonidos del habla, del significante, pero en el plano de la lengua. No le interesan las diferentes realizaciones o maneras de pronunciar; prescinde del estudio de las características articulatorias y acústicas de esos sonidos y nos dirá que esa palabra *peso* se compone de cuatro fonemas o unidades fonológicas, con dos funciones importantes en el lenguaje: formar y distinguir signos lingüísticos.

  Las variantes fonéticas o alófonos de los fonemas son sonidos concretos, individuales. Por acción de otros sonidos sufren modificaciones al ser articulados. Podemos articular un sonido de diversas formas: /d/ de *dado,* si está al principio de palabra, será articulado dental. Se llama *dental* porque se pronuncia tocando con la punta de la lengua la cara interna de los dientes (así representado: [d]), pero si está entre vocales, su lugar de articulación se desplazará de la zona dental a la interdental. Porque la lengua se introduce un poco entre los dientes superiores e inferiores se llama *interdental* (su representación es ahora [ð]).

- La **Fonética** se ocupará de describir las diferentes maneras de pronunciar los sonidos del significante, las variantes que no cambian el valor significativo del mensaje, sus características. Así pues, no hay que confundir el *fonema,* unidad fonológica, que aunque sin significado, puede cambiar el de la palabra: /pása/, /pála/, /pána/, /páta/.
  El *alófono* o *sonido*, que es la realización del fonema, no tiene significado ni cambia el de la palabra: [d] y [ð] son alófonos de /d/; en la palabra *dato* puede realizarse como [ése ðáto] y [el dáto]. Y la *grafía* o *letra*, que es la representación del fonema en la escritura, por ejemplo, el fonema /x/ se representa por la grafía *g + e, i; gente, gitano, o, j + i, e, a, o, u: jibia, mujer, caja, joven, jugo.*
  Es un grave error confundir los conceptos de grafía, fonema y alófono o sonido. En todas las transcripciones y ejemplos representamos los fonemas entre barras oblicuas // y los alófonos o sonidos entre corchetes [ ].

3. Rasgos distintivos de los fonemas

Los fonemas, al agruparse, constituyen signos lingüísticos y son susceptibles de diferenciarse unos de otros por presentar determinados rasgos. Tomemos, por ejemplo, */póka/* y */bóka/;* se diferencian entre sí merced a los fonemas /p/ y /b/: si analizamos sus rasgos fonológicos, los resultados son:

a) /p/: fonema oclusivo bilabial oral sordo.
b) /b/: fonema oclusivo bilabial oral sonoro.

Los rasgos comunes son: oclusivo, bilabial, oral; son rasgos que no diferencian un fonema de otro, es decir, son rasgos **no distintivos,** que son no funcionales o irrelevantes. En cambio, los rasgos sordo/sonoro que aparecen en estos dos fonemas diferencian el fonema /p/ de /b/ y se denominan **distintivos,** que son funcionales o relevantes.

Para averiguar si cualquier unidad fónica es o no funcional basta conmutar un fonema por otro; si cambia de significado, obtenemos una unidad funcional. Por ejemplo, en la palabra *pasa,* sustituyo la /s/ por otros fonemas y obtengo /pága/, /pána/, /pála/, etc., es decir, */s/* es un fonema, porque su presencia o su cambio por otro comporta mutación de significado.

4. Fonética articulatoria y acústica

La Fonética articulatoria o fisiológica estudia el conjunto de operaciones en las que intervienen los órganos fonadores para la formación y emisión de los sonidos que constituyen el mensaje. La Fonética acústica se ocupa de estudiar la onda sonora y su percepción. Una y otra –articulatoria y acústica– están involucradas en el proceso de comunicación, y en él lo que importa es la identificación de los fonemas por parte del oyente.

5. Producción del sonido articulado: los órganos de fonación

Todo acto de comunicación oral supone la existencia de un hablante que emite sonidos a través de los órganos de la fonación y un oyente que los percibe por medio de sus órganos auditivos.

Los órganos de la fonación se clasifican en:

5.1. Órganos infraglóticos o aparato respiratorio

Se trata de los órganos de la respiración: pulmones, bronquios y tráquea. Los pulmones son los proveedores del aire necesario para realizar el acto de la fonación. Tienen dos movimientos: uno de inspiración, en el que absorben aire, y un segundo de espiración, durante el que expulsan el aire. El aire contenido en los pulmones pasa a través de los bronquios y a continuación a la tráquea, en cuya parte superior está la laringe.

5.2. Órganos laríngeos o aparato fonador

Están situados en la parte superior de la tráquea. Entre el cartílago tiroides (llamado *nuez*) y los dos cartílagos aritenoides están situadas las cuerdas vocales, formadas por dos tendones elásticos, y en el espacio vacío entre las dos, la glotis. Las cuerdas vocales desempeñan un papel muy importante en la fonación. Son la sede de la primera clasificación del sonido; si se aproximan y comienzan a vibrar se originan las vocales y algunas consonantes como [b, g, m], etc. (véanse figuras 1 y 2).

Si por el contrario, no vibran, se originan los sonidos sordos, como [p, t, s]. La vibración o no de las cuerdas vocales es fundamental para diferenciar unos fonemas de otros, ya que existen sonidos cuyo único rasgo distintivo es vibración/no vibración: *bota/pota, boca/boga, bota/boda*, etc.

Las ondas que originan las cuerdas vocales pasan a la laringe, donde se filtran al penetrar a través de las cavidades de resonancia y forman así el timbre de los sonidos. El aire puede ser impulsado con mayor o menor energía, determinando la amplitud vibratoria causante de la *intensidad* del sonido.

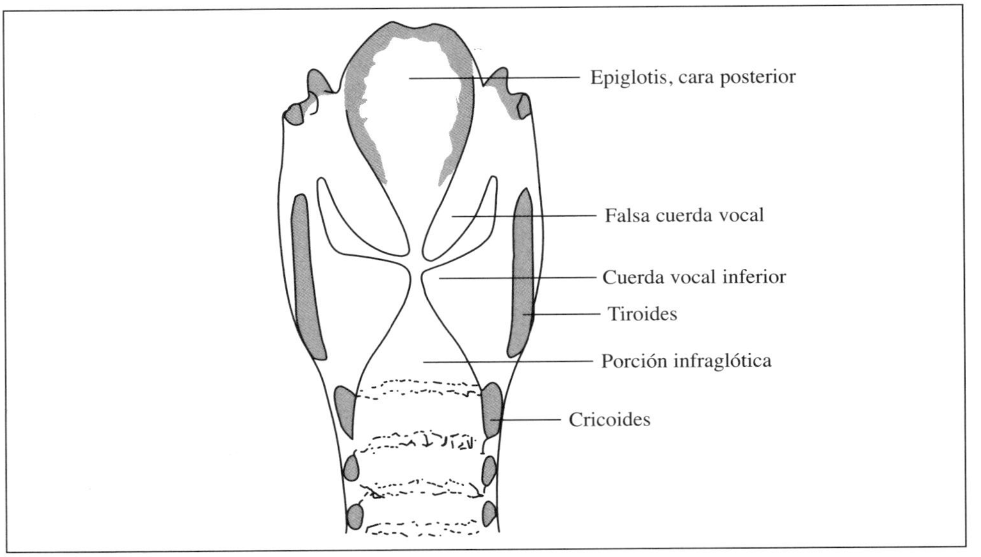

Fig. 1. *Corte frontal de la laringe (segmento anterior del corte visto por su cara posterior). (Según Testut).*

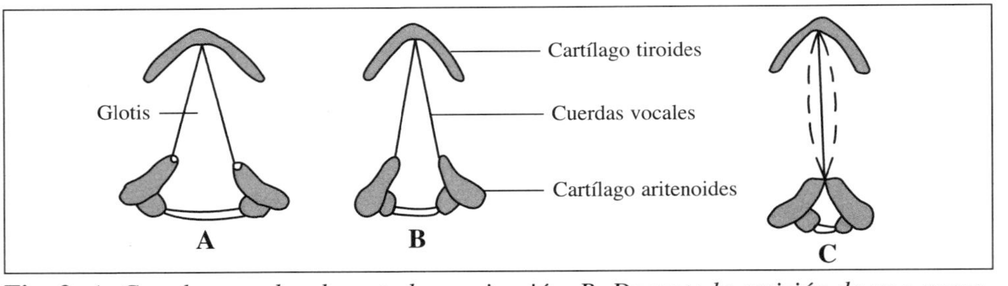

Fig. 2. *A. Cuerdas vocales durante la respiración. B. Durante la emisión de una consonante sorda. C. En vibración. (Según Testut y Straka).*

5.3. Órganos supraglóticos

El aire, al pasar por la zona laríngea, penetra en la región laringofaríngea; sale a través de la cavidad bucal o a través de la cavidad nasal.

La gran movilidad de la lengua y de los labios hace que la mayoría de los sonidos se produzcan en la cavidad bucal. En ésta podemos distinguir: el *paladar duro,* dividido en tres zonas: *prepalatal*, *medio palatal* y *postpalatal;* el *paladar blando* o *velo del paladar,* que termina en la *úvula* o *campanilla;* la *lengua,* órgano muy móvil, cuya parte superior o *dorso* se divide en *ápice*, *predorso, mediodorso* y *postdorso,* y, además, la *raíz* o parte posterior.

En la parte anterior de la cavidad bucal se encuentran los *dientes incisivos* superiores e inferiores; entre los incisivos superiores y el paladar duro existe una zona de transición constituida por los *alvéolos*. En la parte anterior de la cavidad bucal se encuentran los *labios,* órganos que desempeñan también un papel importante.

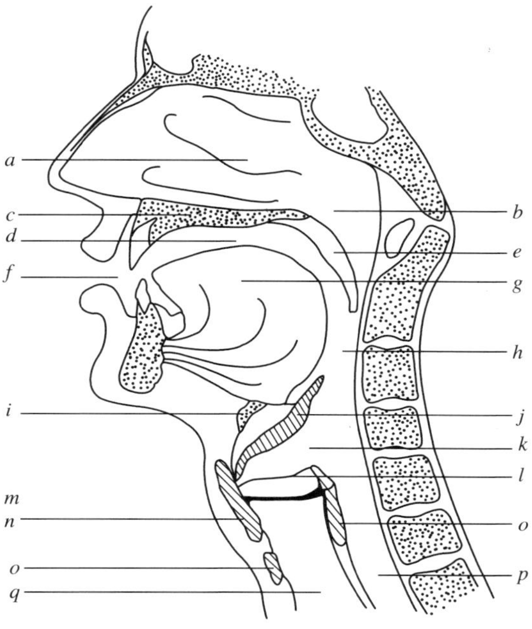

Fig. 3. *Corte vertical de los órganos fonadores. a: cavidad nasal; b: faringe nasal; c: paladar duro, d: cavidad bucal; e: paladar blando o velo del paladar; f: cavidad labial; g: lengua; h: faringe oral; i: hueso hioides; j: epiglotis; k: faringe laríngea; l: bandas ventriculares; m: cuerdas vocales; n: cartílago tiroides; o: cartílago cricoides (parte anterior y parte posterior); p: esófago; q: tráquea. (Según Heffner).*

6. Clasificación articulatoria de los sonidos en español

La descripción de los órganos que intervienen en la fonación nos sirve para estudiar articulatoriamente los sonidos y clasificar sus rasgos distintivos por su modo y lugar de articulación.

6.1. Modo de articulación

Depende de la posición que adoptan los órganos articulatorios al establecer un contacto o interrupción en el paso del aire fonador, o bien una fricción o constricción. Así, encontraremos sonidos cerrados, mediocerrados y abiertos. Según el concepto expresado, los sonidos articulados se clasifican del siguiente modo:

Las vocales se dividen en ***altas, medias y bajas.***
Las consonantes se dividen en:

a) ***Oclusivas***: Establecen un cierre completo de los órganos articulatorios y sale el aire tras la interrupción momentánea. Pueden ser *orales* [p], [b], [t], [d], [k] y [g] y nasales [m], [n] y [ɲ].
b) ***Fricativas***: Establecen un estrechamiento de dos órganos articulatorios o un ligero contacto en algún lugar de la cavidad bucal por donde pasa el aire: [f], [θ], [s], [x],[ĵ].
c) ***Africadas***: Establecen un cierre completo de dos órganos articulatorios, provocando la interrupción momentánea del paso del aire, e inmediatamente una fricación: oclusión y fricación se producen en el mismo lugar: [c].
d) ***Líquidas***: Forman un grupo especial al ser sonidos consonánticos con características vocálicas y consonánticas. Comprenden las: ***Laterales***: durante su emisión, el aire fonador sale por un lado o por los dos de la cavidad bucal: [l], [ʎ]; y las ***Vibrantes***: durante su emisión se producen una o varias vibraciones del ápice de la lengua contra los alvéolos: [r], una vibración y [r̄], varias vibraciones.

6.2. Lugar de articulación

Es donde inciden o se aproximan dos órganos articulatorios para la pronunciación de un sonido.

Las vocales se dividen en ***anteriores, centrales y posteriores.***
Las consonantes se dividen en:

a) ***Bilabiales***: Se forman al estar en contacto los dos labios: [p], [b], [m].
b) ***Labiodentales***: Se forman al estar en contacto el labio inferior y los incisivos superiores: [f].
c) ***Linguodentales***: Se forman al tocar el ápice de la lengua los incisivos superiores: [t], [d].
d) ***Linguointerdentales***: Se forman al introducir el ápice de la lengua entre los incisivos superiores e inferiores: [θ].
e) ***Linguoalveolares***: Se forman al acercarse el ápice o el predorso de la lengua a los alvéolos: [l], [s], [n], [r], [r̄].
f) ***Linguopalatales***: Se forman al tocar el predorso de la lengua el paladar duro: [c], [ʎ]; [ɲ], [ĵ].
g) ***Linguovelares***: Se forman al aproximarme o tocar el postdorso de la lengua el velo del paladar: [x], [k], [g].

6.3. Acción de las cuerdas vocales

Las cuerdas vocales durante la emisión de los sonidos pueden vibrar o no, originando, como ya hemos indicado, los sonidos articulados ***sonoros*** y los sonidos articulados ***sordos.***

6.4. Acción del velo del paladar

El velo del paladar durante la emisión de los sonidos puede estar separado de la pared faríngea o bien permanecer adherido y causar la incomunicación de la cavidad bucal y nasal. Si el aire fonador sale sólo a través del conducto nasal se originan las consonantes ***nasales*** [m], [n], [ɲ]. Si el aire sale sólo a través de la cavidad bucal se originan los sonidos ***orales*** [b], [a], etc.

Si ambas cavidades (la nasal y la bucal) están abiertas, se originan sonidos ***oronasales,*** que son las vocales nasales.

7. Vocales

Las vocales, fonéticamente, forman un grupo de sonidos que presentan, en general, la mayor abertura de los órganos articulatorios. Fonológicamente, las vocales en español forman el núcleo o centro de la sílaba, mientras que las consonantes forman los márgenes silábicos.

7.1. Clasificación de las vocales

Podemos clasificar las vocales del siguiente modo:

7.1.1. Modo de articulación

a) ***Vocales altas*** *o* ***cerradas*:** la lengua está muy próxima al paladar duro o al paladar blando, como sucede con la articulación de la /i/ y de la /u/.

b) ***Vocales medias*:** la lengua no está ni muy próxima ni muy separada de la bóveda de la cavidad bucal, como sucede con la pronunciación de la /e/ y de la /o/.

c) ***Vocales bajas*** *o* ***abiertas*:** la lengua se separa totalmente del paladar y se encuentra en el límite máximo de alejamiento, como para la pronunciación de la /a/.

7.1.2. Lugar de articulación

a) ***Vocales anteriores*** *o* ***palatales*:** la lengua ocupa la región delantera o zona del paladar duro, como para la articulación de las vocales /i/, /e/.

b) ***Vocales centrales*:** la lengua ocupa la zona intermedia cubierta por el mediopaladar, como para la articulación de la vocal /a/.

c) ***Vocales posteriores* o *velares*:** la lengua ocupa la región posterior o zona del paladar blando, como para la articulación de las vocales /o/, /u/.

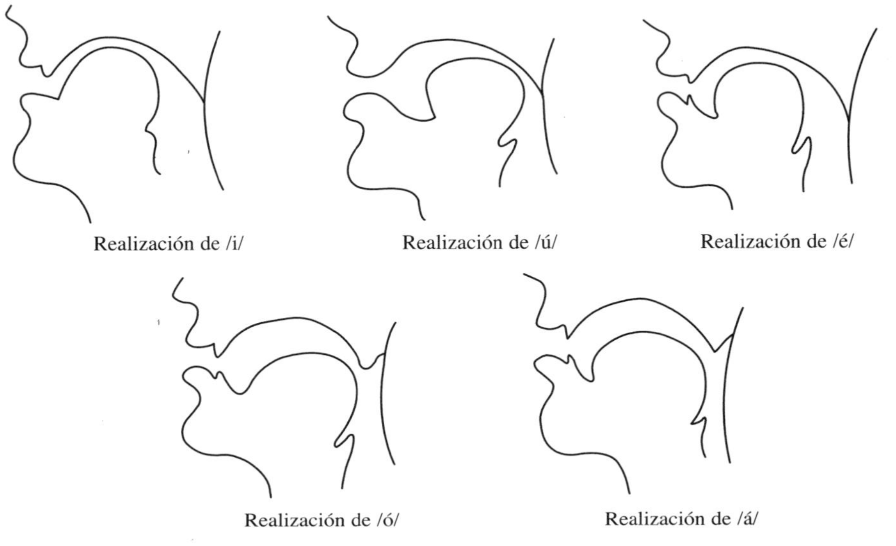

Fig. 4. *Vocales.*

Los sonidos vocálicos se representan según el siguiente triángulo articulatorio:

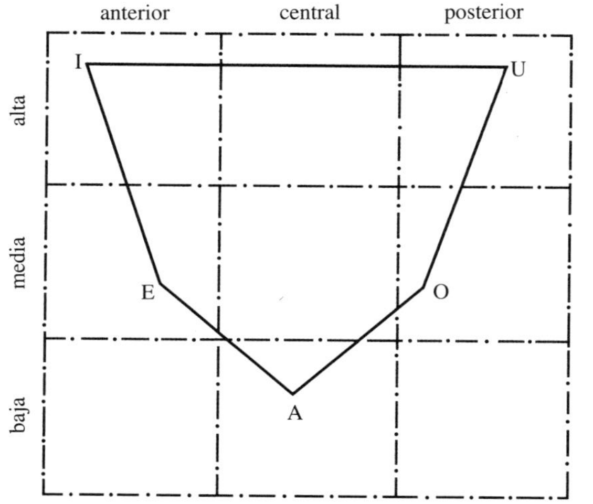

Fig. 5. *Esquema figurado de las vocales españolas. (Según Quilis).*

Como ya se ha visto, los fonemas están constituidos por un conjunto de rasgos fonológicos, de forma que, cuando se opone un fonema a otro, se opone sólo por sus rasgos distintivos. Por ejemplo: /e/ se opone a /o/ por el rasgo anterior/posterior, /i/ se opone a /e/ por el rasgo cerrado/medio. Es decir, que los rasgos anterior y posterior, en el primer caso, y cerrado y medio, en el segundo, *son rasgos distintivos*; en cambio, los demás rasgos no son distintivos.

Las oposiciones obtenidas con estos rasgos demuestran que sirven para establecer un sistema. Podemos apreciar que, al cambiar uno de estos rasgos, es decir, al cambiar una vocal por otra, se forman signos lingüísticos diferentes y se originan cambios de significado en una palabra. Ejemplo:

/pípa/	*pipa*	/lima/	*lima*
/pépa/	*pepa*	/léma/	*lema*
/pápa/	*papa*	/láma/	*lama*
/pópa/	*popa*	/lóma/	*loma*
/púpa/	*pupa*	/lúma/	*luma*

Estas oposiciones aportan los datos necesarios para establecer el sistema de dichos fonemas: /i/, /e/, /a/, /o/, /u/.

Los rasgos fonológicos articulatorios de los cinco fonemas son:

/i/ = alto-anterior
/e/ = medio-anterior
/a/ = bajo-central
/o/ = medio-posterior
/u/ = alto-posterior

7.2. Grupos vocálicos

Las vocales en español pueden aparecer de forma aislada, por ejemplo: *u-na, a-sar*; agrupadas con una o varias consonantes: *gu-la, ron-dar*; unidas a otros fonemas vocálicos en sílabas diferentes: *ba-úl, pa-ís;* y agrupados a una o varias vocales pertenecientes a una misma sílaba: *rey, ciu-dad, a-so-ciéis*.

7.2.1. Diptongos

La unión de dos vocales en una sola sílaba se denomina **diptongo.** Los diptongos se forman cuando se junta una vocal alta /i/, /u/ con las vocales medias /e/, /o/ o con la vocal baja /a/. Las vocales altas también pueden formar diptongos.

Podemos obtener las siguientes combinaciones vocálicas:

/i/ + /e/	*pierde*
/i/ + /a/	*paria*
/i/ + /o/	*radio*
/i/ + /u/	*ciudad*
/e/ + /i/	*rey*

/e/ + /u/	*feudo*
/u/ + /i/	*ruina*
/u/ + /e/	*rueda*
/u/ + /a/	*cuatro*
/u/ + /o/	*arduo*
/o/ + /i/	*hoy*
/o/ + /u/	*bou*
/a/ + /i/	*aire*
/a/ + /u/	*causa*

7.2.2. Triptongos

La unión de tres vocales en una sílaba se denomina **triptongo;** la vocal más abierta constituye el núcleo o centro de la sílaba. Por ejemplo: *pre-sen-ciéis, des-pre-ciáis, a-ve-ri-güéis, san-ti-guáis.*

7.2.3. Hiatos

Dentro de una misma palabra, pueden aparecer dos vocales que forman parte de dos sílabas diferentes.

Se denomina **hiato** cuando una vocal alta /i/, /u/ está en contacto con otra vocal media o baja /e/, /o/, /a/, y cada una pertenece a una sílaba diferente.

Cada vocal forma un núcleo silábico independiente. Ejemplos: *estío, día, diurno, dúo, oído, seísmo, caída* (estí-o, dí-a, di-urno, o-ído, se-ísmo, ca-ída). El acento de intensidad o prosódico carga sobre la vocal cerrada, que es tónica, y la abierta, átona.

En ciertas hablas locales no se hace distinción entre diptongos e hiatos; así, se da alternancia en palabras como *viaje, piano, reúma, diario, viuda*, etc. Lo mismo sucede en vocales medias o bajas; al estar en contacto tienden a realizarse como una sola sílaba: *línea, real, campeón, caerá, trae, peón,* etc. Este fenómeno se denomina sinéresis.

8. Consonantes

Los segmentos consonánticos son sonidos que presentan un obstáculo en el paso del aire en uno o varios lugares de la cavidad bucal, por lo que se ocasiona un ruido o turbulencia, o incluso una interrupción del flujo del aire. Las consonantes aisladas, sin el sostén de una articulación vocálica, se perciben mal. La abertura es menor que en las vocales, ya que los músculos elevadores originan un movimiento de cierre de los órganos articulatorios y proyectan la lengua hacia el paladar.

Al ser menor la tensión y el número de vibraciones de las cuerdas vocales, la frecuencia del armónico fundamental en las consonantes sonoras suele ser más baja que la de los segmentos vocálicos.

8.1. Oclusivas

En la articulación de las consonantes oclusivas se produce el cierre completo de la cavidad bucal. Tras esta momentánea interrupción, el aire sale con fuerza emitiendo los sonidos **orales** [p], [b], [t], [d], [k], [g], o **nasales,** con salida del aire fonador desde las fosas nasales: [m], [n], [ɲ].

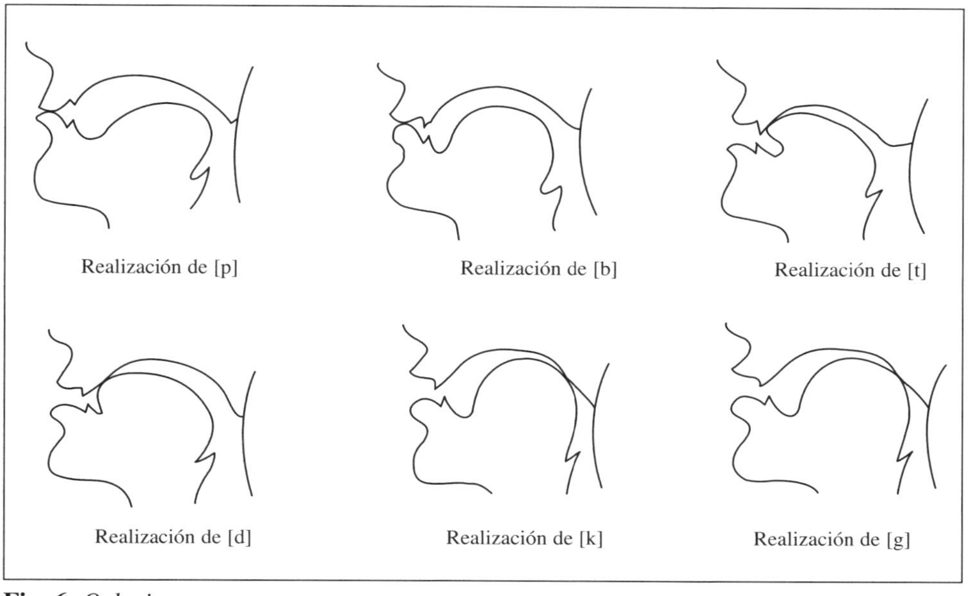

Fig. 6. *Oclusivas.*

8.1.1. Fonemas oclusivos orales

Fonema /p/ oclusivo bilabial sordo. Su realización fonética es [p]. Durante su emisión los dos labios se cierran (se ponen en contacto) e impiden momentáneamente la salida del aire. Se representa en la ortografía por el grafema «p». Ejemplos: *copa*: /kópa/ [kópa], *lupa*: /lúpa/ [lúpa].

Fonema /b/ oclusivo bilabial sonoro. Su realización fonética es [b]. Durante su emisión las cuerdas vocales vibran. Después de pausa y consonante nasal, se pronuncia como oclusiva, pero es más frecuente su pronunciación fricativa (alófono [β]) en el resto de las posiciones, cuando el aire fonador sale rozando levemente los labios. Se representa en la ortografía por los grafemas «b» o «v» indistintamente. A principios de la Edad Moderna se perdió el fonema labiodental fricativo sonoro /v/. Pronunciarla como hace siglos sería una ultracorrección y resultaría incorrecto al estar fuera de la norma. Ejemplos: *bote*: /bóte/ [bóte], *tuvo*: /túbo/ [túβo].

Fonema /t/ oclusivo linguodental sordo. Su realización fonética es [t]. Durante su emisión el ápice de la lengua está en contacto con los incisivos superiores formando la oclusión. Se representa en la ortografía por el grafema «t». Ejemplos: *taburete*: /taburéte/ [taβuréte], *pato*: /páto/ [páto].

Fonema /d/ oclusivo linguodental sonoro. Su realización fonética es [d]. Durante su emisión las cuerdas vocales vibran. Se pronuncia como oclusiva después de una pausa y cuando se encuentra después de los fonemas /n/ y /l/. El alófono fricativo [ð] aparece en las demás posiciones y el ápice suele adelantarse rozando levemente los incisivos superiores. Se representa en la ortografía por el grafema «d». Ejemplos: *dedal*: /dedál/ [deðál], *dos*: /dós/ [dós].

> En el habla coloquial frecuentemente desaparece la [ð] en las palabras terminadas en –ado. Ejemplo: marcado [markáo], colocado [kolokáo]. También en ciertas zonas en el final de la palabra «d» se pronuncia como [θ], grafemas «z», «c». Ejemplo: *verdad* [berðáθ], *Madrid* [maðríθ]. Se recomienda pronunciar la «d» final algo relajada sin llegar a emitir la «z», y mantenerla en –ado.

Fonema /k/ oclusivo linguovelar sordo. Su realización fonética es [k]. Durante su emisión el postdorso de la lengua se pone en contacto con el velo del paladar. Se presenta en la ortografía por los grafemas «c» ante «a, o, u», «qu» ante «e, i» y «k». Ejemplos: *cuatro*: /kuátro/ [kwátro], *queso*: /késo/ [késo], *quiosco*: /kiósko/ [kjósko].

> Cuando la «c» está en contacto con «t» debemos pronunciarla como si fuese una «k» o «g» y no como si fuera una «z». Ejemplo: acto: «ákto» o «agto» y no «azto».

Fonema /g/ oclusivo linguovelar sonoro. Su realización es [g]. Durante su emisión las cuerdas vocales vibran. Se pronuncia como oclusiva después de pausa y cuando se encuentra después de consonante nasal. El alófono fricativo [γ] aparece en las demás posiciones y el postdorso de la lengua está muy próximo al velo del paladar. Se representa en la ortografía por los grafemas «g» ante «a, o, u» y «gu» ante «e, i». Ejemplos: *guerra*: /géȓa/ [géȓa], *lago:* /lágo/ [láγo].

> Cuando la "g" está en contacto con nasal, por ejemplo: "dogma" no debe pronunciarse como "j" sino como "g" con una pequeña fricción: [dóγma], [aγnóstiko].

8.1.2. Fonemas oclusivos nasales

En todas las consonantes nasales, el velo del paladar está separado de la pared faríngea y hay una oclusión en algún lugar de la cavidad bucal.

Fonema* /m/ *nasal bilabial sonoro. Su realización fonética es [m]. Durante su emisión los dos labios están en contacto. Se representa en la ortografía por el grafema «m». Ejemplo: *mala*: /mála/ [mála], *mayo*: /máǰo/ [máǰo].

Fonema* /n/ *nasal linguoalveolar sonoro. Su realización fonética es [n]. Durante su emisión el ápice de la lengua está en contacto con los alvéolos y los rebordes de la lengua se adhieren a los molares superiores. Ejemplos: *nata*: /náta/ [náta], *cana*: /kána/ [kána].

Fonema* /ɲ/ *nasal linguopalatal sonoro. Su realización fonética es [ɲ]. Durante su emisión la región predorsal de la lengua se adhiere a la zona prepalatal. Se representa en la ortografía por el grafema «ñ». Ejemplos: *peña*: /péɲa/ [péɲa], *año*: /áɲo/ [áɲo].

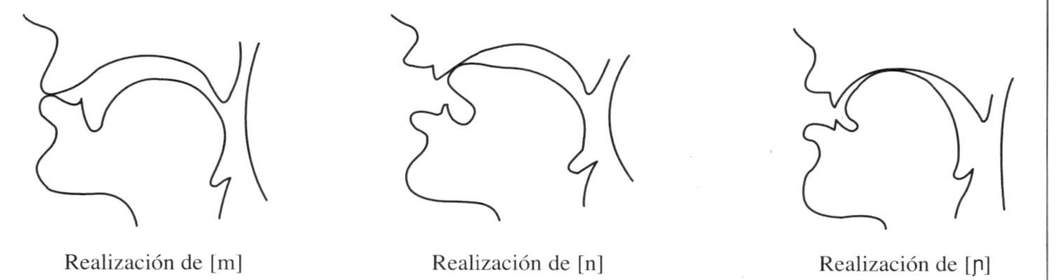

Fig. 7. *Nasales.*

8.2. Fricativas

Son sonidos fricativos las consonantes en cuya articulación se produce un estrechamiento del canal bucal sin llegar al cierre completo, de modo que el aire pasa rozando los diferentes órganos que provocan la constricción.

Fonema* /f/ *fricativo labiodental sordo. Su realización fonética es [f]. Durante su emisión los incisivos superiores se aproximan al labio inferior y el aire fonador sale a través de una estrechez. Se representa en la ortografía por el grafema «f». Ejemplos: *café*: /kafé/ [kafé], *fama*: /fáma/ [fáma].

Fonema* /θ/ *fricativo linguointerdental sordo. Su realización fonética es [θ]. Durante su emisión el ápice de la lengua se introduce entre los incisivos superiores e inferiores. Se representa en la ortografía por los grafemas «c» ante las vocales «e, i» y «z» ante las vocales «a, o, u». Ejemplos: *ceniza*: /θeníθa/ [θeníθa], *cena*: /θéna/ [θéna].

En algunas zonas pronuncian el fonema [θ] como [s], de forma que no hay distinción en palabras como «cerrar» y «serrar», «maza» y «masa». Esta realización, admitida como norma correcta de pronunciación, se denomina *seseo*. Es decir, la palabra «ceniza» puede pronunciarse [θeníθa] y [senísa].

Fonema /s/ fricativo linguoalveolar sordo. Su realización fonética es [s]. Durante su emisión el ápice de la lengua se acerca a los alvéolos, dejando una pequeña abertura por donde sale el aire. Se representa en la ortografía por el grafema «s». Ejemplos: sopa: */sópa/* [sópa], *casa*: /kása/ [kása].

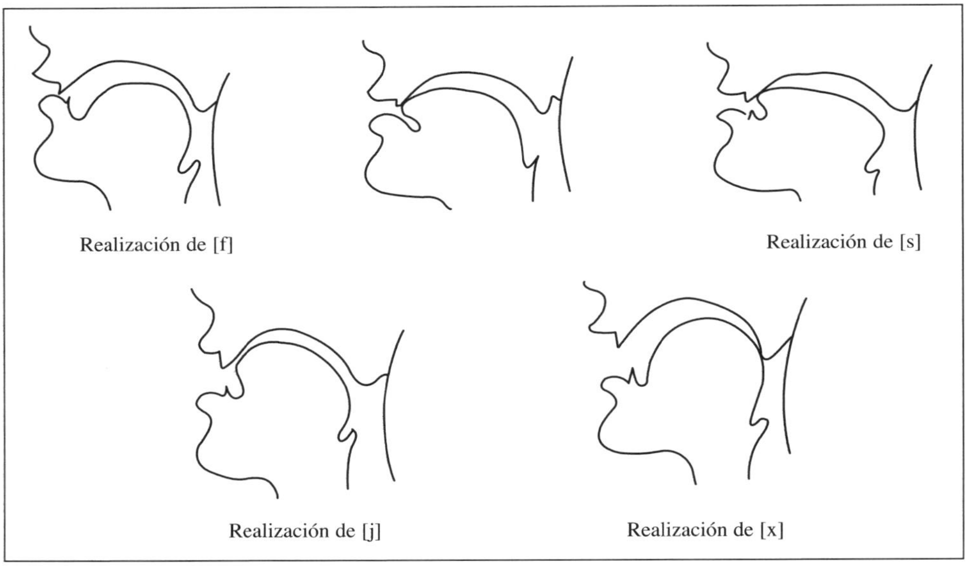

Fig. 8. *Fricativas.*

En algunas zonas españolas pronuncian la «s» como si se tratase del sonido [θ]; se denomina *ceceo*.

Cuando la /s/ cierra una sílaba se realiza, en ciertas zonas, como un sonido aspirado o se elimina. Ejemplos: *señora:* /Seɲora/ [θeɲóra], *sólo:* /sólo/ [θólo], pasta: [páhta], *los gatos:* [lohγátoh], [loγátoh].

La grafía «x» en pronunciación culta se emite como [ks] o [gs], y en pronunciación normal, más relajada ante consonante, se pronuncia como [s].

Ejemplos: *excursión*: [ekskursjón], [egskursjón] y [eskursjón], *extraño:* [ekstráɲo], [egstráɲo] y [estráɲo]. Entre vocales igualmente se pronuncia como [ks] o [gs]. Ejemplos: *taxi:* [táksi], [tágsi] y [tási].

Fonema /ǰ/ fricativo linguopalatal sonoro. Su realización es [ǰ]. Durante su emisión la lengua se adhiere al paladar duro, dejando un pequeño canal central por donde discurre el aire. Ejemplos: *yate:* /ǰáte/ [ǰáte], *mayo:* /máǰo/, [má ǰo], *hielo:* /ǰélo/ [ǰélo].

Fonema /x/ fricativo linguovelar sordo. Su realización fonética es [x]. Durante su emisión el postdorso de la lengua se acerca al velo del paladar originando una estrechez por donde sale el aire. Se representa en la ortografía por el grafema «j» ante cualquier vocal, y «g» ante las vocales «e, i»; ejemplos: *jota*: /xóta/, [xóta], *gente:* /xénte/ [xénte].

8.3. Africadas

Son sonidos en los que los órganos articulatorios, tras cerrarse por completo, interrumpen momentáneamente el paso del aire, para separarse a continuación produciendo la fricación. Ambos momentos ocurren en el mismo lugar articulatorio. Existe un solo fonema africado en español.

Realización de [c]

Fig. 9. *Africadas.*

Fonema /c/ africado linguopalatal sordo. *Su realización fonética es* [c]. Durante su emisión el predorso de la lengua se pone en contacto con la región prepalatal. Se representa en la ortografía por grafemas «c + h». Ejemplos: chiste: /císte/ [císte], *ocho:* /óco/ [óco].

8.4. Líquidas

El término «líquida» se ha heredado de los gramáticos de la antigüedad. Es una clase de consonantes que combinan una abertura del canal bucal, de manera simultánea, como las laterales, o de forma sucesiva, como las vibrantes. Se caracterizan por un grado de sonoridad próximo al de los sonidos vocálicos. Presentan la máxima abertura entre los sonidos consonánticos y un tono más elevado. Dentro de las líquidas se agrupan las consonantes laterales y vibrantes.

8.4.1. Laterales

Se caracterizan porque la salida del aire fonador se hace a través de un estrechamiento que la lengua produce por un lado o por los dos de la región pre o medio palatal.

Fonema **[l]** ***lateral linguoalveolar sonoro.*** Su realización fonética es [l]. Durante su emisión el ápice de la lengua se adhiere a los alvéolos y el aire sale por un lado o por los dos. Se representa en la ortografía por el grafema «l». Ejemplos: *pila:* /píla/ [píla], *mal:* /mál/ [mál], *ola:* /óla/ [óla].

Fonema **[ʎ]** ***lateral linguopalatal sonoro.*** Su realización fonética es [ʎ]. Durante su emisión, el aire sale por un lado o por los dos de los bordes de la lengua. Se diferencia del fonema [ǰ] porque en éste el aire sale por un canal formado entre la parte central de la lengua y el paladar. Se representa en la ortografía por dos grafemas «l» seguidos «ll».

El yeísmo, es decir, la pronunciación de /ǰ/ por /ʎ/ ([káǰe] por [káʎe]), ha ido ganando terreno en todo el dominio hispánico, y sólo muy pocas zonas conservan la distinción /ǰ/ - /ʎ/: /poʎo/, /poǰo/.

Realización de [l] Realización de [ʎ]

Fig. 10. *Líquidas laterales.*

8.4.2. Vibrantes

Se caracterizan por poseer una o varias interrupciones momentáneas durante la salida del aire, producidas por contacto entre el ápice lingual y los alvéolos.

Fonema **/r/** ***vibrante simple linguoalveolar sonoro.*** Su realización fonética es [r]. Durante su emisión el ápice forma una breve oclusión contra los alvéolos. Se representa en la ortografía por el grafema «r», en posición intervocálica. Ejemplos: *pera:* /péra/ [péra], *torero:* /toréro/ [toréro], *cara:* /kára/ [kára].

Conviene diferenciar bien la «l» de la «r» y no confundirlas como sucede en ciertas hablas en final de sílaba. Ejemplos: *arma* y *alma, mar* y *mal.*

Fonema **/r̄/** ***vibrante múltiple linguoalveolar sonoro.*** Su realización fonética es [r̄]. Durante su emisión el ápice forma dos o más oclusiones contra los alvéolos. Se representa en la ortografía por el grafema «r» en principio de palabra, medial de palabra precedido de los fonemas /n/, /l/, /s/ y por el dígrafo «rr» en posición medial. Ejemplos: *real:* /r̄eál/ [r̄eál], *Israel:* /isr̄aél/ [isr̄aél], *perro:* /pér̄o/ [pér̄o].

Fig. 11. *Líquidas vibrantes.*

Ejercicios

1. ¿Qué es el significante en el habla?
2. ¿Cuántos fonemas hay en la palabra *higuera*?
3. ¿Cuáles de estos grafemas k, s, c, qu, x, z se corresponden con el fonema /θ/?
4. ¿Intervienen las cuerdas vocales en la emisión de las consonantes sonoras?
5. ¿Hay cierre de la cavidad bucal en la emisión de los sonidos vocálicos nasales?
6. ¿Qué función desempeñan las cuerdas vocales?
7. ¿Cuándo se producen los sonidos nasales?
8. ¿Cuántos fonemas vocálicos tiene el español?
9. En la secuencia /iu/, ¿cuál de las dos vocales puede ser núcleo silábico?
10. ¿Existe triptongo en las palabras *buey, aguáis, evacuéis, decíais, estudiáis?*
11. ¿La presencia de una h entre dos vocales impide que formen diptongo?
12. ¿En cuál de las siguientes palabras la secuencia de vocales constituye hiato?: *peine, pausa, baúl, creímos, raído, aire*.
13. ¿De qué fonema son alófonos [β], [ð̞], [γ]?
14. ¿Qué consonantes se incluyen en el grupo de las líquidas?
15. ¿Qué es el yeísmo?
16. ¿Con qué grafemas se corresponde el fonema /k/?
17. ¿Cuál es el primer fonema de la palabra *general*?
18. ¿La trascripción fonológica de *vaca* es: /váka/ o /báka/?

Tema 4

La sílaba. El acento y la entonación

Manuel Esgueva Martínez

Introducción

El presente tema trata de explicar la constitución de la sílaba, sus fases y la división silábica. A continuación damos las nociones fundamentales de los suprasegmentos: el acento y la entonación.

1. La sílaba

Los segmentos vocálicos y consonánticos, estudiados de forma aislada, aparecen en la cadena hablada agrupados en unidades mayores. Una de esas unidades o elementos fundamentales de la palabra, constituida por uno o varios fonemas, es la sílaba, cuya estructura fundamental diferencia vocales de consonantes. Es la primera unidad superior al fonema.

1.1. Constitución: fase inicial, central y final

En la formación de la sílaba intervienen tres momentos o fases: una primera ***fase inicial*** o **explosiva**, donde se da una tensión creciente, configurándose desde una estrechez hasta una abertura. Una segunda ***fase central*** llamada ***núcleo silábico,*** donde concurren la máxima abertura, la mayor sonoridad y la mayor intensidad; este núcleo silábico debe coincidir siempre en español con un fonema vocálico; y una ***fase final*** **o implosiva**, donde se da una tensión decreciente, configurándose desde la abertura hasta la estrechez.

Se representa así:

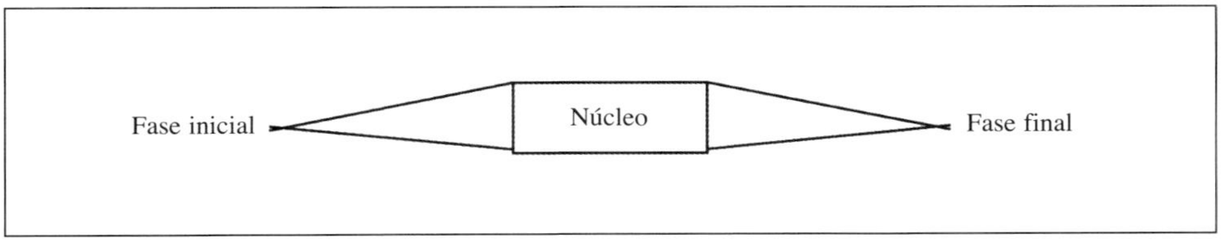

En la palabra *dos* la *d* será la fase inicial, la *o* será el núcleo y la *s* la fase final.

Los fonemas que se encuentran antes del núcleo están en posición explosiva o posición silábica prenuclear y se denominan *explosivos o prenucleares*.

Los fonemas que se encuentran después del núcleo están en posición implosiva o posición silábica postnuclear y se denominan *implosivos o postnucleares*.

Una palabra como «marcar» está constituida por dos sílabas cuyos núcleos son «a», «a»; estas vocales, poseen una mayor tensión y carga acentual que los fonemas que las preceden o siguen, ya que hay un aumento y disminución gradual respectivamente.

Podemos clasificar los fonemas españoles en vocálicos (o silábicos) y consonánticos (no silábicos); las vocales pueden formar núcleos y márgenes silábicos, como sucede con los diptongos y triptongos; las consonantes en español sólo forman los márgenes silábicos. Al mismo tiempo, la sílaba puede estar formada por un fonema (monofonemática) o varios (polifonemática). Según los elementos que forman la estructura silábica, nos encontramos con la siguiente tipología en orden de mayor a menor frecuencia:

C = consonante; V = vocal

1. CV = *me-sa, ca-fé*
2. CVC = *már-tir, con-tar*
3. V = *a-é-re-o, le-a*
4. CCV = *pri-ma, cua-dro*
5. VC = *ir, ac-tor*

Las sílabas que terminan en vocal se denominan **abiertas** (1, 3, 4), y su vocal se llama **libre**; y las sílabas que terminan en consonante se denominan **cerradas** (2, 5), y su vocal se llama **trabada**.

1.2. División silábica

La división silábica en español se realiza de la siguiente forma:

1. Una consonante entre dos vocales se agrupa con la segunda: *pá-ja-ro, li-te-ra, di-fí-cil, pi-ra-ta, ni-ñe-ra*.
2. En un grupo de dos consonantes iguales o distintas, entre dos vocales; la primera consonante se agrupa con la vocal anterior y la segunda con la vocal siguiente: *in-se-pa-ra-ble, in-no-var, ac-ce-so*.
3. Los grupos pr, pl, br, bl, fr, fl, tr, dr, cr, cl, gr, gl se agrupan con la vocal siguiente: *cla-mar, pla-ta, flo-tar, a-bri-gar, ne-gro*, y son inseparables.
4. En un grupo de tres consonantes las dos primeras se unen con la vocal anterior y la tercera con la vocal siguiente: *cons-tan-te, trans-por-tar, trans-gre-dir, ins-tau-rar.*
5. Si las dos últimas consonantes del grupo de tres son *pr*, *pl*, *br*, *bl*, *fr*, *fl*, *tr*, *tl*, *dr*, *cr*, *cl*, *gr*, *gl*, la primera consonante se une a la vocal anterior y el grupo formado por la segunda y tercera consonante se une a la vocal siguiente: *des-pla-zar, in-flar, des-tro-zar, con-tra-er, con-clu-sión, in-glés*; y si son cuatro, las dos últimas forman uno de los grupos mencionados: *cons-tre-ñir*.
6. Dos vocales seguidas que no sean altas forman dos sílabas: *ma-re-o, al-de-a, a-é-re-o*.
7. El El grupo formado por vocal alta más vocal media y/o baja forma una sílaba: *a-pre-ciáis, buey, san-ti-güéis*.
8. Al estar en contacto una vocal alta acentuada y una vocal media o baja, originan dos sílabas distintas: *bú-ho*, *pa-ís, ba-úl*.

2. El acento

Hay que diferenciar el acento fonológico (toda palabra acentuada es portadora de este acento) y el acento ortográfico, representado por una tilde (´).

El acento es un rasgo prosódico y fonológico, un suprasegmento como también lo es la entonación. El sistema español, frente a otras lenguas de acento fijo, como el francés o el polaco, es de acento libre. Debido a esta flexibilidad, es un rasgo diferenciador, pues origina cambios significativos según la sílaba donde se sitúe. En toda palabra hay una sílaba que recibe mayor intensidad, y es sílaba *tónica o acentuada*; las sílabas que carecen de dicha energía articulatoria son *átonas o inacentuadas*. Ejemplos: te-lÉ-fo-no, cua-Der-no, a-dor-Nar.

2.1. Clasificación de las palabras según el acento

El acento puede ocupar distintas posiciones en la palabra. Según el lugar ocupado, las palabras pueden ser:

1. *oxítona* (o aguda), cuando el acento recae en la última sílaba de la palabra: *papel*: /papél/, *café*: /kafé/.
2. *paroxítona* (o grave), cuando el acento recae en la penúltima sílaba de la palabra: *carretera*: /kar̄etéra/, *vaso*: /báso/.
3. *proparoxítona* (o esdrújula), cuando el acento recae en la antepenúltima sílaba de la palabra: *fábrica*: /fábrika/, *teléfono*: /teléfono/.
4. *superproparoxítona* (o sobresdrújula), cuando el acento ocupa una posición anterior a la antepenúltima sílaba. Esta acentuación es muy poco frecuente, y sucede por ejemplo en formas verbales con enclítico: *mándaselo*: /mándaselo/, *cómetelo*: /kómetelo/.

2.2. Función del acento

El acento posee varias funciones.

2.2.1. La función diferencial

El acento en español da origen a importantes cambios significativos en palabras con idénticos segmentos. Situar el acento en distintas sílabas da lugar a significados diferentes:

célebre	*celebre*	*celebré*
depósito	*deposito*	*depositó*
límite	*limite*	*limité*
tiro	*tiró*	
libro	*libró*	
pelo	*peló*	

2.2.2. La función enfática

La función enfática se manifiesta cuando el hablante, a veces, en la conversación, desea recalcar o poner de relieve una determinada palabra de especial interés para el oyente, o bien por propia afectación. Cuando esto ocurre se marcan con un acento enfático o expresivo ciertas palabras que normalmente son inacentuadas. Ejemplos: *Bajo* MI *responsabilidad*; *Lo hace* DE *memoria*; *Eres un* MISERABLE.

2.3. Palabras acentuadas y palabras inacentuadas

Toda palabra aislada recibe una carga acentual en una de sus sílabas; si forma parte del decurso de la cadena hablada sufre modificaciones al agruparse en el período. De esta forma se percibe la presencia de sílabas tónicas en determinadas palabras y la ausencia de acento en otras. Ejemplos: las preposiciones, los artículos son átonos, etc.

Nota: A veces se acentúan mal palabras como las siguientes: se dice acrobacia, no *acrobacía*; expedito, no *expédito*; fútil, no *futil*; metamorfosis, no *metamórfosis*, periferia, no *periferia*; táctil, no *tactil*; maratón, no *máraton*; maíz, no *máiz*; parálisis, no *paralísis*, kilómetro, no *kilometro*; mendigo, no *méndigo*, y perito, no *périto*, etc.

3. La entonación

Los cambios de frecuencia o variaciones de altura del tono que forman la curva melódica de una oración o texto se denominan entonación, y tienen valor funcional, ya que es de gran importancia para todo tipo de comunicación, pues una secuencia con segmentos idénticos puede crear signos lingüísticos diferentes al darles distinta entonación. Ejemplos: Ha venido a verte. ¿Ha venido a verte? Abarca la totalidad de la frase expresando estados psíquicos, sentimientos, estados de ánimo, peculiaridades socioculturales e influye en el cambio significativo del mensaje; por ello, los comportamientos tonales son fundamentales a la hora de estudiar la entonación.

3.1. Grupo fónico y pausa

Al comunicarnos se suelen producir pausas: éstas dividen el conjunto fónico en una o varias partes. Cada conjunto de unidades significativas menores entre dos pausas se denomina **grupo fónico** o **unidad melódica** y no rompen el contenido de la comunicación. **La altura musical final** de cada grupo fónico que posee la frase se denomina **tonema**, y es donde está lo lingüísticamente significativo de la entonación. Presenta tres movimientos:

descendente /↓/, horizontal /→/ y ascendente /↑/.

El español rara vez equivoca los tonemas de los grupos fónicos, pero se han de conocer los factores determinantes de la pausa, ya sea por cuestiones fisiológicas (determinadas por la respiración y por la necesidad de recuperar el aire para la fonación) o significativas (determinadas por la expresión), puesto que el mensaje es un todo significativo (unitario) compuesto por unidades de sentido menores.

Veamos un ejemplo donde las pequeñas unidades de sentido simbolizan un todo significativo:

Con los miembros ateridos, → en las noches de invierno ↑ se calientan los pastores ↓.

I	II	III

La unidad I comprende *con los miembros ateridos*,
La unidad II comprende *en las noches de invierno*,
La unidad III comprende *se calientan los pastores*.

Vemos que pueden formarse tres unidades de sentido, estrechamente relacionadas entre sí en función de la unidad total; su delimitación en el habla es la pausa que se hace entre ellas. El hacer pausas arbitrariamente rompería las unidades de sentido y ocasionaría un cambio en la comunicación del mensaje. Así pues, no debe hacerse pausa allí donde se rompa el sentido. Las categorías gramaticales establecen grupos fónicos de longitud variable y, por tanto, crean pausas. Aunque el hablante no tiene dificultades al dar la entonación adecuada a los mensajes, es frecuente en lecturas precipitadas y conversaciones descuidadas equivocar los tonemas. Como norma general, la entonación variará según su función; el fonema, al final del grupo fónico que cierra el mensaje de una proposición o frase no debe ser ascendente, ni descendente en grupos fónicos que no finalizan la comunicación. Ejemplos:

El amigo ➔ emocionado,🡑cantaba lejos 🡓
El soldado español ➔ impresionado 🡑 iba al frente 🡓

3.2. Funciones de la entonación

La entonación realiza tres funciones:

a) La función *lingüística*, que se desenvuelve en el plano de la lengua y comunica informaciones estrictamente lingüísticas. Ejemplos: Vienes al cine. ¿Vienes al cine? ¡Vienes al cine!
b) La función *sociolingüística*, que aporta una información personal del hablante (edad, sexo, temperamento, carácter) y una información estrictamente sociolingüística del hablante (origen geográfico, medio social, grado de cultura).
c) La función *expresiva,* que informa sobre las actitudes y reacciones del locutor en el momento de la conversación.

Ejercicios

1. Efectúe la división silábica de las siguientes palabras: *examen, teodicea, cántico, deshacer.*
2. Proponga palabras que tengan todas sus sílabas abiertas.
3. Proponga palabras que tengan todas sus sílabas cerradas.
4. Si están en contacto dos vocales que no sean altas, ¿cuántas sílabas originan?
5. ¿Cuántas sílabas hay en *baúl, teatro, haríamos*?
6. ¿Cuántas sílabas hay en *acuático, porfíe, latía, bióxido, continúo*?
7. ¿Es el español una lengua de acento fijo?
8. ¿Qué función desempeña el acento enfático?
9. ¿Es el acento un suprasegmento?
10. ¿Cúal es el esquema acentual de una palabra proparoxítona?
11. ¿Desempeña el acento una función distintiva?
12. ¿El acento tiene valor funcional en *lío/lió*?
13. ¿La función de la entonación se realiza a nivel de fonema, de palabra o de oración?
14. ¿Es la entonación un suprasegmento?
15. La diferencia entre *viene/ ¿viene?* ¿qué tipo de función entonativa presenta?
16. ¿Desempeña la entonación una función lingüística?
17. ¿Se utiliza la entonación para expresar emoción?
18. ¿Cuántos grupos fónicos hay en la siguiente enunciación?: *Los toros son grandes, fuertes, bravos.*
19. Señale los tonemas de la frase anterior.
20. Señale los tonemas en las frases siguientes:

    a) *Está contento* (afirmativa).
    b) *¿Está contento?* (interrogativa).

Tema 5

La lengua hablada y la lengua escrita

Pilar Ruiz-Va Palacios

Introducción

Hablar y escribir, ¿nos cuesta lo mismo? El habla es natural; la escritura, en cambio, es artificial. Los seres humanos aprendemos a hablar de manera espontánea como consecuencia de convivir a diario con otros que ya hacen uso oral de la lengua. Hablar es algo tan inherente a uno mismo, que en ocasiones no somos totalmente conscientes de lo que decimos; es muy común escuchar la advertencia "Piensa antes de hablar", porque hablar no requiere elaborar previamente una selección de enunciados o de correcciones de gramática y redacción.

Para apreciar lo que significa que la lengua hablada se adquiera espontáneamente, observemos que una persona cuya lengua materna (o primera lengua) es el español piensa y habla automáticamente en este idioma. Supongamos que decide aprender inglés; su cerebro tendrá que iniciar necesariamente la no siempre fácil tarea de "desaprender" las palabras y construcciones del español para aprender y pensar las del inglés, y así poder hablar con fluidez en el nuevo idioma *aprehendido* en un futuro; esto lo logrará sólo cuando se haya apropiado del inglés, es decir, lo haya asumido y hecho parte de sí, y no intente traducir continuamente el español.

Escribir implica el estudio de ciertas reglas y convenciones, y una permanente elaboración. Alguien que habla aceptablemente puede resultar incapaz de redactar aceptablemente, y viceversa. Hablar y escribir son modalidades del lenguaje que no desarrollamos de forma simultánea: a los dos años, un niño posee ya una capacidad de expresión oral que no se equiparará en la expresión escrita, sin embargo, hasta los ocho aproximadamente.

1. Características generales de la lengua hablada y de la lengua escrita

Mediante la simple observación del discurso hablado y del discurso escrito distinguimos las siguientes características:

LENGUA HABLADA

- Se transmite mediante la articulación de sonidos.
- Es instantánea y suele manifestar mayor carga emotiva.
- Puede presentar rasgos de descuido en la construcción de oraciones y en la pronunciación, así como cierta pobreza léxica.
- Se expresa de forma inmediata.
- Presenta repeticiones y abundancia de detalles.
- Refleja el grado de cultura de la persona y su buena o mala educación.

LENGUA ESCRITA

- Se representa por medio de signos gráficos (el alfabeto).

- Es fruto no de emociones instantáneas sino elaboradas, y de un proceso de razonamiento.
- Se distingue por ser cuidada y pulcra. Exige una rigurosa aplicación de normas ortográficas y sintácticas.
- Permanece en el tiempo de forma material.
- Está regida por el principio de la economía: comunicar de forma clara y precisa con la menor cantidad de palabras.
- Tiene el fin de transmitir y conservar la cultura de la comunidad.

El discurso oral y el discurso escrito presentan algunas diferencias, como acabamos de ver.

1.1. Lengua hablada

Pese a que la comunicación oral se transmite fundamentalmente por el canal auditivo, los gestos y la mímica, las actitudes corporales, e incluso el atuendo de los participantes y el tiempo y lugar en que se produce la comunicación, complementan de manera natural el mensaje oral, y hasta pueden llegar a suplirlo. Perceptibles todos ellos por el canal visual, estos recursos, junto con el tono y las inflexiones de la voz, no pertenecientes tampoco al código de la lengua, son clasificados como "paralingüísticos".

En la lengua hablada se identifican con facilidad los mensajes afectuosos, las amenazas, las bromas, las burlas, la alegría, la tristeza, la intención de agradar o de ofender y otros muchos contenidos. Por ejemplo, según la entonación con que se enuncia una oración, podemos reconocer si se nos hace una pregunta educada o arrogante o bien tímida. El hablante incluso puede añadirle un nuevo sentido ocasional a alguna palabra y el oyente interpretará sin esfuerzo excesivo de qué sentido se la ha dotado.

En caso de que un enunciado presente ambigüedad semántica, en la comunicación oral es posible **aclarar** de inmediato lo que se ha entendido mal o resulta confuso. El emisor oral puede desdecirse sobre la marcha de algo que haya resultado inoportuno o inapropiado y reformularlo a continuación de forma diferente; pero, aunque pueda rectificar su emisión, no puede borrar lo dicho, puesto que el mensaje se elabora y se emite de manera casi simultánea al momento en que es comprendido (descodificado) por el receptor. Correlativamente, el receptor va comprendiendo el mensaje a medida que éste es emitido.

El destinatario de un texto oral percibe los sonidos que se encadenan en palabras y oraciones como una sucesión en el tiempo; por ello, la comunicación oral es **efímera,** no sólo porque el sonido se percibe de forma momentánea y luego desaparece, sino también porque ni la memoria de los receptores ni la de los emisores es capaz de retener por mucho tiempo todo lo hablado al pie de la letra.

La comunicación oral se produce en un marco contextual extraverbal imprescindible para su funcionamiento: la **situación comunicativa**, las características del emisor y del receptor, el momento y el lugar en que se produce, etc. Con frecuencia el marco extralingüístico es suficientemente informativo por sí mismo, no es necesario mencionarlo explícitamente en el mensaje para que éste sea comprendido.

La comunicación hablada es más susceptible de verse influida por el **estado emocional del hablante** (y, como en un espejo, por el del oyente) que la escrita, dado que se produce estando presentes emisor y destinatario del mensaje.

Otra peculiaridad de la lengua hablada es el uso de **muletillas** (empleo innecesario y reiterado de determinadas palabras: *bueno*, *¿verdad?*, *o sea*, *¿me oyes?*, *¿sabes?*, *¿entiendes?*, *por consiguiente*, *quiero decir*, y muchas otras...) que, al igual que ciertas expresiones populares (*piba*, *chachi*, *vale*, *tronco*, *andar lampando*, *papear,* etc.) no se consideran aceptables en la escritura; por muy extendido que esté su uso actualmente entre ciertos grupos de hablantes, la norma prescribe que no se las debe utilizar en la escritura. A esas características de la lengua hablada se suman otras de diversa índole: la **reiteración** de las ideas y la **prolijidad** en los detalles (redundancias y repeticiones), el dejar **inacabadas** las oraciones, fenómeno sintáctico conocido como **anacoluto** (*"No, si yo no..."*, *"Como se entere tu madre..."*, *"Mira que si..."* (Véase Tema 12); la expresión de la 1.ª persona (yo) por medio de la 2.ª (*Tú te crees que las cosas son de una manera y no, son de otra*, refiriéndose el hablante a sí mismo); **discordancias** (*La gente piensan poco*, etc.); y en cuanto a la pronunciación, escuchamos **realizaciones fonéticas descuidadas** como *pa'llá* (*para allá*), *pa'lante* (*para adelante*), *anque* (*aunque*), *¿qu'hago?* (*¿qué hago*?), *m'ha llamao* (*me ha llamado*): todas ellas son realizaciones inaceptables en la escritura. Observemos que en los escritos descuidados es frecuente encontrar huellas del discurso oral.

1.2. La lengua escrita

La lengua escrita requiere un grado mayor de **formalidad** y perfección, es decir, de **sistematización**, sin que por ello se pierda totalmente la frescura de la intención comunicativa que genera el mensaje; en lo que respecta al vocabulario, se caracteriza por una selección de palabras más cuidada, más culta.

La comunicación escrita se efectúa a través del canal visual. La **lengua escrita** se caracteriza por su carácter **material y perdurable**: utiliza soportes materiales que permanecen en el tiempo; es decir, la escritura está indisolublemente relacionada con la utilización de herramientas: papel, lápiz, máquina de escribir u ordenador. En la lengua escrita contamos estrictamente con medios lingüísticos: no es posible recurrir a completar las carencias expresivas con medios "paralingüísticos", lo cual nos obliga a aplicar nuestro conocimiento del código del modo más preciso y correcto que podamos tanto al escribir como al leer.

Los textos escritos pueden funcionar con **autonomía respecto de la situación extralingüística** específica en que se encuentra el autor en el momento de escribirlos y en la que se hallará el lector en el momento de leerlos. En la literatura, sin embargo, es habitual que el autor, si lo juzga necesario para la comprensión textual, "pinte" verbalmente, es decir, se refiera a datos del contexto extralingüístico para ayudar al lector a ubicarse. Ello puede resultar necesario igualmente en muchos otros tipos de textos: jurídicos, periodísticos, científicos, etc. (Véase Tema 18).

Por otra parte, es rasgo inherente a la escritura el hecho de que **el emisor y el receptor del mensaje estén separados temporal y espacialmente** (a veces por siglos, como apreciamos en la historia de la literatura), por lo que el marco de relaciones personales y sociales, definido fácilmente entre hablante y oyente en los intercambios orales, sólo se crea en la comunicación escrita a través de recursos lingüísticos. Por ejemplo, en la escritura, señalamos que un enunciado constituye una pregunta o una expresión de asombro enmarcándolo con los **signos de puntuación** que representan convencionalmente dichas funciones: los signos de interrogación y de admiración respectivamente; sin embargo, ¿con qué puntuación expresamos la ironía, el temor, la ternura o el desprecio que tan fácilmente se transmiten en la lengua hablada con ayuda de la entonación y los gestos...? Y de igual modo, es imprescindible **acentuar** correctamente las palabras para que el receptor (lector) pueda captar el significado preciso del texto. Algunos aspectos fundamentales para la comprensión de la lengua escrita dependen de forma objetiva de la ortografía: grafías, acentuación, puntuación (Véanse Temas 3 y 6).

La comunicación escrita presenta la peculiaridad ligada al factor tiempo de poder ser **elaborada reflexivamente** antes de la emisión y de que su **recepción es diferida**. Si bien es cierto que "lo escrito, escrito queda", y los errores lingüísticos que se hayan cometido en la escritura no se pueden corregir una vez enviado el mensaje al destinatario, un texto escrito tiene la ventaja para el emisor de contar con un plazo decisivo para revisar, corregir o modificar su mensaje antes de que llegue al receptor sin que éste se percate de los cambios o rectificaciones que se han realizado en el proceso de producción del texto; también permite transmitir mayor cantidad de información que la que se puede producir oralmente. A su vez, el receptor tiene una percepción inmediata de las dimensiones del texto como un todo, y eso le permite programar el tiempo que le exigirá su lectura (o descodificación) del mensaje, es decir, puede elegir cuánto tiempo se tomará para leer el texto o en qué momento lo hará; puede volver a él cuantas veces quiera y puede ratificar o rectificar la comprensión del mismo.

Tanto la elaboración como la permanencia en el tiempo otorgan a los textos escritos **prestigio social** y también credibilidad puesto que la inscripción material supone un registro inalterable que confiere a los escritos valor testimonial. La norma escrita –asimilada a la del lenguaje literario (Véase Tema 18.)– suele influir en el habla de la población escolarizada. En ciertas situaciones, los hablantes intentan imitar la norma escrita e, incluso, por razones de cultura, evitan el empleo de sus usos orales dialectales, que relegan para las situaciones menos relevantes. En los países árabes, por ejemplo, las personas cultas emplean la norma del árabe clásico tanto en el discurso oral como en el escrito, mientras que las personas menos instruidas sólo emplean su variedad regional del árabe coloquial.

El uso de dos variedades de la misma lengua y por un único hablante en situaciones distintas se denomina **diglosia** (Véase Tema 24.). Ésta se produce cuando coexisten dos variedades de lengua muy distintas en una misma comunidad lingüística, y cada una de ellas tiene una función social diferente: una variedad, más culta o "elevada", se utiliza en situaciones serias o formales y otra, menos formal o "baja", para las conversaciones en situaciones distendidas. Por ejemplo, son diglósicos los hablantes que emplean la norma literaria como lengua oral si están en público, y su norma nativa regional cuando conversan entre amigos.

La distancia social que existe entre lengua oral y escrita podría entenderse como un tipo de diglosia entre estas dos formas, como una especie de "bilingüismo estable" en el que un mismo grupo comparte dos códigos, uno de los cuales tiene un estatus sociopolítico inferior; el código alto (la lengua escrita y el registro culto oral) se reserva a las funciones de gobierno, justicia, educación, religión, etc., y el código bajo queda relegado al hogar, a la familia y a los amigos.

Si la lengua escrita mantiene su supremacía de canon con respecto a la lengua oral es porque representa patrones sociales y culturales que se sirven de la escuela como uno de sus instrumentos de mantenimiento y, en condiciones propicias, de transmisión y reproducción. Hay dos razones para que exista la valoración de superioridad de la escritura: el efecto del **sistema educativo** y el efecto reforzador del **sistema social**. El primero consiste en que la escuela refuerza la superioridad de la escritura sobre el habla. El segundo efecto, reforzador del sistema social, se observa en que cualquier individuo que desea identificarse con un grupo social de prestigio y que, además, aspira a ser aceptado, adapta sus hábitos lingüísticos a los de dicho grupo. Quienes poseen el código de la escritura tienen más poder que los que no lo conocen en las sociedades en donde subsiste el analfabetismo, entre otras cosas porque los últimos no tienen acceso a la información que se transmite por vía escrita.

Lengua hablada y lengua escrita, ¿dos lenguas distintas?

En resumen, percibimos que la lengua hablada y la lengua escrita a veces se alejan como si respondieran a sistemas comunicativos de gramática y léxico diferentes. Ambos discursos, hablado y escrito, manifiestan diferencias, en lo que concierne a la construcción de los enunciados, al vocabulario y, sobre todo, al registro de expresión (Véase Tema 24) que la situación comunicativa exige. Pero el lenguaje oral y el escrito constituyen dos sistemas discursivos que, a pesar de su diferente valor social, se correlacionan. Muchos textos de la literatura contemporánea reflejan o reproducen fórmulas de la lengua hablada cotidiana, imitan las peculiaridades del habla de la calle, lo cual establece una deliberada interrelación entre oralidad y escritura.

Si la escritura interpreta a la oralidad, ésta constituye también una interpretación de aquélla. Por ello se las debe considerar como partes de un todo en la enseñanza de la lengua materna. Las diferencias radican muy a menudo en un mayor grado de elaboración de la lengua escrita; las básicas podrían esquematizarse así:

Diferencias entre la lengua hablada y la lengua escrita

Lengua hablada	Lengua escrita
Coincidencia espacial y temporal de hablante y oyente	Separación temporal y espacial de emisor y receptor
Marco de relaciones compartido en la situación de comunicación	Marco de relaciones creado en el texto
Temporalidad	Permanencia
Utilización de gestos y mímica	Ausencia de gestos y mímica
Posibilidad de controlar la comprensión del mensaje por medio de preguntas	Imposibilidad –inmediata, al menos– de controlar la comprensión del mensaje con preguntas
Abundancia de muletillas	Escasez de muletillas
Repeticiones	Repeticiones escasas o inexistentes
Abundancia de detalles	Precisión y concisión
Oraciones incompletas	Oraciones completas

2. ¿Qué se considera hablar bien?

El programa desarrollado en este libro de Lengua Española expone, entre otras informaciones, los criterios y normas que orientan la práctica de la escritura correcta en español. Pero, llegados a este punto, nos preguntamos en qué consiste hablar bien una lengua.

Hablar bien no es don exclusivo de los oradores elocuentes. Hablar bien es conseguir **expresar con eficacia** lo que nos hemos propuesto transmitir, de modo que el mensaje resulte **adecuado** teniendo en cuenta **quién es el interlocutor** y **en qué situación comunicativa** nos hallamos. No es adecuado usar el mismo discurso para dirigirnos a familiares y amigos en la vida cotidiana y para dirigirnos a un superior durante una reunión profesional; por ejemplo, *¿A que me dejas pillar tu boli?* o *¡Pásame tu mechero, porfa!* son expresiones coloquiales o familiares, propias de un estilo relajado, que tienen expresiones correlativas en un registro de español culto: *¿Tendría Ud. la amabilidad / Me haría Ud. el favor de prestarme su bolígrafo?*, *¿Puede acercarme / Puedo usar su mechero?*, adecuadas a un contexto en el que la relación entre hablante y oyente es más formal o respetuosa.

Cada situación comunicativa condiciona que los hablantes seleccionen unas determinadas formas de expresión verbal. Ante una situación formal, el hablante siente la necesidad social de producir un discurso oral adecuado que no suscite rechazo o descrédito; aunque –en teoría– conozca en qué consiste la adecuación del discurso a las situaciones, puede suceder que el hablante se dé cuenta de que su competencia comunicativa es deficiente porque no domina el «arte» de la expresión oral, como si se produjera un vacío entre su intención comunicativa y su capacidad de expresión.

Por otra parte, muchas palabras y expresiones que aceptamos como normales al escribir o al leer nos parecen inadecuadas al hablar: cuando alguien habla con un rebuscamiento inapropiado para la comunicación oral en un contexto coloquial o familiar, nos parece inoportuno y afectado porque está empleando el sistema propio de la lengua escrita. En la vida cotidiana lo adecuado es comunicarnos mediante un registro familiar o coloquial. En el extremo opuesto, actualmente se constata, con demasiada frecuencia, una tendencia de los hablantes más jóvenes a limitarse al empleo casi exclusivo del registro vulgar y de expresiones inadecuadas para determinadas situaciones comunicativas (clichés, palabrotas, palabras comodín, argot tribal o de grupo urbano). La generalización indiscriminada del registro vulgar en la comunicación oral es valorada socialmente como una mala utilización del idioma.

2.1. La adecuación

Hablar bien una lengua no consiste, exclusivamente, en la habilidad para emitir enunciados gramaticales. Conocer una lengua implica saber escoger el término apropiado en el estilo adecuado, el tiempo y lugar correctos, implica un conocimiento complejo de cómo decir qué, a quién, cuándo y dónde. Este conocimiento de cómo usar la lengua apropiadamente, en todas las situaciones sociales, teniendo en cuenta que los usos adecuados cambian según las situaciones, se ha definido como «competencia comunicativa». Uno de los principios básicos de la sociolingüística es el de que no hay hablantes con un estilo único, es decir, todo el mundo es "pluriestilista", en el sentido de que adapta su estilo de habla a la situación comunicativa en que se encuentra. El saber cambiar de registro según los interlocutores y las circunstancias, así como una hábil administración de las estrategias de cortesía son indicio de un buen conocimiento de la lengua. Cuando un hablante usa únicamente el registro vulgar por carecer de recursos para alternarlo con otro más elaborado, coloquial o culto, es decir, cuando es incapaz de adecuar su expresión a la situación comunicativa, manifiesta un síntoma de ignorancia e incultura.

2.2. La corrección oral

Por la inmediatez e impremeditación con que, generalmente, emitimos los mensajes orales, la lengua hablada no suele presentar el mismo grado de esmero que la escrita.

Las incorrecciones que se advierten en la lengua hablada pueden ser tanto de pronunciación (**pograma* por *programa*; **hinopsis* por *hipnosis*, **cocreta* por *croqueta*, **asín* por *así*, etc.), como de morfología y sintaxis (**dijistes* por *dijiste*, **me se cae* por *se me cae*, **la dejé un recado* por *le dejé un recado (a ella)*, **andó* por *anduvo*, *¿alguno de vosotros *tenéis hijos* por *alguno de vosotros tiene hijos?*), así como de vocabulario inapropiado (*La aspirina *fluorescente (efervescente) es más rápida y eficaz. Es un *desecho de virtudes (dechado). Tiene los huesos *descalificados (descalcificados). Estoy *insultante (exultante) de alegría)*.

La expresión **corrección oral** se asimila a menudo a la buena pronunciación y no al conjunto de reglas que organizan la lengua hablada. Tradicionalmente relacionada con la retórica y la oratoria, la Ortoepía es la rama de la fonética que se ocupa de la pronunciación correcta. La Ortofonía estudia, a su vez, la corrección de los defectos de la voz y de la pronunciación. Y ambas forman parte de la Ortología, arte de pronunciar correctamente y, de manera general, de hablar con propiedad. La Ortología, pues, es un conjunto de reglas restrictivas que definen el "deber ser" de la pronunciación.

En una lengua como el español, los criterios de pronunciación correcta deberían estar fijados por una norma lingüística estándar panhispánica (es decir, representativa en todos los países en que se habla español como lengua materna), que estableciese un marco de referencia de corrección democráticamente consensuada y aceptada, de manera que los hispanohablantes pudieran identificarse como grupo lingüístico en cualquier situación comunicativa. Según la Real Academia, «El español, por su carácter de lengua supranacional, constituye en realidad un conjunto de normas diversas que, no obstante, comparten una amplia base común». Pero, precisamente en lo que concierne a la pronunciación, no es fácil prescribir –y menos aceptar– una norma única, teniendo en cuenta la enorme diversidad del español derivada de la extensión del territorio y del ingente número de hablantes, y por ser una lengua que presenta variaciones dialectales bien diferenciadas en cada una de las distintas zonas lingüísticas peninsulares y extrapeninsulares.

La prescripción de normas de pronunciación correcta suele suscitar susceptibilidades entre la comunidad de hablantes, puesto que, fijar lo que es correcto puede interpretarse un desprecio hacia lo que no se estima como tal. Por ello, las recomendaciones -más que normas- sobre la pronunciación correcta deberían matizarse, precisando con claridad si se proponen para su seguimiento en un ámbito de uso general del español o bien para uso exclusivo de una zona geográfica en la que existen normas específicas. Sería prudente, por tanto, que se formulase la norma de una manera flexible, teniendo en cuenta la adecuación comunicativa, una norma que permitiese también las variedades de uso en función del grado de formalidad de la situación.

El estándar del discurso oral no debería situarse en una mera transposición del discurso escrito, ya que el primero posee formas y usos distintos, ni tampoco debería ser el calco de uno de los registros posibles de la comunicación oral: el coloquial. Sería más acertado que se formulase una norma estándar del español hablado considerando la especificidad de la lengua oral y no remitiéndose a la escritura como única referencia.

2.2.1. ¿Cómo mejorar el discurso oral?

Ésta es una propuesta de observar y llevar a cabo dos tipos de actividades en lengua hablada: de comprensión y de expresión. Las prácticas tienen la función de crear o afianzar la conciencia de qué acciones lingüísticas realizamos en la comunicación oral, con el fin de conseguir ser más eficaces en la expresión de nuestras necesidades comunicativas.

2.2.1.1. Prácticas de comprensión oral

- Verificar que se captan las ideas principales y los detalles específicos de informaciones, conferencias y debates relacionados con actividades cotidianas, difundidos a través de los medios de comunicación que utilizan como soporte la lengua hablada, tales como la radio, la televisión, el cine, etc., y que se comprende lo esencial de la información.

2.2.1.2. Prácticas de expresión oral

- Participar en conversaciones sobre temas de actualidad, sobre el propio trabajo, la familia y cualquier otro tipo de información relevante. Hacer exposiciones en público persiguiendo la precisión y manteniendo la adecuación a la situación comunicativa.
- Identificar las actitudes, estados de ánimo e intencionalidad explícitamente expresados por sus interlocutores, y reaccionar ante ellos de forma apropiada.
- Expresar las propias ideas, sentimientos y necesidades de forma clara y sencilla.
- Intercambiar, comprobar y confirmar información. Dar una opinión; explicar los motivos, comentar, comparar y proponer soluciones a situaciones poco frecuentes.
- Resumir.
- Dar instrucciones detalladas.
- Realizar con la mayor fluidez posible narraciones y descripciones de cierta complejidad.
- Participar en entrevistas (o simulacros) preparadas, proporcionar la información concreta requerida y argumentar de forma clara y ordenada.
- Expresarse sobre temas abstractos.
- Utilizar la lengua con adecuación (registro formal / registros informales, fórmulas de cortesía, etc.).

2.2.1.3. Acciones comunicativas del discurso oral

Las acciones comunicativas fundamentales que realizamos en la interacción social son establecer contacto, influir en el interlocutor, manifestar aprecio o valoración, informar y discutir. Todas ellas se manifiestan mediante un repertorio de fórmulas lingüísticas que relacionamos a continuación.

1. Establecer contacto social:

- Saludos.
- Presentaciones.
- Ofrecimientos y expresión del agradecimiento.
- Expresión de la comprensión.
- Presentación de excusas.
- Manifestación de deseos, desconocimiento e inseguridad.
- Palabras vacías.

2. Ejercer influencia sobre el interlocutor:

- Incitación.
- Mandato afirmativo / negativo.
- Consejos, advertencias, sugerencias.
- Petición.
- Expresión de la opinión.
- Planteamiento o rechazo de propuestas.

3. Manifestar aprecio:

- Apreciación intelectual: aprobación, desaprobación, calificación, comparación, elección y preferencia, indiferencia, restricción, atenuación, grados de insistencia.
- Apreciación afectiva: satisfacción, gratitud, contrariedad, pesar, decepción, etc.

4. Informar acerca de datos objetivos, acontecimientos, descripciones, etc.:

- Aportación de información.
- Solicitud de información.

5. Discutir:

- Acuerdo, desacuerdo.
- Argumentación: iniciación y desarrollo de un razonamiento; argumentos de apoyo; valoración de opiniones; establecimiento de conclusiones.
- Expresión de relaciones lógicas de causa, consecuencia, finalidad, concesión, condición, hipótesis, oposición.

2.2.1.4. La conversación

Entre las formas más naturales y cotidianas de la lengua hablada está la conversación, la cual erróneamente se tiene hoy en día por una forma de discurso poco elaborada. Sin embargo, en la tradición retórica se la consideraba como un arte sujeto a normas estrictas. En los antiguos manuales de conversación, se informa sobre los temas que podían ser objeto de las conversaciones elegantes, pues no todos los temas se han tratado libremente en todos los pueblos; todavía hoy existen restricciones y tabúes en algunas sociedades en cuanto a conversar sobre temas relacionados con la familia, lo personal, las enfermedades, el sexo, la religión, los conflictos políticos, los negocios y el dinero, por ejemplo.

Los manuales de cortesía, en los que se reconoce la importancia de diversos aspectos del lenguaje, brindan una prueba de la elaboración y complejidad que pueden llegar a tener las conversaciones. En la conversación intervienen de manera significativa varios niveles del lenguaje: la pronunciación, la elección del léxico, los registros y también otros elementos paralingüísticos: los gestos y las actitudes corporales (la proxemia estudia las distancias espaciales mantenidas entre los hablantes en la comunicación verbal), así como la coherencia entre los gestos y el sentido del discurso. Se considera la conversación como una forma de comunicación, pero también un instrumento constitutivo de la sociedad, el medio más eficaz de transmitir las ideas y los sentimientos, y de hacer más agradable y útil el trato con los seres humanos.

Para que la conversación tenga éxito, conviene tener presentes unas normas –en apariencia obvias– que aún hoy siguen siendo válidas: respetar los turnos de palabra y los temas de conversación entablados, no exceder un periodo razonable en el uso de la palabra, prestar atención al que habla y, por supuesto, controlar la intensidad y el tono de la voz, y hasta el ritmo, son algunas de ellas. También es importante que la dinámica de participación de los conversadores sea general cuando el grupo es pequeño; pero se aceptan los diálogos cruzados cuando es grande.

Es un error frecuente considerar como texto únicamente el discurso escrito cuando el discurso oral, y en este caso la conversación, también es un conjunto de unidades lingüísticas articuladas entre sí que, como cualquier otro tipo de texto, desarrolla un tema y tiene una estructura determinada aunque flexible. En función de la situación comunicativa, es preciso seleccionar unas formas lingüísticas y desechar otras, sin que ello implique en modo alguno que las descartadas lo sean por incorrectas. Cuando la elección llevada a cabo es inadecuada, se producen usos lingüísticos desacertados que discurren de lo cursi a lo grosero o lo torpe. La adecuación se pone de manifiesto sobre todo en la elección del léxico que puede resultar apropiado para una situación, pero no para otra. La relación existente entre los participantes en la comunicación determina también los usos adecuados de cortesía verbal. En la vida social tenemos ocasión de participar en diversos tipos de conversaciones, desde las más espontáneas e informales (con la familia o los amigos), hasta aquellas totalmente formales en las que estamos subordinados a la autoridad del interlocutor (el jefe, el profesor), pasando por situaciones intermedias (con un tendero, con el médico, con un funcionario de correos). Según la relación que exista entre los hablantes será preciso aumentar el grado de cortesía, eligiendo el tratamiento adecuado (*tú*, *usted*, *Sr. Gil*, *D.ª Nieves*, etc.) y cuidando la selección del vocabulario, así como el tema de conversación.

En la conversación se emplean diversas **estrategias estilísticas y retóricas**, que no son patrimonio exclusivo de la literatura. Crear estilo es elegir, y en la lengua hablada el estilo le debe más al deseo de expresividad y eficacia que al deseo de perfección y belleza. En el registro coloquial las metáforas y el sentido figurado de las expresiones son mucho más abundantes de lo que se podría imaginar. Por otra parte, la retórica no es, en definitiva, más que un conjunto de estrategias de persuasión, y el conversador intenta ser persuasivo con frecuencia por cuanto organiza y dispone su discurso de la forma más rentable para sus intereses. Las relaciones humanas se canalizan por medio del diálogo, y el éxito o fracaso en la consecución de nuestros fines depende en gran parte de la habilidad conversacional. Reflexionar y ser consciente de lo que es oportuno o inoportuno, percatarse de las intenciones del interlocutor, discurrir la forma de evidenciar u ocultar mejor nuestras intenciones es un aprendizaje lingüístico del comportamiento social que tiene enorme importancia y, lamentablemente, suele desarrollarse al margen de la reflexión escolar.

Presentamos "diez reglas de oro de la conversación" como una llamada de atención que nos conduzca a participar de modo más consciente en los intercambios conversacionales

Decálogo de oro de la conversación

1) Despertar el interés del interlocutor.
2) Tener en cuenta que cada participante tiene derecho a su oportunidad (turno de protagonismo).
3) Escuchar con atención al que habla y no interrumpirle.
4) Limitar la extensión de nuestra intervención.
5) Evitar el descontrol de la cortesía en las discusiones acaloradas.
6) Evitar los silencios prolongados.
7) Controlar el lenguaje gestual corporal.
8) Manejar con precisión y concisión el lenguaje.
9) Hablar con claridad y ritmo de modo que el oyente entienda a medida que escucha.
10) Ponerse en el lugar del oyente.

Ejercicios

1. Lea los siguientes ejemplos, A y B, y señale cuál de ellos procede de la lengua hablada y cuál de la lengua escrita. Indique en qué características se basa.

   A. *¿Qué estudia la morfología? A ver, ¿quién me lo puede decir? ¿Qué estudia la morfología?... Muy bien: la estructura interna de las palabras; por lo tanto, las palabras que estén compuestas de unidades menores a las cuales llamamos ¿cómo ...? ¿a esas unidades menores que componen la palabra? ... morfemas, efectivamente... Aquellas palabras que estén constituidas por más de un morfema, es decir, es decir, que sean polimorfemáticas... serán objeto de la morfología.*

   B. *La morfología es el estudio de las estructuras de las palabras, de las alteraciones formales de las palabras, de las formas de flexión (conjugación y declinación), y de las clases de palabras (sustantivo, verbo, adjetivo, etc.).*

2. Asigne una interpretación al enunciado *Es la hora*, según las diversas situaciones comunicativas, en las que conocemos el lugar, el tiempo y el emisor:

   a) La madre se lo dice al hijo a las 7 de la mañana.
   b) El conductor del coche fúnebre delante de una sala de un tanatorio.
   c) Un funcionario a las 14 h en punto.
   d) Un albañil con una tartera y un termo a las 10:30 h.
   e) Un bedel, asomándose al aula.

3. Teniendo en cuenta la noción de adecuación, aplíquela a estos ejemplos de la lengua hablada y relacione las opciones a, b, c, d, e, con las opciones 1, 2, 3, 4, 5.

   Al llegar a un lugar, saludamos a:

   a) Una persona amiga de nuestra misma edad.
   b) Una persona anciana que nos acaban de presentar.
   c) Un grupo de nuestros subordinados en una gran empresa.
   d) El *maître* del restaurante donde entramos a cenar.
   e) Una niña de dos años.

   Para cada una de esas personas elegimos una de las siguientes fórmulas de cortesía:

   1. *Buenas noches. Seremos dos.*
   2. *Hola, ¿qué tal?, ¿cómo te va la vida?*
   3. *Mucho gusto en conocerla. ¿Cómo está Ud., señora?*
   4. *Hola, ¡qué cosa tan bonita! ¿Me das un besito?*
   5. *Buenos días a todo el mundo. ¿Todo está en regla?*

4. *Diga qué acciones comunicativas representan los siguientes enunciados.*

   a) *Discúlpeme por haberle empujado, ha sido sin querer.*
   b) *Ésta es Lola, mi amiga desde el parvulario. Tenía ganas de que os conociérais.*
   c) *No te gastes ni un euro en esa marca de coche. Hazme caso.*
   d) *El servicio contestador de la compañía le informa de que no tiene mensajes.*
   e) *Me fastidia muchísimo no poder hacer el Camino de Santiago este año.*
   f) *Comparto al cien por cien todos tus puntos de vista.*
   g) *He cumplido mi promesa porque di mi palabra de honor.*

5. Sustituya estos vulgarismos extraídos de la lengua hablada por las formas correctas correspondientes:

   Diabetis (un) taxis dentrífico agüela tamién trenta sos vais cónyugue destornillarse (de risa) convinción picia fustrado juntémosnos esparramar paralís pa' na arrascar inconciente calientísimo aereopuerto cotidianeidad apreta circustancia frazmento sentaros eclise reztor

6. Marque como *verdadero / falso* las siguientes opciones, argumentando por qué:

   a) El lenguaje culto y elaborado es un factor diferenciador de clase sociocultural.
   b) La carencia del conocimiento lingüístico que permite adecuar el discurso a la situación comunicativa es un factor de discriminación social.
   c) Un hablante instruido no debe hacer uso nunca de los registros coloquial y vulgar.
   d) La capacidad de cambiar de registro según la situación comunicativa indica que se domina el uso de la lengua.

Tema 6

Principales normas ortográficas de acentuación y puntuación

Mario García-Page Sánchez

Introducción

1. Acentuación
   1.1. Normas generales
   1.2. La tilde de hiatos
   1.3. La tilde diacrítica
   1.4. La tilde en los compuestos
   1.5. La tilde en palabras con pronombre enclítico
   1.6. La tilde en los adverbios en *-mente*
2. Puntuación
   2.1. El punto
   2.2. El punto y coma
   2.3. La coma
   2.4. Los dos puntos
   2.5. Los puntos suspensivos

2.6. Signos de interrogación y exclamación
2.7. Los paréntesis
2.8. Los corchetes
2.9. La raya
2.10. Las comillas
2.11. Diéresis o crema

Ejercicios

Introducción

En el presente tema se estudian, primero, las normas de acentuación, tanto las más generales (diferenciación ortográfica de palabras agudas, llanas y esdrújulas, etc.), como las más específicas o restringidas a una determinada categoría gramatical o aspecto lingüístico (diferenciación de palabras homónimas, monosílabos, señalización gráfica de hiatos, palabras compuestas, adverbios en *-mente*, verbos agrupados con pronombre enclítico). En diversas ocasiones el alumno tendrá que relacionar los criterios ortográficos con las nociones de fonología (vocal, sílaba, diptongo, etc.) ya aprendidas. Posteriormente, se describen los principales signos de puntuación ortográfica, atendiendo asimismo a las normas que gobiernan su uso. El empleo correcto de los signos de puntuación tiene mucho que ver con la corrección gramatical en la construcción de las frases y oraciones y con la interpretación de los enunciados (p. ej., la distinta posición de una coma puede determinar un cambio de sentido).

En el tema se suministran los principales mecanismos ortográficos de acentuación y puntuación que le permitan al alumno redactar correctamente y lo ayuden a comprender mejor los textos escritos.

1. Acentuación

1.1. Normas generales

Tratándose de una **palabra polisilábica**, la vocal tónica de una sílaba debe llevar tilde o acento gráfico en una de las siguientes circunstancias:

a) Cuando tal palabra es **aguda** (también llamada **oxítona**) y termina en vocal, *n* o *s* (*olé*, *canción*, *compás*), salvo que acabe en *y* (*convoy*) o la *s* vaya precedida de otra consonante (*telefax*, *robots*).
b) Cuando tal palabra es **llana** o **grave** (también llamada **paroxítona**) y acaba en consonante distinta de *n* o *s* (*álbum*, *cóctel*), salvo que la *s* vaya precedida de otra consonante (*tíquets*, *cómics*).
c) Cuando tal palabra es **esdrújula** (o **proparoxítona**) o **sobresdrújula** (o **superproparoxítona**), sea cual sea su terminación (*médicos*, *cuéntamelo*).

Lleva también tilde la palabra llana que acaba en *y* (*póney*).

Cuando se trate de un **diptongo** o un **triptongo**, se aplicarán estas reglas generales teniendo en cuenta que el acento gráfico irá sobre la vocal abierta o media: aguda (*peináis*), llana (*Láinez*), esdrújula (*murciélago*); o bien sobre la segunda vocal si se trata de dos vocales cerradas (*lingüístico*).

Tales reglas se aplican tanto a las **mayúsculas** (*Ángel*), como a los **latinismos** (*referéndum*, *quórum*) y a los **extranjerismos** ya asimilados y prácticamente adaptados (*París*, *córner*, *fútbol*), si bien, en este último caso, podrán encontrarse alternativas del tipo *Bernabeu / Bernabéu*, *Amsterdam / Ámsterdam*, etc., según el sentimiento de voz foránea que tenga el hablante.

Las **palabras monosilábicas** nunca llevan tilde, excepto en los casos señalados en apartado 1.3., por lo que son incorrectas acentuaciones como **fuí*, **tí*, **fué*, **fé* o **dió*.

1.2. La tilde de hiatos

Llevará tilde la vocal cerrada tónica de una secuencia formada por dos vocales que obedezca a alguno de estos esquemas:

vocal cerrada tónica + vocal abierta/media átona,
vocal abierta/media átona + vocal cerrada tónica,

aunque pueda contravenir cualquiera de las normas generales; así, *sandía* y *leímos* llevan tilde, aun siendo llanas acabadas, respectivamente, en vocal y *s*, porque la tilde sirve para marcar el hiato, es decir, la formación de dos sílabas distintas: *san - dí - a*, *le - í - mos* (Tema 3).

Tenga en cuenta que la *h* intercalada entre vocales no afecta a la regla ortográfica: *cohíbe*, *vehículo*, *búho*, etc.

Cuando se trata de las secuencias *ui*, *iu*, aunque se articulen como hiato (dos sílabas distintas), se interpretan como diptongos a efectos ortográficos; de ahí que no lleven tilde voces como *huida*, *jesuita* y *altruista*.

1.3. La tilde diacrítica

La tilde diacrítica es el signo gráfico de acentuación convenido para diferenciar palabras formalmente idénticas pero de significado distinto; se sitúa sobre la vocal de la palabra que es por naturaleza tónica. En general, las palabras pertenecen a clases o categorías distintas y, en numerosos casos, se trata de monosílabos:

- **tú** (pronombre personal) / **tu** (adjetivo posesivo): *<u>Tú</u> hablarás primero. / <u>Tu</u> hermano vendrá.*
- **él** (pronombre personal) / **el** (artículo): *¡Que estudie <u>él</u>! / ¡Que estudie <u>el</u> vecino!*
- **mí** (pronombre personal) / **mi** (adjetivo posesivo, sustantivo 'nota musical'): *La carta es para <u>mí</u>. / La carta es para <u>mi</u> padre.*
- **té** (sustantivo) / **te** (pronombre personal, morfema): *El <u>té</u> es una infusión. / Yo <u>te</u> lo pido.*
- **dé** (verbo) / **de** (preposición): *Que te <u>dé</u> un recibo. / Curso <u>de</u> Acceso.*

• **más** (adverbio de cantidad, adjetivo cuantitativo, pronombre) / **mas** (conjunción coordinada adversativa): *Ella duerme más. / Come mucho, mas no engorda.*

• **sé** (verbo) / **se** (pronombre personal, morfema): *Lo sé muy bien. / No se lo des ahora.*

• **sí** (adverbio de afirmación, pronombre personal) / **si** (sustantivo 'nota musical', conjunción subordinante): *Sí iré*; *Lo tomó para sí. / Pregunta si vas a ir.*

• **éste** (pronombre demostrativo) / **este** (adjetivo demostrativo): *Me gusta éste. / Me gusta este perrito.*

• **sólo** (adverbio de cantidad) / **solo** (adjetivo): *Sólo vive del cuento. / Vive solo: no tiene familia.*

• **aún** (adverbio de tiempo 'todavía') / **aun** (adverbio 'incluso, inclusive, también'; frec. en la construcción *aun* + gerundio): *El tren no ha llegado aún. / Estudia de día y aun de noche*; *Ni aun diciéndoselo yo, va a venir.*

• **cuándo**, **dónde**, **cómo**, etc. (interrogativo o exclamativo) / **cuando**, **donde**, **como**, etc. (adverbio relativo, conjunción): *No sé cuándo llegó*; *¿Dónde vive? / Avísame cuando llegue*; *Vive donde nació*; etc.

Tenga en cuenta, además, lo siguiente:

– Salvo los casos señalados, los monosílabos nunca llevan tilde.
– La conjunción **o**, aun siendo monosílabo, lleva tilde cuando separa cifras: *2 ó 3*. No llevan tilde ni la **e** ni la **u** cuando funcionan como conjunciones coordinantes: **Ana é Irene*; **siete ú ocho*.
– En el caso del adverbio **sólo** y el pronombre **éste**, es potestativo el uso de la tilde, salvo que haya flagrante ambigüedad (si bien la Academia parece mostrar preferencia por la forma sin tilde).
– La forma acentuada **aún** puede adquirir otros valores distintos del temporal. La forma átona **aun** se adscribe a veces a otras clases de palabras, como la preposición (equivalente a *hasta*, también analizable como adverbio en frases como *Todos estaban de acuerdo, aun el director*), y la conjunción, como constituyente de la locución conjuntiva *aun cuando*: *Riegan el jardín aun cuando llueve*).

1.4. La tilde en los compuestos

La acentuación gráfica en las palabras compuestas dependerá directamente de la forma como se escriban:

– Si se trata de **compuestos sintagmáticos** (es decir, separados gráficamente) o **unidos por un guión**, cada una de las palabras llevará tilde si las normas generales de acentuación lo dictan, pues se interpretan como palabras simples a efectos ortográficos (*así mismo*, *físico-atómico*).
– Si se trata de **compuestos gráficos** (esto es, unidos gráficamente), la tilde sólo se marcará en la segunda palabra si así lo requiere la norma (*asimismo*, *fisicoatómico*).

1.5. La tilde en palabras con pronombre enclítico

Desde la publicación de la nueva *Ortografía* de la Academia (1999), las palabras que llevan adjuntos pronombres enclíticos siguen las normas generales de acentuación: *deme* (**déme*), *confiose* (**confióse*), etc.

1.6. La tilde en los adverbios derivados en *-mente*

Aunque el adverbio en *-mente* es una palabra con dos acentos fonológicos (uno sobre el adjetivo y otro sobre el sufijo *-mente*), a efectos ortográficos sólo tiene uno, que se marca sobre la base adjetiva si ésta ya lo llevaba antes de recibir el sufijo: *cortésmente*, *límpidamente*.

2. Puntuación

Los signos de puntuación son los siguientes:

punto .
punto y coma ;
coma ,
dos puntos :
puntos suspensivos ...
signos de interrogación ¿? y exclamación ¡!
paréntesis ( )
corchetes [ ]
raya —
comillas simples ‘ ’ y dobles “ ”, « »
diéresis o crema ¨

2.1. El punto

Las pausas de la comunicación oral se reflejan en la escritura, según su menor o mayor duración, mediante coma, punto y coma o punto.

– El punto se emplea normalmente para marcar el final de un enunciado considerado completo. Tras él, debe escribirse con mayúscula (*La tierra estaba seca y sedienta. Por fin, llegaron las lluvias*), salvo que el punto sea el de una abreviatura (*La Pza. de España*).

Existen tres clases de punto: **punto y seguido**, **punto y aparte** y **punto final**. Este último señala el final absoluto de un escrito. A pesar de las indicaciones de la Academia, las diferencias de empleo entre el punto y seguido y el punto y aparte no están claras en numerosas ocasiones, pues la existencia de una mayor o menor ruptura del hilo narrativo o de una más o menos acusada división de partes y el que se realice una pausa más breve o más larga dependen fundamentalmente de la apreciación del usuario.

El punto y seguido separa enunciados dentro de un mismo párrafo; tales enunciados pueden ser oraciones simples o compuestas. El punto y aparte sirve para separar dos párrafos, cada uno de los cuales suele estar compuesto de enunciados distintos pero relacionados por su contenido:

Estábamos en Sanlúcar de Barrameda (Cádiz). Amanecía. El sol, radiante, iba asomando lentamente su flequillo en el horizonte para mirarse en el espejo marino. Según ascendía, las gaviotas dibujaban su silueta negra en el fondo amarillo.

Ellos vivían en un pueblo de Bilbao. Aún era noche. Llovía sin cesar, como casi siempre. Las sirenas de las fábricas tocaban a diana. La gente se desperezaba y pronto pondría rumbo a su trabajo.

– También se usa el punto para marcar el final de una palabra abreviada (*etc.*, *Dra.*) o, a veces, los componentes de una sigla, sobre todo cuando ésta forma parte de un enunciado escrito con mayúsculas (*«COMUNICADO DEL RECTORADO DE LA U.N.E.D.»*). En general, las siglas no llevan puntos.

Tenga en cuenta, no obstante, que no todas las abreviaturas exigen punto, como es el caso de las unidades de medida (*Dos m de tela*; *Un l de agua; El examen es de 2 h de duración*).

2.2. El punto y coma

– El punto y coma representa gráficamente la pausa superior a la coma e inferior al punto; si bien, en algunos casos, la distinción entre el punto y el punto y coma es arbitraria.

– Su empleo más frecuente se da cuando, tratándose de una enumeración, todos o algunos de los miembros llevan comas en su interior:

La cocina es muy luminosa, aunque algo angosta; el salón, en cambio, es muy espacioso, aunque ligeramente sombrío.

– Es prácticamente obligatorio precediendo a locuciones conjuntivas y adverbiales (marcadores discursivos) del tipo *sin embargo*, *si bien*, *no obstante*, *en cambio*, *por ejemplo*, *por lo tanto*, etc., si encabezan la oración o período y especialmente si éste tiene una longitud considerable (en este último caso, la norma del punto y coma también se extiende a otras conjunciones y locuciones, como *aunque*, *mas*, *es decir*, *o sea*, etc.):

El muchacho no engorda; sin embargo, come una barbaridad.
El infinitivo es una forma no flexiva; es decir, no conjugada.

2.3. La coma

– La coma se usa para separar los miembros de una **enumeración**, salvo, en general, el último si va precedido de una conjunción copulativa (*y*) o disyuntiva (*o*), sean éstos palabras, sintagmas u oraciones; si bien, en este último caso, se opta frecuentemente por el punto y coma:

En la reunión había hombres, mujeres y niños.
En la reunión había hombres, mujeres, niños, etc.
La rana croa, el caballo relincha y la cigüeña crotora.
La rana croa; el caballo relincha; y la cigüeña crotora.

Si aparece coma ante conjunción, puede deberse, entre otros motivos, a uno de estos supuestos:

a) Que la construcción no esté gramaticalmente coordinada al último miembro de la enumeración:

Los tres cerditos cantaban, saltaban y reían, y la cabaña permanecía en pie.
En la casa había joyas, antigüedades de valor incalculable y cuadros de pintores famosos, y el ladrón sólo se llevó el dinero.

b) Que exprese un contenido distinto:

Los congresistas recorrieron a pie todos las calles del casco antiguo de la ciudad para ver los principales monumentos, y se alojaron en el parador.

c) Que tenga una extensión considerable:

El regalo del marquesado consistía en un juego de té irlandés del siglo XVIII de veinte piezas, y una fíbula romana del siglo I d. C.

d) Por énfasis:

En América, ella se acordaba de su novio, de sus compañeras de clase, de su madre, de su bicicleta..., y de un imponente bocadillo de jamón serrano.
Lo cierto es que el chico estudia, y con ahínco.

– La coma es obligatoria para señalar el comienzo y el término de las estructuras parentéticas o incisos que incluyen comentarios que precisan o amplían lo dicho en la oración que interrumpen (aposición explicativa, subordinada de relativo adjetiva explicativa, adjetivo incidental, etc.) y de otras construcciones asimiladas a ellos, como el vocativo, ciertos marcadores discursivos, adverbios oracionales y de punto de vista, etc. Ejemplos:

a) **Vocativo**:

Tú sabes, <u>Luis</u>, que eso es mentira.

b) **Aposición explicativa**:

Toledo, <u>la Ciudad Imperial</u>, fue capital de la España visigoda.

c) **Subordinada adjetiva explicativa**:

Nuestros hijos, que han sacado buenas notas, se merecen un premio.

d) **Adjetivo incidental**:

Las flores, mustias, dejaron de exhalar su delicado aroma.

e) **Marcador discursivo**:

El problema, en mi opinión, tiene un signo confundido.
Por cierto, ¿cuándo vuelven tus padres?

f) **Adverbio oracional**, **de punto de vista**, etc.:

Etimológicamente, aljibe *es un arabismo.*

Recuerde que en todos estos casos son preceptivas las dos pausas que delimitan el inciso, comentario, vocativo, etc. Debe, pues, evitar incurrir en el error frecuente de marcar una sola coma: **Nuestros hijos, que han sacado buenas notas se merecen un premio*; **El problema en mi opinión, tiene un signo confundido*; etc.

– La coma es obligatoria cuando la **oración subordinada** se antepone a la principal:

Si llueve, no salimos.
Cuando nieva, vamos a la montaña.

– Asimismo, deben ir precedidas de coma **ciertas subordinadas**, como la **causal que indica causa lógica o explicativa o que va introducida por la conjunción *que***, y la **concesiva** introducida por las conjunciones y locuciones *aunque*, *a pesar de que*, etc. También se pone coma con frecuencia si la principal constituye un período largo:

Deja la sopa, que está saladísima.
Deja la sopa, aunque te guste.

– La coma también debe preceder los segundos miembros de una **oración compuesta coordinada adversativa** (*sino*, *pero*, *mas*...) o **consecutiva** (*conque*, *de modo que*...):

El jardín es muy bonito, pero da mucho trabajo.
Llega el final de curso, conque prepárate bien los exámenes.

– Debe utilizarse la coma para indicar la **elisión de un verbo** mencionado en la frase anterior:

A él le gusta la sandía y a ella, el melón.
Ayer estudiamos el nombre; hoy, el pronombre.

Tenga en cuenta que la contravención de alguna de estas normas representa un error ortográfico, como lo es también, y muy frecuente, la colocación de la coma separando el sujeto del verbo: **Mi amigo Juan, estudia en la Universidad de Salamanca*. El verbo no puede separarse de su sujeto aunque éste esté constituido por una serie enumerativa de sintagmas: **Juan, Pedro y Antonio, estudian en la Universidad de Salamanca*. La separación del verbo respecto del sujeto sólo es posible en circunstancias muy determinadas, como cuando se incrusta un inciso o comentario: *Mi amigo Juan, natural de Ampurias, estudia en la Universidad de Salamanca*.

2.4. Los dos puntos

– Este signo debe seguir a ciertas **fórmulas** (jurídicas, administrativas, epistolares, etc.: *EXPONE:*, *Estimado amigo:*) y preceder las **enumeraciones** anunciadas previamente (*Extremadura tiene dos provincias: Cáceres y Badajoz*), así como las **citas textuales** (*El refrán dice así: «Año de nieves, año de bienes»*).

Puede también seguir a una enumeración si ésta viene de alguna manera recogida a continuación (p. ej., con un anafórico): *Duraron dos años y al final se separaron: te lo dije*.

– Los dos puntos pueden **equivaler a un nexo** que relacione semánticamente los enunciados separados por ellos (causa-consecuencia, exposición-resumen, generalización-especificación o explicación, etc.):

> *No necesita echar a la lotería: tiene muchísimo dinero.*
> *Cose, pinta la casa, cocina muy bien, sabe de electricidad: lo que se dice, una persona hacendosa.*
> *Es una mujer muy rara: hoy, por ejemplo, que hace un calor asfixiante, se ha puesto botas y guantes.*

2.5. Los puntos suspensivos

– Este signo (compuesto de 3 puntos suspensivos) sirve fundamentalmente para indicar **inconclusión de un enunciado** (enumeración, proverbio, etc.), y, entonces, suele equivaler a la palabra *etcétera*:

> *Por la casa entraban y salían hermanos, primos, tíos...*
> *Ya se sabe: «Casa con dos puertas...».*

Tenga en cuenta, pues, que, por su valor equivalente a *etcétera* en estos casos, el empleo de ambos a la vez es completamente anómalo: **Por la casa aparecían hermanos, primos, tíos, etc...*

– Los puntos suspensivos se utilizan también para expresar **vacilación** o **duda**, o para **destacar** un elemento al final de una serie:

No sé si... Quizá... No sé qué decidiré al final.
Al principio, pensé que los dos vendrían; luego, según transcurrían las horas, que uno; y, al final... ¡ninguno!

– Cuando la incompletitud del enunciado se debe a la supresión de un fragmento de una **cita textual**, los puntos suspensivos se encierran entre paréntesis o corchetes:

evónimo m *Planta* [...] *usada esp. en la formación de setos.*

2.6. Signos de interrogación y exclamación

– Frente a otras lenguas como el francés o el inglés, el signo de apertura de la interrogación o la exclamación es obligatorio: **Válgame Dios!* (frente a *¡Válgame Dios!*). Los signos de apertura y cierre deben utilizarse a la vez para delimitar sólo la parte del enunciado que es preguntada o exclamada:

Luis, ¿por qué no vas? / **¿Luis, por qué no vas?*
En tu casa, ¿quién manda? / **¿En tu casa, quién manda?*

– Cuando se construye una serie de preguntas o admiraciones, sobre todo si no es extensa, éstas pueden ir separadas por comas (o puntos y comas) o por puntos. En este último caso, el punto del signo de cierre (?, !) suple al punto (.) y, por tanto, cada pregunta o exclamación lleva mayúscula inicial:

¿Por qué viniste? ¿Cómo viniste? ¿Dónde?
¿Por qué viniste?, ¿cómo viniste?, ¿dónde?

– Como ilustra la primera serie de ejemplos, el propio punto del signo de cierre de la interrogación (o de la exclamación, en su caso) puede servir para marcar el término de la frase, de modo que, tras él, no debe aparecer punto:

**¿Por qué viniste?. ¿Cómo viniste?*
**¡Córcholis!. ¡Qué frío!*

2.7. Los paréntesis

Entre los usos principales del paréntesis, además del señalado en el apartado 2.5., están los siguientes:

– El paréntesis encierra normalmente un enunciado con valor de **comentario** o **explicación**; se utiliza normalmente para dar detalles o precisar una expresión:

Asisten a todos los heridos (el último es extranjero).
Vive en Puentes de García Rodríguez (La Coruña).
PNV (Partido Nacionalista Vasco).

– Se utiliza también para expresar **alternativa** en enunciados como *Necesito un(a) volutario(a) que salga a la pizarra*, sustituyendo a otras fórmulas de opcionalidad (*Necesito un voluntario o una voluntaria...*).

No olvide que, salvo el punto que cierre un enunciado, el paréntesis de apertura no puede llevar delante ni coma ni punto y coma: **Vive en Puentes de García Rodríguez, (La Coruña).*

2.8. Los corchetes

Junto con el uso citado en el apartado 2.5., el corchete se emplea para encerrar un enunciado secundario o una aclaración de un texto que ya va entre paréntesis:

Visite el Museo del Oro (Bogotá [Colombia]).

2.9. La raya

– La raya (o **guión largo**) sirve para encerrar un enunciado con valor secundario o una aclaración, por lo que equivale al paréntesis:

Salvo Zaragoza, las otras dos capitales de provincia de Aragón –Huesca y Teruel– están poco pobladas.

– Otro empleo habitual de la raya es el de especificar las distintas personas que participan en un diálogo o introducir los comentarios del narrador en la intervención de los personajes:

– ¿Has desayunado ya?
– No. Cuando termine de ducharme.

Ve deprisa –dijo María–. El tren está a punto de partir.

2.10. Las comillas

– El uso más representativo de las comillas dobles consiste en señalar el carácter literal con que se reproduce un enunciado; es decir, para reproducir una **cita textual**:

La célebre frase de Descartes es «Cogito, ergo sum».

– Las comillas se emplean también para indicar el **origen extranjero** de una expresión, lo **anómalo** de una construcción o que es usada con un **valor especial** (metalingüístico, irónico, etc.); en este empleo alternan con otras representaciones gráficas, como la cursiva, más frecuente en la actualidad:

No me gusta el nuevo «spot» publicitario de Coca-Cola.
El profesor de Matemáticas siempre decía ángulo «obstuso».
El verbo «delinquir» es defectivo.

– Se usan, asimismo, las comillas dobles para **citar títulos** de poemas, cuadros, fotografías, artículos de periódico o revista, etc. (el título de un libro debe escribirse, sin embargo, en cursiva o subrayado, o en redonda si el texto va en cursiva):

Ahí tienes la «Inmaculada» de Murillo.
Camus escribió La peste.

– Las comillas simples se utilizan para **representar significados**:

La voz «onda» tiene otras acepciones distintas a la de 'ola'.

2.11. Diéresis o crema

Este signo se sobrepone a la *u* de las secuencias *ue*, *ui*, cuando tiene valor fonético: *Cigüela*, *lingüístico*. No aparece en las secuencias *ua*, *uo*: **paragüas*, **exigüo* (véase Tema 3).

Ejercicios

1. Indique la opción correcta:

   a) Los diptongos llevan la tilde en la vocal cerrada.
   b) Los monosílabos nunca llevan tilde.
   c) Cualquier serie de vocales puede formar un triptongo.
   d) Dos vocales abiertas o medias forman siempre hiato.

2. El par de palabras bien acentuado es:

   a) tí - ti
   b) dí - dime
   c) fui - fue
   d) ésto - éste

3. Señale la opción incorrecta:

   a) <u>Cuando</u> lleva tilde si es interrogativo.
   b) <u>Si</u> lleva tilde cuando es adverbio de afirmación.

c) <u>Mas</u> lleva tilde cuando es adjetivo o pronombre.
d) <u>Mi</u> no debe llevar tilde si es pronombre.

4. Está correctamente escrito:

a) Quedó en el puesto decimoquinto.
b) No ha llamado Angeles.
c) El examen es de Físicoquímica.
d) Hay un referendum.

5. **No** hay error de puntuación en:

a) ¡Socorro!. ¡Auxilio!
b) Vive en Motril, (Granada).
c) ¿Por qué tanta prisa?, ¿por qué?
d) ¿Luis, no vienes?

6. Marque la opción correcta:

a) agüacero
b) agüero
c) aguita
d) paragüas

7. Está correctamente puntuado:

a) Es de Calatayud, o sea bilbilitano.
b) Madrid, capital de España, es una ciudad populosa.
c) Ella que es médica, te auscultará.
d) Hay un letrero que dice: Aquí vivió Jacinto Benavente.

8. ¿Qué enunciado tiene una abreviatura mal escrita?

a) Quedan 200 m para la meta.
b) Llegó en 5.º lugar.
c) Prunos, arces, abetos, etc, adornan la entrada.
d) Ahí pone *pta*. y no *pte*.

Tema 7

Unidades de estudio gramatical

Mario García-Page Sánchez

Introducción

Una vez estudiados los conceptos que tienen que ver con el aspecto fónico de la lengua, con el significante, este tema se centra en la exposición y caracterización de las unidades básicas y fundamentales de la descripción gramatical, tales como, por un lado, la oración, como marco superior del análisis sintáctico, el sintagma y sus componentes funcionales internos (núcleo, determinante, adyacente, etc.), y la palabra, como unidad inferior de análisis sintáctico, y, por otro lado, los componentes gramaticales mínimos de la palabra: el lexema y los morfemas (de género, número, tiempo, modo, etc.). Se explica, asimismo, el concepto de locución, relacionada, por una parte, con la palabra por comportarse como una unidad léxica, y, por otra parte, con el sintagma y la oración, por tratarse de una construcción sintáctica compuesta de al menos dos palabras. Finalmente, se exponen algunos aspectos de las relaciones que la Morfología contrae con la Sintaxis.

Se pretende que el alumno conozca todos estos conceptos relativos a las unidades básicas del nivel gramatical (morfología y sintaxis), de modo que pueda diferenciarlas, clasificarlas y realizar adecuadamente los análisis sintáctico, sintagmático y morfológico.

1. La oración

La **oración** es la unidad lingüística máxima en el **análisis sintáctico**, de rango inmediatamente superior al sintagma.

Constituye el marco gramatical en que se establece la relación sujeto-predicado y se determinan las restantes funciones oracionales: complemento directo, complemento indirecto... (Tema 12).

En general, se trata de una estructura gramaticalmente completa con unidad de sentido o significado independiente (p. ej., *El gato es un animal felino*). Esta idea de unidad debe mantenerse cuando se trata de oraciones compuestas y complejas, formadas por partes o grupos oracionales que mantienen entre sí ciertas relaciones de dependencia sintáctica y semántica (*Entró el ladrón y sustrajo las joyas*; *Me gustan las gafas que llevas*).

El concepto de *enunciado* se aplica al **análisis pragmático y textual** (relación entre oraciones, relación entre mensaje e interlocutores, etc.); en su definición prevalece la característica de ser una unidad comunicativa: el texto descrito como enunciado, desde el punto de vista gramatical, puede estar constituido por una oración o por varias, o estar representado, simplemente, por un trozo de oración, un sintagma, una palabra, una interjección (*A buen entendedor, pocas palabras*; *¡Mi madre!*, *¡Auxilio!*, etc.).

Las oraciones se clasifican:

a) Por la **modalidad,** en enunciativas o aseverativas, dubitativas, interrogativas, exclamativas, desiderativas, imperativas (Tema 12).

b) Por la **estructura**, en copulativas o atributivas y predicativas (transitivas, intransitivas, etc.) (Tema 12).

c) Por el **número de miembros** y la **relación** entre ellos, en simples, complejas (por subordinación) y compuestas (por coordinación y yuxtaposición) (Tema 13).

d) Por la **presencia/ausencia de determinados constituyentes**, en impersonales, reflexivas, recíprocas, medias, etc. (Tema 12).

2. El sintagma

La oración está formalmente compuesta no por palabras, sino por **sintagmas** (esto es, grupos de palabras cohesionados con unidad de función sintáctica); así, todas las funciones sintácticas (sujeto, predicado, complemento directo, atributo...) están representadas categorialmente por sintagmas (Tema 12). Si bien, el sintagma puede estar constituido por una sola palabra:

Luis	*corre*
SN-suj.	SV-pred.

En virtud del núcleo funcional, los sintagmas pueden ser **nominales** (*el alumno aplicado*), **verbales** («El alumno aplicado *estudia Inglés todos los días*»), **adjetivales** («El alumno es *muy aplicado*») y **adverbiales** («El alumno aplicado estudia *diariamente*»). Convencionalmente, se utiliza la etiqueta de *sintagma preposicional* para referirse al sintagma (en la mayoría de los casos, nominal) introducido por una preposición (*en el campo*). Los tipos de sintagmas se estudiarán con más detalle en el Tema 11.

3. La palabra

El sintagma está formalmente compuesto por palabras. La **palabra** es la unidad lingüística mínima del análisis sintáctico. Se reconoce por su aislamiento gráfico entre blancos espaciales (*me lo contó*); no obstante, dos o más palabras pueden aparecer agrupadas gráficamente (p. ej., *cuéntamelo*).

La palabra está dotada de significado léxico –palabras léxicas: sustantivo (*libro*, *idea*, etc.), verbo (*amar*, *leyendo*, etc.), adjetivo (*azul*, *ruidoso*, etc.), adverbio (*ahora*, *dulcemente*, etc.)– o gramatical –palabras gramaticales: artículo (*el*, *la*, etc.), pronombre (*yo*, *mí*, etc.), conjunción (*y*, *porque*, etc.), preposición (*en*, *por*, etc.)–.

En virtud de su naturaleza morfológica, capacidad semántica y función sintáctica, las palabras se adscriben a **clases** o **categorías gramaticales** formando paradigmas más o menos extensos: sustantivo, verbo, pronombre, adjetivo, adverbio, preposición, conjunción, artículo (Temas 8, 9 y 10).

Con frecuencia, también se imponen ciertas restricciones en la correspondencia categoría-función; así, el sujeto sólo puede estar representado por un sustantivo («*Juan* duerme») o elemento sustantivado (p. ej., un pronombre o una subordinada sustantiva: «*Él* duerme», etc.), en tanto la conjunción sólo puede desempeñar el oficio de elemento relacionante o nexivo (conector o transpositor: «Juan *y* María», «Quiero *que* estudies más»).

4. La locución

Existe en todas las lenguas un tipo de expresiones con estructura de sintagma y con valor léxico y semántico semejante al de una palabra; se trata de una combinación o grupo de palabras con carácter fijo, construido contraviniendo las reglas de la gramática actual y, por lo general, con un significado figurado. Es la **locución**, conocida también a veces como **modismo** o **expresión fija**, entre otras denominaciones al uso.

Las clases de locuciones se asocian a las distintas clases de palabras en razón, fundamentalmente, de su equivalencia funcional:

locución nominal (*perrito faldero*, *cajón de sastre*),
locución adjetiva (*sano y salvo*, *ligero de cascos*),
locución verbal (*meter la pata*, *tomar el pelo*),
locución pronominal (*todo dios*, *cada cual*),
locución adverbial (*en un periquete*, *tal vez*),
locución prepositiva o preposicional (*en pos de*, *en virtud de*),
locución conjuntiva (*para que*, *de manera que*).

En el análisis sintáctico, la locución ha de considerarse como **una única unidad**, como una palabra; no como un sintagma descomponible en unidades inferiores:

El niño lo dice <u>*de carrerilla*</u>
loc. adv.-CC

Deben, en cambio, considerarse sintagmas los llamados **predicados complejos** que contienen un verbo que es mero auxiliar de la predicación del sujeto (verbo *soporte* o *funcional*) y un sustantivo o un sintagma nominal (a veces, un sintagma preposicional) que aporta el significado del conjunto, del tipo *dar permiso*, *dar una vuelta*, *hacer un guiño* o *poner en marcha*. Es común que el predicado complejo disponga en la lengua de un sustituto léxico: *hacer un viaje* = *viajar*, *dar un paseo* = *pasear*, etc.

5. El lexema y el morfema

La palabra, aun siendo la unidad sintáctica más simple, presenta una estructura compleja: está compuesta por unidades menores, que se clasifican en lexemas y morfemas.

– El **lexema** es el segmento de la palabra que aporta el significado (se corresponde, en general, con la raíz): *niñ-* en *niño*, *niña*, *niños*, *niñas* o *cant-* en *canto*, *cantas*, *canta*, *cantamos*, etc. Se repite invariable en todas las palabras que comparten el mismo lexema y que forman un **paradigma**.

– El **morfema** es el segmento de la palabra que aporta el valor gramatical (oposición singular/plural, masculino/femenino, presente/futuro, indicativo/subjuntivo, etc.): *alumno-s cortes-es*, *alumn-o* / *alumn-a*, *cant-a* / *cant-a-rá*, etc.

El morfema y el lexema son las unidades menores del análisis gramatical, las unidades mínimas con significado en que puede dividirse una palabra. De la segmentación de éstos en unidades más simples resultan los *fonemas*, unidades mínimas sin significado (Tema 3).

5.1. Clases de morfemas. El análisis morfológico

Los morfemas pueden clasificarse **flexivos** y **derivativos**.

– Los **morfemas flexivos** posibilitan las variaciones formales de una palabra y comportan los valores de género y número en el nombre y adjetivo, y de persona, número, tiempo, modo y conjugación (vocal temática) en el verbo:

niñ	*o*	*s*	
lex.	morf. de género	morf. de número	
cant	*á*	*ba*	*mos*
lex.	vocal temática	morfs. de tiempo/modo	morfs. de persona/número

En función de la presencia/ausencia de los morfemas flexivos, las palabras se vienen clasificando tradicionalmente en *variables* (sustantivo, adjetivo, verbo, artículo) e *invariables* (adverbio, preposición, conjunción); no obstante, hay excepciones, como indicamos más abajo.

En español, el género distingue sustantivos masculinos y femeninos (el neutro sólo se da en algunos pronombres: *esto*, *eso*, *aquello*, *ello*, *lo*, *cuanto*) y el número, singulares y plurales.

Ambas categorías pueden manifestarse morfológicamente: entre las formas flexivas más generales, *-o*, *-e* y Ø (signo que representa el "morfema cero" o ausencia de marca morfológica) para el masculino y *-a* para el femenino (*pato* / *pata*, *monje* / *monja*, *pastor* / *pastora*), y algunos sufijos, como *-triz* (*emperatriz*); pero también lexemáticamente (la gramática habla de *heteronimia*, oposición mediante distintas palabras: *caballo* / *yegua*, *toro* / *vaca*).

La oposición genérica a veces no es tan simple: por un lado, están las distinciones morfológicas que incorporan un incremento fónico (posible sufijo) diferente del tipo *gallo* / *gallina*, *abad* / *abadesa*, *papa* / *papisa*, etc., cuyo análisis podría consistir en lexema (*gall-*) + sufijo (*-in*) + morfema de género femenino (*-a*); por otro, las distinciones que comportan una noción nueva de género: *manzana* / *manzano*, *barca* / *barco*, *cuchilla* / *cuchillo*, etc. (Tema 8).

Asimismo, aunque el sustantivo es una palabra variable, existen excepciones: en el número (*víveres* y *enseres* sólo tienen plural; *salud* y *sed*, sólo singular; *lunes* y *tesis* presentan la misma forma para el singular y plural) y en el género (la gramática académica distingue entre *género ambiguo*: *el/la mar*, etc.; *género epiceno*: *la perdiz* (macho / hembra); y *género común*: *el/la taxista*). También hay adjetivos sin moción genérica: *marrón*, *azul*, *verde*... (Tema 8). Por su parte, los verbos pueden ser **regulares**, **irregulares** (cuando el lexema presenta variaciones fónicas: *rogar > ruego*) y **defectivos** (si la conjugación no es completa en alguno de sus tiempos, modos o formas personales, como *balbucir*) (Tema 9).

– Los **morfemas derivativos** (o **afijos**) permiten la creación de nuevas palabras a partir de otras: *casto > castidad*, *puro > pureza*, *triste > entristecer*, etc. Según la presencia o ausencia de los morfemas derivativos, las palabras pueden ser **primitivas** (*toro* < lat. *taurus*) y **derivadas** (*taurino*, *torero*).

En virtud, esencialmente, de la posición que ocupan en la palabra, los afijos se clasifican en:

- **prefijos** (si se anteponen al lexema: *relucir*),
- **sufijos** (si se añaden detrás del lexema: *lucimiento*),
- **interfijos** (si se ubican entre el lexema y otro afijo: *humareda*).

De este modo, las palabras creadas por un proceso derivativo pueden ser prefijadas, sufijadas e interfijadas (o derivadas por prefijación, sufijación e interfijación).

No confunda el interfijo con el sufijo que va antepuesto a otro sufijo, como sucede con el sufijo *-al* de *nacionalidad* (a saber: *nacionalidad* < *nacional* < *nación*).

También a veces se habla de **circunfijo** para la presencia simultánea de prefijo y sufijo o morfema de infinitivo (*turbio > enturbiar*, *claro > aclarar*, *moho > enmohecer*); en este caso, el procedimiento formativo se conoce con el nombre de **parasíntesis** (en algunos manuales también llaman parasintéticas a las palabras resultantes de combinar composición y derivación).

Según la intervención de uno o más lexemas en la formación de las palabras, éstas pueden ser **simples** y **compuestas**: *carro / motocarro*.

Las palabras compuestas pueden presentar las siguientes formas gráficas: agrupadas (*bocacalle*), unidas por guión (*físico-químico*) y separadas (*hombre rana*, *ojo de buey*).

Entre los compuestos suelen incluirse las palabras formadas con raíces griegas o latinas que parecen funcionar en la actualidad como prefijos o sufijos: *claustrofobia*, *cinéfilo*, *teocracia*, *hidroavión*, *televisión*, etc.

La derivación y la composición, así como otros procedimientos de formación de palabras, se estudiarán con más detalle en el Tema 18.

6. Relaciones entre la Morfología y la Sintaxis

Las relaciones que pueden establecerse entre la Morfología y la Sintaxis son muy diversas y algunas muy complicadas. Nos centraremos en dos de ellas: la **concordancia** y la **adscripción categorial** de una palabra.

Gracias a los morfemas flexivos, podemos saber, por ejemplo, que un adjetivo determinado concuerda con un sustantivo determinado del que es su adyacente sintagmático (*Ella compró manzanas rojas*). La concordancia del sujeto con el verbo se establece a través de los morfemas de número y persona (*El muchacho visitó a sus abuelos*).

Cuando un signo puede, en principio, pertenecer a distintas clases de palabras, el contexto sintáctico suede decidir su adscripción definitiva. Así, *bajo* puede ser sustantivo, adjetivo, verbo y preposición, pero sólo es verbo en *Todos los días bajo esta calle* y adjetivo en *Es un señor bastante bajo*.

Ejercicios

1. ¿Cree que es correcto hablar de *oración* en la construcción *Apareció un nuevo heredero*?
2. Explique por qué no resulta apropiado el término de *oración* (y sí el de *enunciado*) para la expresión *¡Olé!* que emite un espectador en un espectáculo taurino.
3. Argumente por qué la secuencia *el día anterior* es un sintagma.
4. Determine las clases de palabras a las que pertenecen las voces que componen la siguiente frase: *El otoño llegó rápidamente; en el bosque las hojas se tornaron rojas y amarillas*.
5. Adscriba a las categorías o clases correspondientes las siguientes palabras: *tarde*, *flautista*, *habitáculo*, *talar*, *infatigable*, *dos*.
6. Las siguientes expresiones son locuciones: *a espuertas*, *en un plis plas*, *ahuecar el ala*, *mosquita muerta*. Justifíquelo.
7. Las locuciones *caer en la cuenta*, *ya que* y *a causa de* son:
   a) verbales
   b) prepositivas
   c) verbal, conjuntiva, prepositiva
   c) verbal, prepositiva, prepositiva
8. El análisis morfológico de *indeseados* es:
   a) in-dese-a-dos
   b) in-desead-o-s
   c) indese-ad-os
   d) in-dese-a-d-o-s

9. El análisis morfológico de *pensábamos* es:
   a) pens-á-ba-mos
   b) pens-ába-mo-s
   c) pens-á-ba-mo-s
   d) pens-á-ba-m-o-s

10. Marque la opción correcta:
   a) El verbo tiene morfemas de tiempo, modo, género y número.
   b) El adverbio es una palabra invariable.
   c) El género del sustantivo puede ser masculino, femenino o neutro.
   d) En español, todos los adjetivos son variables.

11. Las palabras *enloquecer* y *rematar* son:
   a) compuestas
   b) parasintéticas
   c) parasintética y derivada por prefijación, respectivamente
   d) derivadas sólo por prefijación

12. *Buque escuela* y *sacapuntas* son:
   a) compuestos
   b) derivados
   c) parasintéticos
   d) préstamos

Tema 8

El sustantivo, el adjetivo, el artículo y el pronombre

Paloma Cuesta Martínez

2.2. Los adjetivos determinativos
- 2.2.1. Adjetivos posesivos
- 2.2.2. Adjetivos demostrativos
- 2.2.3. Adjetivos indefinidos
- 2.2.4. Adjetivos numerales
- 2.2.5. Adjetivos interrogativos y exclamativos
- 2.2.6. Adjetivos relativos

3. El artículo

4. El pronombre
- 4.1. Pronombres personales
- 4.2. Pronombres demostrativos
- 4.3. Pronombres indefinidos
- 4.4. Pronombres numerales cardinales
- 4.5. Pronombres interrogativos y exclamativos
- 4.6. Pronombres relativos

Ejercicios

Introducción

Con este tema iniciamos la descripción de las distintas clases de palabras existentes en español, de las que ofrecimos una presentación en el Tema 7. En esta unidad estudiaremos cuatro: el sustantivo, el adjetivo, el artículo y el pronombre; de ahí que este capítulo tenga una extensión algo mayor. Las dos primeras, junto con el verbo (Tema 9) y el adverbio (Tema 10), cubren gran parte de nuestro léxico.

1. El sustantivo

Los sustantivos, denominados también **nombres**, constituyen una clase abierta: el *Diccionario* de la Academia (*DRAE*), en su última edición, recoge cerca de 60 000 palabras pertenecientes a la categoría sustantivo, pero constantemente se crean términos nuevos, de modo que la lista, por numerosa que fuera, nunca sería exhaustiva.

1.1. Caracterización formal del sustantivo

1.1.1. Estructura del sustantivo

Desde el punto de vista morfológico, el sustantivo consta de los siguientes elementos:

- **Lexema**, que aporta el significado: *gat - o - s*, *ministr - a*, *árbol - es*.
- **Morfemas de género** (*hij - a*, *perr - o*) y **número** (*libro - s*, *pan - es*). Son morfemas **constitutivos** o **inherentes** al sustantivo, ya que, salvo algunas excepciones (que veremos en los apartados 1.1.3 y 1.1.4), los sustantivos son masculinos o femeninos, o están en singular o en plural, si bien no siempre existe una marca morfológica reconocible en el propio sustantivo. El sustantivo es, por lo tanto, una clase de palabras **variable** o **flexiva**.
- **Morfemas derivativos**, que son **facultativos**, es decir, no aparecen obligatoriamente. Pueden ser **prefijos** (*sub - área*), **sufijos** (*frut - ería*) e **interfijos** (*jamon - c - ito*).

El sustantivo admite también **sufijos apreciativos** (diminutivos, aumentativos, peyorativos, ponderativos): *mes - ita*, *cabez - ón*, *boc - azas*, *cuerp - azo*.

1.1.2. Función del sustantivo

Desde el punto de vista funcional, el sustantivo desempeña la función de **núcleo de un sintagma nominal** (SN):

el	*coche*	*azul*	(SN)
det.	**núcleo (sustantivo)**	adyacente	

Como muestra este ejemplo, el **núcleo** (sustantivo) de un SN suele aparecer presentado por el artículo (*el coche*) y por los adjetivos determinativos –posesivos (*mi coche*), demostrativos (*ese coche*), etc.–, que funcionan como **determinantes**; y puede ser complementado por un adjetivo calificativo (*azul*), un sintagma preposicional (*el coche de color azul*) o una oración (*el coche que es azul*), que funcionan como **adyacentes** (Tema 11).

En el Tema 12 veremos que el SN, del que el sustantivo es núcleo, desempeña, dentro de la oración, diversas funciones sintácticas, a veces precedido de preposición: sujeto (*El coche está averiado*), complemento directo (*Han comprado flores*), complemento indirecto (*Mandé una carta al director*), complemento circunstancial (*Nos veremos el sábado*), atributo (*El periodista es mi primo*), etc. Observe que, en realidad, no es que el sustantivo desempeñe las funciones de sujeto, CD, CI, CC, etc., como muchas veces se afirma, sino que funciona como núcleo de los SN que realizan estas funciones.

También suele decirse que el sustantivo puede complementar a otro sustantivo, a un adjetivo o a un adverbio, generalmente precedido de preposición (nexo): *la tienda de juguetes*, *lleno de gente*, *lejos de la ciudad*. Pero es de nuevo todo el SN –y no sólo su núcleo, el sustantivo– el que desempeña una función (en este caso de **adyacente**) dentro del sintagma. Lo estudiaremos con más detalle en el Tema 11:

la	*tienda*	*de*	*juguetes*	(SN)
det.	**núcleo**	**adyacente**		
		nexo	**SN** (**núcleo**)	
(art.)	**(sustantivo)**	(prep.)	**(sustantivo)**	

1.1.3. El género en los sustantivos

En español, los sustantivos son o masculinos o femeninos; a diferencia de lo que ocurre en otras lenguas (el alemán, por ejemplo), no existen sustantivos de género neutro.

La formación del género es diferente según que los sustantivos designen personas y animales (sustantivos animados), o se refieran a objetos, acciones, entidades... (sustantivos inanimados) (véase apartado 1.2a).

A) *El género en los sustantivos animados*

Tienen, generalmente, **variación genérica**. Esta puede realizarse:

- Mediante los **morfemas de género -*o*** (para el masculino) / **-*a*** (para el femenino): *hermano* / *hermana*, *funcionario* / *funcionaria*, *gato* / *gata*, *oso* / *osa*. Si el sustantivo masculino acaba en consonante (*profesor*, *sultán*), el femenino se forma añadiendo el morfema *-a* (*profesora*, *sultana*); si acaba en vocal distinta de *-o*, el femenino sustituye esta vocal por *-a* (*infante* / *infanta*, *jefe* / *jefa*).
- Mediante morfemas **sufijos específicos**: *abad* / *abadesa*, *actor* / *actriz*, *zar* / *zarina*.

- Por **medios léxicos** (diferente lexema), en lugar de morfológicos: *hombre / mujer*, *yerno / nuera*, *macho / hembra*, *caballo / yegua*, *toro / vaca*, *carnero / oveja*.

> Aunque en español, el masculino es el término **no marcado** de la oposición (así, *Los abogados están colegiados* permite deducir que lo están los hombres y mujeres que ejercen la abogacía), hoy día es normativo el uso de la terminación femenina para las profesiones desempeñadas por mujeres: *abogada*, *arquitecta*, *asistenta*, *concejala*, *dependienta*, *ingeniera*, *magistrada*, *médica*, *presidenta*, *ministra*, *torera*. Pese a que son perfectamente posibles en el idioma, aún existe cierta prevención, por motivos sociales o culturales, ante *jueza*, *fiscala*, *bedela*, *tenienta*, etc.

Dentro del conjunto de los sustantivos animados, existen dos grupos particulares:

a) En algunos sustantivos la marca de género no aparece en el propio sustantivo (que permanece invariable), sino en los determinantes y adyacentes que lo acompañan: <u>el</u> *cantante* / <u>la</u> *cantante*, <u>el</u> *violinista* / <u>la</u> *violinista*, <u>el</u> *cónyuge* / <u>la</u> *cónyuge*. Son los **sustantivos comunes**. Para reforzar la distinción de sexo, se han desarrollado formas masculinas (*modisto*, a partir de *modista*), pero sobre todo femeninas (*presidenta*, *dependienta*, etc.), que acabamos de ver, todas ellas recogidas en el *DRAE*. Otras sólo se usan en femenino o masculino de manera coloquial (*estudianta*, *concursanta*) o con intención humorística (*hado madrino*).

b) Hay ciertos sustantivos cuyo género (bien masculino, bien femenino) no varía al aplicarlo a uno o al otro sexo, pero en este caso la invariabilidad se extiende a todos sus determinantes y adyacentes: <u>la</u> *ballena*, <u>el</u> *mosquito*, <u>la</u> *perdiz*, <u>el</u> *rinoceronte*, etc. Se conocen como **sustantivos epicenos**. Cuando, por algún motivo, interesa especificar el sexo, se recurre a la expresión *la ballena* <u>*macho*</u>, *la ballena* <u>*hembra*</u>. Abundan para designar especies animales, pero también pueden referirse a personas: *las autoridades*, *la víctima*, *la persona*, *el vejestorio*, *el vástago*, etc.

B) *El género en los sustantivos inanimados*

A diferencia de lo que sucede con los nombres de personas y animales, en los sustantivos referidos a objetos, cualidades, entidades, el género no está relacionado con el sexo. No poseen, por lo tanto, variación genérica. Tienen asignado un género gramatical, bien masculino bien femenino, que obedece a razones etimológicas, culturales, etc.

Así, son masculinos *libro*, *portal*, *taburete*, *ciclón*, pero también lo son *magma*, *cisma* o *problema*, a pesar de acabar en *-a*. Son femeninos *casa*, *piel*, *pared*, *nube*, pero también *mano*, *moto* o *nao*, a pesar de acabar en *-o*.

La marca de género no aparece, pues, en el propio sustantivo, sino en sus determinantes y adyacentes: *el libro blanco*, *la casa escondida*, *una moto estupenda*.

En ocasiones, el género está motivado por su pertenencia a ciertas clases léxicas. Son masculinos, por ejemplo, los sustantivos que designan colores (*el verde*, *el naranja*, *el violeta*); montes y volcanes (*el Himalaya*, *el Etna*); mares, ríos y lagos (*el Cantábrico*, *el Guadiana*, *el Tanganika*); coches, aviones, barcos (*un Lancia*, *el Concorde*, *el Titanic*); los días de la semana (*el lunes...*), las notas musicales (*un la sostenido*), etc. Son femeninos, en cambio, los que designan las horas (*las cuatro*, *las ocho*), las letras del abecedario (*la hache*, *la o*), islas (*las Mauricio*), organizaciones y compañías (*la ONU*, *la Volvo*), etc.

> A veces se cometen errores al asignar el género. Son **masculinos** *aceite*, *vinagre*, *apéndice*, *pus*, *miasma*, etc. Son **femeninos** *hambre*, *harina*, *apendicitis*, *dinamo* (o *dínamo*), *índole*, *parálisis*, *hinchazón*, etc. Son incorrectas, pues, las expresiones **de índole físico* (por *de índole física*) o **hambre inmenso* (por *hambre inmensa*).

Entre los sustantivos inanimados, encontramos dos casos específicos:

a) Algunos sustantivos tienen **significados diferentes** según se usen en un género o en otro: *la editorial* ('casa editora') / *el editorial* ('artículo de fondo no firmado'), *el cometa* ('astro') / *la cometa* ('juguete'), *la orden del jefe* ('mandato') / *el orden del día* ('lo que debe ser objeto de discusión o tarea de una asamblea o corporación').
b) Ciertos sustantivos pueden utilizarse tanto en masculino como en femenino; son los **sustantivos de género ambiguo**: *el / la azúcar*, *la / el agravante*, *el / la apóstrofe*, *el / la interrogante*, *el / la maratón*, etc.

1.1.4. El número en los sustantivos

De los dos números existentes en español, singular y plural, el primero es el término no marcado, es decir, no presenta una marca formal específica, por eso lo indicamos como morfema cero (Ø), tal como vimos en el Tema 7. El plural se expresa mediante los morfemas *-s*, para las palabras que acaban en vocal átona; y *-es*, para las que acaban en consonante: *gat - o - s*, *cartel - es*.

Aunque la oposición de número es más uniforme que la de género, presenta algunas particularidades:

a) Entre los **sustantivos acabados en vocal tónica distinta de *é***, hay unos que **añaden *-s*** (*sofá / sofás*, *menú / menús*, *dominó / dominós*, etc.); y otros que **añaden *-es***: *jabalí / jabalíes*, *maniquí / maniquíes*, *rubí / rubíes*, *tabú / tabúes*, etc. Los acabados en ***é* tónica** añaden siempre *-s*: *café / cafés* (no **cafeses*).

La Academia admite también los plurales en *-s* en el habla coloquial: *jabalís*, *maniquís*, *rubís*, *tabús*, etc. Son incorrectos, en cambio, **jabalises*, **maniquises*, etc.

b) Los **sustantivos acabados en diptongo tónico** pueden formar el **plural en *-es*** (*rey / reyes*, *ley / leyes*, *buey / bueyes*); o **añadir *-s***, convirtiendo a menudo la *-y* en *-i* (*jersey / jerséis*, *guirigay / guirigáis*, *playboy / playboys*).

c) Los **sustantivos acabados en *-s* o *-x*** añaden ***-es*** si son palabras agudas (*compás / compases*, *guardés / guardeses*, *fax / faxes*, *chisgarabís / chisgarabises*); pero se mantienen **invariables** si son llanas o esdrújulas (*el / los atlas*, *el / los lunes*, *la / las crisis*, *el / los albatros*, *el / los virus*, *el / los tórax*, *el / los miércoles*).

Al confundir el singular con el plural, se forman a veces "falsos singulares" de nombres acabados en *-s*, que son incorrectos: *la caries* (no **la carie*), *el análisis* (no **el análisi*), *el tríceps* (no **el trícep*), *un chisgarabís* (no **un chisgarabí*). El error inverso consiste en enunciar **un traspiés* o **un taxis*, en lugar de los correctos *un traspié* o *un taxi*.

d) Surgen con frecuencia dudas al formar el plural de los **préstamos**, ya que suelen presentar terminaciones ajenas a la fonología y morfología de nuestro idioma. Algunos **añaden *-s*** (*complot / complots*, *fan / fans*, *iceberg / icebergs*, *récord / récords*), mientras que otros admiten **plurales en *-es*** (*chófer / chóferes*, *cóctel / cócteles*, *eslogan / eslóganes*, *estándar / estándares*, *mitin / mítines*, *yogur / yogures*, *sándwich / sándwiches*), *chándal / chándales*, *gánsteres / gánster*, *hámsteres / hámster*). En ocasiones permanecen o se eligen los plurales invariables (*los chárter*, *los stop*, *los test*).

Los préstamos adaptados (Tema 18, apartado 2) no presentan ningún problema para formar el plural (*bar / bares*, *gol / goles*, *yate / yates*). La Academia admite algunos dobletes constituidos por la forma originaria (*club / clubs*, *film / films*, *chalet / chalets*) y la ya adaptada (*clube / clubes*, *filme / filmes*, *chalé / chalés*).

e) Para los **términos cultos tomados del latín**, la norma académica recomienda los **plurales en -s** (*referéndums*, *currículums*, *déficits*, *hábitats*, *desiderátums*), junto a algunos **en *-es*** (*pluses*, *álbumes*) o invariables (*los campus*, *los lapsus*, *los corpus*). Cuando existen, prefiere los plurales *currículos*, *referendos*, formados a partir de *currículo*, *referendo*, ya castellanizados. Desaconseja, en cambio, los plurales en *-a*, que proceden del latín: *currícula*, *desiderata*.

f) Un grupo reducido de sustantivos (los ***singularia tántum***) se emplea únicamente en singular (*sed*, *salud*, *grima*), a veces porque lo determina así la realidad (*el cenit*, *el norte*); otros (los ***pluralia tántum***) se usan sólo en plural: *bártulos*, *víveres*, *anales*.
g) Algunos sustantivos pueden utilizarse **tanto en singular como en plural** para referirse a un solo objeto, que presenta a menudo una forma simétrica: *tijera(s)*, *pantalón / pantalones*, *panty(s)*, *tenaza(s)*, *alforja(s)*: *Vestía pantalón gris / Vestía pantalones grises*, *Extrajo el clavo con una tenaza / Extrajo el clavo con unas tenazas*.
h) En algunos sustantivos **el acento se desplaza** al pasar del singular al plural: *régimen / regímenes*, *carácter / caracteres*, *espécimen / especímenes*. Son incorrectas, por lo tanto, las acentuaciones **régimenes*, **carácteres*, **especimen*.

1.2. Clases de sustantivos por su significado

Si de las características formales, las vistas hasta ahora, pasamos a los aspectos semánticos del sustantivo, se observa que esta clase de palabras abarca un campo muy amplio: lo mismo puede designar personas (*sobrino*, *florista*) que animales (*reno*, *hormiga*); objetos (*lápiz*, *pera*), cualidades (*bondad*, *belleza*), estados (*quietud*, *asepsia*), acciones (*viaje*, *donación*), etc. No resulta extraño que, desde antiguo, los sustantivos se hayan clasificado en grupos atendiendo a su significación:

a) **Sustantivos animados e inanimados**: los primeros designan personas, animales o seres considerados vivientes (*excursionista*, *mariposa*); los segundos, seres carentes de vida animal (*roca*, *flor*). Dentro de los primeros se distinguen los que contienen el rasgo [+ humano] (*fiscal*) de los que carecen de él (*elefante*).
b) **Sustantivos individuales y colectivos**, es decir, los que se refieren a entidades individuales (*plato*, *oveja*, *álamo*, *sacerdote*) frente a los que, en singular, designan un conjunto homogéneo de seres u objetos (*vajilla*, *rebaño*, *alameda*, *clero*).
c) **Sustantivos comunes y propios**: los comunes, llamados también *apelativos*, se aplican a los componentes de una misma clase (*océano*, *galaxia*, *escultor*); los nombres propios identifican uno entre los demás de su clase (*Pacífico*, *Andrómeda*, *Miguel Ángel*).
d) **Sustantivos contables y no contables**: los primeros se pueden numerar o computar (*una silla*, *dos motocicletas*, *mil besos*); los segundos (*vino*, *petróleo*, *afecto*) se pueden medir (*poco vino*, *diez barriles de petróleo*, *mucho afecto*), pero no se pueden "contar": al hacerlo, surge de inmediato el significado de 'tipo' o 'variedad', o el de 'contenedor': así, *tres vinos* significa 'tres variedades de vino' o 'tres vasos/copas de vino'; *dos afectos* equivale a 'dos tipos distintos de afecto'.

2. El adjetivo

Dentro de la clase de palabras formada por los adjetivos –que se definen como aquellos términos que modifican al sustantivo–, se distinguen dos grupos muy diferenciados, tanto desde el punto de vista formal y funcional, como semántico: los **adjetivos calificativos** y los **adjetivos determinativos**.

2.1. El adjetivo calificativo

Es, como el sustantivo, una clase de palabras abierta: la lista de unos 23 000 términos de esta categoría que recoge el *Diccionario* académico es susceptible de ampliación (con nuevos préstamos, por ejemplo). También comparte con el sustantivo el ser una clase variable o flexiva (posee morfemas de género y número), tal como veremos a continuación.

2.1.1. Estructura del adjetivo calificativo

Desde el punto de vista morfológico, el adjetivo consta de los siguientes elementos:

- **Lexema**: *larg - o - s*, *hart - a*, *fiel- es*, *cans - a - do*, *salud - a - ble*.
- **Morfemas de género** (*alt - a*, *sec - o*) y **número** (*clar - o - s*, *azul - es*). Estos morfemas vienen determinados por el género y el número del sustantivo, por exigencia de la **concordancia**: *el fruto maduro*, *una chica alta*, *los ojos claros*, *unas muñecas rusas*.

Muchos adjetivos presentan **variación de género**: ***-o*** (para el masculino) / ***-a*** (para el femenino): *el programa nuevo / la nueva alcaldesa*, *un amigo discreto / una blusa discreta*. Otros, en cambio, permanecen **invariables** (*un libro agradable / una velada agradable*, *un jugador inteligente / una escritora inteligente*).

La **variación de número** se manifiesta mediante los morfemas **grado cero** (Ø), para el singular, y ***-s*** o ***-es***, para el plural, dependiendo de si el adjetivo acaba en vocal (*amargo / amargos, dulce / dulces*) o en consonante (*débil / débiles*, *feliz / felices*).

> La formación del plural de los **adjetivos acabados en vocal tónica distinta de *-é*** sigue las mismas pautas que el sustantivo (apartado 1.1.4a): *templos hindúes*, *crónicas alfonsíes*. Igual sucede con los **adjetivos acabados en *-s* o *-x*** (apartado 1.1.4c): *-es* para las palabras agudas (*sombrero cordobés / caballos cordobeses*) e invariable para las llanas o esdrújulas (*triángulo isósceles / triángulos isósceles, un piso dúplex / chalés dúplex*). Los préstamos pueden añadir *-s* (*comentaristas esnobs*) o permanecer invariables (*muebles* kitsch).

Como el sustantivo, admite **morfemas derivativos**: **prefijos** (*in - activo*, *des - ordenado*), **sufijos** (*ama - ble*, *novel - esco*) e **interfijos** (*pic - aj - oso*, *mans - urr - ón*). Entre ellos, ocupan un lugar muy destacado los **sufijos apreciativos** (atenuativos, aumentativos, peyorativos, ponderativos): *sos - ito*, *anch - ote*, *bland - engue*, *buen - azo*.

Un rasgo morfológico del adjetivo, que sólo comparte con el adverbio, es que puede recibir **morfemas de grado**: *alt - ísima*, *mis - érrimo*, *requete - bueno*. Por su importancia para caracterizar al adjetivo, se tratará con más detalle en el apartado 2.1.3.

Algunos adjetivos (*bueno*, *malo*, *grande*, *santo*) se **apocopan** –es decir, pierden la última vocal o la última sílaba– cuando van antepuestos a un sustantivo singular masculino: *un buen disco*, *un mal resultado*, *el gran día*, *san Alberto Magno* (no así *Santo Tomás*, *Santo Tomé*); *grande* se apocopa también ante femenino singular: *una gran película*.

2.1.2. Función del adjetivo calificativo

Desde el punto de vista funcional, el adjetivo calificativo puede desempeñar:

- La función de **adyacente de un sintagma nominal** (SN):

el	*coche*	*azul*	(SN)
det.	núcleo	**adyacente (adjetivo calificativo)**	

- La función de **núcleo de un sintagma adjetival** (SAdj); tal como se explica en Tema 11, en esta función de núcleo puede ir **modificado** por adverbios (*muy alto*, *bastante seco*, *demasiado claros*) e ir acompañado por **adyacentes**:

muy	*harto*	*de su trabajo*	(SAdj)
modificador	**núcleo (adjetivo calificativo)**	adyacente	

El sintagma adjetival, del que el adjetivo es núcleo, desempeña, **dentro de la oración**, dos funciones sintácticas: atributo (*Sus ojos son claros*) y complemento predicativo (*Los astronautas llegaron muy cansados*) (véase Tema 12). Observe que, en realidad, no es que el adjetivo desempeñe estas funciones, como muchas veces se afirma, sino que funciona como núcleo de los sintagmas adjetivales que realizan tales funciones.

Los adjetivos pueden, además, realizar las funciones propias del sustantivo (apartado 1.1.2) si están sustantivados. La **sustantivación** se produce cuando un adjetivo va precedido del artículo (*el*, *la*, *los*, *las*, *lo*): *El azul es su color favorito*, *Ella es la mala de la película*, *Los zumos son para los pequeños*, *Lo ideal es ir en barco*. Una misma palabra puede ser sustantivo o adjetivo según el contexto: así, *alemán* será adjetivo en *Compró un coche alemán*, pero sustantivo en *El alemán es un idioma difícil*. Ocurre con muchas otras palabras: *joven*, *anciano*, *móvil*, *nómada*, etc.

Los adjetivos también pueden adverbializarse: *María habla claro*, *Los chicos lo entendieron rápido*.

2.1.3. Los grados del adjetivo

Las cualidades expresadas por los adjetivos pueden presentar distintos grados de intensidad:

A) **Grado comparativo**: cuando la cualidad está referida a un término de comparación. Puede ser de tres tipos:

- **de superioridad** (*más ... que*): *El Ebro es más caudaloso que el Tajo*;
- **de igualdad** (*tan ... como*): *Luis es tan alto como su padre*;
- **de inferioridad** (*menos ... que*): *El algodón es menos suave que la seda*.

B) **Grado superlativo**: cuando la cualidad se manifiesta en su grado máximo. Puede ser de dos tipos:

- **Superlativo absoluto**: si no aparece término de comparación. Se construye:

  a) Mediante **adverbios**: *muy noble*, *demasiado sensible*, *extraordinariamente astuto*, *enormemente feliz*.
  b) Mediante **morfemas de grado**, que son de dos clases:

  – Los sufijos ***-ísimo*** / ***-ísima*** (*saladísimo*, *eficacísima*) y ***-érrimo*** / ***-érrima***, mucho menos frecuente y más culto o literario (*paupérrimo*, *libérrimo*, *celebérrima*).
  – Los prefijos ***re-***, ***requete-***, ***archi-***, ***super-***, ***extra-***: *relisto*, *requetebueno*, *archiconocido*, *superfamoso*, *extralargo*.

- **Superlativo relativo**: si la cualidad se presenta en su más alto grado pero referida a un término de comparación: *Juan es el más simpático del grupo*, *Es una de sus películas menos conocidas*.

C) **Grado positivo**: si la cualidad se presenta sin intensificar. Es el "grado por defecto" que exhiben normalmente los adjetivos: *Este tejido es suave*, *Juan no es famoso*.

Comparativos y superlativos irregulares

Algunos adjetivos tienen formas especiales para el comparativo y superlativo, heredadas del latín:

Grado positivo	Grado comparativo	Grado superlativo
bueno	*mejor*	*óptimo*
malo	*peor*	*pésimo*
grande	*mayor*	*máximo*
pequeño	*menor*	*mínimo*
alto	*superior*	*supremo*
bajo	*inferior*	*ínfimo*

A ellos se añaden los comparativos *anterior* y *posterior*, que carecen de grado positivo y superlativo.

Los superlativos *óptimo*, *pésimo*, *máximo*, *mínimo*, *supremo* e *ínfimo* poseen un matiz más enfático que sus superlativos regulares respectivos *buenísimo*, *malísimo*, *grandísimo*, *pequeñísimo*, *altísimo* y *bajísimo*, también correctos.

> – Como *mejor*, *peor*, *posterior*, etc., ya son comparativos, son expresiones incorrectas **más mejor*, **más peor*, **más posterior*... Sin embargo, puede usarse *más mayor* cuando *mayor* significa 'de más edad' (*Parece mayor / más mayor que tú*). Además, deben emplearse *más alto* (en lugar de *superior*) y *más bajo* (en lugar de *inferior*) cuando *alto* y *bajo* se refieren a estatura o a altura (*Es más bajo que tú*).
>
> – *Mayor*, *menor*, *mejor* y *peor* se construyen con ***que***. Evítense, por lo tanto, las formas incorrectas **mayor a*, **menor a*, etc.: *La renta española es mayor que la de la media europea* (no **mayor a*).
>
> – *Anterior*, *posterior*, *superior* e *inferior* se construyen con ***a***: *Puccini es posterior a Verdi* (no **posterior que*).

Otros **superlativos irregulares** son *antiguo - antiquísimo* (no **antigüísimo*), *célebre - celebérrimo*, *fiel - fidelísimo*, *libre - libérrimo*, etc. Se incluyen todos los acabados en *-ble* (*nobilísimo*, *amabilísimo*).

En algunos casos conviven las formas irregulares (más cultas o literarias) con las regulares (más frecuentes o coloquiales): *cierto - certísimo* y *ciertísimo*, *cruel - crudelísimo* y *cruelísimo*, *fuerte - fortísimo* y *fuertísimo, nuevo - novísimo* y *nuevísimo*, *pobre - paupérrimo* y *pobrísimo*, *pulcro - pulquérrimo* y *pulcrísimo*, *simple - simplicísimo* y *simplísimo*, etc. Recientemente, la academia ha admitido *calientísimo* y *valientísimo*, junto a los más cultos y frecuentes *calentísimo* y *valentísimo*

2.1.4. Clases de adjetivos por su significado

La significación de los adjetivos es muy amplia y variada. Permiten expresar, entre otros aspectos:

a) **Cualidades** o **propiedades físicas** apreciables por los sentidos: dimensión y volumen (*largo*, *alto*, *ancho*, *profundo*, *fino*, *enorme*), color (*amarillo*, *pardo*), forma (*redondo*, *convexo*, *oval*), peso (*ligero*, *pesado*, *liviano*), sabor (*dulce*, *ácido*), tacto (*suave*, *rugoso*), olor (*hediondo*, *perfumado*), temperatura (*caliente*, *tibio*), etc.
b) **Aptitudes** y **actitudes** humanas: *listo*, *sabio*, *tonto*, *autoritario*, *tenaz*, *petulante*, *celoso*, etc.
c) **Condiciones**, **estados** y **situaciones**, referidos a la edad (*viejo*, *antiguo*, *moderno*, *joven*, *anciano*), de naturaleza fisiológica o psíquica (*sano*, *griposo*, *neurótico*), social (*simpático*, *huraño*, *extravertido*), etc.
d) **Valoraciones**: *horrendo*, *maravilloso*, *mezquino*, *generoso*, etc.

Un grupo muy amplio está formado por adjetivos que no expresan cualidades, estados, etc., sino que adscriben el sustantivo al que califican dentro de una clase; se llaman por eso **clasificadores** o **relacionales**. Son los que indican procedencia (*riojano*, *turolense*, *andaluz*; *español*, *mexicano*), pertenencia a un sector, profesión u organización (*municipal*, *empresarial*, *médico*, *científico*, *arquitectónico*, *liberal*, *socialdemócrata*), época (*prehistórico*, *renacentista*), género o estilo (*literario*, *novelístico*, *abstracto*, *prerrafaelista*), etc.

La forma de significar del adjetivo varía según su posición con respecto al sustantivo:

- Los adjetivos **pospuestos** restringen la significación del sustantivo; tienen **función especificativa**: *Vendió los muebles antiguos* significa que se desprendió de los fabricados hace algún tiempo, pero que conservó los modernos.
- Los adjetivos **antepuestos** destacan una cualidad intensificándola, valorándola; tienen **función explicativa**: en *Vendió los antiguos muebles* se entiende que todo el mobiliario fue objeto de la venta y que, además, era antiguo.

Salvo en casos muy específicos, los adjetivos relacionales van siempre pospuestos: *el arte gótico* (**el gótico arte*); y no admiten grado: **parte mediquísimo*.

2.2. Los adjetivos determinativos

A diferencia del adjetivo calificativo, los adjetivos determinativos constituyen clases cerradas, ya que contienen un número limitado de elementos. Además, frente a la complejidad semántica del adjetivo calificativo, los determinativos carecen de significado léxico: son palabras gramaticales, que expresan relaciones espaciales, numéricas, etc.

Se distinguen varios tipos de adjetivos determinativos (posesivos, demostrativos, etc.), pero todos tienen una característica común: realizan la función de **determinante del núcleo de un sintagma nominal** (SN), como se verá más detenidamente en el Tema 11:

mi / este / algún / cuánto	*coche*	*azul*	(SN)
determinante (adjetivos determinativos)	núcleo	adyacente	

Los determinantes concuerdan en género y número con el sustantivo núcleo del SN: *la falda blanca*, *esos coches blancos*.

2.2.1. Adjetivos posesivos

Señalan a cuál de los tres interlocutores implicados en el discurso pertenece el objeto (cualidad, condición, etc.) designado por el sustantivo al que determinan: *Te doy mi número de teléfono*, *Acércame tu plato*, *Le fascinó su mirada*.

		ÁTONOS	TÓNICOS
1.ª PERSONA	un poseedor	***mi*, *mis***	***mío*, *mía*, *míos*, *mías***
	varios poseedores		***nuestros*, *nuestras***
2.ª PERSONA	un poseedor	***tu*, *tus***	***tuyo*, *tuya*, *tuyos*, *tuyas***
	varios poseedores		***vuestros*, *vuestras***
3.ª PERSONA	un poseedor	***su*, *sus***	***suyo*, *suya*, *suyos*, *suyas***
	varios poseedores	***su*, *sus***	***suyo*, *suya*, *suyos*, *suyas***

Las formas **átonas** preceden al sustantivo y se escriben sin tilde: *mi barrio*, *tus canciones, sus hermanos*. Cumplen la función de **determinante** del núcleo del SN.

Las formas **tónicas** van pospuestas y requieren habitualmente la presencia de otro adjetivo determinativo, que es el que funciona como determinante: *<u>este</u> barrio mío*, *<u>dos</u> canciones suyas*. Los posesivos pospuestos suelen analizarse como **adyacentes** del núcleo del SN. Los de 1.ª y 2.ª personas para varios poseedores disponen sólo de formas tónicas, que pueden aparecer antepuestas (*nuestro tío*) o pospuestas (*un tío nuestro*).

Se considera incorrecto el uso de posesivos con adverbios, en lugar de preposición seguida de pronombre personal: *cerca de ti* (no **cerca tuyo* ni **cerca tuya*), *delante de ella* (no **delante suyo*), *detrás de vosotros* (no **detrás vuestro*). Obsérvese que no se dice **en tu cerca*, **en su delante*, **en vuestro detrás*.

2.2.2. Adjetivos demostrativos

Indican una relación, espacial o temporal, con respecto al hablante. Pueden ser:

- **de proximidad**: *<u>Estos</u> cuadros son de Miró*, *<u>Este</u> verano iremos a Grecia*;
- **de lejanía**: *En <u>aquellas</u> salas está la pintura del XIX*, *<u>Aquellos</u> años fueron inolvidables*;
- **ni de proximidad ni de lejanía**, sino intermedia o neutra: *<u>Ese</u> bodegón es de Juan Gris*, *<u>Esa</u> tarde fui al cine*.

Proximidad	***este*, *esta*, *estos*, *estas***
Ni proximidad ni lejanía	***ese*, *esa*, *esos*, *esas***
Lejanía	***aquel*, *aquella*, *aquellos*, *aquellas***

La situación en la que se emite el enunciado permite matizar su valor:

- El demostrativo *este* (y sus variantes) suele referirse al espacio cercano a la 1.ª persona (*Esta butaca es muy cómoda*), pero también puede incluir el ámbito común que rodea a hablante y oyente (1.ª y 2.ª personas): *este museo (en el que nos encontramos)*, *estos retratos (que tenemos delante)*.
- El demostrativo *ese* (y sus variantes) suele aludir al entorno del oyente (la 2.ª persona): *esa silla (en la que estás sentado)*; pero puede también implicar cierta lejanía con respecto a ambos: *esas salas (contiguas a la que estamos visitando)*.
- El demostrativo *aquel* (y sus variantes) implica el mayor grado de distancia tanto respecto del hablante como del oyente: *Aquella sala es la de Murillo*.

Cuando expresan relaciones temporales, suelen oponerse *aquel* (para lo alejado en el tiempo) y *este* (para lo más reciente): *aquel año* / *este año*.

También se utilizan para aludir a algún elemento de la cadena lingüística: *este* para lo más próximo en la secuencia, *aquel* para lo emitido con anterioridad (*Los adjetivos se dividen en calificativos y determinativos. Estos adjetivos* [los determinativos] *realizan la función de determinante; aquellos* [los calificativos], *la de adyacente*).

> Está muy extendido el error de sustituir las formas femeninas *esta*, *esa*, *aquella* por las masculinas *este*, *ese*, *aquel* cuando preceden a un sustantivo que comienza por /á/ tónica: **este agua*, **aquel aula*, **ese área*. Las expresiones correctas son *esta agua*, *aquella aula*, *esa área*.

2.2.3. Adjetivos indefinidos

Sirven para referirse a un número impreciso o poco determinado de elementos pertenecientes a la clase de objetos designados por el sustantivo al que acompañan: las expresiones *unos libros*, *algunos alumnos*, *muchas ciudades* expresan la idea de 'cantidad mayor o menor' de libros, alumnos o ciudades, pero no permiten conocer su número exacto ni identificar de qué libros, alumnos o ciudades se trata. Sin embargo, aunque sea de forma imprecisa (de ahí el nombre de *indefinidos*), no dejan de indicar cantidad. Se dice, por eso, que son *cuantificadores*. Como se verá en el apartado 2.2.4, los adjetivos numerales cardinales también son cuantificadores, si bien estos expresan una cantidad precisa de elementos.

Son más abundantes que los posesivos y demostrativos. Por sus rasgos morfológicos, se distinguen varios grupos:

A) Indefinidos con variación de género y número:

- ***un*, *una*, *unos*, *unas***: *Había unas vacas pastando*, *Hace un calor terrible*;
- ***algún*, *alguna*, *algunos*, *algunas***: *Lee algún ensayo*, *Algunos testigos llevan chaqué*;

- ***ningún***, ***ninguna***, ***ningunos***, ***ningunas***: *No hubo ningún problema*, *Ninguna editorial quiere publicarlo*; en plural se usa muy poco, a menudo con objetos simétricos (*No lleva ningunas gafas*, 1.1.4g) o con carácter expresivo (*No tenía ningunas ganas de ir*);
- ***mucho***, ***mucha***, ***muchos***, ***muchas***: *Tiene mucho valor*, *Compuso muchas coplas*;
- ***poco***, ***poca***, ***pocos***, ***pocas***: *Cayó poca nieve*, *Había pocos esquiadores*;
- ***demasiado***, ***demasiada***, ***demasiados***, ***demasiadas***: *Soplaba demasiado viento*, *Comió demasiadas fresas*;
- ***todo***, ***toda***, ***todos***, ***todas***, que suelen combinarse con otros determinantes (*toda la culpa*, *todos sus amigos*), pero también pueden aparecer solos (*Todo delito será castigado*);
- ***mismo***, ***misma***, ***mismos***, ***mismas***, que exige la presencia del artículo (*Lleva el mismo peinado*) o de otro adjetivo determinativo (*Fue ese mismo año*, *Tiene sus mismos ojos*);
- ***otro***, ***otra***, ***otros***, ***otras***: *Leí otra novela de ese autor*, *Otras veces vamos al teatro*;
- ***cierto***, ***cierta***, ***ciertos***, ***ciertas***: *Sucedió cierto día de mayo*, *Tiene ciertos prejuicios*.

B) Indefinidos con variación de número, pero no de género:

- ***bastante***, ***bastantes***: *Gasta bastante dinero*, *No hay bastante fruta*, *Han visitado bastantes museos*, *Construyeron bastantes casas*;
- ***cualquier(a)***, ***cualesquiera***, que en singular presenta dos formas: ***cualquier***, ante sustantivo, tanto masculino (*cualquier idioma*) como femenino (*cualquier tema*); y ***cualquiera***, si va pospuesto (*un chico cualquiera, una tarde cualquiera*). Son literarias y menos frecuentes las formas de plural ***cualesquier*** (*Reacciona ante cualesquier imprevistos*) y ***cualesquiera*** (*unos libros cualesquiera*).

C) Indefinidos con variación de género que sólo se usan en plural:

- ***varios***, ***varias***: *Pintó varios retratos*, *Se cultivan varias especies*;
- ***sendos***, ***sendas***, indefinido distributivo que significa 'uno para cada uno' (*Los atletas recibieron sendas medallas*).

> Es incorrecto el uso de *sendos*, *sendas* con el significado de 'ambos' (**El atleta participó en sendas pruebas*, por *El atleta participó en ambas pruebas*) o de 'grandes', 'repetidos' (**El estadio lo ovacionó con sendos aplausos*, por *El estadio lo ovacionó con grandes / reiterados aplausos*).

D) Indefinidos invariables:

- ***más*** y ***menos***: *Necesitarás más papel*, *No quedan más galletas*, *Aquí cabe menos ropa*, *Antes circulaban menos coches*;

- ***demás***, que sólo se utiliza con sustantivos en plural (*Los demás discos son de flamenco*, *Las demás playas están al norte*);
- ***cada***, indefinido distributivo que se usa con sustantivos en singular (*Dieron un diploma a cada participante*, *Cada palo aguante su vela*) o con sustantivos en plural precedidos de un numeral u otro cuantificador (*cada tres capítulos*, *cada ocho horas*, *cada pocos meses*). *Cada* se usa con valor ponderativo en expresiones como *Dice cada cosa*, *Haces cada pregunta*.

– ***Tanto*** (*-a*, *-os*, *-as*) y ***tal*** (*-es*) son adjetivos cuando determinan a un sustantivo. Aparecen en construcciones comparativas y consecutivas, que se describen en el Tema 15: *Tiene tantos amigos como amigas*, *Había tal gentío que no se cabía*; y en oraciones exclamativas: *¡Ayer hizo tanto frío!* (Tema 12).

Algunos indefinidos pueden aparecer junto con el artículo, posesivos y demostrativos en la función de determinante de un núcleo nominal: *toda la familia*, *sus pocos años*, *ese mismo caso*. Asimismo, ciertos indefinidos pueden combinarse entre sí (y con el articulo) en la misma función: *todos los otros días*, *muchas otras estrellas*, *ninguna otra prueba*, etc.

– El indefinido ***una*** se transforma obligatoriamente en ***un*** ante los sustantivos femeninos que comienzan por /á/ tónica, incluso precedida por *h*-: *un aula*, *un habla*. Se exceptúan los nombres propios de mujer (*una Álvarez Gómez*) y los de letras (*una hache, una a*). No ocurre cuando se intercala un adjetivo: *una abarrotada aula* (no **un abarrotado aula*).
– Los indefinidos ***alguna*** y ***ninguna*** se comportan, por regla general, como *una* (*algún alma*, *ningún aula*), pero en este caso el cambio no es obligatorio, ya que también son correctas *alguna alma* y *ninguna aula*, aunque mucho menos frecuentes.
– Este cambio no afecta a **ningún otro adjetivo indefinido**. Por lo tanto –y aunque gozan de gran difusión– son incorrectas las expresiones **mucho hambre*, **otro área*, **todo ave*; debe decirse *mucha hambre*, *otra área*, *toda ave*.

2.2.4. Adjetivos numerales

Son adjetivos que indican la cantidad exacta o el orden de los elementos designados por el sustantivo al que determinan. Se dividen en dos clases principales: los numerales cardinales y los numerales ordinales.

A) *Adjetivos numerales cardinales*

Expresan la cantidad mediante la serie de los números: *un litro*, *dos quilos*, *tres paraguas*, *ciento noventa grados*, *doscientos diputados*.

Hasta *treinta* (30), deben escribirse en la actualidad formando una sola palabra (*dieciséis*, *diecisiete*, *dieciocho*, *diecinueve*, *veintiuno*, *veintidós*, *veintitrés*, *veinticuatro*, *veinticinco*, *veintiséis*, *veintisiete*, *veintiocho*, *veintinueve*), en lugar de, hacerlo en tres (**diez y seis*, **veinte y uno*, **veinte y dos*...).

Desde 31, debe escribirse *treinta y uno* (no **treintaiuno*), *cuarenta y seis* (no **cuarentaiséis*), etc.

> – Las formas correctas son *veintiuno*, *veintidós*, etc. (no **ventiuno*, **ventidós*, etc.), *novecientos* (no **nuevecientos*).
>
> – El adjetivo numeral ***uno*** tiene variación genérica. El masculino (***uno***) pierde la vocal final ante sustantivo masculino (*veintiún dramaturgos*). El femenino (***una***) concuerda en género con el sustantivo (*treinta y una alumnas*) y se transforma en *un* si ese sustantivo comienza por /á/ tónica (*veintiún aves*).

No siempre es fácil distinguir el numeral *un(o)*, *una*, del indefinido *un* (*una*, *unos*, *unas*), que veíamos en el apartado anterior (2.2.3). Es el contexto el que nos permite clasificar *un*, *una* como numeral cuando se opone a *dos*, *tres*, *diez*, *ochenta*... (*No quiero ni un pastel más; ya he comido seis*); o entenderlo como indefinido (*Ayer conocí a un periodista*) si se opone a otros indefinidos (*Ayer conocí a unos / unas / ciertos / otros / varios periodistas*).

B) *Adjetivos numerales ordinales*

Asignan un puesto en la sucesión referida a los números. Tienen variación genérica y numérica (*la segunda ventana*, *los primeros versos*), van normalmente precedidos por el artículo u otros determinantes (*la primera fila*, *su tercera clase*, *este décimo puesto*) y pueden ir también pospuestos (*el libro séptimo*).

Los más frecuentes son del 1.º al 29.º: *primero*, *segundo*, *tercero*, *cuarto*, *quinto*, *sexto*, *séptimo*, *octavo*, *noveno* (rara vez *nono*), *décimo*, *undécimo*, *duodécimo*, *decimotercero*, *decimocuarto*, *decimoquinto*, etc.; *decimonoveno*; *vigésimo*, *vigésimo primero*, *vigésimo segundo*, etc. Son menos usuales los correspondientes a las decenas: *trigésimo*, *cuadragésimo*, *quincuagésimo*, *nonagésimo*. Salvo *centésimo* (100.º), *milésimo* (1 000.º) o *millonésimo* (1 000 000.º), los restantes son realmente infrecuentes: *ducentésimo* (200.º), *tricentésimo* (300.º), *cuadringentésimo* (400.º), etc. A partir de ciertos números de orden, suelen sustituirse por numerales cardinales con función ordinal: decimos *Carlos Tercero*, *Isabel Segunda*, pero *León Trece* o *Trabaja en la planta cuarenta y dos de la Torre Picasso*.

– Puede escribirse *decimotercero* (sin tilde) o *décimo tercero* (con tilde), *decimocuarto* o *décimo cuarto*, *vigesimoprimero* o *vigésimo primero*, etc.
– Los masculinos *primero* y *tercero* se apocopan (pierden la vocal final) ante sustantivo (*el primer actor*; *el tercer acto*), no así los femeninos: *la primera dama* (no **la primer dama*), *la tercera aria* (no **la tercer aria*).
– En fecha reciente, la Academia ha admitido *decimoprimero y decimosegundo,* junto a *undécimo* y *duodécimo*, preferidos en el uso culto.
– No deben usarse **numerales partitivos** (*onceavo*, *doceavo*, *treceavo*, etc.) en lugar de los ordinales: *Ocupa el lugar decimotercero de la escala* (no **Ocupa el lugar treceavo de la escala*). Los partitivos son los que expresan fracciones de un todo: *Esa cifra equivale a la doceava parte de sus ingresos*.
– Existen también los **numerales multiplicativos** (o **múltiplos**). Los más frecuentes son *doble*, *triple*, *cuádruple* o *cuádruplo*, *quíntuple* o *quíntuplo* (*un programa doble*, *la cuádruple alianza*, *un parto quíntuple*). Su uso es raro por encima de esta cantidad.

2.2.5. Adjetivos interrogativos y exclamativos

Son adjetivos que, al determinar a un sustantivo, especifican el aspecto concreto al que se dirige una pregunta (interrogativos) o el aspecto que se desea intensificar (exclamativos).

Presentan formas comunes. La entonación, en la lengua hablada (Tema 4), y los signos de puntuación (Tema 6), en la escrita, permiten distinguir unos de otros. Los principales son:

- ***qué***, invariable, es interrogativo en *¿<u>Qué</u> disculpa pondrá?*, *¿<u>Qué</u> óperas has visto?*, *¿A <u>qué</u> escritores te refieres?*; exclamativo en *¡<u>Qué</u> razón tenía!*, *¡A <u>qué</u> horas vuelven a casa!*, *¡Con <u>qué</u> cara llegó!*;
- ***cuánto***, ***cuánta***, ***cuántos***, ***cuántas***, con variación de género y número; en *¿<u>Cuánto</u> dinero falta?*, *¿<u>Cuánta</u> harina echo?*, *¿De <u>cuántos</u> poemas te acuerdas?*, *¿En <u>cuántas</u> tiendas entraste?* son interrogativos; en *¡<u>Cuánto</u> zumo bebe!*, *¡A <u>cuánta</u> gente conocimos!*, *¡<u>Cuántos</u> recuerdos me trae!*, *¡De <u>cuántas</u> cosas hablamos!* son exclamativos.

– Los adjetivos interrogativos y exclamativos se escriben siempre con tilde.
– En español, son obligatorios el signo de interrogación de apertura (¿) y el signo de exclamación de apertura (¡), no bastan los de cierre. Debe escribirse, por lo tanto, *¿Qué aria cantó?* (no **Qué aria cantó?*), *¡Cuántas barcas hay!* (no **Cuántas barcas hay!*).

Al estudiar la oración compleja (Tema 14), veremos que los adjetivos interrogativos pueden funcionar, además, como nexo introductor de oraciones subordinadas sustantivas interrogativas indirectas (*Me preguntó cuántas barcas había*), sin dejar de desempeñar, por ello, su función sintagmática característica: *cuántas* sigue siendo determinante del núcleo (el sustantivo *barcas*) de un sintagma nominal (*cuántas barcas*).

2.2.6. Adjetivos relativos

Desempeñan, como el resto de los adjetivos determinativos, la función sintagmática de determinante del núcleo sustantivo de un SN, pero lo hacen **siempre** en el marco de la oración compleja. Así, en *Compra cuantos productos anuncian por la televisión,* el adjetivo *cuantos* es determinante del núcleo (el sustantivo *productos*) del sintagma nominal *cuantos productos*. Pero, como acabamos de ver al estudiar los interrogativos, sirven también de nexo introductor de la oración subordinada *cuantos productos anuncian por la televisión*.

Los relativos se tratarán en el Tema 14, en el apartado dedicado a las oraciones subordinadas adjetivas. Tan sólo adelantamos aquí los principales adjetivos relativos, seguidos de algunos ejemplos:

- ***cuanto***, ***cuanta***, ***cuantos***, ***cuantas***: *Deberá abonar cuanta agua consuma*, *Lee cuantos libros caen en sus manos*;
- ***cuyo***, ***cuya***, ***cuyos***, ***cuyas***, que concuerda en género y número con el sustantivo al que determina (el que lo sigue), no con su antecedente (el que lo precede): *El escritor, cuya novela ha resultado premiada, firmará ejemplares en la Feria del Libro*; *Las alumnas, cuyos apellidos comiencen por M-Z, realizarán el examen en la otra aula*. Encierra la idea de posesión ('los apellidos de las alumnas').

> – Es incorrecto sustituir el adjetivo relativo ***cuyo*** (y sus variantes) por la expresión **que su*, fenómeno muy extendido que se denomina *quesuismo*: debe decirse *Conocí a un chico cuya madre trabaja con la mía* (no **Conocí a un chico que su madre...*).
> – El adjetivo relativo ***cuanto*** (y sus variantes) debe concordar con el sustantivo al que determina: *Cuantas más críticas recibe, menos le importa* (no **Cuanto más críticas recibe...*). Es incorrecto, también, sustituirlo por la preposición *contra*: **Contra más críticas recibe, menos le importa* (por *Cuantas más críticas...*).

3. El artículo

Esta clase de palabras desempeña, al igual que los adjetivos determinativos, la función de **determinante del núcleo de un sintagma nominal**:

<u>*la*</u>	<u>*sala*</u>	<u>*del Museo*</u>	(SN)
determinante (artículo)	núcleo	adyacente	

Se emplea normalmente cuando el sustantivo al que determina designa una realidad consabida para los hablantes: así, un enunciado como *La sala del Museo contenía varios retratos* es posible porque, o no es la primera vez que se menciona (contexto lingüístico): *Entramos en una sala del Museo. La sala contenía varios retratos*; o sabemos que se trata de la número XII, por ejemplo (contexto extralingüístico). Si fuera desconocida para nuestro interlocutor, usaríamos un indefinido: *Una / Cierta sala del Museo contenía varios retratos*.

Consideramos artículo el llamado tradicionalmente *artículo determinado*. Las formas *un*, *una*, *unos*, *unas*, que las gramáticas denominaban *artículo indeterminado*, suele incluirse actualmente entre los adjetivos indefinidos (véase apartado 2.2.3). Una de las razones que motivan este cambio de categoría es que *el*, *la*, *los*, *las*, *lo* son palabras átonas (carecen de acento y se apoyan en el sustantivo que los sigue), mientras que *un*, *una*, *unos*, *unas* son palabras tónicas (con su propio acento), como todos los adjetivos indefinidos, con los que comparten la idea de imprecisión.

Es una clase cerrada, con variación de género y número, que está formada por el siguiente paradigma:

	Masculino	Femenino	Neutro
Singular	***el***	***la***	***lo***
Plural	***los***	***las***	

Gracias al artículo, conocemos el género y el número de los sustantivos invariables: *el artista / la artista*, *la dosis / las dosis*.

El artículo posee una forma específica para el género neutro (***lo***), que se emplea para sustantivar –es decir, para hacer que funcionen como un sustantivo– un sintagma no nominal o una oración: *lo bueno*, *lo suave*, *lo de ayer*, *lo que queráis*.

El artículo femenino ***la*** toma la forma ***el*** cuando el sustantivo femenino al que determina comienza por /á/ tónica: *el arpa*, *el hacha*. Se exceptúan los nombres propios de mujer (*Era Ana <u>la Austria</u> casada con Felipe II*) y los de letras (*<u>la</u> hache, <u>la</u> a*). No ocurre así cuando se intercala un adjetivo: *<u>la</u> afinad<u>a</u> arpa* (no **<u>el</u> afinado arpa*).

Cuando el artículo masculino singular *el* va precedido de las preposiciones *a* o *de*, se produce una **contracción** en un único signo: *Salieron al balcón* (*a + el*), *la pantalla del ordenador* (*de + el*).

> No se produce la contracción de la preposición y el artículo si este forma parte de un nombre propio: *Viajaron a El Cairo*; *el Monasterio de El Escorial*.

Presencia o ausencia del artículo

La presencia o ausencia del artículo ante un sustantivo tiene un valor significativo para la interpretación de un enunciado. Obsérvese la diferencia entre *Necesito dinero / Necesito el dinero*, *Llegaron en barco / Llegaron en el barco*, *ropa de niño / la ropa del niño*. El sustantivo sin artículo designa una clase de seres u objetos (*dinero*, *barco*, *ropa*, *niño*); el sustantivo con artículo identifica un ser u objeto únicos distinguiéndolos de los demás de su clase (una cantidad de dinero, un barco, unas prendas, un niño en concreto).

> Al margen de estos valores significativos, a veces se omite indebidamente el artículo cuando sí debería emplearse: **Juega a tenis* (por *Juega al tenis*). Ocurre a menudo tras expresiones como *la mayoría*, *el resto*, *la mitad*: **La mayoría de telespectadores practica el zapeo* (por *La mayoría de los telespectadores...*).

Los **nombres propios**, por regla general, no llevan artículo, ya que por sí mismos permiten identificar un elemento dentro de una clase (apartado 1.2c): si decimos *Londres*, ya estamos refiriéndonos a una ciudad perfectamente distinguible del resto; lo mismo ocurre con *Luisa ha llamado*, que señala a una persona determinada dentro de un conjunto.

> En español, se consideran vulgarismos o demasiado coloquiales expresiones como *la Rosa*, *el Andrés*. Sin embargo, debe anteponerse el artículo si el nombre propio está especificado por un adyacente (*Ya no es el Juan que conocisteis*; *la Carmen de Mérimée*) o se usa en sentido genérico (*Es el santo de las Pilares*). También puede utilizarse para referirse a personajes, sobre todo femeninos, que destacan en un campo artístico o profesional: *la Pardo Bazán*, *la Caballé*, *la Jurado*, *la Thatcher*.

Hay nombres propios de lugares (**topónimos**) que llevan siempre artículo: *La Habana*, *Las Alpujarras*, *La Zarzuela*, *La Moncloa*, *El Salvador*. Otros pueden usarse con artículo o sin él: *(el) Japón*, *(la) India*, *(los) Estados Unidos*.

Los nombres propios que han pasado a designar instituciones se utilizan siempre con artículo: *el Reina Sofía*, *la Carlos III*, *el Cervantes, el Severo Ochoa*.

4. El pronombre

Es la clase de palabras constituida por los términos que en un enunciado sustituyen a un sustantivo y que asumen la función característica de este, es decir, la de **núcleo del sintagma nominal**:

alguien	*de mi empresa*	(SN)
núcleo (pronombre)	adyacente	

Pueden realizar, por lo tanto, las funciones propias del sintagma nominal, a veces precedido de preposición: sujeto (*Ellos se dedican a la agricultura*), complemento directo (*Prefiero estas*), complemento indirecto (*Vende el coche a alguno*), complemento preposicional (*¿De qué hablaron?*), complemento circunstancial (*El pueblo en el que vive está en la montaña*).

Los pronombres se clasifican en varios grupos. El más destacado es el de los pronombres personales, que tienen gran repercusión en la flexión del verbo (Tema 9) y en la estructura sintáctica de la oración (Tema 12).

Obsérvese que muchos de los ejemplos anteriores incluyen formas similares a las que presentan los adjetivos determinativos: el demostrativo *estas*, el indefinido *alguno*, el interrogativo *qué*. Pero su función ya no es la misma. En estos enunciados, en lugar de desempeñar una función adjetiva (determinante del núcleo de un SN), funcionan como sustantivos (núcleo de un SN). Por eso, ya no son *adjetivos* demostrativos, indefinidos, interrogativos o exclamativos, sino *pronombres* demostrativos, indefinidos, etc.

En la actualidad no suelen figurar en la clase de los pronombres las formas posesivas, ya que, para funcionar como núcleo de un SN, los posesivos necesitan sustantivarse, es decir, ir precedidos por el artículo, como sucede con los adjetivos (apartado 2.1.2): *¿Qué hay de lo mío?*, *Prefiero los vuestros*. No son pronombres, sino adjetivos posesivos sustantivados.

Los restantes (demostrativos, indefinidos...) sí pueden por sí solos funcionar como sintagmas nominales. Como veremos en seguida, en cada grupo aparecen formas comunes (*Estos libros* / *Prefiero estos*), que funcionan bien como adjetivos bien como sustantivos; y formas específicas (*pronominales*) para la función sustantiva (*Prefiero esto*).

4.1. Pronombres personales

Hacen referencia a las personas que participan en el proceso comunicativo:

- **Primera persona**: es la que el hablante (o emisor) emplea para referirse a sí mismo.
- **Segunda persona**: es la que el hablante usa para designar al oyente (o receptor).

- **Tercera persona**: es la que el hablante utiliza para designar a las personas que no intervienen en la comunicación o a las cosas de las que se habla.

El paradigma de los pronombres personales presenta, junto con la variación de género (incluido el neutro) y de número, formas distintas según la función sintáctica que desempeñan en la oración, lo que le confiere una singularidad frente a otros paradigmas:

	FORMAS TÓNICAS		**FORMAS ÁTONAS**
	SUJETO	COMPLEMENTO verbal con preposición	COMPLEMENTO verbal sin preposición (CD/CI)
Singular			
1.ª persona	***yo***	***mí*, *conmigo***	***me*** (CD/CI)
2.ª persona	***tú***	***ti*, *contigo***	***te*** (CD/CI)
3.ª persona	***él*, *ella*, *ello***	***sí*, *consigo***	***lo*, *la*** (CD)
			le (CI), ***se*** (CD/CI)
Plural			
1.ª persona	***nosotros*, *nosotras***	***nosotros*, *nosotras***	***nos*** (CD/CI)
2.ª persona	***vosotros*, *vosotras***	***vosotros*, *vosotras***	***os*** (CD/CI)
3.ª persona	***ellos*, *ellas***	***ellos*, *ellas*, *sí***	***los*, *las*** (CD)
			les (CI), ***se*** (CD/CI)

También son pronombres personales *usted*, *ustedes* y *vos*.

- ***Usted*** y ***ustedes*** son pronombres de 2.ª persona que se emplean para expresar cortesía, respeto o distanciamiento; *usted* se conjuga con verbos en 3.ª persona del singular (*Llame usted mañana*), *ustedes* concuerda con la 3.ª persona del plural (*Ustedes hablaron conmigo*).
- En muchas zonas del español de América (así como en Canarias y ciertas áreas de Andalucía) es frecuente reemplazar *vosotros* por ***ustedes***, en el trato cotidiano o informal: con verbos de 3.ª persona (*ustedes caminan*), en el registro culto, y con verbos de 2.ª persona (*ustedes camináis*), en el popular.
- ***Vos*** es un pronombre de 2.ª persona del singular muy difundido en América –en lugar de *tú* o alternando con él–, para el trato familiar (*vos cantáis*, *vos cantás*); este fenómeno, llamado *voseo*, se verá con más detalle en el Tema 23.

A) *Pronombres personales en función de sujeto*

La 1.ª y 2.ª personas del singular son invariables en cuanto al género: *–Yo soy abogada*; *–Yo, filólogo*. Las restantes poseen variación genérica: *Nosotros llegamos sedientos*; *Vosotras estáis muy calladas*; *Tanto él como ella son suizos*; *Ellos van al cine, pero ellas al teatro*. La forma neutra *ello* se refiere a un conjunto de cosas o de hechos (*Ello es así porque...*); se usa poco en la lengua hablada (suele sustituirse por el pronombre demostrativo *eso*), con más frecuencia en la escrita.

El pronombre *nosotros*, *nosotras* se refiere al hablante y al grupo de personas en el que el hablante se incluye; no se trata, pues, de un conjunto de hablantes. *Vosotros*, *vosotras* señala al oyente considerado como parte de un grupo en el puede haber miembros ausentes: *Vosotros* ('tú y él') *no quisisteis*; pero también puede dirigirse a un conjunto de oyentes (*Vosotros, los que me escucháis, sabéis que...*).

Como veremos en el Tema 9, entre los morfemas del verbo, está el de número-persona, por lo que generalmente no es necesario incluir en los enunciados pronombres personales en función de sujeto: solemos decir *comíamos, reían, sueñas, voy*, en lugar de *nosotros comíamos*, *ellos reían*, *tú sueñas*, *yo voy*, que harían el discurso ciertamente pesado. Si aparecen, es para resolver homonimias del tipo (*yo*) *temblaba* / (*él*) *temblaba* (Tema 17, apartado 3.2b), confusiones de género, especialmente al referirse a una tercera persona (*Ella es la que cantaba, no él*); pero, sobre todo, con valor expresivo o enfático (*¿Tú me quieres?*, *Yo opino que...*, *Nosotros nos oponemos rotundamente*), por lo que no siempre son redundantes.

> Todos los pronombres personales en función de sujeto son formas tónicas (con acento fonológico). Los monosílabos *tú* y *él* deben escribirse con tilde diacrítica (Tema 6, apartado 1.3) para distinguirlos, respectivamente, del adjetivo posesivo (*Tú puedes* / *Tu casa*) y del artículo (*El árbol* / *Él escribe*).

B) *Pronombres personales en función de complemento*

Se clasifican en dos grupos bien diferenciados: los tónicos y los átonos.

Los pronombres personales **tónicos** en función de complemento siempre van precedidos de preposición. En singular tienen formas específicas para la 1.ª y 2.ª personas: *Vino por mí*, *Esto es para ti*. La 3.ª persona del singular posee una forma especial para las construcciones reflexivas (*La víctima no vuelve en sí*), pero no para las restantes: *Cantemos con él*, *Confía en ella*. En plural, presentan las mismas formas de la función de sujeto: *El caso recayó sobre nosotros*, *Hago una promesa ante vosotras*, *Va tras ellos*.

Desempeñan las funciones sintácticas propias del SN, a veces precedido de preposición, excepto la de sujeto: CD (*Me vio a mí*), CI (*¿A ti te gustan las ostras?*), complemento de régimen (*Se avergüenzan de él*), CC (*Vendrá de vacaciones con nosotras*), adyacente de un núcleo nominal (*¿Alguno de vosotros sabe conducir?*).

Presentan, incluso, formas específicas cuando se construyen con la preposición *con*, en todas las personas del singular: *Ven conmigo a la sierra*, *Vieron a Luis contigo*, *Está enfadado consigo mismo*; y con la preposición *entre*, en la 3.ª del plural: *Discutieron entre sí*.

– Los pronombres reflexivos concuerdan en persona con el sujeto, aunque puedan parecer frases hechas: *No las tienes todas contigo* (no **No las tienes todas consigo*).

– No debe confundirse ***A sí mismo*** (prep. + pron. reflexivo + adjetivo) con ***así mismo***, locución adverbial: *No se perdona a sí mismo*; *Se encontraron, así mismo, fósiles*.

– Tras la preposición *entre* se emplean en la actualidad las formas de sujeto: *Entre tú y yo lo conseguiremos*. Lo mismo ocurre con los adverbios *excepto*, *salvo*, *menos* (*Todos lo creen excepto tú*) y cuando *según* tiene valor de preposición (*Según tú, ¿quién ganará?*).

Los pronombres personales **átonos** se apoyan en el acento del verbo, por lo que se denominan *enclíticos* si van detrás del verbo (*aconséjame*), siempre formando una sola palabra en la escritura; o *proclíticos* si van delante (*me aconseja*), con separación gráfica.

Desempeñan las funciones de complemento directo (CD) y de complemento indirecto (CI) del verbo. Se distinguirán mejor estas funciones sintácticas tras estudiar la oración (Tema 12). No obstante, ha de saberse que para la 1.ª y 2.ª personas, tanto del singular como del plural, se emplean las mismas formas para el CD y el CI sin distinción de género, mientras que la 3.ª persona posee formas distintas según funcione como CD o como CI, y según sustituyan a sintagmas cuyo núcleo sustantivo sea masculino o femenino:

	CD	CI
1.ª persona singular	***Me*** *vio.*	***Me*** *dio un regalo.*
2.ª persona singular	***Te*** *llamará.*	***Te*** *ha mandado una carta.*
3.ª persona singular	*Al niño* ***lo*** *llevo yo.*	***Le*** *compró discos a Luis*
	A la niña ***la*** *llevo yo.*	***Le*** *compró libros a Ana.*
1.ª persona plural	***Nos*** *peinará a nosotros.*	***Nos*** *pidió permiso a nosotras.*
2.ª persona plural	***Os*** *saludaron a vosotras.*	***Os*** *comunicaron la noticia a vosotros.*
3.ª persona plural	*A ellos* ***los*** *recogió María.*	*A los vecinos* ***les*** *prestaron un coche.*
	A ellas ***las*** *recogió Julio.*	*A mis primas* ***les*** *prestaron un barco.*

No es extraño que, ante un paradigma tan especializado y asimétrico, puedan producirse usos que no se ajustan con exactitud al sistema (véase también Tema 12):

- Se denomina **leísmo** el uso de *le* o *les* como complemento directo (CD), en lugar de alguno de los pronombres átonos propios de esta función (*lo*, *la*, *los*, *las*): *Vio a Carlos y le saludó* (por *lo saludó*); **A Marta le conocimos en Roma* (por *la conocimos*).
- Se denomina **laísmo** el uso de *la* o *las* como complemento indirecto (CI), en lugar de alguno de los pronombres átonos propios de esta función (*le*, *les*): **A mi madre la dijo que sí* (por *le dijo*); **Las mandaron un regalo por Navidad* (por *les mandaron*).

- Se denomina **loísmo** el uso de *lo* o *los* como complemento indirecto (CI), en lugar de alguno de los pronombres átonos propios de esta función (*le*, *les*): *<u>Lo</u> ofrecieron un trabajo* (por *<u>Le</u> ofrecieron*); *<u>Los</u> tocó la lotería* (por *<u>Les</u> tocó*).

> – El **leísmo de persona masculina singular** –es decir, el uso de *le* por *lo* para referirse a un varón– está **admitido** por la norma, por gozar de prestigio literario. Son, por lo tanto, correctas *A Jaime <u>lo</u> han visto en Lisboa* y *A Jaime <u>le</u> han visto en Lisboa*.
>
> – El **leísmo de persona masculina plural** –es decir, el uso de *les* por *los* para referirse a dos o más varones– está muy extendido, pero no tanto como el anterior. Aunque aparece usado por escritores, la Academia aconseja que no se emplee en la norma culta: *Hoy no ha llamado a sus tíos; <u>les</u> llamará mañana* (mejor *<u>los</u> llamará*).
>
> – La Academia considera totalmente incorrectos los usos restantes: el leísmo de persona femenina: *A Sofía todos <u>le</u> quieren* (por *<u>la</u> quieren*); el leísmo de cosa: *Tenía ese libro, pero <u>le</u> presté* (por *<u>lo</u> presté*); el laísmo: *<u>La</u> mandaron antibióticos* (por *<u>Le</u> mandaron*); y el loísmo: *Al cuadro <u>lo</u> hicieron un rasguño* (por *<u>le</u> hicieron*).

4.2. Pronombres demostrativos

En el apartado 2.2.2 vimos el paradigma de los adjetivos demostrativos. Recuérdese que funcionaban como determinante del núcleo de un SN (función adjetiva): *estos parques*. Pero las formas ***este*** (con sus variantes *esta*, *estos*, *estas*), ***ese*** (con sus variantes *esa*, *esos*, *esas*) y ***aquel*** (con sus variantes *aquella*, *aquellos*, *aquellas*) pueden desempeñar, en otros contextos, la función de núcleo de un SN (función sustantiva): *<u>Aquellas</u> son de plata*, *<u>Esta</u> es de oro*. Se consideran en este caso **pronombres** demostrativos.

Son pronombres demostrativos propiamente dichos –ya que no pueden funcionar como adjetivos– las formas neutras ***esto***, ***eso***, ***aquello***: *<u>Esto</u> no me gusta*, *<u>Eso</u> es cierto*, *<u>Aquello</u> ocurrió hace mucho tiempo*.

Como pronombres, los demostrativos pueden desempeñar las funciones características de un sintagma nominal, a veces precedido de preposición: sujeto (*<u>Este</u> sabe a chocolate*), CD (*Carmen prefiere <u>esa</u>*), CI (*Dale <u>a aquel</u> el maletín*), complemento preposicional (*Fíjate <u>en estas</u>*), CC (*<u>Con esos</u> no hablo*), atributo (*Elena es <u>aquella</u>*).

> – Las formas masculinas y femeninas de los pronombres demostrativos (***este***, ***ese***, ***aquel***, ***estos***, ***esas***, ***aquellos***, etc.) pueden escribirse con tilde o sin ella (*Ésta es María* / *Esta es María*). La tilde es obligatoria sólo si el enunciado resulta ambiguo: *Esta tarde llamará* (Pedro) / *Ésta* (Emilia) *tarde llamará*.
>
> – ***Esto***, ***eso*** y ***aquello*** se escriben siempre sin tilde: *Esto le atañe* (no **Ésto le atañe*).

4.3. Pronombres indefinidos

Se consideran pronombres indefinidos aquellas formas integrantes del grupo de los indefinidos (véase el apartado 2.2.3) que, en ciertos contextos, pueden asumir funciones sustantivas (es decir, desempeñar la función de núcleo de un sintagma nominal) sin experimentar modificación.

Los principales son ***uno*** (*-a, -os, -as*): *Uno se entretiene como puede*, *Unos bailaban un tango*); ***alguno*** (*-a, -os, -as*): *¿Alguno lo quiere?*, *Algunas están maduras*; ***ninguno*** (*-a*), que no presenta formas de plural: *Ninguno acudió a la cita*, *No conozco a ninguna de sus hijas*; ***otro*** (*-a, -os, -as*): *Dáselo a otro*, *Tómate otra*; ***todo*** (*-a, -os, -as*): *Ya han llegado todos*, *Todo acabó bien*, *Échame toda*; ***varios*** (*-as*): *Varios lo han comentado*, *Tráete varias*.

Los indefinidos ***mucho***, ***poco***, ***demasiado***, ***bastante***, ***tanto***, con sus variantes respectivas, pueden también comportarse como pronombres: *Se han vendido muchas*; *Pocos lo saben*; *No compres bebidas, hay demasiadas*; *Líos ya tenemos bastantes*; *Yo no quería tantas*. Sin embargo, es muy frecuente que, inmovilizados en masculino singular, se comporten como adverbios (Tema 10, apartado 1.3): *Estas pilas duran mucho*, *No corras tanto*.

El indefinido ***cualquiera*** es pronombre en oraciones como *Cualquiera puede hacerlo*, *No debes confiar en cualquiera*. Su plural *cualesquiera* es propio de la norma culta: *Es un acto inadmisible, cualesquiera que sean las causas* (coloquial *cualquiera que sean las causas*).

Son siempre pronombres indefinidos, es decir, no pueden tener función adjetiva:

- ***alguien***, ***nadie***, invariables, referidos a personas: *Alguien parará*, *Nadie es perfecto*;
- ***algo***, ***nada***, invariables, referidos a cosas (neutros): *Dile algo*, *No sucedió nada*;
- ***quienquiera***, ***quienesquiera***, que va seguido de una oración de relativo (*Quienquiera que sea, debe cumplir el reglamento*); su plural es propio de la norma culta: *Quienesquiera que sean los elegidos, que lo hagan bien* (coloquial *Quienquiera que sean los elegidos...*).

Algunos indefinidos (vistos en el apartado 2.2.3) no son nunca pronombres: así ocurre con *sendos* y *cierto*, con sus respectivas variantes. Tampoco lo son *mismo* (y sus variantes), *más, menos* y *demás*, ya que para desempeñar la función sustantiva deben sustantivarse mediante el artículo: *Siempre hablan los mismos*, *Las más de las veces van a la costa*, *Los que se quejaron fueron los menos*, *Las demás no opinan*. El indefinido *demás* es pronombre en las enumeraciones del tipo *Vinieron albañiles, pintores y demás*, con sentido equivalente a *etcétera*.

4.4. Pronombres numerales cardinales

Aunque en algunas gramáticas actuales no se utiliza la denominación *pronombres numerales*, sí se reconoce que los numerales **cardinales**, además de ser adjetivos determinativos (*cuatro jinetes*, *doscientas aves*; véase el apartado

2.2.4), pueden comportarse como pronombres en otros contextos: *Deme ocho*, *Ciento cincuenta votaron sí*, *He visto cuatro de sus películas*.

No se consideran pronombres, sino adjetivos, si van sustantivados por el artículo: *Se quedó con los dos*; *Los doce están de acuerdo*.

Los numerales **ordinales** no son pronombres, ya que para ejercer una función sustantiva necesitan la presencia del artículo: *La primera fue la mejor*, *Eligieron al tercero de la lista*.

El numeral dual *ambos* es, en unos casos, adjetivo determinativo (*ambos altavoces*, *ambas manos*); en otros, pronombre (*Ambos lo sabían*, *Me gustaría conservar ambas*).

4.5. Pronombres interrogativos y exclamativos

Las formas ***cuánto*** (con sus variantes) y ***qué***, vistas en el apartado 2.2.5, pueden realizar la función de núcleo de un sintagma nominal en ciertos contextos. Así, en *¿Qué te dijo?*, *¿A qué juegan?*, *¿Cuánto necesitas?*, *¿En cuántas de estas playas has estado?*, son pronombres interrogativos; en *¡Qué le vamos a hacer!*, *¡Cuántos lo han ayudado!*, son pronombres exclamativos. El uso de *qué* exclamativo seguido de preposición (*¡Qué de países has visitado!*) es frecuente en la lengua coloquial.

Son pronombres interrogativos o exclamativos propiamente dichos (nunca adjetivos):

- ***quién***, ***quiénes***, con variación de número, referido a personas: *¿Quién ha pintado este cuadro?*, *¿Ante quiénes dio la charla?*, *¡Quién lo diría!*, *¡A quién se lo has ido a pedir!*;
- ***cuál***, ***cuáles***, con variación de número, referido a personas o a cosas: *De estas fotos, ¿cuál elegirías?*, *¿A cuáles de tus colegas te refieres?*; es raro con valor exclamativo, salvo en contextos muy específicos (*Después de tanto pensarlo, ¡cuál fue a elegir!*).

Los pronombres interrogativos pueden funcionar, además, como nexo introductor de oraciones subordinadas sustantivas interrogativas indirectas, tal como veremos al estudiar la oración compleja (Tema 14): *No sé a quiénes proponérselo*.

> – Son formas vulgares **cuálo* y **cuála*: *–¿Quieres este?*, *–¿*Cuálo?* (por *¿Cuál?*).
> – Recuerde que los interrogativos y exclamativos llevan obligatoriamente tilde.

4.6. Pronombres relativos

Aparecen siempre en el marco de la oración compleja: *La iglesia que visitamos ayer es románica*. Tienen una doble función: son *nexos* que sirven para introducir una oración subordinada (*que visitamos ayer*); pero, además, realizan una de las funciones sintácticas propias del SN: en el ejemplo, el pronombre relativo *que* es complemento directo del verbo *visitamos*.

Observe que, en realidad, estamos ante dos oraciones: *La iglesia es románica* y *Visitamos la iglesia ayer*. Lo que hace la oración de relativo *que visitamos ayer* es sustituir el sustantivo *iglesia* por el pronombre relativo *que* y reordenar los componentes de ambas. Si en *Visitamos la iglesia ayer*, el SN *la iglesia* funciona como CD, el relativo *que* tendrá la misma función.

Podrá comprender mejor el funcionamiento de los pronombres relativos tras estudiar las funciones sintácticas (Tema 12), la oración compleja (Tema 13) y, sobre todo, las oraciones subordinadas adjetivas de relativo (Tema 14). Tan sólo adelantamos aquí los principales pronombres relativos, seguidos de algunos ejemplos:

- ***que***, forma átona (sin acento) invariable respecto al género y número: *El chico <u>que</u> entró tenía una mirada extraña*, *Las plantas <u>que</u> están al sol necesitan mucha agua*; cuando no lleva antecedente expreso (véase Tema 14), va precedido por el artículo, que le confiere las marcas de género y número (***el que***, ***la que***, ***los que***, ***las que***), incluido el neutro (***lo que***): *<u>El que</u> ha entrado se llama Pedro*, *<u>Las que</u> buscas están en la cómoda*, *Pregúntale <u>lo que</u> quieras*;
- ***el que***, ***la que***, ***los que***, ***las que***, también en construcciones con un antecedente expreso: *Mi hermana, <u>la que</u> conociste ayer, me ha pedido tu teléfono*;
- ***quien***, ***quienes***, con variación de número, pero no de género, referido a personas: *Es la pianista de <u>quien</u> te hablé*, *Los estudiantes con <u>quienes</u> compartía piso eran italianos*;
- ***el cual***, ***la cual***, ***los cuales***, ***las cuales***, con variación de género y número, incluido el neutro (***lo cual***), referido a personas o a cosas, y siempre precedido de artículo: *Es un poema en <u>el cual</u> se han inspirado muchos autores*, *Son los amigos con <u>los cuales</u> viaja*; *Come muy poco, <u>lo cual</u> me preocupa*;
- ***cuanto***, ***cuanta***, ***cuantos***, ***cuantas***, con variación de género y número, referido a personas o a cosas: *Imitaba a <u>cuantos</u> veía*, *He comprado fruta: come <u>cuanta</u> quieras*.

> – Cuando el relativo desempeña funciones sintácticas que exigen preposición (CD, CI, CP, CC), deben mantenerse la preposición y el artículo: *Es la compañía <u>en la que</u> invertimos* (no **Es la compañía <u>que</u> invertimos*). Pueden omitirse tras expresiones de tiempo como *día*, *año*, *semana*: *El año en <u>que</u> se casaron era bisiesto* / *El año <u>que</u> se casaron era bisiesto*).
>
> – Evítese la expresión ****es por eso que***: **Es <u>por eso que</u> nos fuimos* (en lugar de la normativa *Es <u>por eso por lo que</u> nos fuimos*).
>
> – El relativo ***cuyo*** (y sus variantes) es, en la lengua actual, adjetivo relativo, nunca pronombre (aunque lo fue antiguamente: *¿<u>Cúyo</u> es este libro?*).

Ejercicios

1. Analice morfológicamente los siguientes sustantivos: *niñas*, *subclase*, *librería*, *sillita*, *limoncillo*.
2. Señale la función del sustantivo en el sintagma nominal *los frutos secos*.
3. Clasifique los siguientes sustantivos según su género: *apéndice*, *Guadalquivir*, *artista*, *hambre*, *jirafa*, *dinamo*, *aceite*, *harina*, *ligazón*, *índole*, *do*, *cónyuge*, *perdiz*, *azúcar*, *ka*, *interrogante*.
4. Forme el femenino de los siguientes sustantivos masculinos: *biólogo*, *emperador*, *capitán*, *yerno*, *rey*, *consorte*, *duque*, *instructor*, *gorila*, *gallo*, *médico*.
5. ¿Significan lo mismo *el editorial* y *la editorial*, *el corte* y *la corte*, *el cólera* y *la cólera*, *el frente* y *la frente*?
6. Forme el plural de los siguientes sustantivos: *mastín*, *eslogan*, *alhelí*, *menú*, *café*, *faralá*, *dosis*, *iceberg*, *carácter*, *réquiem*, *bonsái*, *sed*, *currículum*, *espécimen*, *chándal*, *chisgarabís*.
7. Enuncie el singular de los siguientes sustantivos: *caries*, *parálisis*, *traspiés*, *víveres*.
8. Clasifique los siguientes sustantivos por su significado (pueden pertenecer a más de una clase): *libro*, *soldado*, *harina*, *tigre*, *arboleda*, *enjambre*, *Pedro*.
9. De los siguientes adjetivos, indique cuáles son calificativos y cuáles determinativos; especifique la clase de los determinativos: *cualquier*, *denso*, *gran*, *todo*, *muchos*, *vuestros*, *santo*, *cien*, *isósceles*, *sendos*.
10. Analice morfológicamente los siguientes adjetivos: *claras*, *débiles*, *amable*, *insano*, *grandota*, *besucón*.
11. Señale la función que desempeña el adjetivo en los siguientes sintagmas: a) *el edificio grande*; b) *muy cansado de la excursión*.
12. ¿Desempeña la misma función el adjetivo *jóvenes* en los sintagmas *hombres jóvenes* y *los jóvenes de hoy*?
13. Especifique el grado de los siguientes adjetivos: *más grande que*, *rapidísimas*, *el más alto*, *mínimo*, *paupérrimo*, *extrafino*, *ligero*, *sumamente alegre*, *tan limpio como*, *rebueno*.
14. Marque (y corrija) los enunciados incorrectos:
    - a) *Es un hombre valientísimo.*
    - b) *Los adornos son simplísimos.*
    - c) *No es inferior a ti.*
    - d) *Su coeficiente es mayor a la media.*
    - e) *Sucedió en una fecha posterior que esa.*

15. Marque (y corrija) los enunciados incorrectos:

a) *Han urbanizado todo ese área.*
b) *Les dio sendos apretones de manos.*
c) *Estaban justo detrás nuestro.*
d) *No había ninguna arca con tesoros.*
e) *Fueron a visitar el Palacio del Pardo.*
f) *Juan tenía entonces ventiún años; María, treintaidós.*
g) *Es un dramaturgo que su obra se inspira en Calderón.*

16. ¿En qué enunciados aparece un adjetivo determinativo o un pronombre?

a) *Vino alguno desde Australia.*
b) *¡Qué días tan felices!*
c) *Llama a cualquier amigo.*
d) *Se matricularon treinta alumnos.*
e) *¿Cuántos se inscribieron la otra vez?*

17. Señale los casos de leísmo, laísmo y loísmo, e indique si están admitidos por la norma:

a) *A la falda la sobran los volantes.*
b) *A Enrique le puedo llevar yo.*
c) *Al delantero centro lo dieron un golpe.*
d) *No tengo que pedirla permiso.*

Tema 9

El Verbo. Modos verbales. Formas no personales y perífrasis

M.ª Luz Gutiérrez Araus

Introducción

Dentro de las categorías gramaticales del español, el verbo es la que ofrece mayor dificultad en la comprensión de su estructura. Dado que su aparición es imprescindible en todas las oraciones, por ser el centro de todas las relaciones sintácticas, se tiñe de variados rasgos relacionados con la comunicación como son sus accidentes o morfemas verbales, cuyo estudio no es sencillo.

En este tema intentaremos, sin ánimo de exhaustividad, presentar los aspectos más destacables del verbo, aquellos que parecen fundamentales para un conocimiento sintético del mismo, pero completo.

1. El verbo: definición

Una forma lingüística tan compleja como el verbo español conviene definirla desde dos puntos de vista gramaticales: su forma y su función.

- Desde un punto de vista formal, el verbo es la categoría que expresa tiempo, modo y persona.
- En el plano funcional, el verbo es la parte de la oración que representa el núcleo del predicado en torno al cual pueden aparecer complementos.

2. Morfología verbal

El verbo está compuesto por un lexema o raíz verbal que indica el significado y por morfemas o desinencias de diverso tipo que expresan las categorías verbales de *tiempo, modo, número y persona*.

Una forma verbal como *comíamos* puede analizarse del modo siguiente:

LEXEMA	MORFEMAS	
Com-	**-ía-**	**-mos**
	Tiempo y modo	P*ersona- número*

Veamos cuáles son los morfemas verbales.

2.1. Persona y número

El hecho de que el verbo se relacione con el sujeto gramatical dentro del marco de la oración conlleva la concordancia o coincidencia de las marcas de persona y número. La comunicación humana se basa en la existencia del *yo o emisor* y del *tú o receptor*, y son éstas las personas reales comunes a la lengua hablada. La persona *él* es llamada también la *no-persona* por hacer referencia a la persona que no está presente en la comunicación entre el emisor y receptor. La marca de número opone las formas singulares a las plurales: *nosotros* (= yo + tú + ellos...), *vosotros* (= tú + tú + ellos...) y *ellos* (= él + él + él...). Las formas *usted* y *ustedes*, a pesar de corresponder en la comunicación a un receptor o receptores de 2.ª persona, funcionan como si se tratara de *él-ellos* respecto de la concordancia con el verbo. Dentro del sistema verbal de la lengua española hay unas formas que no presentan este morfema persona-número: el *infinitivo, el gerundio y el participio*, por lo cual son llamadas *formas no personales del verbo*.

2.2. Modo verbal

El modo es una categoría verbal que indica la concepción que el hablante tiene de la acción verbal:

- Si la considera como cierta, experimentada, o es neutral ante ella, emplea el *indicativo*:

  Juan habla demasiado.

- Si se plantea dudas sobre ella y la presenta como incierta, no experimentada o hipotética, emplea el *subjuntivo*:

  Juan quizá hable demasiado.

- Si quiere participar activamente y manifiesta una orden, es decir, su voluntad de que algo se cumpla, emplea el *imperativo*:

  Juan, habla.

2.3. Tiempo verbal

La característica fundamental del verbo es su posibilidad de expresar tiempo. El verbo del español denota en sus desinencias el momento en que el hablante sitúa la acción o estado. El tiempo lo ordenamos en tres: presente (simultáneo al punto de referencia), pretérito o pasado (anterior al punto de referencia) y futuro (posterior al punto de referencia).

Ayer conocí a tu hermano Luis (pretérito).

Mañana iré a la Biblioteca Nacional (futuro).

Hay mayor imprecisión al situar las acciones en el presente y a veces el marco es amplio, como en:

Ahora leo muchos libros de historia,

frente a otras veces en que es más concreto y referido auténticamente al momento de hablar:

Ahora me duele la cabeza.

2.4. Aspecto verbal

Las formas verbales pueden informar acerca de *cómo es el proceso de la acción*: que comienza, que acaba, que dura, etc., y a este significado gramatical se le denomina aspecto verbal. Suelen ser las llamadas **perífrasis verbales** (**un conjunto formado por un verbo auxiliar + una forma no-personal como el infinitivo, el gerundio o el participio**) las que indican el tipo de proceso:

- **Durativo**, un proceso que dura:
  Estamos estudiando este capítulo.
- **Incoativo**, un proceso que comienza:
  Vamos a estudiar este capítulo.
- **Terminativo**, un proceso que termina:
  Dejé de estudiar aquel capítulo.

Las formas verbales compuestas, antiguas perífrasis, señalan aspecto terminativo.

3. La conjugación verbal

El conjunto de morfemas que presentan los verbos constituye un sistema llamado conjugación, que se clasifica en tres modelos: *verbos acabados en -ar (1ª), verbos acabados en -er (2ª), o verbos acabados en -ir (3ª)*. Se llaman verbos irregulares aquellos que se apartan de algún modo del paradigma de la conjugación por razones de la evolución fonética de la lengua.

3.1. Paradigmas de la conjugación verbal

Primera: -AR	*Segunda: -ER*	*Tercera: -IR*
Ejemplo: cantar	Ejemplo: comer	Ejemplo: sufrir
(Lexema: cant-)	(Lexema: com-)	(Lexema: sufr-)

1. ***Modo indicativo***

Presente

(cant-) -o, -as, -a,	(com-) -o, -es, -e,	(sufr-) -o, -es, -e,
-amos, -áis, -an	-emos, -éis, -en	-imos, -ís, -en

Pretérito indefinido

(cant-) -é, -aste, -ó, -amos, -asteis, -aron	(com-) -í, -iste, -ió -imos, -isteis, -ieron	(sufr-) -í, -iste, -ió -imos, -isteis, -ieron

Pretérito imperfecto

(cant-) -aba, -abas, -aba, -ábamos, -abais, -aban	(com-) -ía, -ías, -ía, -íamos, -íais, -ían	(sufr-) -ía, -ías, -ía, -íamos, -íais, ían

Pretérito perfecto

He + participio pasado (cant-ado), (com-ido), (sufr-ido), has + part., ha + part., hemos + part., habéis + part., han + part.

Pretérito anterior

Hube + participio (cant-ado), (com-ido), (sufr-ido), hubiste + part., hubo + part., hubimos + part., hubisteis + part., hubieron + part.

Pretérito pluscuamperfecto

Había + participio (cant-ado), (com-ido), (sufr-ido), habías + part., había + part., habíamos + part., habíais + part., habían + part.

Futuro simple

(cant-) -aré, -arás, -ará, -aremos, -aréis, -arán	(com-) -eré, -erás, -erá, -eremos, -eréis, -erán	(sufr-) -iré, -irás, -irá, -iremos, -iréis, -irán

Futuro compuesto

Habré + participio (cant-ado), (com-ido), (sufr-ido), habrás + part., habrá + part., habremos + part., habréis + part., habrán + part.

Condicional simple

(cant-) -aría, -arías, -aría, -aríamos, -aríais, arían	(com-) -ería, -erías, -ería, -eríamos, -eríais, -erían	(sufr-) -iría, irías, -iría, -iríamos, -iríais, -irían

Condicional compuesto

Habría + participio (cant-ado), (com-ido), (sufr-ido), habrías + part., habría + part., habríamos + part., habríais + part., habrían + part.

2. *Modo subjuntivo*

Presente

(cant-) -e, -es, -e, -emos, -éis, -en	(com-) -a, -as, -a, -amos, -áis, -an	(sufr-) -a, -as, -a, -amos, -áis, -an

Pretérito imperfecto

1.ª forma

(cant-) -ara, -aras, -ara, -áramos, -arais, -aran	(com-) -iera, -ieras, -iera, -iéramos, -ierais, -ieran	(sufr-) -iera, -ieras, -iera, -iéramos, -ierais -ieran

2.ª forma

(cant-) -ase, -ases, -ase, -ásemos, -aseis, -asen	(com-) -iese, -ieses, -iese, -iésemos, -ieseis, -iesen	(sufr-) -iese, -ieses, -iese, -iésemos, -ieseis, -iesen

Pretérito perfecto

Haya + participio (cant-ado), (com-ido), (sufr-ido), hayas + part., haya + part., hayamos + part., hayáis + part., hayan + part.

Pretérito pluscuamperfecto

1.ª forma

Hubiera + participio (cant-ado), (com-ido), (sufr-ido), hubieras + part., hubiera + part., hubiéramos + part., hubierais + part., hubieran + part.

2.ª forma

Hubiese + participio (cant-ado), (com-ido), (sufr-ido), hubieses + part., hubiese + part., hubiésemos + part., hubieseis + part., hubiesen + part.

Futuro simple

(cant-) -are, -ares -are, -áremos, -areis, -aren	(com-)-iere, -ieres -iere, -iéremos, -iereis, -ieren	(sufr-) -iere, -ieres, -iere, -iéremos, -iereis, -ieren

Futuro compuesto

Hubiere + participio (cant-ado), (com-ido), (sufr-ido), hubieres + part., hubiere + part., hubiéremos + part., hubiereis + part., hubieren + part.

Modo Imperativo

(cant-) -a tú, -e usted	(com-) -e tú, coma usted	(sufr-)-e tú, -a usted
-ad vosotros, -en ustedes	-ed vosotros, -an ustedes	-id vosotros, -an ustedes

Formas no personales del verbo

Infinitivo **Infinitivo compuesto**

(cant-)-ar (com-)-er (sufr-)-ir // Haber + participio cantado, comido, sufrido

Gerundio **Gerundio compuesto**

(cant-)-ando, (com-)-iendo, (sufr-)-iendo// Habiendo + participio cantado, comido, sufrido, etc.

Participio

(cant-)-ado	(com-)-ido	(sufr-)-ido

3.2. Conjugación de los verbos irregulares

Se llaman verbos irregulares aquellos que en su lexema o en los morfemas verbales sufren un cambio que les hace no seguir el modelo que ha quedado descrito.

Existen tres tipos de irregularidad en los verbos:

1. Verbos con irregularidades vocálicas en el lexema.
   Por ejemplo: *pens-ar > piens-o*; *cont-ar > cuent-o*, etc.
2. Verbos con irregularidades consonánticas en el lexema.
   Por ejemplo: *carec-er > carezc-o; aplaz-ar > aplac-é,* etc.
3. Verbos con algunos tipos de irregularidad particular.
   Por ejemplo: *poner > pongo; caber > quepo; dar > doy; ser > soy,* etc.

Conviene destacar ciertas irregularidades en el participio; así la terminación *-do* del participio pasa a *-to* en algunos verbos: *abierto, cubierto, devuelto, disuelto, escrito, frito, muerto, vuelto*, etc. En los verbos *decir, hacer* y sus *compuestos* la terminación del participio acaba en *-cho*: *dicho, predicho* (pero *bendito*, *maldito*), *hecho, deshecho*, *rehecho, satisfecho*. *Bendecir* y *maldecir* tienen también *maldecido* y *bendecido*.

Algunos verbos tienen dos participios, uno regular en *-do* y otro irregular, el cual se suele emplear como atributo con *ser y estar*; citamos sólo algunos a título de ejemplo:

atender - atendido - atento.

concluir - concluido - concluso.

difundir - difundido - difuso.

soltar - soltado - suelto.

suspender - suspendido - suspenso.

corregir - corregido - correcto.

expresar - expresado - expreso.

imprimir - imprimido - impreso.

freír - freído - frito.

3.3. Conjugación de los verbos defectivos

Estos verbos se caracterizan por presentar incompleto el cuadro de su conjugación, tanto si ésta es regular como si es irregular, por variados motivos. Unas veces sólo se emplean las terceras personas, porque se refieren a sujetos que nunca pueden ser personas, sino cosas, tales como *acaecer, acontecer, amanecer, anochecer, atardecer*. Sólo en muy concretas ocasiones podemos hallar un giro metafórico, como: *Amanecí en San Sebastián* por: *Amanecía cuando llegué a San Sebastián*.

El verbo *haber* usado impersonalmente es también defectivo y no se emplea más que en la tercera persona del singular: *hay, había, hubo, habrá, habría, haya, hubiera, hubiese, ha habido, había habido, habrá habido*, etc. Recordamos que no es correcta una frase como *Habían tormentas*, que debe ser sustituida por: *Había tormentas*.

3.4. Advertencias sobre errores en la conjugación

En los verbos compuestos la conjugación es semejante a la del correspondiente verbo simple, y así, de *contradecir* se deriva *contradiría* y no *contradeciría.

Un error muy difundido es confundir la conjugación de los verbos *prever* y *proveer*. No es correcta una forma como *preveyendo, o *preveyera, o *preveyó, sino que hay que emplear en su lugar las adecuadas del verbo prever: *previendo, previera, previó*.

Es incorrección emplear *conducí, *deducí, etc., en lugar de las formas correctas *conduje, deduje*, etc. Estas formas se llaman pretéritos fuertes, como otros: *puse, supe, hube, anduve, estuve, cupe*, etc., en lugar de los analógicos *poní, *sabí, etc.

Los verbos que acaban en *-uar, -iar* presentan a menudo dudas sobre la delimitación silábica. Mientras por un lado encontramos la terminación -uo en *amortiguo, santiguo, averiguo*, por otro están los acabados en *-úo*: *perpetúo, atenúo, insinúo, gradúo*, etc. De igual modo están *crío, guío, confío, lío*, etc., frente a *afilio, entibio, agravio, asedio*, etc. Habrá, por tanto, que tener cuidado con esta clase de terminaciones.

La Real Academia Española establece que se conjugan como *actuar* los verbos terminados en *-uar* en los que esta terminación vaya precedida de una consonante que no sea ni *c* ni *g*. Los demás, o sea, los terminados en *-cuar, -guar*, se conjugan como *averiguar*, pero está la excepción de *adecuar* que, según el DRAE, puede conjugarse como *actuar* o como *averiguar* : *él se adecúa o se adecua*. Las reglas para el caso de los terminados en *-iar* son más complejas y es conveniente la consulta de un buen diccionario de dudas.

4. Valores de las formas verbales

El verbo español organiza su estructura basándose en una serie de oposiciones y de correlaciones: las formas se oponen entre sí porque poseen o no un rasgo distintivo de entre los morfemas verbales anteriormente descritos. Por el hecho de que unas formas poseen el morfema persona-número y otras no, se dividen en formas personales y formas no personales del verbo. Estas últimas son el infinitivo, el gerundio y el participio. Entre las formas personales, la primera división se hace en función del morfema de modo: modo indicativo, modo subjuntivo y modo imperativo. Dentro de cada modo la organización se establece por el morfema de tiempo, el cual determina las formas temporales, que iremos describiendo en sus distintos valores.

4.1. Modo indicativo

4.1.1. Presente

Es una forma extraordinariamente abierta y flexible por el gran intervalo de tiempo que puede incluir y por la influencia que en su delimitación puede ejercer subjetivamente el hablante. Lo específico del presente dentro del sistema es su valor de *presente actual*, que expresa la acción en relación de simultaneidad con el momento de hablar, como en:

En este momento *llega* a casa Pedro.

El contexto en que aparece el presente le da gran variedad de *usos secundarios*:

- El *presente habitual* indica un comportamiento usual y acostumbrado, aunque no se esté desarrollando precisamente ahora:

  Estos meses *duermo* más (=suelo dormir más).
  En este teatro *estrenan* buenas comedias (= suelen estrenar).

- El *presente permanente* se utiliza para expresar hechos o verdades cuya validez está fuera de todo límite temporal; de ahí que se emplee en definiciones, aforismos, refranes, etc.:

  A buen hambre, *no hay* pan duro.
  La tierra *gira* alrededor del sol.

- El *presente histórico*, o presente *con valor de pasado*, se emplea no sólo en los libros de historia, sino que lo usamos muy a menudo para hacer más vivos los relatos al acercarlos al momento actual:

  La Segunda Guerra Mundial *acaba* en 1945.
  Entonces *voy* y le *digo* un chiste. *Viene* su padre y *se enfada*.

- El *presente con valor de futuro* se emplea cuando el contexto lleva un elemento que indica acción futura:

  Luego te *cuento* esa historia.
  Dentro de poco acaban esas obras.

- El *presente con valor de mandato* sustituye al imperativo:

  Ahora mismo vas a la cocina y me traes un vaso de agua.
  ¡Te marchas en este momento!

4.1.2. Pretérito imperfecto y pretérito indefinido

Estas dos formas coinciden en cuanto a la categoría tiempo: indican pasado. Sin embargo, mientras el indefinido marca anterioridad respecto del momento de hablar de modo absoluto, el imperfecto marca simultaneidad con respecto a un momento anterior al de hablar, es decir, podríamos llamarlo «presente del pasado». A causa de esta situación en el sistema verbal, el imperfecto y el indefinido han sido opuestos, en la tradición gramatical, por el aspecto verbal, pero la moderna lingüística les da una caracterización basada más bien en la temporalidad y en ciertos aspectos discursivos. ¿Para qué se usa cada una de estas formas verbales?

- El imperfecto se emplea o bien para la descripción del escenario en que sucede la acción principal –la que va en indefinido–:

  Estaba enfadado cuando su padre le *dijo* esas palabras.

o bien para las acciones habituales:

Todas las mañanas *hacía* gimnasia durante una hora.

o bien acciones secundarias en la narración:

Llegaba a casa cuando me encontré con María.

- El indefinido se emplea para marcar la narración principal. Ejemplos:

  Llovía a cántaros cuando *llegué* a la estación.

  Enrique no *quiso* saber la verdad, porque estaba deprimido.

  Alegres transcurrían los días hasta que *sucedió* aquel accidente.

El imperfecto tiene también unos valores secundarios o discursivos (relacionados con el discurso o contexto de comunicación) que son los siguientes:

- El *imperfecto* se emplea a veces *en lugar del condicional* para expresar una acción hipotética o irreal, por ejemplo en contextos de deseo:

  De buena gana nos íbamos ahora mismo a la playa = (nos iríamos).

Es frecuente en el habla coloquial *en construcciones condicionales*:

Si ella me pidiera perdón, lo *olvidaba* todo (= olvidaría).

Si visitara más a menudo a su abuela, ésta *se ponía* más contenta (= se pondría).

- El *imperfecto de cortesía*, muy frecuente en el español coloquial:

  Quería pedirle que me prestara ese aparato. (= le quiero pedir).

- El *imperfecto de discurso anterior presupuesto* (presuponemos algo que se ha dicho antes):

  Tu hermano *tenía* treinta años, ¿no?

- El *imperfecto de las narraciones infantiles* para una acción imaginada, como en:

  Yo *era* Caperucita y tú *eras* el lobo».

4.1.3. Futuro simple

Esta forma verbal indica un tiempo posterior respecto al momento actual. Por su contenido de tiempo no real tiene una fuerte carga modal, como se ve en los varios *valores secundarios modales* que presenta:

- Futuro *con valor de imperativo*, donde queda patente su origen obligativo:

  Escribirás veinte veces esta frase.

- Para expresar la suposición, la conjetura de una acción en el presente se emplea el llamado *futuro de probabilidad*:

  ¿Quién *será* el que llama a estas horas?

  Estarás muy cansada después de andar tanto.

4.1.4. Condicional simple

Esta forma verbal, llamada también *futuro hipotético*, es de las más complicadas del sistema verbal español. Su nombre le viene dado por aparecer en oraciones de sentido condicional:

Si no fueras a menudo al cine, no *conocerías* a este actor.

Se le ha llamado igualmente *futuro del pasado*, o pospretérito, por expresar acciones que suceden en un tiempo posterior a la referencia del pasado:

Me prometió que no *faltaría* a su trabajo.

- Así como el futuro puede tener un valor de probabilidad en el presente, el condicional puede indicar una *probabilidad del pasado*:

  Sería en primavera cuando me enamoré por primera vez.

- Alterna con el imperfecto en la expresión de la *cortesía*:

  Querría plantearle una propuesta.

4.1.5. Formas compuestas de indicativo

Un rasgo común de todas las formas compuestas es su aspecto verbal perfectivo, es decir, con el sentido de «proceso terminado», debido al origen perifrástico de las mismas: *haber* + participio, pues el participio es la forma no personal perfectiva. Perfectivo se emplea aquí con el sentido de "proceso acabado".

- **Pretérito perfecto**

La forma *he cantado* interesa estudiarla en relación a *canté*, dado que su uso es posible en el mismo contexto y en ciertas zonas de habla española se intercambian valores:

— *Canté* se refiere a una acción realizada en un marco temporal que ya ha pasado para el hablante, en una perspectiva inactual.

— *He cantado* se refiere a una acción realizada en un marco temporal que aún no ha terminado para el hablante, en una perspectiva actual: de ahí que haya sido llamado antepresente.

El valor de estas dos formas es diferente en algunas zonas de Hispanoamérica, al igual que en el español de Canarias, donde aparece la forma simple para el antepresente:

Te digo que te calles, niño, *¿me oíste?*

en lugar del uso peninsular mayoritario: *¿Me has oído?*

- **Pretérito pluscuamperfecto**

Expresa un tiempo pasado anterior a otro pasado:

Llegó a la oficina cuando nosotros ya nos *habíamos ido*.

- **Pretérito anterior**

Coincide esta forma totalmente con el pretérito pluscuamperfecto y la única diferencia está en que *hube cantado* señala la acción inmediatamente anterior a otra acción también pasada. Esta forma temporal apenas se emplea en el español actual, si bien es el habla coloquial la menos partidaria de su uso y pone en su lugar el pretérito indefinido:

Tan pronto como *hubo recogido* sus papeles, desapareció.

- **Futuro compuesto**

El futuro compuesto o perfecto, como prefieren algunos, presenta una acción acabada en el futuro, anterior a otra también futura:

Cuando Héctor llegue a la playa, yo ya me *habré marchado*».

- **Condicional compuesto**

Indica una acción futura respecto de un pasado, pero como resultado de una condición o una hipótesis:

Nos respondió que cuando tú llegaras él ya *habría terminado* el cuadro».

4.2. Modo subjuntivo

- Al subjuntivo se le ha llamado modo de la subordinación, porque habitualmente aparece en las oraciones subordinadas, es decir, dependientes del verbo de la oración principal:

  Deseo *que vengas a visitarme*.

  Habló claro *para que lo entendieran*.

- Puede aparecer en una oración independiente que señala **deseo**:

  ¡*Que te vaya muy bien* en tu nueva vida!

- Puede aparecer en una oración independiente que señala **duda**:

  Tal vez no lo *oiga* bien.

El rasgo distintivo del subjuntivo es que presenta la acción como algo hipotético, frente al indicativo, en que se puede presentar la acción como algo real, cierto, experimentado. La aparición de uno u otro modo en un determinado contexto cambia el significado:

Prefería a un chico que era muy simpático (ese chico era conocido).

Prefería un chico que fuera muy simpático (ese chico no era conocido).

Es grande la complejidad del subjuntivo en español y representa uno de los problemas de más arduo aprendizaje para los extranjeros que se acercan a nuestra lengua.

Por otro lado, en subjuntivo no se puede hablar adecuadamente de valores estrictamente temporales, dado que su valor predominante es modal, no temporal. ¿Por qué? Precisamente porque siendo su papel específico señalar la irrealidad, la hipótesis, el deseo, la duda, etc., la noción de tiempo es apenas distinguible en este mundo especial, y queda impedida la precisión temporal de sus formas. En definitiva, llamar *presente* a la forma *cante* o *pretérito imperfecto* a *cantara* es una convención terminológica, pues tanto el uno como el otro indican futuro en oraciones como:

¡Que *logres* tus anhelos!

Si *pudieras venir* mañana, te lo mostraría.

Se oponen *cante* / *cantara-cantase* en que el verbo regente de *cante* es un presente, en tanto que el del imperfecto es un pasado:

Le mandan que cante. / Le mandaron que cantara.

El **futuro simple** *cantare* ha caído en desuso y ha sido suplantado en la actualidad por el imperfecto en *–ra* / *se*. Sólo aparece utilizado en fórmulas del tipo de *sea como fuere*, *venga de donde viniere*, etc. El lenguaje jurídico y administrativo, que lo empleaba con bastante frecuencia, hoy en día tiende a evitarlo.

Las formas compuestas del subjuntivo se caracterizan, como las del indicativo, por el aspecto verbal perfectivo.

Las formas compuestas del subjuntivo van marcadas por el rasgo de tiempo anterior al de referencia:

Si tú hubieras ido a verlos, no se hubieran enfadado tanto.

4.3. Modo imperativo

Las formas específicas del imperativo son sólo dos: *canta-cantad*. Como es imposible –teóricamente– darse órdenes a sí mismo, no existe la 1.ª persona del singular. Las otras formas: *cantemos*, *cante* usted y el plural *canten*, son tomadas del presente de subjuntivo, al igual que las formas del imperativo en oraciones negativas: *no cantes*, *no cantéis*, etc. El imperativo es sutituido en ocasiones por otras formas verbales como el presente de indicativo, el futuro y el infinitivo.

Vas a casa y se lo preguntas a tu padre.

No codiciarás los bienes ajenos.

No fijar carteles.

¡A callar!

> Salvo en las oraciones negativas y con la preposición A, se considera incorrecto el empleo del infinitivo para dar órdenes a la persona «vosotros o ustedes» del tipo de:
>
> ¡Hijos, hablar bajito! (correcto: hablad)

5. Las formas no personales del verbo

Las formas no personales, es decir, el infinitivo, el gerundio y el participio, llamadas también formas no-flexivas por carecer de flexión verbal, se diferencian entre sí por el aspecto verbal o manera en que se presenta el proceso verbal:

- El participio identifica la acción como un proceso terminado y tiene, por tanto, un aspecto perfectivo.
- El gerundio presenta la acción en su desarrollo, en su duración, y por eso, tiene aspecto durativo.
- El infinitivo presenta la acción en su tensión máxima, en su dinamismo total, de ahí que tenga un aspecto progresivo o de acción hacia el futuro.

En consecuencia, las construcciones en que intervienen van marcadas por sus respectivos aspectos verbales.

Llevo leídas tres páginas = He terminado de leer tres páginas.

Estoy leyendo esa novela = Estoy realizando la acción de leer.

Voy a leer esa novela = La acción de leer es futura.

Estas formas verbales comparten al mismo tiempo las funciones de otras categorías gramaticales. Así, el infinitivo puede funcionar como un sustantivo, el gerundio como un adverbio y el participio como un adjetivo que, como tal adjetivo, está marcado por la concordancia en género y número con el sustantivo al que se refiere.

5.1. Infinitivo

Esta forma verbal participa de ciertas *características verbales*, como el hecho de recibir complementos e incluso un sujeto gramatical que aparece pospuesto:

No querer vosotros a esos niños parece sorprendente.

En su calidad de nombre, realiza las funciones sintácticas de un SN. Puede ser núcleo de un Sintagma Nominal y, por ello, ir acompañado de cualquier determinante nominal: el artículo, los posesivos, demostrativos, indefinidos, etc., y asimismo de adyacentes adjetivos o prepositivos:

El dulce *sonreír* de aquel niño nos cautivó.

Algunos infinitivos han llegado al término de su valor nominal convirtiéndose en sustantivos totales que toman incluso la marca de plural: *el cantar-los cantares*, *el andar-los andares*, *el deber-los deberes*, *el haber-los haberes*, *el saber-los saberes*, etc.

> Es preferible sustituir las expresiones como *gestión a realizar*, *pruebas a resolver*, etc. por: *gestión que se ha de realizar*, *pruebas que han de resolverse*, etc.

5.2. Gerundio

Puede indicar *tiempo simultáneo*, o *tiempo anterior*, sin embargo, los gramáticos generalmente proscriben el gerundio que indica posterioridad, como en:

Llegó a casa enfadado, olvidándolo al poco rato.

Es preferible construir este enunciado con dos oraciones coordinadas:

Llegó a casa enfadado y lo olvidó al poco rato.

El gerundio puede, al igual que un adverbio, desempeñar la función de complemento circunstancial de tiempo, modo, condición, etc., tal como se ve en los ejemplos siguientes:

Se acercó a casa andando despacio (de modo: ¿cómo se acercó?).

Alberto, sabiendo sus intenciones, se escapó» (causal: ya que sabía...).

Como cualquier verbo, puede llevar sujeto, que siempre aparece pospuesto y cualquier otro complemento verbal:

Diciendo tú estas palabras a Luis cada día, conseguirás tu propósito.

El gerundio puede desempeñar la función de un adjetivo, no en la mayoría de los casos, como sucede en otras lenguas (francés, inglés...), sino en unos pocos contextos gramaticales, en los que equivale a una proposición de relativo:

- Con *verbos de percepción*, cuando acompaña al complemento directo:

  Veo a ese muchacho sonriendo a la gente (= que sonríe a la gente).

- Con *el impersonal haber* (hay, había, hubo...) y con el verbo *tener:*

  Hay un profesor explicando la lección (= que explica).
  Antonio tiene un hijo estudiando para veterinario (= que estudia).

- En *frases nominales* que aparecen como *títulos* o rótulo de cuadros o fotos:

  Los Reyes saludando *a los diputados*.

- *En el lenguaje* jurídico y administrativo, el uso de este tipo de gerundio es más frecuente:

  Se dictó *una orden reglamentando* los permisos de trabajo a inmigrantes. (Es preferible: *que reglamenta*).

– Ciertos gerundios como *hirviendo, ardiendo y colgando* se han fijado en el uso como auténticos adjetivos: agua hirviendo, la cara ardiendo, etc.

El gerundio puede llevar el sufijo *-ito*: Vamos a casa andandito.

Puede llevar delante la preposición *en*, con la que forma una cláusula absoluta de valor temporal que equivale al giro *una vez que + verbo, nada más que + verbo*, etc.:

En terminando este trabajo, podré hacer deporte.

5.3. El participio

El participio, además de formar parte de las formas compuestas de la conjugación (he cantado, había cantado, etc.), en las cuales tiene una función estrictamente verbal, desempeña las mismas funciones que un adjetivo, así que puede ser, o bien adyacente de un sustantivo, o bien atributo del sujeto o del complemento directo, concordando igualmente con él en género y número.

Los *jugadores seleccionados* se presentaron al entrenador.

Aquella casa estaba *muy descuidada*.

En *construcciones absolutas* o *cláusulas de participio*, cuando va entre pausas, constituye subordinadas circunstanciales cuyos valores pueden ser condicional, causal, modal, temporal (tiempo anterior siempre), etc.:

Pronunciadas estas palabras, firmaron el documento.

6. Perífrasis verbales

¿Que es una perífrasis verbal?

• Un conjunto constituido por un verbo auxiliar más un infinitivo, un gerundio o un participio y que forman unidad, es decir, funcionan como un solo verbo. Estos verbos auxiliares han perdido su significación principal y aportan matices temporales, aspectuales o modales.

Entre las **perífrasis de infinitivo** se destacan las siguientes:

– **ir a + infinitivo** expresa una idea de futuro próximo, inmediato y, de hecho, está suplantando al futuro en muchas ocasiones. Tiene esta perífrasis *aspecto progresivo, incoativo (la acción se «incoa», comienza)*:

Vamos a contaros lo que pasó ese día.

En estas perífrasis el verbo *ir* ha perdido su genuino valor de "desplazarse de un lugar a otro" y es únicamente un auxiliar al servicio del conjunto verbal, para expresar que la acción va a realizarse en un futuro inmediato. Del mismo valor incoativo son otras perífrasis: **ponerse a, meterse a + infinitivo** (acción inadecuada para el agente), **romper a + infinitivo** (repentina), **echarse a + infinitivo** (repentina), **liarse a + infinitivo** (acción larga y compleja), etc.:

El profesor *se puso a explicar* ese tema.

Francisco *se ha metido a arreglar* coches.

Su madre, al oír la noticia, *rompió a llorar*.

Se ve claramente que nadie *pone nada, ni mete, ni rompe nada*: estos verbos en las perífrasis son meros auxiliares.

– Tiene *valor reiterativo* la perífrasis **volver a + infinitivo**:

El público volvió a aplaudir la actuación.

– ***Acabar de, dejar de + infinitivo***, etc., señalan que la acción que se enuncia tiene *aspecto terminativo*:

Acababan de irse al teatro.

Dejaron de trabajar a las siete.

– Tienen matiz *modal obligativo* las perífrasis **tener que, haber de, hay que, deber + infinitivo:**

Hay que hacer su comida ahora mismo.

– La perífrasis **deber de + infinitivo** no hay que confundirla con la última, **deber + infinitivo**, pues no tiene aquella matiz obligativo, sino que indica una *suposición o probabilidad:*

Entonces *debían de ser* las cuatro (= probablemente eran las cuatro).
Mañana *deben estar* a las cuatro en casa (= están obligadas).

– Las perífrasis del habla vulgar como **hincharse a / de, inflarse a / de, hartarse a / de + infinitivo** tienen un *matiz* hiperbólico o *exagerativo*:

Nos hinchamos a reír.

Entre las **perífrasis de gerundio** se destaca la de **estar + gerundio** que presenta una acción de aspecto durativo:

Está acostumbrándose a lo bueno.

– El carácter durativo del gerundio también aparece en perífrasis con **ir + gerundio** (comienza una acción durativa), **andar + gerundio** (acción irregular durativa), **continuar, seguir, llevar** (+ una noción de tiempo) **+ gerundio**, etc., verbos que son aquí auxiliares aspectuales:

Seguimos leyendo el Quijote hasta el final.

Vamos preparando la comida.

Llevaba once años viviendo en Chipre.

Las **perífrasis de participio** se forman con ciertos auxiliares y tienen aspecto perfectivo, es decir, terminativo. Como prueba de la pérdida de su peculiar semantismo por parte de los auxiliares en las perífrasis, podemos poner un ejemplo de la perífrasis **andar + participio**, **llevar + participio** (acción acumulativa)**, traer + participio, tener + participio** (acumulativa), **ir + participio**:

En cuanto al trabajo ¿sabes que *andamos parados* hace dos meses?

Llevaba muchos folios *escritos* cuando los perdió.

Van vendidos mil ejemplares de ese libro

Él *tenía entusiasmadas* a mis amigas.

En todas las perífrasis del participio hay concordancia con un sustantivo, ya sea el sujeto, ya sea con el complemento directo.

Ejercicios

1. Diga cuáles son el lexema y los diferentes morfemas de las formas verbales siguientes: temeremos, comíamos, amásemos, cantaré.
2. Conjugue el presente de subjuntivo de los verbos irregulares siguientes: haber, hacer, ser, ir, oír.
3. Conjugue el imperfecto de subjuntivo –las dos formas– de los verbos siguientes: abstraer, extinguir, manifestar, soltar y difundir.
4. Diga cuáles son los dos participios de los verbos siguientes: abstraer, confesar, confundir, corregir, despertar, extinguir, incluir, manifestar.
5. Diga qué tipos de presente son los que aparecen en las frases siguientes:
   a) Mañana elegimos representante.
   b) Dos más dos son cuatro.
   c) Por las mañanas nos despertamos cansados.
   d) La primera Gramática de la RAE se publica en 1771.
   e) Cuando vengas, yo te lo cuento detenidamente.
6. Señale los valores del imperfecto del indicativo en las frases siguientes:
   a) Si fuera hijo mío, le decía yo más de dos cosas.
   b) Juanito, tú eras Roberto Alcázar y yo Pedrín. ¿Quieres?

c) El eclipse de sol de mañana era a las ocho, ¿verdad?
d) Sólo quería preguntarle una duda del tema, don Luis.
e) Aunque en el futuro dijera tonterías este amigo, yo no dejaba de respetarle.

7. Identifique los valores de los condicionales en las oraciones siguientes:

a) Cuando nos lo encontramos, tendría el perrito dos meses.
b) ¿Podría ayudarme a subir la escalera? Estoy muy enfermo.

8. Explique el valor de las formas verbales subrayadas en los versos siguientes:

De aquí no *se va* nadie.
Mientras esta cabeza rota
del Niño de Vallecas exista,
de aquí no *se va* nadie. Nadie.
(León Felipe, «Pie para el Niño de Vallecas de Velázquez»)

9. Indique si las construcciones subrayadas forman perífrasis o no:

a) *Vamos a vendimiar* a Burgos.
b) Ante la presencia del director el niño *se echó a correr*.
c) *Tiene que acordarse* de los favores que le hemos hecho.
d) *Deben de haberse ido* al cine.
e) *Anda diciendo* estupideces.

10. Transforme en construcciones de gerundio las proposiciones en cursiva:

a) *Cuando estaba con extranjeros* se volvía muy tímido.
b) *Como el asunto ya está claro*, dejemos la discusión.
c) No se llega lejos *cuando se miente tanto*.
d) Vio a una chica *que le sonreía*.
e) Aquí hay un hombre *que pregunta* por usted.

11. Transforme en perífrasis de participio las formas verbales subrayadas:

a) *He bailado* ya tres canciones contigo.
b) *Había dicho* a su padre más de cuatro mentiras.
c) Aquel político *había entusiasmado* a toda la comunidad autónoma.

12. Diga si son correctas las oraciones siguientes:

a) Se acercó al profesor cantando un bolero.
b) Aquel hombre vistiendo chaqueta blanca era mi tío.
c) Marcharse, señores, que es muy tarde.
d) Fueron a casa de Pedro, yéndose más tarde al teatro.
e) En terminando esta página, cerraré el ordenador.

13. Rellene los huecos de puntos con la forma no personal pertinente:

a) Aun .... tanto, no se llenarán los embalses (llover).
b) De no .... mañana al médico, el tratamiento no será eficaz (ir).
c) María iba a .... una canción en francés (cantar).

d) El director, ... la reunión, se marchó a su despacho (acabar).
e) Por no .... nunca la verdad, le llaman «el Mentiras» (decir).

14. Señale alguna perífrasis incoativa con el rasgo de "acción repentina".

15. Señale alguna perífrasis terminativa acumulativa.

Tema 10

El adverbio. Los elementos de relación: preposición y conjunción

Ángeles Estévez Rodríguez

Introducción

El objetivo de este tema es completar el estudio de las distintas clases de palabras del español. Una vez conocidos el sustantivo, el adjetivo, el artículo y el pronombre (Tema 8), y el verbo (Tema 9), se tratarán aquí el adverbio, la preposición y la conjunción.

El adverbio es una clase formada por palabras cuya función fundamental es constituir sintagmas adverbiales que modifican al verbo, núcleo del predicado verbal. Puede modificar también al núcleo de un sintagma adjetival o de un sintagma adverbial.

En la segunda parte del tema se estudian los llamados *elementos de relación*, concepto que abarca la preposición y la conjunción. Ambas son clases de palabras gramaticales que sirven para establecer relaciones de jerarquía entre elementos dentro de la oración o del sintagma (la preposición) o de conexión entre oraciones (la conjunción), aunque esta última también enlaza sintagmas. Se pretende que el alumno aprenda el significado de las distintas preposiciones y conjunciones, y de las locuciones prepositivas y conjuntivas.

1. El adverbio

Unas 6 000 palabras del *Diccionario* de la Academia llevan la etiqueta de adverbio o se califican de adverbiales. Esto podría hacer pensar que se trata de una clase abierta –es decir, un inventario susceptible de incrementarse con nuevos elementos–, como lo son el sustantivo, el adjetivo y el verbo. Pero, en realidad, está constituida por un conjunto de paradigmas cerrados –correspondientes a las distintas clases de adverbios (apartado 1.3)–, con la particularidad de que algunos de estos grupos, especialmente el de los adverbios de modo, puede acrecentarse gracias a la productividad del sufijo *-mente* aplicado sobre adjetivos. Nuestro idioma presenta, además, la posibilidad de convertir en adverbios muchos adjetivos al inmovilizarlos en masculino singular (1.2) y de poseer numerosas locuciones adverbiales (1.5).

1.1. Caracterización morfológica del adverbio

Los adverbios son **invariables**, es decir, no presentan morfemas de género ni de número. Así, los adverbios *lejos*, *cerca*, *encima*, no se pueden descomponer en ningún otro segmento: sólo tienen lexema.

Obsérvese que, en *lejos*, *-s* no puede ser de ningún modo morfema de número plural, puesto que no existe la forma **lejo*; tampoco *-o-* puede considerarse morfema de género masculino, pues no hay posibilidad de un femenino **lejas*.

No obstante, sin perder su condición de invariables, pueden admitir ciertos morfemas:

- Morfemas sufijos **apreciativos**, sobre todo diminutivos: *cerquita*, *despacito*, *ahorita*, *encimita*, *lejotes*...
- Morfemas sufijos de **grado superlativo**: *lejísimos*, *cerquísima*, *requetemal*...

Por su parte, los adverbios acabados en *-mente* sí pueden segmentarse desde el punto de vista morfológico: así, *lógicamente*, consta del lexema *lógic-* y del morfema sufijo derivativo *-mente*; entre ambos figura el segmento *-a-*, que es un resto del morfema de género femenino que poseía el adjetivo sobre el que se ha formado: la locución del español antiguo *lógica mente* ('de manera lógica') pasó al actual *lógicamente*.

1.2. Funciones del adverbio

Los adverbios pueden realizar las siguientes funciones:

- **Núcleo de un sintagma adverbial (SAdv)**, tal como se verá en el Tema 11; como núcleo del sintagma puede llevar modificadores (otro adverbio) y adyacentes (un sintagma preposicional):

muy	*cerca*	*de la casa*	(SAdv)
modificador (adverbio)	**núcleo (adverbio)**	adyacente (SP)	

La función sintáctica característica de los sintagmas adverbiales, dentro de la oración, es la de complemento circunstancial (CC), que se estudiará en el Tema 12: *Los campeonatos acabaron ayer*; *Llovió torrencialmente*, *Se han esforzado mucho*; *Los intérpretes han actuado bien*.

Muchos adjetivos, convertidos en invariables en la forma de masculino singular, pueden asumir la función de núcleo del sintagma adverbial, y realizar así la función sintáctica de CC de modo del verbo: *Habló claro*; *Respira hondo*, *Terminaron rápido el ejercicio*; *La avioneta volaba bajo*; *Conduce fatal*; *Lo pasamos fenomenal*; *Agárralo fuerte*.

- **Modificador del núcleo de un sintagma adverbial (SAdv)**: *demasiado lejos*, *muy cerca*, *bastante pronto*, *francamente bien*:

demasiado	*lejos*	(SAdv)
modificador (adverbio)	núcleo (adverbio)	

- **Modificador del núcleo de un sintagma adjetival (SAdj)**: *bastante contentos*, *muy buenos*, *sumamente alto*, *menos nutritivo*:

bastante	*contentos*	(SAdj)
modificador (adverbio)	núcleo (adjetivo)	

1.3. Clases de adverbios por su significado

Desde el punto de vista semántico, los adverbios se clasifican en varios grupos:

- **Adverbios de lugar**: *arriba*, *abajo*, *aquí*, *allí*, *ahí*, *acá*, *allá*, *delante*, *adelante*, *dentro*, *adentro*, *atrás*, *detrás*, *fuera*, *afuera*, *alrededor*, *aparte*, *cerca*, *lejos*, *encima*, *enfrente*...

> – Los adverbios *dentro*, *fuera*, *detrás*, *delante* suelen usarse con verbos de situación o estado: *Las mesas se colocaron dentro*; *Fuera hace más fresco*.
>
> – Los adverbios *adentro*, *afuera*, *atrás*, *adelante* se emplean generalmente con verbos de movimiento (*Los comensales pasaron adentro*; *Salgamos afuera*), aunque también puede utilizarse *dentro*, *fuera*, etc. (*Pasaron dentro*; *Salgamos fuera*). Ante ellos no debe usarse la preposición *a*: *La procesión continuó adelante* (no **continuó a adelante*); pero sí admiten otras: *Continuaron hacia adelante*, *Se echaron para atrás*.
>
> – Debe evitarse la forma **alante*, en lugar de *delante* o *adelante*: **Yo voy alante* (por *Yo voy delante*); **Hay que mirar para alante* (por *Hay que mirar para adelante*).

- **Adverbios de tiempo**: *ahora*, *antes*, *después*, *aún*, *todavía*, *ya*, *pronto*, *tarde*, *luego*, *entonces*, *mientras*, *hoy*, *ayer*, *anteayer*, *mañana*, *anoche*, *anteanoche*, *siempre*, *nunca*, *jamás*... Muchos adverbios de tiempo se forman con el sufijo *-mente*: *actualmente*, *antiguamente*, *diariamente*, *anualmente*, *inmediatamente*, *recientemente*, *últimamente*...
- **Adverbios de modo**: *adrede*, *aposta*, *así*, *bien*, *mal*, *deprisa*, *aprisa*, *despacio*, *igual*, *mejor*, *peor*... Se incluyen en este grupo los numerosos adverbios con el sufijo *-mente* formados a partir de adjetivos: *absolutamente*, *académicamente*, *alegremente*, *brevemente*, *completamente*, *erróneamente*, *públicamente*, *técnicamente*, *velozmente*...

> – Cuando concurren dos o más adverbios en *-mente*, sólo el último suele enunciarse al completo: *Actuó <u>tranquila</u> y serenamente* (por *Actuó <u>tranquilamente</u> y serenamente*).
>
> – Recuerde que los adverbios en *-mente* llevan tilde si el adjetivo sobre el que se han formado tiene tilde: *académicamente*, *públicamente*, *cortésmente*.

- **Adverbios de cantidad**: *apenas*, *nada*, *muy*, *más*, *menos*, *aproximadamente*, *casi*, *sobradamente*... Se incluyen en este grupo muchos indefinidos, inmovilizados en masculino singular: *algo*, *todo*, *mucho*, *poco*, *bastante*, *demasiado*, *tanto*...

- **Adverbios de afirmación**: *sí*, *cierto*, *ciertamente*, *perfectamente*, *bueno*, *seguro*, *también*, *conforme*, *efectivamente*, *verdaderamente...*
- **Adverbios de negación**: *no*, *tampoco*, *nunca*, *jamás*, *nones*.
- **Adverbios de duda**: *acaso*, *quizá* (o *quizás*), *posiblemente*, *probablemente*, *seguramente*, *igual...*

Algunos adverbios pueden pertenecer a más de una clase: *nada* (cantidad y negación), *aparte* (modo 'separadamente' y lugar 'en otro lugar'), *nunca* (tiempo y negación), etc.

Debe tenerse en cuenta, además, que ciertos vocablos son adverbios u otra clase de palabras según el contexto. Así, *bueno* puede ser adjetivo (*un disco bueno*) o funcionar como adverbio de afirmación (*–¿Vamos al cine?*, *–Bueno*); *algo*, *mucho*, *bastante...* pueden ser indefinidos o adverbios; los comparativos *mejor*, *peor* pueden ser adjetivos o adverbios de modo, etc. Ocurre también con algunos sustantivos: *mañana, tarde*, *cerca* son adverbios en *Vendrán mañana*, *Se levantaron tarde*, *La gasolinera está cerca*; son sustantivos en *La mañana transcurrió tranquila*, *Esta tarde nos veremos*, *La cerca está pintada de blanco*. Hay que añadir los sustantivos *cañón*, *pipa*, *cantidad*, *tela*, que, en el habla coloquial, equivalen a *bien*, *mucho* o *muy*: *pasárselo cañón* o *pipa*, *gustar algo cantidad*, *ser tela de simpático*.

1.4. Adverbios relativos e interrogativos

Son adverbios relativos los que, además de significar lugar, tiempo, modo, cantidad, desempeñan la función de nexo introductor de oraciones subordinadas adjetivas (Tema 14); como relativos, se refieren a un antecedente anterior:

- ***donde***: *Volvió al lugar <u>donde</u> se conocieron* (antecedente: *lugar*); se utiliza ***adonde*** con verbos de movimiento: *La calle adonde nos dirigimos es la más concurrida de la ciudad;*
- ***cuando***: *El año <u>cuando</u> más calor hacía se estropeó el aire acondicionado* (antecedente: *año*); es más común emplear el pronombre relativo (*en el que*);
- ***como***: *Contesta del modo <u>como</u> te indiquen* (antecedente: *modo*);
- ***cuanto***: *Desprecia todo <u>cuanto</u> ignora* (antecedente: *todo*).

Muchas formas interrogativas se comportan también como adverbios, tanto en preguntas directas como en indirectas; se escriben siempre con tilde:

- ***dónde***: *¿<u>Dónde</u> vive?*, *Pregúntale <u>dónde</u> ha estado*;
- ***cómo***: *¿<u>Cómo</u> viajó a Lisboa?*, *No saben <u>cómo</u> hacerlo*;
- ***cuándo***: *¿<u>Cuándo</u> acaba el plazo?*, *Infórmate de cuándo llega el vuelo*;
- ***cuánto***: *¿<u>Cuánto</u> te ha costado?*, *Dime <u>cuánto</u> necesitas*.

1.5. Locuciones adverbiales

Se entiende por *locución adverbial* una combinación fija de palabras que funciona toda ella como un adverbio. Son muy abundantes en nuestro idioma:

a la escucha, a escape, al revés, con creces, con cuentagotas, de tapadillo, en blanco, en volandas, en cuclillas, por barba, por excelencia, sin ton ni son...

Algunas se han fundido en una sola palabra gráfica: *aparte* (<*a parte*). Otras se escriben siempre en dos: *sobre todo* (no **sobretodo*). A veces, ambas posibilidades están admitidas por la norma: *deprisa* y *de prisa*, *enseguida* y *en seguida*, *entretanto* y *entre tanto*, *enfrente* y *en frente*

Existen, asimismo, locuciones que conservan su forma latina: *in fraganti* (no **in fragantis*), *ad hoc*, *sui géneris*, *ab initio*, *grosso modo* (no **a grosso modo*), *ex profeso* (no **exprofesamente*), *motu proprio* (no **motu propio* ni **de motu propio*), *in situ*, *ad líbitum*, *ex aequo*, *statu quo* (no **status quo*), etc. Están recogidas en el *Diccionario* de la Academia, y pueden emplearse siempre que se enuncien y escriban correctamente.

2. Los elementos de relación

Los elementos de relación son la preposición y la conjunción. Morfológicamente, **son clases de palabras invariables**, es decir, no admiten morfemas flexivos ni morfemas derivativos y **no tienen lexema**. Su función principal es establecer relaciones entre palabras o sintagmas (*casa <u>con</u> ventanas*; *la sombra <u>de</u> un eclipse*; *paraíso <u>y</u> lluvia*; *<u>ni</u> chaqueta <u>ni</u> corbata*) y oraciones (*Me levanté temprano <u>para</u> verte llegar*; *Busco una estrella, <u>pero</u> no la veo*). De ahí que a la preposición y a la conjunción se las denomine *elementos de relación*, *relacionantes* o *nexos*.

Se consideran también elementos de relación las locuciones prepositivas (*La luna está <u>detrás de</u> los montes*) y las locuciones conjuntivas (*Ponemos ejemplos <u>a fin de que</u> comprendan mejor la teoría*). Son grupos de palabras, más o menos fijos, que funcionan, respectivamente, como una preposición o como una conjunción.

2.1. La preposición. Caracterización

La preposición constituye un inventario cerrado. Dicho inventario es el siguiente: *a*, *ante*, *bajo*, *con*, *contra*, *de*, *desde*, *en*, *entre*, *hacia*, *hasta*, *para*, *por*, *según*, *sin*, *sobre*, *tras*. Hemos excluido *cabe* y *so*, porque son preposiciones en desuso, aunque *cabe* ('junto a') se usa en la lengua literaria, y *so* permanece en locuciones prepositivas como *so pretexto de*, *so pena de*. *Pro* es otra preposición que significa 'en favor de' y se utiliza en ciertas fórmulas del tipo: *manifestación pro zonas verdes*. Las preposiciones más usadas son *a*, *con*, *de*, *en* y *por*.

Todas las preposiciones son átonas, salvo *según*, que es tónica. *Según*, seguida de sustantivo o pronombre, es preposición con el significado de 'conforme a', 'de acuerdo con', etc.: *Según su opinión, todo es difícil*; *Según ellos, irán mañana*. Otros valores de *según* se tratarán en el Tema 15.

Hay, además, una serie de palabras, como *mediante* y *durante*, que en su origen eran participios, que se comportan como si fueran preposiciones: *durante el partido* ('en el partido'); *mediante sus consejos* ('con sus consejos'). También *cuando*, *donde* y *como* adquieren valor de preposición cuando introducen un sintagma nominal (SN) y no una oración: *Lo vi cuando la boda*; *Vamos donde María*; *Ejerce como subdirectora*.

La unión de preposición más sintagma se suele denominar *sintagma preposicional* (SP), constituido por una prep. + SN, cuyo núcleo es generalmente un sustantivo, aunque también puede ser un adjetivo o un adverbio (Tema 11, apartado 2.2):

desde	la cima
nexo	SN
	núcleo (sustantivo)

por	afectuoso	hasta	allí
nexo	SAdj	nexo	SAdv
	núcleo (adjetivo)		núcleo (adverbio)

2.1.1. Significado y clasificación de las preposiciones

El significado de las preposiciones, generalmente, depende del término que introducen y del contexto en el que aparecen:

- ***A*** puede expresar finalidad (*Salió a comprar fruta*), lugar (*Se manifestaron a la puerta del Ministerio*), tiempo (*Ellos llegaron a las cinco*; *Al terminar la novela sintió pena*), modo (*El trayecto lo hizo a pie*), etc.
- ***Con*** significa compañía (*Vendrán con muchos invitados*), modo (*las cosas se hacen con calma*), instrumento o medio (*Limpió el armario con una espátula*), etc.
- ***De*** es una preposición con muchos valores: origen o procedencia (*Vienen de la playa*), modo (*Los invitados iban de corto*), tiempo (*La boda se celebró de noche*), etc.
- ***Desde*** indica principio de tiempo (*Está aquí desde el lunes*) o de lugar (*Vino andando desde El Retiro*), etc.
- ***En*** indica lugar (*Tiene una casa en Granada*), tiempo (*Lo terminó en otoño*), modo (*Salió en pantalón corto*), materia (*Lo grabó en madera*), etc. Esta preposición es la única que se combina con el gerundio y expresa, generalmente, tiempo (*En terminando el concierto, todos salieron*), aunque esta construcción es poco usada en la actualidad.
- ***Entre*** denota situación o estado en medio de dos o más personas o cosas (*Se sentó entre mi padre y mi hermano*; *Entre nieve y silencio llevo en mí tu recuerdo*), etc.
- ***Hacia*** indica lugar (*Salimos por la noche hacia Teruel*), tiempo aproximado (*El Corpus se celebra hacia mediados de junio*), etc.
- ***Hasta*** denota el término o límite de un lugar (*Tradujo hasta la página tres*), de una acción (*Estudió hasta conseguir el aprobado*), de un

periodo de tiempo (*No volveré hasta la tarde*), de una cantidad (*Podemos pagar hasta trescientos euros*), etc.

- ***Para*** significa finalidad (*Necesita un traje para la fiesta*), lugar (*Vamos para la Facultad)*, tiempo o plazo (*Las obras estarán terminadas para octubre*), etc.
- ***Por*** expresa lugar (*La comitiva pasará por la calle principal*), causa (*Lo aceptó por compromiso*), finalidad (*Apenas quedaban caminos por explorar*), tiempo (*Riega las plantas por la noche*), etc. La preposición *por* es el nexo introductor del complemento agente: *Los carteles fueron retirados por los trabajadores* (véase Tema 12).
- ***Sin*** denota carencia, falta: *Va sin rumbo cierto*; *Están sin ilusiones*.
- Las preposiciones ***ante***, ***bajo***, ***sobre*** y ***tras*** tienen como significado básico el de lugar; *tras* también puede indicar tiempo:

  La gente espera ante las puertas del cine.
  Serpenteaba un río bajo los chopos.
  El otoño pasó con sus racimos sobre mi corazón.
  Miraba tras la cortina.
  Tras la representación, recibieron felicitaciones.

2.1.2. Función de las preposiciones

La función principal de la preposición es la de servir de **nexo** entre palabras o sintagmas (*televisión por cable*) y oraciones con un verbo en forma no personal (*La llamó para disculparse*). Para introducir oraciones subordinadas con el verbo en forma personal, es decir, conjugado, necesita apoyarse en las conjunciones:

Iré para que veas el río.
Tiene ganas de que terminen las clases.

La preposición, junto con su término, forma el llamado *sintagma preposicional* (SP), cuya función puede ser la de adyacente del núcleo nominal, adjetival o adverbial, o constituir todo él un complemento del verbo en la oración.

Hay, efectivamente, una serie de complementos en el área verbal que exigen una determinada preposición (véase el Tema 12 para las funciones sintácticas); en estos casos, la preposición es un **índice funcional** de CI, CD, CP, CC y atributo. Así, la preposición *a* es obligatoria para la función de CI: *Juan envió una carta a sus compañeras*; también, en algunos casos, para la función de CD: *El actor saludó a los espectadores*. Algunos verbos rigen o imponen una determinada preposición a su complemento: así *recurrir a*, *acceder a*, *aspirar a*, *carecer de*, *confiar en*, etc.; se trata de la función de CP: *Recurrió a su familia*; *Al fin accedió a mi petición*; *Aspira a un trabajo digno*; *El pueblo carece de una buena biblioteca*; *Confía en sus amigos*.

– La presencia o ausencia indebidas de las preposiciones y la confusión de una preposición con otra es bastante frecuente, y es un hecho que conviene corregir. En los siguientes ejemplos se emplea de forma incorrecta la preposición *de* ante la conjunción subordinante *que*. Este uso incorrecto se denomina ***dequeísmo***: **Resulta de que es cierto todo* (por *Resulta que es cierto todo*); **Dijeron de que es mejor esperar* (por *Dijeron que es mejor esperar*).

– Al fenómeno de la supresión de la preposición cuando debe aparecer se le denomina ***queísmo***: **Confío que cese ese ruido* (por *Confío en que cese ese ruido*); **Me acuerdo que llevaba zapatos negros* (por *Me acuerdo de que llevaba zapatos negros*).

– A veces se duda sobre qué preposición emplear y se elige inadecuadamente. Así ocurre, por ejemplo, cuando se utiliza la preposición *a* en lugar de *de*: **mantel a cuadros* (por *mantel de cuadros*); **autobús a gas* (por *autobús de gas*). En cambio, la preposición *a* está aceptada en el sintagma *olla a presión*.

– La combinación de *a* y *por*, actualmente, es muy frecuente, y está admitida por la Academia, aunque en el nivel culto se prefiere *por*. Algunos lingüistas justifican este doble empleo porque así se evitan ambigüedades con el valor causal de *por*. Así, por ejemplo, en *Vamos por él* se crea ambigüedad, ya que puede significar 'Vamos a causa de él' o 'Vamos a buscarlo'. En cambio, *Vamos a por él* es inequívoco. Además en español pueden combinarse varias preposiciones: *Estará con vosotros desde por la tarde*; *Los insultos salieron de entre las últimas filas*.

2.1.3. Locuciones prepositivas

La locución prepositiva es una construcción de cuya estructura puede formar parte un sustantivo –precedido o no de preposición–, un adverbio o un adjetivo y una preposición. Las preposiciones más usadas son *a*, *de*, *en*, *con* y *por*. Enumeramos algunas de ellas: *cara a, de cara a, gracias a, a cuenta de, a base de, a/por causa de, a falta de, con arreglo a, de acuerdo con, acerca de, debajo de, por debajo de, delante de, detrás de, encima de, junto a/con, debido a, conforme a*, etc. La locución funciona toda ella como una preposición, de manera que debe ser considerada como un *nexo*:

Se rompió el parabrisas a/por causa de la lluvia.
El menú se hizo a base de productos naturales.
Las actas están a falta de la firma.
Debes hacer la mezcla con arreglo a las instrucciones.
Encontró el lápiz debajo de la mesa.
Los resultados del equipo han estado por debajo de lo esperado.

La preposición *pro*, con el significado de 'a favor de', constituye la locución prepositiva *en pro de*:

Intervino en pro de un mejor entendimiento.

Algunas construcciones con estructura de locución prepositiva se usan de forma incorrecta, por lo que deben evitarse. Así, *en base a* y *a nivel de*:

**En base a los mensajes recibidos, hizo su crónica* (por *Basándose/ Sobre la base/ Tomando como base los mensajes recibidos, hizo su crónica*).
**La gasolinera está muy bien a nivel de servicios* (por *La gasolinera está muy bien en cuanto a servicios*).

El uso de *a nivel de* solo es correcto cuando significa, 'niveles', 'rango', 'altura', 'jerarquía':

La gasolinera está <u>a nivel de</u> la autopista.
El tema se trató <u>a nivel de</u> vicerrectores.

También se usa incorrectamente *de acuerdo a* en lugar de *de acuerdo con si lo que sigue hace referencia a una persona:*

**De acuerdo a Juan, te respondo* (por *De acuerdo con Juan, te respondo*).

2.2. La conjunción. Caracterización

La conjunción constituye un inventario cerrado. Su misión es relacionar palabras o sintagmas y oraciones. Si relaciona palabras o sintagmas, habrá solo coordinación (*rosas y claveles*); si relaciona oraciones, habrá coordinación o subordinación. Por esta razón, dentro de las conjunciones, se distinguen dos grupos: las **conjunciones coordinantes**, que enlazan términos más o menos análogos, y las **conjunciones subordinantes**, que subordinan una oración a otra oración o bien a un elemento de la oración.

2.2.1. Significado y clasificación de las conjunciones

Las conjunciones se clasifican en coordinantes y subordinantes.

A) Conjunciones coordinantes

Las conjunciones coordinantes se agrupan en función del tipo de relación que establezcan y son:

- Copulativas: ***y*** (***e***), ***ni***.
- Disyuntivas: ***o*** (***u***).
- Adversativas: ***pero***, ***mas***, ***sino***.

Cuando estas conjunciones relacionan oraciones, estas reciben el nombre del nexo correspondiente: *oraciones coordinadas copulativas*, *disyuntivas* y *adversativas*.

Las conjunciones copulativas ***y*** (***e***), ***ni*** expresan adición o asociación compatible entre dos o más elementos. La conjunción *ni*, además de señalar adición, implica que los elementos que une son negativos:

El sol y el nuevo día.
Lee el texto y haz un resumen.
Recitó un poema e hizo un dibujo.
Luis no viene ni llama.
Luis ni viene ni llama.

La conjunción *y* tiene la variante *e*, que se usa cuando la palabra siguiente comienza por *i-* o *hi-* (*Pidieron tolerancia e igualdad*; *Histérico e hipocondríaco son dos adjetivos*). No cambia si la palabra que sigue comienza por *hi-* formando diptongo (*El jardín tiene tabaibas, cactus y hiedras*).

- La conjunción disyuntiva ***o*** (y su variante ***u***) expresa alternancia entre los miembros coordinados. La alternancia puede ser excluyente (*Nadas o tomas el sol*) o no excluyente (*Hoy podemos comer en la terraza o en la cocina*).

La conjunción *o* también puede expresar equivalencia. En estos casos aclara el significado de uno de los términos:

El objeto directo o complemento directo es una función sintáctica.

Cuando la palabra siguiente comienza por *o-*, *ho-*, se escribe *u* (*Se aceptan consejos u opiniones*; *¿Quieres naranjada u horchata?*). Aunque es frecuente ver esta conjunción con tilde en las cartas de menús de algunos restaurantes, solo se acentúa cuando va entre cifras, para evitar que se interprete como un cero (0):

**Ensalada ó macarrones* (por *Ensalada o macarrones*).
La entrada valdrá 25 ó 30 euros.

- Las conjunciones adversativas ***pero***, ***mas*** y ***sino*** significan oposición entre los términos coordinados. La conjunción *pero* indica restricción y *sino* oposición total entre lo designado. Además, esta última exige que los términos que la preceden lleven una negación y, cuando relaciona oraciones, debe ir acompañada de la conjunción *que*. *Mas* se considera una variante de *pero*, y se usa, sobre todo, en la lengua escrita:

Me gusta esa mesa, pero es muy cara.
Actuó bien, mas no la felicitaron.
No es su hijo, sino su sobrino.
La película no era mala, sino que no la entendió.

No se debe confundir la conjunción *sino*, que es una sola palabra, con la conjunción subordinante *si* seguida del adverbio de negación *no*:

No es un lagarto, sino una lagartija.
No los distinguirás si no te fijas en el tamaño.
Preguntó si no estábamos de acuerdo.

B) *Conjunciones subordinantes*

Las conjunciones subordinantes son ***que*** y ***si***. La combinación de preposiciones, sustantivos o adverbios con la conjunción *que* da lugar a un gran número de nexos: ***conque***, ***porque***, ***para que***, ***de manera que***, ***luego que***, etc. Estos nexos solo pueden enlazar oraciones y no sintagmas o palabras, por lo que se tratarán con detalle en los Temas 13, 14 y 15.

2.2.2. Función de las conjunciones

Las **conjunciones coordinantes** funcionan como ***nexos*** o ***conectores*** entre términos **del mismo nivel jerárquico y sintáctico**, que pueden ser bien sintagmas, bien oraciones; los *nexos* no forman parte de las estructuras que unen. Su única función es la de servir de unión (nexo) entre los miembros coordinados:

Los gozos <y> las sombras.
Tú escribes <y> yo leo.

Las **conjunciones subordinantes** también funcionan como **nexos**, pero estableciendo **una relación de dependencia o subordinación**; tienen la misión de *transponer* la oración que introducen a una función propia del sustantivo o del adverbio, y forman parte de la oración subordinada. Ambas conjunciones, precedidas o no, según el uso, de las preposiciones pertinentes, introducen los distintos tipos de oraciones subordinadas (véanse los Temas 14 y 15):

Ella quiere que todo esté en orden.
No sabe si irá a clase.
Iremos al cine, si tú quieres.

– La conjunción *si* funciona como nexo subordinante de oraciones sustantivas y condicionales.

– Deberá prestar mucha atención a la hora de enfrentarse con el análisis de la forma *que*, puesto que existe un *que* conjunción y un *que* pronombre relativo (Tema 8, apartado 4.6). Los dos son nexos, transpositores, pero *que* conjunción introduce oraciones subordinadas que funcionan como un sustantivo, y su única misión es ser transpositor, mientras que el pronombre relativo *que* introduce oraciones subordinadas con función de adjetivo y, además, desempeña una función sintáctica dentro de la propia oración subordinada:

Consideraron que mi propuesta no era viable.
nexo o transpositor

La propuesta que presenté no era viable.
nexo o transpositor
y CD

2.2.3. Locuciones conjuntivas

Como ya hemos señalado más arriba, una locución es la combinación fija de varias palabras que funcionan como una sola; en este caso, como una conjunción. Aunque no todas presentan el mismo grado de cohesión entre sus componentes, las locuciones conjuntivas son muy numerosas y se forman, generalmente, a partir de una preposición, un **sustantivo** y la conjunción ***que***: *con el fin de que*, *a pesar de* (*que*), *con tal* (*de*) *que*, *en caso de que*, *cada vez que*, *a medida que*, *de manera que*, *por razón de que*, etc.); por un **adverbio** y la conjunción ***que***: *ahora que*, *así que*, *bien que*, *luego que*, *ya que*, etc.; o por un **verbo** más la conjunción ***que***: *dado que*, *puesto que*, *visto que*, etc. Otras estructuras de locución conjuntiva son *así es que*, *pese a que*, etc.

También se consideran locuciones conjuntivas los nexos constituidos por preposición más la conjunción *que*: *porque*, *a que*, *con que*, *conque*, *para que*, etc., dado que tienen un funcionamiento y significado unitarios. Entendida así la locución conjuntiva, los nexos de las oraciones subordinadas adverbiales (Tema 15) que incluyen la conjunción *que* como último elemento serían asimismo locuciones conjuntivas:

> *Cerró la ventana con el fin de que no entraran mosquitos.*
> *Lo esperó a pesar de que estaba cansada.*
> *Cada vez que uso esta impresora, me da problemas.*
> *Ahora que lo mencionas, te aclararé algo.*

Observe que, en cambio, las locuciones prepositivas (apartado 2.1.3) acaban en preposición: *acerca de*, *a base de*, *gracias a*, *junto con*...

> A veces se producen incorrecciones en el uso de algunas locuciones conjuntivas al suprimir o añadir indebidamente una preposición (queísmos y dequeísmos):
>
> * *A pesar que estaba invitado, no pude asistir* (por *A pesar de que estaba invitado, no pude asistir*).
> * *A menos de que le ayudes, no terminará su trabajo a tiempo* (por *A menos que le ayudes, no terminará su trabajo a tiempo*).
> * *Explícalo de manera de que todos lo entiendan* (por *Explícalo de manera que todos lo entiendan*).

Ejercicios

1. El análisis morfológico de lejos es: a) *lejos*; b) *lej - os*; c) *lej - o - s*.
2. ¿Admiten los adverbios algún tipo de morfemas? Ponga algún ejemplo.
3. Indique la función sintagmática de los adverbios en:

   a) *Lejos de la ciudad.*
   b) *Enormemente alta.*
   c) *Muy bien.*

4. Clasifique los siguientes adverbios según su significado: *siempre*, *cerca*, *ya*, *actualmente*, *acaso*, *sí*, *tampoco*, *pausadamente*, *aposta*, *deprisa*.
5. Señale (y corrija) los enunciados incorrectos:

   a) *Así, dificilmente acabaremos el trabajo.*
   b) *Lo ha hecho de motu propio.*
   c) *Fíjense, sobre todo, en la grafía.*
   d) *Es la villa adónde acuden todos los veranos.*
   e) *Enseguida les indicarán la manera cómo tienen que cumplimentar el impreso.*

6. Identifique las preposiciones en los siguientes enunciados:

   a) *Me esforcé por no ponerme nerviosa.*
   b) *El suelo estaba construido sin desnivel.*
   c) *Me sentía muy indignada contra él.*
   d) *Había un espantapájaros con la chaqueta llena de remiendos.*
   e) *Descubrí por algunos gestos una profunda censura hacia mí.*
   f) *Hay que hacer la programación para los cursos de primavera.*
   g) *Me quedé un rato delante de la puerta gris.*
   h) *En caso de que el botones esté enterado, no dirá nada.*
   i) *Había un traje oscuro sobre el respaldo de una silla.*
   j) *Pese a que abrió la ventana, hacía bastante calor.*
   k) *Entre el alféizar de tus labios silba la brisa de mi corazón.*
   l) *Sigue viviendo a costa de sus padres.*

7. Señale y clasifique las locuciones que aparecen en las frases del ejercicio anterior.
8. Identifique las conjunciones de las frases siguientes y clasifíquelas:

   a) *Se cruzaban entre sí, mas no se miraban.*
   b) *No diré que sea una gran cosa, pero se dan ustedes un aire de familia.*
   c) *¿Bajamos del autobús o seguimos?*
   d) *Me acerqué, e iba a abrir despacito, cuando me tocaron en el hombro.*
   e) *Carlos se volvió y nos miró con asombro.*
   f) *No son olivos, sino acebuches.*

Tema 11

El sintagma y sus clases

Mario García-Page Sánchez

Introducción

El sintagma es una estructura sintáctica intermedia entre la palabra y la oración. Aunque está compuesto de palabras, su análisis corresponde a la sintaxis. Su formación se basa en una relación de jerarquía: como constituyentes, comprende un núcleo y unos elementos satélites o modificadores. Precisamente, según sea la categoría gramatical a que se adscriba, el núcleo es, salvo en el caso del sintagma preposicional, el elemento que da el apellido al sintagma: nominal, adjetival, verbal y adverbial.

Además de este aspecto, la relación entre la Morfología y la Sintaxis se advierte en las relaciones sintagmáticas que contraen los constituyentes (p. ej., la concordancia) y las correspondencias que a veces se establecen entre clase de palabra y función (p. ej., artículo / determinante). De ahí que el alumno pueda aprovechar los conocimientos adquiridos en el Tema 7 y siguientes (Temas 8, 9 y 10), donde se estudian las clases de palabras. Asimismo, este tema, a partir de las nociones sintagmáticas de núcleo y complemento, lo introducirá a los conceptos elementales de la sintaxis oracional simple (Tema 12).

Entre los objetivos que se persiguen, está el que el alumno sepa diferenciar los distintos tipos de sintagmas, analizar su estructura interna y asociarlos con las diversas funciones sintácticas dentro de la oración.

1. Caracterización y estructura

• El **sintagma** es una unidad lingüística conformada por una o varias palabras que desempeñan una sola función dentro de la oración; es de rango intermedio entre la palabra y la oración, unidad máxima e inmediatamente superior a él.

El sintagma se caracteriza esencialmente por tener una estructura interna: sus componentes, el núcleo y los modificadores, se relacionan entre sí no arbitrariamente, sino en virtud de una organización jerárquica. Esta jerarquía es responsable a veces del orden distributivo que presentan los constituyentes de la oración.

• El **núcleo** es el elemento principal, capaz normalmente de funcionar en solitario (*corté las hojas secas del rosal* → *corté hojas*); en numerosas ocasiones, impone sus características morfológicas, sintácticas y semánticas al modificador (p. ej., *las hojas secas*).

Asimismo, el núcleo determina la naturaleza categorial del sintagma, su clase: será **nominal (SN)**, si el núcleo es un sustantivo (*una música angelical*); **adjetival (SAdj)**, si es un adjetivo el núcleo (*muy amargo*); **adverbial (SAdv)**, si es el adverbio el núcleo (*bastante deprisa*); y **verbal (SV)**, si el núcleo es el verbo (*lee poesía por la noche*).

Además, se utiliza también el nombre de **sintagma preposicional (SP)** para describir el tipo de sintagma nominal que va precedido de una preposición, según la pauta «SP → prep. + SN» (*en el río*).

En realidad, existen otros tipos de sintagmas preposicionales en los que el término de la preposición no es un sustantivo o un sintagma nominal, sino un adverbio (*las voces vienen de allí*) o un adjetivo (*iba de listo por la vida*).

• Los elementos no nucleares del sintagma, son formal y categorialmente muy variados dependiendo del tipo de sintagma. Así, los modificadores del verbo se conocen por el nombre de **complementos** (complemento directo, complemento indirecto, etc.); los del sustantivo se llaman **adyacentes** (sintagma adjetival, sintagma preposicional) y **determinantes** (artículo, adjetivo posesivo, etc.); los del adjetivo y el adverbio, **modificadores,** si son adverbios, y **adyacentes**, si son sintagmas preposicionales.

• Una de las facultades del sintagma es la **expansión**. Se dice que el sintagma está expandido cuando el núcleo no está solo, sino en compañía de otros elementos (los modificadores):

[*El niño*] [*lee*] → [*El niño aplicado*] [*lee un libro*]

El niño lee
El niño aplicado lee un libro

Un mismo núcleo puede llevar dos o más modificadores:

[*lee* [*un libro*] [*a su hermana*] [*con voz pausada*] [*ahora*]]SV

lee un libro a su hermana con voz pausada ahora

• Otra propiedad del sintagma es la **recursividad**, conocida como la facultad del sintagma de poderse expandir de forma teóricamente ilimitada, en el sentido de que un complemento del núcleo pueda llevar su propio complemento y éste, a su vez, el suyo, y así sucesivamente:

El coche
El coche del dueño
El coche del dueño de la casa
El coche del dueño de la casa del sexto

El [[[[*coche*] *del dueño*] *de la casa*] *del sexto*]

2. Clases de sintagmas: su estructura

2.1. El sintagma nominal

• Si el sintagma nominal no está constituido exclusivamente por el sustantivo o núcleo, presenta una estructura expandida.

El esquema básico es «SN → determinante (det.) + núcleo (N) + adyacente (ady.)»:

las peras maduras
det. N ady.

Pero puede no haber determinante (*compré peras de agua*), haber más de un adyacente (*compré peras de agua bastante maduras*), o no haber ningún adyacente (*compré las peras*).

• El **núcleo** está representado comúnmente por un sustantivo o un pronombre (Tema 8), pero, en su lugar, puede aparecer un elemento sustantivado (p. ej., un adjetivo o una oración):

La niña lee / Ella lee
SN SN

De esos trajes, me quedo con el nuevo
SN.

Me gusta la lluvia / Me gusta que llueva
SN or. subordinada

• El **determinante** tiene como misión identificar o deteminar al sustantivo, actualizarlo o cuantificarlo.

Las categorías que tradicionalmente desempeñan esta función son el artículo (*el*, *la*, *los*, *la*, *lo*) y los tradicionalmente llamados adjetivos determinativos: demostrativos (*este*, *ese*, etc.), posesivos (*mi*, *tu*, etc.), numerales (*dos*, *primer*, etc.), indefinidos (*varios*, *muchos*, etc.), algunos exclamativos e interrogativos (*qué*, *cuál*) y el relativo *cuyo* (Tema 8).

El ámbito de modificación del determinante no es sólo el sustantivo, sino éste y sus adyacentes:

El coche azul del jefe
det. N ady. ady.

A veces, un mismo sustantivo lleva dos determinantes:

Se llevaron mis dos bicicletas
det. det. N

El determinante –en especial, el artículo– puede tener a veces función sustantivadora: unidades por naturaleza no sustantivas pasan a desempeñar oficios propios del sustantivo (**transposición**):

Ana quiere el pañuelo rojo e Irene, el marrón
SN

• Cuando dentro del sintagma nominal es el sustantivo el único constituyente modificado, el adyacente especifica o clasifica al sustantivo, restringiendo su contenido. Pueden ser adyacentes un sintagma adjetival, un sintagma preposicional, un sintagma nominal con función de aposición especificativa, y una oración subordinada de relativo especificativa:

Los recuerdos imborrables de mi infancia que ahora vuelven
SAdj. SP or. relativa especificativa

Mi amigo el cartero
SN (apos. esp.)

• A veces, el adyacente modifica no sólo al sustantivo, sino a todo el sintagma del que es núcleo. En este caso, el adyacente puede ser un sintagma adjetival o un sintagma preposicional con valor apositivo, un sintagma nominal con función de aposición explicativa, o una oración de relativo explicativa:

De plata, la luna, tan pura, se refleja en el lago
SP SAdj.

Talavera de la Reina, ciudad de la cerámica
SN (aposición explicativa)

El olivo, que da sombra, se emplea en jardines rústicos
or. relativa explicativa

2.2. El sintagma preposicional

Aunque el sintagma preposicional se interprete como una manifestación del sintagma nominal, lo cierto es que su estructura (prep. + SN) va a determinar que no pueda desempeñar todas las funciones asociadas a él: por ejemplo, el sintagma preposicional no actúa como sujeto ni, en general, como complemento directo, salvo si el sustantivo tiene carácter humano; por el contrario, el sintagma nominal con núcleo sustantivo nunca podrá ejercer de complemento indirecto ni de complemento de régimen preposicional (Tema 12).

Ciertos sustantivos son capaces de llevar como adyacente un sintagma preposicional en el que el término de preposición no es un sintagma nominal, sino una oración subordinada sustantiva:

El hecho de que fuera a la fiesta no significa nada
SP (prep. + or. subordinada)

2.3. El sintagma adjetival

• El **núcleo** del sintagma adjetival es siempre un adjetivo calificativo (Tema 8). Muchas veces aparece solo, sin modificador:

La carpeta es blanca
SAdj.

• El **modificador** es de dos tipos fundamentales: el adverbio (a) o el sintagma preposicional con núcleo sustantivo o elemento sustantivado (b):

a) *Un árbol muy alto del bosque*
modif. núcleo
SAdj.

b) *Una persona accesible al público*
núcleo adyacente
SAdj.

2.4. El sintagma adverbial

• El **núcleo** del sintagma adverbial es obligatoriamente un adverbio. El sintagma puede estar formado sólo por el núcleo o por éste y sus modificadores:

Canta bien
SAdv.

Canta muy bien
modif. núcleo
SAdv.

• Los **modificadores** del núcleo son bien un adverbio cuantificador (llamado *modificador*) (a), bien un sintagma preposicional que precisa su significado (llamado *adyacente*) (b):

a) *Camina muy lentamente*
modif. núcleo
SAdv.

b) *Vive lejos de la universidad*
núcleo adyacente
SAdv.

2.5. El sintagma verbal

Para describir adecuadamente el sintagma verbal, hay que considerar la distinta naturaleza del verbo, según sea copulativo o predicativo. Desde el punto de vista sintáctico, el verbo es el núcleo del sintagma verbal.

Como veremos en el Tema 12, las oraciones con verbo predicativo se llaman *predicativas* y las oraciones con verbo copulativo, *copulativas* o *atributivas*.

• Los **modificadores del verbo predicativo** son el complemento directo, complemento indirecto, complemento circunstancial, complemento de régimen preposicional y complemento predicativo, además del complemento agente en las construcciones pasivas. El atributo es incompatible con el verbo predicativo:

María dio un papel a Luis ayer en el aula
CD CI CC CC
SV

• El **verbo copulativo**, núcleo del sintagma verbal atributivo, necesita la presencia de un sintagma con función de atributo para constituir el predicado:

La fruta es saludable
atributo (SAdj.)
SV

Lidio es un muchacho introvertido
atributo (SN)
SV

La condición de presencia del atributo es tal que, para muchos autores, puede haber construcciones atributivas sin verbo copulativo, del tipo *El mejor camino, el recto*. Son las llamadas *frases nominales*.

Tanto el complemento directo como el complemento de régimen preposicional son incompatibles con el verbo copulativo.

Existen, no obstante, otras concepciones del sintagma verbal, como la que se expone en el Tema 12, según la cual el sintagma puede estar configurado por el verbo solo, en sus diversas realizaciones (forma simple o compuesta, perífrasis, etc.), o una locución verbal.

Ejercicios

1. ¿A qué tipo de sintagma adscribiría los subrayados en *Él me ragaló dos entradas de fútbol*?

   a) nominal
   b) adjetival
   c) preposicional
   d) adverbial

2. Los sintagmas encima de la mesa y muy sensiblemente son:

   a) preposicional y adverbial, respectivamente
   b) adverbiales ambos
   c) nominal y adverbial, respectivamente
   d) adverbial y adjetival, respectivamente

3. Marque el análisis correcto en el sintagma en la puerta más pequeña:

   a) la es adyacente

b) en es determinante
c) más es complemento circunstancial de cantidad
d) más pequeña es adyacente

4. Los sintagmas tras la puerta y detrás de la puerta son:

a) preposicionales
b) adverbiales
c) preposicional y adverbial, respectivamente
d) adverbial y preposicional, respectivamente

5. En la oración El vehículo rojo cuya matrícula es de Valencia está mal aparcado, el sintagma nominal es:

a) el vehículo rojo cuya matrícula es de Valencia
b) el vehículo
c) vehículo
d) el vehículo rojo

6. Muy tarde y mucha tarde son sintagmas:

a) adverbiales
b) adverbial el primero y nominal el segundo
c) nominales
d) nominal el primero y adverbial el segundo

7. En Barcelona, capital olímpica 1992:

a) Barcelona y capital olímpica 1992 son dos sintagmas nominales en aposición.
b) Capital olímpica 1992 es un sintagma adjetival.
c) Barcelona y capital olímpica 1992 son el núcleo y el adyacente de un mismo sintagma.
d) Barcelona y olímpica son los núcleos de sendos sintagmas nominales.

Tema 12

La oración simple: Las funciones sintácticas. Clasificación de las oraciones simples

M.ª Luz Gutiérrez Araus

Introducción

El estudio de la sintaxis oracional es muy importante como cimiento en el que han de asentarse todas las explicaciones gramaticales. En este tema presentamos las unidades superiores de la comunicación lingüística, el enunciado y la oración, así como los rasgos distintivos de la oración como unidad fundamental en el sistema lingüístico, la cual representa el nivel superior de análisis gramatical. Las unidades que están por encima pertenecen al texto y son estudiadas en otras disciplinas. Una buena comprensión de estos aspectos teóricos de la sintaxis del español serán base de los capítulos siguientes y redundarán en una adecuada comprensión de los aspectos más complejos de la misma.

Tras llevar a cabo una explicación de las diferentes relaciones que se establecen entre los elementos oracionales, se estudian las clases de oraciones según su estructura y según el tipo de modalidad en que se inscriben .

Al final del capítulo se ofrecen unas prácticas de Análisis sintáctico que consideramos de gran utilidad para consolidar los conocimientos teóricos planteados.

1. Concepto de oración y de enunciado

Cuando hablamos o escribimos, dividimos el mensaje que queremos comunicar y entre estas divisiones o segmentos del habla hacemos pausas. Estos segmentos en que organizamos nuestro hablar, nuestro discurso, pueden ser a veces una sola palabra; así al llamar a alguien: *¡Antonio!*, o cuando damos un grito de alegría: *¡Ay!* Otras veces se trata de un segmento más largo:

El padre ha dado su consentimiento.

Tanto en uno como en otro caso, hemos emitido un enunciado o unidad básica del discurso, que puede tener estructura oracional o no tenerla. No tienen la categoría de oración ninguno de los dos primeros enunciados constituidos por una sola palabra. En cambio, en el último enunciado aparece una oración, cuyo núcleo es el verbo: *ha dado.*

Vamos a centrarnos en la unidad superior de la sintaxis, la oración, dentro de la cual aparecen otras unidades de rango inferior dotadas de significado: el sintagma, el morfema, la palabra. ¿Cómo definir qué es la oración? La unidad lingüística dotada de significación que no pertenece a una unidad lingüística superior. Así en la oración:

El padre ha dado su consentimiento.

hallamos un sujeto, /*El padre*/, del que se dice, se predica algo: /*ha dado su consentimiento*/. Como señal de esta relación aparece la concordancia entre estos dos elementos de la oración, el sujeto y el predicado, de tal modo que el cambio en una marca del sujeto, del singular al plural, /*los padres* / arrastra un cambio en el verbo /*han dado*/.

2. Rasgos distintivos de la oración

De las explicaciones anteriores se deducen tres rasgos fundamentales de la oración simple:

1.º Presencia de un verbo como núcleo del predicado.
2.º Relación formal –en número y persona– entre el sujeto y el verbo: concordancia.
3.º Autonomía en el plano semántico, sintáctico y fónico.

Llamamos oraciones simples a las que tienen un solo verbo:

Aquella tarde de marzo sus padres fueron de excursión a la playa.

Cuando en un enunciado hallamos más de un verbo, se establecen una serie de relaciones más complejas y se habla de oración compleja, por ejemplo:

El padre ***ha dado*** *su consentimiento cuando su hija se lo* ***ha propuesto****.*

Podemos hablar de **oración compleja, que tiene en conjunto todos los rasgos de la oración simple, pero dentro de ella** aparecen unidades que no son oraciones, sino suboraciones, o proposiciones, u oraciones subordinadas, que no tienen el tercer rasgo de autonomía semántica, es decir, que no tiene sentido completo como es el caso de:

Cuando su hija se lo ***ha propuesto...***

Esta proposición cumple las dos primeras características que identifican a la oración: presencia de un verbo en forma personal: ***ha propuesto***, y relación de concordancia entre el sujeto /*su hija*/ y dicho verbo /*ha propuesto*/. Sin embargo, no cumple con el requisito tercero, por no tener autonomía y ser dependiente del verbo de la oración, dentro de la cual desempeña una función sintáctica, la de Complemento Circunstancial de tiempo. Vemos que esta proposición está en relación paradigmática (que puede ser sustituida) con otros Complementos Circunstanciales:

El padre ***ha dado*** *su consentimiento*
— — *cuando su hija se lo* ***ha propuesto****.*
— — en ese momento (S-Prep).
— — entonces (S-Adv.).

La autonomía sintáctica les falta a las proposiciones porque llevan elementos formales que marcan su dependencia gramatical, es decir, elementos subordinantes, en este caso: *cuando*.

Siempre que en un **enunciado** (conjunto textual que va entre dos pausas fuertes) aparecen varias oraciones, lo cual sólo es posible en el caso de que éstas sean coordinadas, es decir, que tengan igual categoría (Co-ordinada), se puede hablar de **oración compuesta**, aunque verdaderamente se trata de dos o más oraciones:

Hoy ha llovido, ayer llovió y mañana seguirá lloviendo.

Por todo lo dicho, en un texto como el siguiente:

El año en que nació ese autor fue muy especial. En esa época la sociedad gozaba de gran bienestar y todos los ciudadanos podían comer cada día.

pueden distinguirse dos enunciados:

1) *El año en que nació ese autor fue muy especial.*
2) *En esa época la sociedad gozaba de bienestar y todos los ciudadanos podían comer cada día.*

En el primer enunciado aparece una sola oración compleja, cuyo núcleo predicativo es la forma verbal *fue*. Dentro de esta oración aparece una proposición en función adjetival, que se inserta en el segmento / *El año en que nació ese autor* /.

En el segundo enunciado aparecen dos oraciones coordinadas por y:

a) *En esa época la sociedad gozaba de bienestar.*
b) *Todos los ciudadanos podían comer cada día.*

En resumen, ha de tenerse en cuenta que las subordinadas son proposiciones y no oraciones; sin embargo, cuando van en coordinación las oraciones de un enunciado no pierden autonomía, y de ahí que podamos llamarlas oraciones coordinadas. También pueden las proposiciones ir coordinadas, como sucede en la oración compleja siguiente:

El médico prometió ***que*** *esa dolencia se curaría* ***y que*** *pronto estaría bueno.*

3. Funciones sintácticas

En toda oración se establece una red de relaciones entre los diferentes elementos que la componen. Estos elementos constituyentes de la oración no son un puro aglomerado, sino que cada uno desempeña una función diferente que le caracteriza y que es marcada por una serie de rasgos formales específicos.

> Se llaman **funciones sintácticas** a los diferentes papeles que juegan, unas en relación a otras, las palabras **dentro de una oración**. En tanto que se llaman **funciones sintagmáticas** las relaciones **dentro del sintagma**.

Entre las funciones sintácticas –o funciones primarias de la oración– hay dos que son necesarias y aparecen en todas las oraciones, ya sea de forma expresa o de forma elíptica: el **sujeto** y el v**erbo**. El verbo es el núcleo del **predicado** y en torno a él pueden aparecer o no una serie de complementos: el **complemento directo (CD)**, el **complemento indirecto (CI)** y el **complemento preposicional (CP)** dentro de las oraciones predicativas, y el **atributo (A)** en las atributivas. Hay un elemento marginal, el **complemento circunstancial (CC),** que a veces incide sobre el predicado y otras sobre la oración, por lo que preferimos no integrarle en el área del predicado para evitar enojosas precisiones. Un esquema como el siguiente podría ilustrar esta estructuración:

<table>
<tr><th colspan="2">NÚCLEO ORACIONAL</th><th>ELEMENTO MARGINAL</th></tr>
<tr><td rowspan="2">Sujeto
S</td><td>Predicado

Núcleo: V</td><td rowspan="2">Complemento Circunstancial
CC</td></tr>
<tr><td>Funciones del área verbal
CD
CI A
CP</td></tr>
</table>

Cada una de estas funciones tiene un comportamiento oracional diferente que trataremos de sintetizar. Conviene destacar que cada una de estas funciones es un paradigma que puede presentar varias realizaciones formales o categoriales, es decir, que diferentes estructuras pueden desempeñar una misma función oracional. Si bien las funciones sintácticas suelen coincidir en todos los sistemas gramaticales, las diferentes lenguas escogen diferentes realizaciones para cada una de ellas, al igual que sucede en el caso de las funciones sintagmáticas estudiadas en el Tema 11.

3.1. El Sujeto (S)

Es el elemento oracional que está en **relación formal con el verbo –concordancia en persona y número**– y su aparición es obligatoria, aunque a veces va elíptico –se omite–, pues el contexto lo suple, la desinencia verbal lo marca y no es necesaria su repetición. En la oración suele ir antepuesto al verbo, aunque puede ir también pospuesto, cuando en un determinado discurso interese destacar antes otros elementos. Ejemplo:

El padre (3ª persona singular) **ha dado** (3ª persona singular) su consentimiento.

Los padres (3ª persona plural) **han dado** (3ª persona plural) su consentimiento.

- El sujeto puede ser el agente de la acción, como en la oración anterior, o puede no serlo, como en :

  Ese libro me **gusta** mucho ‡ **Esos libros** me **gustan** mucho.

- La *concordancia con el verbo* puede romperse en ocasiones cuando el hablante piensa en el contenido del sujeto más que en su forma gramatical, como sucede en:

  Un grupo de veteranos de guerra se reunieron en junio.

  donde el Sujeto es el sintagma nominal /U*n grupo de veteranos de guerra*/, pero el verbo /*se reunieron*/ concuerda con el plural *veteranos*, que no es el núcleo, y debiera concordar con el singular *grupo* que es el núcleo del sintagma sujeto. Se denomina concordancia "ad sensu" (por el sentido) a este tipo de relación, en vez de por la forma.

La función Sujeto puede presentar diversas formas o **realizaciones formales**:

1. La forma más característica del Sujeto es un **sintagma nominal**, por lo que en ciertas gramáticas se hace equivalente el Sujeto a SN (O = SN + SV):

   /*Un grupo de veteranos de guerra*/

2. Un **SN cuyo núcleo es un pronombre** o artículo en función pronominal:

   /**Algunos**/ se parecen a sus padres.
   /**La de su hermana**/ es una casa preciosa.

3. Una proposición (oración subordinada sustantiva) introducida por QUE o constituida por un **infinitivo**:

   Es maravilloso /**que te despiertes frente al mar**/.
   Es maravilloso /**despertarse frente al mar**/.
   Me gusta /**que leas libros**/.
   Me gusta /**leer libros**/.

3.2. El Verbo (V)

Este elemento sintáctico es el centro del funcionamiento oracional y **núcleo del predicado**: por un lado, se relaciona con el sujeto (concordancia) y por otro, engloba a su alrededor los complementos del área verbal. El verbo, por ser centro y elemento indispensable del predicado, puede por sí solo formar una oración. En una oración como:

Sofía comió mucha ensalada.

El sujeto es /Sofía/ y el predicado es: /*Comió mucha ensalada*/. El núcleo del predicado es /comió/, que desempeña la función sintáctica verbo.

A su vez, la función sintáctica **verbo** puede constar de una sola palabra o un grupo de palabras, el **sintagma verbal. La estructura del sintagma verbal es** de diverso tipo según las formas que integra:

1. Una **forma verbal simple:** Cristina **canta** bien siempre.
2. Una **forma verbal compuesta** del auxiliar *haber*:

   Cristina **ha cantado** bien siempre.

3. Una **perífrasis verbal,** tal como se explica en el Tema 9, **constituida por una forma verbal auxiliar seguida de un infinitivo, un gerundio o un participio:**

   Cristina **va a cantar** en la Zarzuela.

   Cristina **está cantando** en la Zarzuela.

   Cristina **lleva cantadas** dos zarzuelas.

4. Una **forma verbal acompañada de un pronombre enclítico que no desempeñe función oracional**, sino que aparece de modo obligatorio, por ejemplo, en el caso de verbos como *percatarse, apoderarse, atenerse*, etc., en que el *se, me te*, etc., no pueden ser analizados aparte del verbo, por no ser pronombres complemento en esos casos, sino **meros morfemas verbales**:

   Yo **me percaté** del problema / *Yo percaté del problema.

   Ellos **se apoderaron** del tesoro / *Ellos apoderaron del tesoro.

Estos verbos han sido llamados tradicionalmente pronominales. Conviene no confundir este uso de *se (me, te, nos...)* con los reflexivos, que sí tienen función de pronombre y, por tanto, son complemento en la oración (Yo **me** duché temprano- me → CD / Yo **me** lavé las manos despacio- me → CI).

5. Una **lexía verbal compleja**, es decir, un conjunto verbal o frase verbal que no puede ser dividida, pues cada una de sus partes por sí sola da un resultado diferente al conjunto:

Julia **echa de menos** a su hijo (*echar* no significa *echar* en *echar de menos*).

Me **hace falta** un libro (*hacer* no significa *hacer* en *hacer falta*).

3.3. Complementos nucleares del área verbal

Dentro del predicado pueden aparecer, en torno al área verbal, complementos nucleares (o argumentales, como los llaman otros autores), porque el propio verbo demanda su presencia, frente a los Circunstanciales, que son marginales. Hay verbos cuya estructura pide un atributo (*ser*, *estar*, *parecer*, *resul-*

tar, *hacerse*, *volverse*, etc.) y otros que demandan alguno de los complementos, directo, y /o indirecto y /o preposicional, o ninguno de ellos.

3.3.1. El Complemento Directo (CD)

Caracteriza a este elemento el ser adyacente al verbo, generalmente pospuesto, excepto cuando se trata de un pronombre personal. ¿Cómo sabemos distinguir un CD? Con dos pruebas:

- Puede ser sustituido por los pronombres personales complemento **me, te, se, lo, la, nos, os, los, las**, y en el caso de los hablantes leístas, por **le** y **les**, en lugar de *lo* y *los* cuando se refieren a personas de género masculino:

  Laura quiere mucho **a su novio**.
  Laura **lo** quiere mucho (**le** quiere- leísmo).

- Puede ser sustituido por el pronombre LO + el participio del verbo:

  LO querido es: su novio (CD)

Recuérdese que la Real Acamia Española sólo permite el leísmo de persona (Véase Tema 8, apartado 4.1.)

Las **realizaciones formales** que puede presentar el Complemento Directo son:

1. Un **sintagma nominal**:

   Aceptamos **vuestras disculpas**.

2. Un **sintagma nominal precedido de la preposición A.**
   ¿En qué contextos lleva el CD la preposición A?

- Cuando se trata de ser **animado específico**:

  Siempre escuchaba **a sus enemigos** / escuchaba **música.**

en caso de que el ser animado no sea específico no aparece A:

Esperaba **a su hijo** en la estación.
Esperaba **un hijo** para el mes de octubre.
Pedro busca **a su novia** en el bar.
Pedro busca **novia** hace tiempo.

3. Un **SN cuyo núcleo es un pronombre.** En el caso de los pronombres personales van obligatoriamente antes del verbo, excepto ante el imperativo, el infinitivo y el gerundio:

Prefiero **éstos**. / **Los** prefiero. / Prefiére**los**. / Preferir**los** / Prefiriéndo**los**.

4. Una **proposición** (oración **subordinada sustantiva**): o bien introducida por traspositores como QUE, SI o cualquier pronombre interrogativo, o bien constituida por un **infinitivo**.

Deseaba **que llegara pronto** / Deseaba **llegar pronto.** > LO deseaba.
Preguntó **si eran las cuatro**. LO preguntó.
No sabíamos **cuánto costaba el libro**.> No LO sabíamos.

3.3.2. El Complemento Indirecto (CI)

Elemento del área verbal cuyo valor significativo indica básicamente el «destinatario» de la acción verbal, el que puede recibir «daño» o «provecho» de ella, el CI puede ser sustituido por los nombres personales **le**, **les** y **se**. Es característico de este complemento el ir introducido por la preposición **A**:

Quitó el anillo **a su hermana. Le** quitó el anillo. **Se** lo quitó.

> Es preciso evitar el **laísmo** (frecuente en ciudades del Norte Peninsular de España y en Madrid), consistente en emplear el pronombre **LA** para el CI de persona femenina:
> Señora, ¿**la** entrego este disco? Correcto: ¿**le** entrego este disco?

La **realizaciones formales** del Complemento Indirecto puede ser:

1. **Sintagma preposicional** constituido por un SN precedido de la **preposición A.** Ese SN puede tener un nombre como núcleo:

Aquel médico dio una receta **a mi padre.**

O bien un **pronombre tónico** precedido también por **A ,** en cuyo caso es preciso que aparezca también un pronombre átono:

A él , aquel médico **le** dio una receta.

2. **Un pronombre personal** átono LE, LES, SE, que van obligatoriamente antes del verbo, excepto ante el imperativo, el infinitivo y el gerundio:

Aquel médico **le** dio una receta. **Se** la dio. Dándo**se**la. Dár**se**la. Dá**se**la.

Algunos autores consideran **para** también índice de CI, pero presenta un cierto matiz de finalidad (complemento circunstancial de finalidad) y además permite un CI con A al lado:

Entregó un regalo **a su madre** (a ella en persona).
Entregó un regalo **a Juan** para su madre (a través de alguien).

3. Una **proposición** (subordinada sustantiva) **precedida de la preposición A + el traspositor QUE o bien + un infinitivo**:

Siempre hemos dado mucho valor **a que tenga paciencia**. Se lo hemos dado.

Algunas personas no dan importancia **a tener buenos los modales**. No se lo dan.

3.3.3. El Complemento Preposicional (CP)

En la Gramática tradicional se consideraba que todo complemento del verbo que no fuera directo o indirecto era un complemento circunstancial. Si se ha definido al circunstancial como elemento marginal, que no forma parte del área verbal, y que es opcional, podemos desechar que lo sea en la siguiente oración:

Aquel autor carecía **de fortuna personal**.

porque el segmento / de fortuna personal / es un elemento oracional exigido por el verbo / carecía /, cuya presencia es necesaria, pues no tendría sentido una oración como

*Aquel autor carecía.

Llamamos Complemento Preposicional a aquel complemento del área verbal que lleva una preposición exigida, regida por el verbo de modo obligatorio. Por eso se le llama también **complemento de régimen preposicional**.

Este complemento, desde el punto de vista semántico, es paralelo al Complemento Directo, como se ve en los pares: *recordar algo /acordarse de algo*, *olvidar algo /olvidarse de algo, admirar algo /admirarse de algo*, etc.

La **realización formal característica** de este elemento oracional viene descrita en su propia identificación: complemento preposicional, es decir, será un sintagma nominal o su sustituto precedido por la preposición requerida por el propio verbo, como, por ejemplo: *carecer de, olvidarse de, adaptarse a, hacerse con*, *acostumbrarse a, coincidir con*, *avergonzarse de*, *introducirse en*, etc.

No nos hemos olvidado **de aquellas vacaciones navideñas**.
Tenemos que **hacernos con esa casa** pronto.

De igual modo, puede aparecer esta función representada por una proposición (subordinada sustantiva) con el traspositor QUE precedido de la preposición regida o bien una de infinitivo:

Estas personas se adaptan siempre **a que haya gente interesada**.
Se admiraban **de que hubiera podido publicar esa novela**.
Nos olvidamos **de escribirle una carta**.

3.3.4. El Atributo (A) y el Complemento Predicativo (Cpred)

La función de Atributo es la específica del área verbal en las oraciones atributivas (o copulativas) y aporta el núcleo significativo fundamental, ya que los verbos atributivos, como **ser, estar, parecer**, **resultar** y los de cambio de estado: **hacerse, volverse, ponerse**, etc., son principalmente elementos de enlace, cópulas entre el sujeto y el atributo.

Entre los rasgos distintivos del Atributo está el de **relacionarse con el Sujeto**, atributo del sujeto, y presentar **concordancia en género y número**, cuando se trata de un sintagma adjetival:

Las últimas **noches** han sido muy **frías**.

El **profesor** está demasiado **preocupado** hoy.

Aquella **calle** parecía muy **llena** de tiendas.

La **reunión** resultó muy **productiva**.

La novia **se puso** muy **nerviosa** durante la ceremonia.

Otro rasgo que lo caracteriza es el poder ser conmutado por el pronombre **LO con algunos verbos**:

Las últimas noches **lo han sido**.

El profesor **lo está** hoy.

Aquella calle **lo parecía**.

La reunión **lo resultó**.

* La novia se lo puso.

En algunas oraciones predicativas puede aparecer un **Atributo del CD**, en cuyo caso no es posible la conmutación por **lo**, pronombre que tiene también la función CD:

Los alumnos consideraban **simpática** a la **profesora.**

Esa actitud hace **respetable** a su **adversario**.

Veo a tu **hermana** muy **cansada.**

Dejé **olvidado** el **libro.**

Encontré **el camino nevado.**

Por tanto, el atributo puede referirse al sujeto, en las oraciones atributivas o cuasi-atributivas, o bien puede referirse al complemento directo, en ciertas oraciones predicativas, en cuyo caso, si se trata de un SAdj, concuerda igualmente en género y número con dicho CD, como puede verse en los anteriores ejemplos.

Se ha llamado **Complemento Predicativo a** un sintagma adjetival concordado con el sujeto, que aparece en contextos con **verbos de movimiento** sobre todo:

Los padres de Juan siempre **llegaban alegres** a su casa.

Cecilia iba al trabajo muy bien **vestida** aquella tarde de otoño.

Por tratarse de un elemento marginal y ser sustituible por un sintagma no adjetival (llegaban **con alegría**, iba **con buen atuendo**) puede ser considerado

CC. Este SAdj adopta también la denominación de Complemento Predicativo porque supone una predicación secundaria del sujeto: *llegaban a casa y estaban alegres*, *iba al trabajo y estaba bien vestida*. Aunque en algunos análisis se tratan como Complemento Predicativo, parece más útil que en este curso de introducción al estudio de la lengua española se integren en el análisis sintáctico dentro de la función marginal de CC, frente a la de A , que es un complemento argumental o nuclear del verbo.

Las realizaciones formales del atributo son las siguientes:

1. Un **sintagma adjetival que concuerda en género y número con el sujeto.**

Esta casa es **muy soleada y amplia**.

Las llamadas oraciones pasivas no son, desde el punto de vista formal, más que una atributiva cuyo atributo es un adjetivo participial que rige una preposición POR y que puede ser conmutado por el pronombre LO también:

La noticia **fue muy difundida** por la prensa, **lo** fue.

2. Un **sintagma nominal** o su sustituto con los verbos **ser, parecer, resultar, etc**., pero **no con estar.** Lógicamente no hay concordancia con el sujeto:

El **cine** de ese director es **una maravilla**.
Nuestro **patio** parece **una hermosur**a.
Su **decisión** resultó **un fracaso**.

3. Un **sintagma preposicional:**

El cuadro del salón es **de Tanzania**.
Consideraba sus disculpas **de gran importancia** (A del CD).
Encontré el camino **con nieve** (A del CD).

4. Un **sintagma adverbial:**

El profesor ya estaba **bastante mejor.**
La cotización del euro se ha puesto **muy bien.**

5. Una **proposición** (Subordinada sustantiva) con el traspositor QUE:

Todos estábamos **que nos subíamos por las paredes**.

3.4. El Complemento Circunstancial (CC)

Estos elementos oracionales toman su nombre del hecho de que, desde el punto de vista semántico, expresan circunstancias de tiempo, modo, lugar, condición, etc., en las cuales se desarrolla el proceso expresado por el verbo. Las demás funciones sintácticas son desempeñadas por elementos que, de un modo u otro, actúan, participan en el proceso. Así como sólo puede haber un Sujeto **en una oración** (si aparecen dos sintagmas nominales coordinados formando el segmento sujeto, no son dos sujetos, sino uno solo), un solo Verbo, etc., sin embargo, pueden aparecer **varios complementos circunstanciales**, o uno solo, o ninguno, porque su ausencia no afecta a la estructura fundamental de la oración.

Por tanto, sus características sintácticas son: elementos opcionales, relativamente marginales y facultativos en la oración, que gozan de gran movilidad de situación en la misma y designan: **tiempo, modo, lugar, cantidad, causa, condición, consecuencia, concesión, finalidad y compañía**.

Son muy variadas sus **realizaciones formales**:

1. Un **adverbio o sintagma adverbial**:

   Muy pronto encontramos el origen de ese problema.
   Llegaste a casa **demasiado tarde**.

2. Un **sintagma preposicional**:

   Esa novillada acabó **a las nueve y media**.
   Pasearemos **por el parque cercano**.

3. Un **sintagma nominal** con significado temporal:

   Esa semana llovió mucho en Madrid.
   Aquellos años se trabajaba muy poco.

4. Una **proposición** (subordinada adverbial) **de infinitivo** precedida de preposición:

   De ir a la playa, queremos pasear todo el tiempo (condición).
   Al regresar a casa encontramos la carretera con nieve (tiempo).
   Por haber mentido lo castigaron (causa).
   Vamos a estudiar mucho **para aprobar** (finalidad).

5. **Un proposición (subordinada adverbial) de gerundio:**

   Llegando tarde al trabajo, se enfadará el jefe (condicional).
   Nos divertimos **leyendo poesía** (modal).
   Habiendo terminado el trabajo, todos se marcharon (temporal).

6. Una **proposición** (subordinada adverbial) o construcción absoluta de **participio**:

   Acabada la plancha, ya podía marcharse (temporal).
   Estudiada esa lección, ya podías aprobar la asignatura (condicional).

7. Una **proposición** (subordinada adverbial) **introducida por una conjunción** o locución conjuntiva:

No nos iremos a casa **hasta que acabemos este trabajo** (tiempo).
Como no digas la verdad tu padre se enfadará (condición).

8. Un **sintagma adjetival**:

María venía a casa **muy mareada**.

Aquel día llegó a su oficina **bastante enfadado**.

Esta realización formal del CC, tal como se ha explicado en apartado 3.3.4. es denominada también **complemento predicativo** a causa de presentar predicación secundaria del sujeto y concordar con él.

4. Clases de oraciones por su estructura

4.1. Ausencia de sujeto: oraciones impersonales

Dentro de la clasificación de las oraciones según su estructura, hay que destacar un tipo cuya característica fundamental es la ausencia de uno de sus núcleos oracionales, el sujeto. Se trata de las oraciones impersonales. Estas oraciones no constan más que de un miembro, el predicado, y se las llama también unimembres. Normalmente toda oración impersonal suele llevar el verbo en tercera persona de singular, que es la forma no marcada del verbo.
Son varias las clases de impersonales que se dan en español:

4.1.1. Impersonales de fenómenos meteorológicos

Como **nevar, llover, granizar, tronar**, etc.:

El año pasado **nevó** en el mes de mayo.

Está relampagueando hace un rato.

El agente de este tipo de acciones no interesa, sino sólo el proceso en sí mismo, y de ahí que no lleven sujeto gramatical. Ocasionalmente, un sujeto animado puede cambiar la estructura normal de estos verbos:

Amanecí en San Sebastián (= amanecía cuando llegué a S S)

4.1.2. Impersonales gramaticalizadas

Ciertos verbos, como **haber** o **hacer**, que habitualmente van acompañados de sujeto gramatical, aparecen en construcciones impersonales del tipo:

Hubo muchos problemas en esa familia. Los hubo.

Hace un frío que pela. Lo hace.

Las formas impersonales de **haber** son, además del presente **hay**, las terceras personas de singular de todos los tiempos verbales: **había, hubo, habrá, habría, ha habido**, etc.

> Algunos hablantes cometen la incorrección de concordar en plural el verbo con el complemento directo plural, como si del sujeto se tratara:
>
> Hubieron grandes fiestas.
>
> Este hecho, relativamente frecuente en algunas zonas del dominio hispánico, debe ser evitado.

4.1.3. Impersonales con SE

Ciertas construcciones con SE presentan ausencia del sujeto porque el hablante quiere dejar indeterminado al realizador de la acción:

Se ayuda mucho a los inmigrantes.

Se habla de que pronto acabarán las obras.

Hay que distinguir estas **construcciones impersonales** con SE de las llamadas **pasivas reflejas**, en las cuales sí aparece un sujeto gramatical –no realizador de la acción– que concuerda con el verbo y puede transformarse en pasiva con ser:

En este periódico **se difunden buenas noticias**.

En este periódico **son difundidas buenas noticias**.

Estas oraciones de pasiva refleja sirven también para impersonalizar, o sea, dejar indeterminado el agente del verbo.

4.1.4. Impersonales ocasionales

Algunas veces el verbo en **tercera persona de plural** no lleva un sujeto real, ni expreso, ni omitido, como en:

Cuentan muchas chistes sobre ese personaje.

Dicen que va a acabar la burbuja inmobiliaria.

En el habla coloquial la forma de **segunda persona del singular** (tú/usted) se puede emplear para impersonalizar la acción; es decir, a pesar de emplear una persona marcada, el sujeto es indeterminado:

Ayudas a la gente y luego se olvidan.

Alquilas la casa y ... **no echas** a los inquilinos en la vida.

equivalente a: «Se alquila la casa y luego no se echa a los inquilinos en la vida».

También podrían agruparse aquí ciertas oraciones con un sujeto gramatical de significado indeterminado, como el pronombre **uno**:

Uno considera educado decir adios al marcharse.

equivalente a: **Se** considera educado decir adios al marcharse.

4.2. Clases de oraciones según la estructura del predicado

4.2.1. Oraciones atributivas

Son aquellas cuyo predicado tiene como núcleo significativo al atributo, en tanto que el verbo (**ser, estar, parecer, resultar,** y los de cambio de estado, como **ponerse, hacerse, volverse, quedar, dejar**, etc.) es mera cópula o enlace entre el Sujeto y el Atributo (vea el apartado 3.3.4. de este tema)

4.2.2. Oraciones predicativas

Son aquéllas cuyo predicado tiene como núcleo significativo al verbo. Dentro de este tipo de oraciones hay dos clases:

- **Transitivas**: aquéllas que llevan un complemento nuclear CD o CP al lado del verbo.

  María recordaba **la letra de esa canción**.
  María se acordaba **de la letra de esa canción**.

- **Intransitivas**: aquéllas que no llevan un complemento nuclear CD o CP al lado del verbo.

  Mi padre **tose** mucho.

La mayoría de los verbos pueden aparecer en estructuras transitivas o intransitivas. Por ejemplo:

Ayer **cenamos tortilla** (transitiva).
Mi madre **no cena** nunca (intransitiva).

Entre las **transitivas** hay que mencionar **dos tipos especiales**:

- **Reflexivas:** aquéllas cuyo complemento directo o complemento indirecto recae sobre la misma persona del sujeto (reflexivas directas y reflexivas indirectas):

  Me ducho todos los días» (**Yo** es **S** y **me** es el **CD**).
  Yo me lavo el pelo todas las noches (**Yo** es **S** y **me** es **CI**).

- **Recíprocas:** aquéllas en las que cada uno de los sujetos realiza la acción sobre el otro:

  Las mujeres de este pueblo **se** saludan siempre (**se** es CD).

Hay construcciones pronominales que son falsas reflexivas, en las cuales aparece junto a un verbo transitivo un pronombre reflexivo cuya **función** es meramente **enfática** y puede ser eludido:

Aquel hombre **se** pintó cinco cuartos en una tarde.

Hay también ciertos verbos cuya forma es obligatoriamente reflexiva, como **arrepentirse, jactarse, atreverse**, etc., pero que no han de ser considerados como tales porque las partículas reflexivas no desempeñan dentro del predicado ninguna función, sino que son meros morfemas. Algunos de estos verbos pronominales pueden aparecer en forma transitiva, pero con otro significado: **acordar = llegar a un acuerdo / acordarse = recordar**, etc.

4.3. Oraciones activas y oraciones pasivas

Algunas oraciones transitivas pueden sufrir una transformación por la cual el complemento directo pasa a ser el sujeto paciente y el sujeto se convierte en complemento agente: el verbo de la primera es una forma verbal simple o compuesta (auxiliar haber) y el verbo de la segunda está constituido por el auxiliar **ser** seguido de un participio. Se dice que la transitiva es activa y su transformación es una oración pasiva.

Oración activa		**Oración pasiva**
Sus amigos admiran **a María**	**>>>**	**María** es admirada *por sus amigos*
CD	**→**	**S** ... **compl. agente**

La diferencia formal entre estas dos oraciones es la que puede darse entre una oración predicativa, la activa y una oración atributiva, la pasiva.

5. Clases de oraciones por su modalidad enunciativa

Según la actitud que toma el hablante respecto al interlocutor o respecto al contenido, es decir, según la modalidad enunciativa, hay enunciados y oraciones de diversos tipos, cada uno de los cuales va señalado por ciertas marcas y una entonación específica.

5.1. Enunciativas: afirmativas y negativas

Son aquellas oraciones en que se comunica, sin más, un hecho, ya sea afirmándolo, enunciativas afirmativas:

Aquel pájaro trinaba de modo muy bello.

ya sea negándolo, enunciativas negativas:

No conviene tomar alimentos muy salados.

5.2. Interrogativas

Son aquellas oraciones en que se hace una pregunta, ya sea de forma directa, interrogativas directas:

¿Qué coche se ha comprado Carlos?

ya sea de forma indirecta, interrogativas indirectas:

No sabíamos cuándo podríamos entregar el regalo.

5.3. Imperativas

Son aquellas oraciones en las que el hablante da una orden. Normalmente se emplea el verbo en imperativo:

Márchate de una santa vez por todas.

o bien el futuro simple de indicativo para mandatos escritos:

Santificarás las fiestas.

e incluso el infinitivo precedido de A:

¡A comer todo el mundo!

o bien el presente de indicativo:

Vas a la cocina y me traes un refresco.

En las prohibiciones, que son oraciones imperativas negativas, se emplea el presente de subjuntivo:

No vengas ahora con disculpas.

o bien el futuro de indicativo en prohibiciones escritas:

No codiciarás los bienes ajenos.

Cuando la orden se dirige a alguien superior o se quiere atenuar su fuerza, con cortesía, suele convertirse en una interrogativa en presente de indicativo:

¿Me devuelven el encendedor?

e incluso más cortésmente, con el condicional simple del modal poder:

¿Podría escucharme un momento?

5.4. Exclamativas

Son aquellas oraciones en que se pone un énfasis especial en la comunicación transmitida o se expresa una emoción:

¡Cuántas personas han venido!

¡Qué cosa tan preciosa has dicho!

Al igual que las imperativas, es la entonación lo que en ocasiones convierte una enunciativa en exclamativa. El campo de las exclamativas está cercano al de la **interjección**, pero no hay que olvidar que una interjección por sí misma no constituye oración, aunque sí enunciado.

La interjección ha sido considerada una categoría gramatical relacionada con el discurso oral que puede constituir por si sola un enunciado con un significado, por ejemplo la sorpresa: **¡Ay!** o la duda: **¡Uy!**, la repugnancia: **¡Uf!**, etc. Cada lengua tiene varias **interjecciones propias** (propiamente interjecciones, como las anteriores) y otras **interjecciones impropias**, es decir, aquellas palabras que se convierten en interjecciones y pierden su significado genuino, como la que señala sorpresa: **¡Anda!**, **¡Vaya!**, etc. En ellas los verbos *andar* o *ir* han perdido su semantismo. Les sucede lo mismo a otras como **¡Bueno!** , usada con muy diversos sentidos según la entonación y el contexto comunicativo.

5.5. Desiderativas

Llamadas también optativas, son aquellas oraciones en las que se expresa un **deseo** mediante un modificador**: Que, quién, ojalá, así, etc. seguido de un verbo en subjuntivo.** Se caracterizan por una entonación cercana a la de las exclamativas:

¡Que te diviertas en las vacaciones!

¡Ojalá ganemos la lotería primitiva!

¡Quién pudiera estar en una playa ahora!

¡Así le parta un rayo!

5.6. Dubitativas

Son aquellas oraciones que están a medio camino entre las afirmativas y las negativas, en las que el hablante expresa una duda respecto al mensaje que transmite. La duda va indicada por un modificador de duda: **quizá**, **a lo mejor**, **tal vez**, **acaso**, **posiblemente**, **probablemente**, **igual**, **lo mismo**, etc. Pueden llevar el verbo en subjuntivo o en indicativo:

Quizá *podamos ir a esa excursión el próximo domingo.*

Posiblemente *ese tenor cante la ópera del estreno.*

Igual *mañana me voy a ver una película* (coloquial).

6. El análisis sintáctico

Todo análisis trata, como su propio nombre indica, de analizar, de hacer la descomposición de una unidad en las partes que la integran. ¿Qué unidad es la fundamental en el análisis gramatical? En primer lugar, la oración. Un análisis sintáctico constará de los siguientes pasos:

1º. Identificar las oraciones que forman cada uno de los enunciados del texto.
2º. Dividir, segmentar cada oración en sus elementos e identificar la función sintáctica desempeñada por cada uno de ellos.
3º. Dentro de cada segmento oracional, distinguir la realización formal específica.

Ejercicios

1. Segmente en elementos oracionales e indique su función sintáctica:

   a) *La tarde de fiesta estaba muy hermosa.*
   b) *Aquellos muchachos no sabían su nombre.*
   c) *El ruiseñor se puso a cantar a la hora del amanecer.*
   d) *En aquella ocasión había demasiadas personas en la plaza.*
   e) *El coche deportivo no volvió a acelerar aquella mañana.*
   f) *El niño se había mirado en el espejo muy atentamente.*
   g) *Se acostumbró a las palabras cálidas de su abuela.*
   h) *Estos jóvenes ya se han vuelto muy responsables.*
   i) *Entonces hacía un frío tremendo en esa región norteña.*
   j) *Apoyado sobre la mesa de la cocina, se quitó el chaleco.*
   k) *El árbol cayó fulminado por el rayo.*
   l) *Es preferible no volver a su casa.*
   m) *Cuentan cosas asombrosas sobre los duendes.*
   n) *Se escapó de casa en una mañana fría de febrero.*
   o) *Les prescribió medicamentos muy caros.*

2. Indique el tipo de oración (por la estructura) de cada una de las anteriores.

3. Señale a qué tipo de oraciones por la modalidad enunciativa pertenecen las siguientes:

   a) *No me vengas con ésas ahora.*
   b) *No me dices la verdad nunca.*
   c) *¡Cuántas penas se pasan en la vida!*
   d) *Que te vaya bien, hijo mío.*
   e) *¡A estudiar todo el mundo!*

Tema 13

La oración compuesta y la oración compleja. La coordinación y la yuxtaposición

Ángeles Estévez Rodríguez

Introducción

En este tema pretendemos precisar los conceptos *oración compleja* y *oración compuesta*, así como los estrechamente relacionados con ellos *subordinación* y *coordinación*.

Nos centraremos en el estudio de la oración compuesta, dentro de la cual encuadramos las oraciones coordinadas y las oraciones yuxtapuestas. A su vez, clasificaremos las coordinadas en copulativas, disyuntivas y adversativas, además de las consecutivas, que consideramos también incluidas en el grupo de las coordinadas.

La oración compleja se estudiará en los Temas 14 y 15.

1. La oración compuesta y la oración compleja. Caracterización y clasificación

En muchas gramáticas, las oraciones se clasifican en dos tipos: *oración simple*, que es la que contiene un solo verbo (Tema 12), y *oración compuesta*, que es la que contiene dos o más verbos; recuerde que el verbo es el **núcleo del predicado** (**NP**):

a) *Todos <u>disfrutaron</u> mucho con los chistes de Ángel.*
b) *Todos <u>disfrutaron</u> mucho con los chistes que <u>contó</u> Ángel.*
c) *Ángel <u>contó</u> algunos chistes y todos <u>disfrutaron</u> mucho.*

En a) aparece un solo verbo (*disfrutaron*); es, por lo tanto, una **oración simple**.

En b) tenemos una oración con dos verbos (*disfrutaron*, *contó*); *disfrutaron* es el núcleo verbal de la oración compleja (*Todos disfrutaron mucho con los chistes que contó Ángel*); *contó* es el núcleo verbal de una oración subordinada que depende de un elemento de la oración ([*los chistes*] *que contó Ángel*). Se trata, por lo tanto, de una oración que contiene en su interior otra oración dependiente de un elemento de la misma, al cual se subordina. La oración en su conjunto es una **oración compleja**.

En cambio, en c) tenemos también dos verbos (*contó*, *disfrutaron*), pero, a diferencia de lo que ocurría en el caso anterior, hay dos oraciones y aquí cada una de ellas tiene sentido por sí misma y podría ser independiente de la otra; las dos tienen el mismo rango, por lo que no existe ninguna relación de subordinación entre ellas. Hablaremos en este caso de **oración compuesta**.

- La **oración compleja** es, pues, la que contiene en su interior otra oración que mantiene con ella una relación de **dependencia** o de **subordinación**, lo que nos permite hablar de *oración subordinada*.

La **oración subordinada** puede desempeñar la función propia de un sustantivo, de un adjetivo o de un adverbio. Pero, para ejercer esas funciones, necesita un **nexo**, un **transpositor** (= elemento que transpone, que convierte "algo en algo diferente"). El transpositor le permite desempeñar una de las funciones propias de la categoría correspondiente y, según cuál sea esta, podremos clasificar estas oraciones en subordinadas **sustantivas**, **adjetivas** o **adverbiales**:

Ana	*os*	*pedirá*	*que traigáis el postre*.
sujeto	CI	NP	CD (or. subordinada sustantiva)
oración compleja			

Vendrán	*los niños que conocimos ayer*.
NP	sujeto (SN)
	adyacente (or. subordinada adjetiva)
oración compleja	

Nosotros	*iremos*	*cuando haga menos calor*.
sujeto	NP	CC (or. subordinada adverbial)
oración compleja		

El infinitivo, el gerundio y el participio no necesitan nexos para constituir una oración subordinada dentro de la oración compleja:

Isabel	*quiere*	*estudiar arte dramático*.
sujeto	NP	CD (or. subordinada sustantiva)
oración compleja		

Lo	*consiguió*	*trabajando muchas horas*.
CD	NP	CC (or. subordinada adverbial)
oración compleja		

Terminada la obra,	*se rompió*	*el grifo*.
CC (or. subordinada adverbial)	NP	sujeto
oración compleja		

La oración subordinada puede depender de:

– un verbo principal: *Antonio* *dijo* (V. principal) *que te esperaba*. (CD (or. subordinada))

– una oración principal: *Si salieras menos*, (or. subordinada) *estarías más descansado*. (or. principal)

O, en función de adyacente, de los **núcleos** de:

– un SN: *El precio* (núcleo) *que ofrecen* (adyacente (or. sub. adjetiva)) *es muy alto.*

– un SAdj: *Estaba segura* (núcleo) *de que bajarían los precios* (adyacente (or. sub. sustantiva)).

Las oraciones subordinadas consecutivas y comparativas también funcionan como adyacentes de núcleos nominales, adjetivales y adverbiales, intensificados o cuantificados, respectivamente (véase Tema 15, apartados 4.1 y 4.2).

• La **oración compuesta** está formada por dos o más oraciones que no guardan entre sí relación de dependencia sintáctica.

Las oraciones que integran la oración compuesta se pueden considerar oraciones **independientes**, aunque entre ellas, como conjunto, debe darse coherencia semántica. Sería, por lo tanto, inaceptable una oración como *El festival se celebra en Almagro y los adverbios son invariables*, ya que los dos enunciados que la integran no poseen un **sentido unitario**. Estas oraciones, relacionadas entre sí mediante conjunciones (véase Tema 10), se denominan **oraciones coordinadas**:

Escribieron el correo, (or. coordinada 1) *pero* (nexo) *no lo enviaron* (or. coordinada 2).

– En las **oraciones complejas**, el nexo introduce la oración subordinada, formando parte de ella y, si es además un relativo, puede también desempeñar una función sintáctica o sintagmática.

– En las **oraciones compuestas**, el nexo o conector no forma parte de ninguna de las oraciones que coordina. Su única función es la de relacionarlas entre sí.

2. La oración compuesta

Llamamos **oración compuesta** a la reunión de varias oraciones que podrían usarse como independientes, pero que van enlazadas entre sí, generalmente por una conjunción, de manera que forman un único enunciado con sentido unitario.

- La unión de varios elementos mediante una conjunción se denomina **coordinación**. Dentro de la oración compuesta estudiaremos, pues, las que van conectadas por conjunciones **copulativas**, **disyuntivas** y **adversativas**. Se incluyen también aquí las oraciones **consecutivas**, cuyos nexos de unión son conjunciones, locuciones conjuntivas, etc.
- Como un segundo grupo dentro de la oración compuesta, veremos además las **oraciones yuxtapuestas**, que no se conectan por medio de con-

junciones ni de otra categoría gramatical, sino que lo hacen valiéndose de pausas y de una especial entonación en la lengua hablada, lo que se refleja en la lengua escrita mediante el uso de determinados signos de puntuación.

ORACIÓN COMPUESTA

ORACIONES COORDINADAS	**nexos**
copulativas	*y (e), ni*
disyuntivas	*o (u), ya ... ya, bien ... bien, sea ... sea*
adversativas	*pero, mas, sino (que)*
consecutivas	*conque, luego, así que...*
ORACIONES YUXTAPUESTAS	**sin nexos**

2.1. Las oraciones coordinadas

Las oraciones coordinadas están formadas por dos o más oraciones que desempeñan la misma función sintáctica y tienen el mismo nivel jerárquico. Cada una de estas oraciones podría aparecer como una oración independiente si no fueran relacionadas entre sí mediante conjunciones coordinantes, formando semánticamente un único enunciado. Estas conjunciones (véase Tema 10) son los nexos encargados de unir una oración con otra; de este modo, según el sentido que expresen las oraciones y el significado del nexo o conector, se distinguen las oraciones coordinadas *copulativas*, *adversativas* y *disyuntivas*. Un caso especial son las oraciones coordinadas *consecutivas*.

2.1.1. Las coordinadas copulativas

Las oraciones copulativas expresan, en general, adición o asociación compatible. Los nexos copulativos son ***y*** (***e***), ***ni***:

El verano se iba *y* *el otoño venía*.
or. coordinada 1 — nexo — or. coordinada 2

oración compuesta

Hizo un nuevo catálogo *e* *incluyó fotografías inéditas*.
or. coordinada 1 — nexo — or. coordinada 2

oración compuesta

Cuando se coordinan más de dos oraciones, el nexo aparece sólo en la última:

Visitó el museo, vio la exposición y compró el catálogo.

La repetición del nexo *y* ante cada oración se considera un recurso expresivo intensificador que se denomina *polisíndeton*. En el poema de Pedro Salinas que vemos a continuación es evidente la acumulación de la conjunción *y*:

Y te pregunto de qué eres,
de quién:
y abres los brazos
y me enseñas
la alta imagen de ti
y me dices que mía.
Y te pregunto, siempre.

El nexo ***ni*** une oraciones negativas; en la primera oración debe haber una palabra negativa, o bien la repetición del nexo *ni*:

No vio,	*ni*	*oyó,*	*ni*	*supo nada.*
or. coord. 1	nexo	or. coord. 2	nexo	or. coord. 3

oración compuesta

El nexo ***que*** con valor copulativo aparece generalmente en fórmulas fijas del tipo *ríe que te ríe*, *corre que te corre*:

En cuanto pusimos la merienda, vinieron corre que te corre.

La conjunción ***y*** puede adquirir a veces otros valores contextuales, como el condicional:

Trabaja dos horas más y te subiremos el sueldo ⇒ Si trabajas dos horas más, te subiremos el sueldo.

2.1.2. Las coordinadas disyuntivas

Las oraciones coordinadas disyuntivas expresan alternancia entre las oraciones. Esta alternancia puede ser **excluyente**, si una opción descarta a la otra, o **no excluyente**, en el caso contrario. El nexo que las conecta es ***o*** y su variante ***u***:

Se alquila	*o*	*se vende.*
or. coord. 1	nexo	or. coord. 2

oración compuesta

Eso todo el mundo lo sabe *o* *lo intuye*.
or. coord. 1 — nexo — or. coord. 2
oración compuesta

Esta tarde iré al cine *u* *ordenaré mis ideas*.
or. coordinada 1 — nexo — or. coordinada 2
oración compuesta

El nexo *o* se puede anteponer, duplicándose:

O se alquila o se vende.

La disyunción también se puede expresar por medio de series correlativas con valor distributivo como ***ya** ... **ya***, ***bien** ... **bien***, ***sea** ... **sea***, etc.:

Juan siempre se mete en el mar, ya esté el agua fría, ya se lo prohíban sus padres.

La coordinación puede unir oraciones subordinadas:

Dice que no tienen ordenadores y que esperan nuestra ayuda.
No quiere ni ir al cine ni quedarse en casa.
Pregúntale si le gustan las novelas o si prefiere la poesía.

2.1.3. Las coordinadas adversativas

Las oraciones coordinadas adversativas expresan oposición, contrariedad. Los nexos adversativos son ***pero*** y ***mas*** para señalar oposición parcial o restrictiva, y ***sino que***, para indicar oposición total. Estas oraciones presentan una pausa delante del nexo, que en la escritura se refleja por medio de la coma:

Yo también lloro en el cine, *pero* *lo mío es cosa de la edad*.
or. coordinada 1 — nexo — or. coordinada 2
oración compuesta

Escribe poesía, *mas* *nunca la publica*.
or. coordinada 1 — nexo — or. coordinada 2
oración compuesta

El nexo ***sino*** exige una negación en la primera oración y, para coordinar oraciones, tiene que apoyarse en la conjunción *que* si el verbo está flexionado:

Juan no está enfadado, *sino que* *tiene sueño*.
or. coordinada 1 — nexo — or. coordinada 2
oración compuesta

A veces, en determinados contextos, ***aunque***, nexo introductor de oraciones subordinadas concesivas, puede ser una variante de *pero*:

Ellos están impacientes, aunque/pero lo niegan.

Esta sustitución no es posible si *aunque* aparece antepuesto y el verbo está en subjuntivo:

Aunque (**Pero*) *lo nieguen, ellos están impacientes.*

2.1.4. Las coordinadas consecutivas

Las oraciones coordinadas consecutivas se caracterizan porque en la primera oración se encuentra el *motivo*, el hecho del que se deriva la *consecuencia* que se expresa en la segunda oración. La unificación de los significados de las dos oraciones se hace mediante los nexos ***conque***, ***luego***, ***así*** (***es***) ***que***, ***de forma que***, ***de modo que***, etc.:

Los alumnos están ya preparados, conque podemos empezar el examen.
or. coordinada 1 — nexo — or. coordinada 2
oración compuesta

Ya he terminado el trabajo, luego acepto tu invitación.
or. coordinada 1 — nexo — or. coordinada 2
oración compuesta

En las consecutivas, el nexo debe ir precedido de coma y sólo conecta oraciones, pero no sintagmas:

Se sabía todos los temas, así que hizo un examen perfecto.
(Pero no: **Todos los temas, así que un examen perfecto*.)

– *Conque*, escrito en una sola palabra, es un nexo coordinante consecutivo.
– Como SP (*con* + *que*), *que* puede ser conjunción subordinante o pronombre relativo (véase Tema 15, apartado 3.4).

2.2. Las oraciones yuxtapuestas

Las oraciones yuxtapuestas se caracterizan formalmente porque se relacionan sin nexo, es decir, **asindéticamente**. Este rasgo implica que cada oración se separa en el habla por una pausa fónica, lo que se refleja en la lengua escrita por medio de una coma, un punto y coma, un punto y seguido o dos puntos. Semánticamente, estas oraciones deben guardar una relación de sentido unitario:

Las olas se encrespan, chocan contra las rocas, se deshacen en blanca espuma.
or. yuxtapuesta 1 — *or. yuxtapuesta 2* — *or. yuxtapuesta 3*
oración compuesta

A veces, bajo la estructura asindética subyace una relación de coordinación o de subordinación, en función de cuál sea el nexo que sustituye a la pausa (coma, punto y coma, etc.) y de los valores que expresan las oraciones yuxtapuestas. Así, se puede pensar que hay una relación de coordinación copulativa en las oraciones yuxtapuestas de a) y de subordinación causal en las yuxtapuestas de b):

a) *Sabe inglés, tiene coche propio.* ⇒ *Sabe inglés y tiene coche propio.*
b) *Devuelve los libros; los necesitan.* ⇒ *Devuelve los libros, porque los necesitan.*

El signo ortográfico dos puntos (:) también puede ser marca de yuxtaposición, pues entre los muchos usos que señala (enumeración explicativa, conclusión o resumen de la oración anterior, etc.) están los de causa o consecuencia y los que delimitan las oraciones en estilo directo (las que reproducen textualmente lo dicho por alguien), que se estudian como oraciones complejas en el tema 14 (apartado 2.4):

El bailarín recibió muchos premios: se los merecía.
Carlos dijo: "Este hotel es fabuloso".

Estas oraciones en estilo directo, por su forma, por carecer de nexo, se pueden interpretar como oraciones yuxtapuestas. Pero también pueden considerarse oraciones complejas en las que la oración en estilo directo es una subordinada sustantiva en función de CD del verbo principal.

Ejercicios

1. Indique cuáles de las siguientes oraciones son compuestas y cuáles son complejas; en estas últimas, señale la oración subordinada:

   a) *Si no puedo verte, no quiero paisajes.*
   b) *Dile que valió la pena.*
   c) *Esta noche iba a brillar la luna, pero la tormenta la asustó.*
   d) *Tú vas en coche, luego llévate la maleta.*
   e) *Sigue los consejos que te dieron ayer.*

2. ¿Qué clase de oraciones coordinadas reconoce en las siguientes oraciones compuestas?

   a) *Rubén Darío fue un gran escritor e influyó en muchos poetas.*
   b) *O vienes hoy a casa o tu hermano se enfadará.*
   c) *Restablecieron el suministro eléctrico, así que continúa con tu trabajo.*
   d) *¿Lees u ojeas el periódico?*
   e) *Lo había conseguido casi todo, pero no era feliz.*
   f) *Juan no sonrió ni dijo nada en toda la tarde.*
   g) *Te busco y te persigo desde esta orilla.*

h) *No le regaló su disco, sino que le cantó una canción al oído.*
i) *Ni leyó las lecturas recomendadas, ni hizo los resúmenes.*
j) *Ya son las ocho, conque levántate.*

3. De las siguientes oraciones, señale las compuestas por yuxtaposición:

   a) *Él preparó una cena; tú te excusaste; estabas agotada, preferías descansar.*
   b) *Sí, yo estuve allí y, de verdad, mantengo mi testimonio.*
   c) *Se va: consiguió el traslado.*
   d) *Las ventanas se abren junto al techo, una gruesa mesa destaca en el centro y la estera es de esparto crudo.*
   e) *Le dedicaría el resto de su vida, sería un padre modelo para Aline; la hijita de Flora sería suya.*
   f) *En sus viajes, Luis visita catedrales, museos, parques, mercados, o sea, las ciudades al completo.*

4. Analice sintácticamente las siguientes oraciones compuestas:

   a) *Una tristeza profunda velaba sus ojos, pero él nunca dijo el motivo.*
   b) *Las ventanas están siempre cerradas; nadie habita aquellas estancias.*
   c) *El cielo estaba lleno de estrellas y corría una brisa veraniega.*
   d) *Isabel aprobó el curso, de manera que su familia lo celebró.*

Tema 14

La subordinación sustantiva y adjetiva

M.ª Luz Gutiérrez Araus

3. Subordinadas adjetivas de relativo
    3.1. Tipos de subordinadas adjetivas
        - Especificativas o restrictivas
        - Explicativas o apositivas
    3.2. Los pronombres relativos como nexos subordinantes de las proposiciones adjetivas

Ejercicios

Introducción

La subordinación es uno de los aspectos más complejos de la sintaxis, por ello conviene recordar, antes de pasar a describir las características de las subordinadas sustantivas y adjetivas, algunos de los conceptos explicados anteriormente a fin de enfrentarnos a este tema de forma adecuada. Hablamos de que hay subordinación cuando una función sintáctica (sujeto, complemento directo, complemento preposicional, etc.) o bien una función sintagmática (adyacente) es desempeñada por una proposición, es decir, una oración no autónoma, sino dependiente de otra en la que se halla inserta. Una proposición subordinada puede tener la misma función que un sustantivo (sintagma nominal) y será llamada **subordinada sustantiva**, o bien puede desempeñar la misma función que un adjetivo (adyacente de un sintagma nominal) y será llamada **subordinada adjetiva**, o bien puede ser un complemento circunstancial de la oración, al igual que un sintagma adverbial, y se la llama **subordinada adverbial**.

1. Subordinadas sustantivas

¿Qué funciones oracionales pueden estar desempeñadas por una subordinada sustantiva?

-Todas aquéllas que puede desempeñar un sintagma nominal dentro de la unidad oración o dentro de la unidad sintagma, es decir:

A. *Dentro de la oración*

1.1. Sujeto

//Es / bueno/ *que digas la verdad* //
//Es / bueno/ *decir la verdad* //

La estructura de estas oraciones es: Verbo + Atributo + Sujeto

- La subordinada sustantiva /*que digas la verdad*/ es el Sujeto de la oración.
- La subordinada sustantiva de infinitivo /*decir la verdad*/ es el Sujeto de la oración.

//*Que no tengamos paz* / parece / un hecho triste//
//*No tener paz* / parece / un hecho triste//

La estructura de estas oraciones es: Sujeto + Verbo + Atributo

- La subordinada sustantiva /*que no tengamos paz*/ es el Sujeto de la oración.
- La subordinada sustantiva de infinitivo / *no tener paz*/ es el Sujeto de la oración.

//Me / gusta / *que digas la verdad* //
//Me / gusta / *decir la verdad* //

La estructura de estas oraciones es: Complemento Indirecto + Verbo + Sujeto.

- La subordinada sustantiva /*que digas la verdad*/ es el Sujeto de la oración.
- La subordinada sustantiva de infinitivo /*decir la verdad*/ es el Sujeto de la oración.

Como se ha visto en el Tema 12, la marca de que un sintagma nominal tiene la función de sujeto oracional es la concordancia en número y persona, pero en el caso de la subordinada *la concordancia se establece con la forma no-marcada de número y persona, es decir, la tercera persona del singular*.

1.2. Complemento directo

//Los políticos / suponen /*que acaba la crisis económica*//
La estructura de esta oración es: Sujeto + Verbo + Complemento Directo.

- La subordinada sustantiva /*que acaba la crisis económica*/ es el CD y puede ser sustituida por el pronombre personal complemento LO: LO suponen.

// Mi hermana / desea / *que sus hijos tengan un futuro feliz*//
// Mi hermana / desea / *tener un futuro feliz*//

- La subordinada sustantiva /*que sus hijos tengan un futuro feliz*/ es el CD.
- La subordinada sustantiva de infinitivo /*tener un futuro feliz*/ es CD.

Ambas subordinadas sustantivas de CD pueden ser sustituidas por LO: LO desea.

// El director / dijo / *que había decidido subirnos el sueldo // (LO dijo).*
// El director / dijo: /*"He decidido subiros el sueldo"* //

- La subordinada sustantiva /*que había decidido subirnos el sueldo*/ es el CD de la oración y puede sustituirse por LO: LO dijo. Se trata del llamado "estilo indirecto".

- La subordinada sustantiva /*"He decidido subiros el sueldo"*/ es el CD de la oración y puede sustituirse por LO: LO dijo. Se trata del llamado "estilo directo".

1.3. Complemento preposicional

//Mis hijos / se han olvidado / *de que hoy es mi cumpleaños*//
//Mis hijos / se han olvidado / *de felicitarme*//

- La estructura de estas oraciones es: Sujeto + Verbo + Complemento preposicional.
- La subordinada sustantiva / *de que hoy es mi cumpleaños* / es el CP.
- La subordinada sustantiva de infinitivo / *de felicitarme* / es CP.

// Aquellos diputados / se referían / *a que era un problema difícil*//
// Aquellos diputados / se referían / *a no interferir en el problema* //

- La estructura de estas oraciones es: Sujeto + Verbo + Complemento preposicional.
- La subordinada sustantiva / *a que era un problema difícil* / es un CP.
- La subordinada sustantiva de infinitivo / *a no interferir en el problema*/ es un CP.

Otros ejemplos serían:

// Se refirió *a que le hacía falta más empleados* //
// Nos avergonzamos *de que no supiera leer* //
// Se acordó *de que Juan había prometido visitarle* //

1.4. Complemento indirecto

//Doy / mucha importancia / *a que hable inglés* //
//Doy / mucha importancia / *a hablar inglés* //

- La estructura de estas oraciones es: Verbo + Complemento Directo + Complemento Indirecto (CI).

– La subordinada sustantiva / *a que hable inglés* / es Complemento Indirecto.

- La subordinada sustantiva de infinitivo / *a hablar inglés* / es también CI.
- Ambas subordinadas sustantivas de CI se pueden sustituir por el pronombre LE: // LE doy mucha importancia a eso. SE la doy /.

1.5. Atributo

// Juanita / está / *que no cabe en sí de satisfacción* //

- La estructura de estas oraciones es: Sujeto + Verbo + Atributo.
- La subordinada sustantiva / *que no cabe en sí de satisfacción* / es el Atributo.
- Esta subordinada en función de atributo puede sustituirse por el pronombre personal atributo LO: // Juanita / LO / está //.

B. *Dentro de la unidad sintagma*

1.6. Adyacente de un Sintagma Nominal

Un sintagma nominal puede desempeñar la función de adyacente si va introducido por una preposición. La gramática tradicional llama a esta función sintagmática *complemento del nombre* o *complemento adnominal* y en la gramática actual se prefiere el término de *adyacente*. Pues bien, una subordinada sustantiva, precedida de preposición, puede llevar a cabo esta función de adyacente de un nombre:

// Tengo / *necesidad de que me expliques este asunto*//
// Tengo / *necesidad de explicar este asunto* //

En estas dos oraciones el complemento directo está desempeñado por un sintagma nominal cuyo núcleo es el nombre /necesidad/ y cuyo adyacente es el sintagma preposicional constituido por la preposición DE y una subordinada sustantiva introducida por QUE o bien una subordinada sustantiva de infinitivo. Este mismo tipo de subordinada sustantiva la hallamos en las siguientes oraciones:

// *La certeza de que mi familia me ama* / es / un bálsamo ante las penas de la vida //
// Aquel hombre / tenía / *la seguridad de que su trabajo era maravilloso* //
// Nunca / se adaptó / *a la idea de que una vida dura no es equivalente a desafortunada* //

1.7. Adyacente de un Sintagma Adjetival

// Su madre / estaba / *orgullosa de que hubiera triunfado* //
// Su madre / estaba / *orgullosa de haber triunfado* //

En estas oraciones el sintagma adjetival en función de atributo tiene como núcleo al adjetivo /orgullosa/ y como adyacente el sintagma preposicional integrado por DE + una subordinada sustantiva con la conjunción QUE o una subordinada sustantiva de infinitivo. Otros casos serían:

// Luis / está / *deseoso de que le entreguen el coche* //
// Luis / está / *deseoso de entregarle el coche a su hermano* //

2. Tipos de subordinación sustantiva

2.1. El infinitivo

Por ser la forma no personal del verbo con función nominal, puede ser igualmente núcleo de una subordinada sustantiva, tal como se ha visto en los ejemplos anteriormente presentados. La presencia del infinitivo conlleva que el sujeto del verbo oracional y el del infinitivo coinciden, frente a los casos de subordinada con conjunción QUE:

a) Aquel día yo pensaba *ir a tu casa.*
b) Aquel día yo pensaba *que tú fueras a mi casa.*

a) Quiero *pasear por la Calle Mayor.*
b) Quiero *que ellos paseen por la Calle Mayor.*

a) Me disgusta *gritar a los niños.*
b) Me disgusta *que griten a los niños.*

a) Se acordó *de presentar la instancia.*
b) Se acordó *de que ellos presentaran la instancia.*

Sin embargo, en el caso de que el *verbo* oracional sea del tipo de *consejo, advertencia, permiso*, es decir, cualquier *acción para influir en otra persona*, el español puede alternar en el uso de ambas estructuras:

a) Aquel día yo *aconsejé a Pedro que estudiara más.*
b) Aquel día *aconsejé a Pedro estudiar más.*

a) Le permitió *ir al cine.*
b) Le permitió *que fuera al cine.*

2.2. La conjunción

QUE es el elemento subordinante fundamental en este tipo de subordinadas, partícula que no hay que confundir con el pronombre *relativo* QUE, el cual será objeto de estudio en las subordinadas adjetivas. Delante de la conjunción QUE puede aparecer a veces el artículo EL, y únicamente esta forma, en las subordinadas sustantivas, para subrayar la función nominal de las mismas; es preciso no confundirlo con el artículo antecedente del relativo, delante del cual puede aparecer el artículo en todas sus formas, no sólo esta forma masculina singular:

Que tú lo digas parece preocupante.
El que tú lo digas parece preocupante.

2.3. Otras partículas de subordinación

Cuando la subordinada sustantiva tiene la función de complemento directo hay otras partículas de subordinación, además de la citada conjunción *que*, como es SI junto a *verbos que indican desconocimiento*:

// Desconocía / si podría realizar ese esfuerzo // LO desconocía.
V CD

// Le / preguntaron / si había leído ese libro // Se LO preguntaron.
CI V CD

Otros elementos subordinantes que introducen igualmente una subordinada sustantiva en función de CD con verbos de duda son los pronombres o adverbios interrogativos: *qué, quién, cuál, cuánto, cómo, dónde, cuándo, por qué, para qué,* etc., como en:

// Contéstanos / cuántos años has vivido allí // ContéstanosLO.
V CD

// Le / preguntaron / dónde había una farmacia// Se LO preguntaron.
CI V CD

// Desconocían / cómo iban a lograr vencer// LO desconocían.
V CD

A este tipo de subordinadas sustantivas se las llama **interrogativas indirectas.**

2.4. Estilo directo y estilo indirecto

Si el verbo oracional es de los que significan «decir o pensar», la subordinada sustantiva de complemento directo puede presentarse de dos formas:

A. **Estilo directo**: la subordinada reproduce al pie de la letra lo dicho o pensado, haciendo una pausa y cambiando algo el tono. Por ejemplo:

Amalia / contestó / a su hermana: / "No digas palabras tan duras". /
S V CI CD

El padre pensó: / Cuando termine esta tarea, me iré a casa. /
S V CD

B. **Estilo indirecto**: la proposición subordinada reproduce lo dicho o pensado mediante cambios gramaticales sobre todo en el tiempo verbal de su núcleo verbal. Veamos los mismos ejemplos anteriores:

Amalia contestó a su hermana que no *dijera* palabras tan duras. /
El padre pensó que cuando *terminara aquella* tarea, se iría a casa. /

Algunos de los **cambios gramaticales que se producen en el paso al estilo indirecto** son los siguientes:

- Presente de indicativo ——— Imperfecto de indicativo
- Presente de subjuntivo ——— Imperfecto de subjuntivo
- Pretérito indefinido ——— Pluscuamperfecto de indicativo
- ESTE, ESTOS, ESTA, ESTAS, ESTO ——— AQUEL, AQUELLOS, AQUELLA, AQUELLAS, AQUELLO
- ESE, ESOS, ESA, ESAS, ESO ——— AQUEL, AQUELLOS, AQUELLA, AQUELLAS, AQUELLO
- HOY ——— AQUEL DÍA
- MAÑANA ——— AL DÍA SIGUIENTE

Entre los **cambios léxicos** podemos citar los siguientes:

- IR ——— VENIR
- LLEVAR ——— TRAER

3. Subordinadas adjetivas de relativo

Recordemos que, por desempeñar en el sintagma nominal la función de adyacente del nombre, como el adjetivo, toman el nombre de subordinadas adjetivas y también se las llama de relativo porque el elemento subordinador es el pronombre relativo.

En las tres oraciones siguientes:

1) *Un escritor mexicano* ha venido esta mañana.

2) *Un escritor de México* ha venido esta mañana.

3) *Un escritor que nació en México* ha venido esta mañana.

el sujeto es un sintagma nominal a cuyo núcleo, / un escritor/, se unen tres elementos equivalentes en la función de adyacente: en 1) es un adjetivo (*mexicano*), en 2) es un grupo prepositivo (*de México*) y en 3) una subordinada de relativo (*que nació en México*). La subordinada de relativo ha de ser estudiada en primer lugar como parte integrante del sujeto y en segundo lugar como tal oración subordinada, constituida, a su vez, de elementos sintácticos: sujeto = /*que*/ (= el cual), verbo = /*nació*/ y complemento circunstancial = /*en México*/.

El núcleo del sintagma nominal, *escritor*, es el *antecedente del relativo* **que**; este relativo es invariable, pero cuando hay un relativo como **cual**, que tiene variaciones de género y número (**el cual, la cual, los cuales y las cuales**) se da obligatoriamente concordancia del relativo con el antecedente; así lo vemos en:

Ese novelista mexicano y su esposa, los cuales han llegado hoy, son amables.

Sucede que la función oracional desempeñada por el sintagma antecedente no tiene por qué ser la misma que la del relativo, su representante en la proposición, dado que se trata de dos conjuntos predicativos distintos. Si la función del relativo en la subordinada es un complemento que necesita ir introducido por una preposición, esta se coloca ante el relativo:

Las casas **en que** habitan son cómodas (Habitan en ellas).
Ya había llegado a casa la alumna **con quien tú** hablaste (Hablaste con ella).

Sin embargo, en la lengua hablada a menudo omitimos la preposición que debe preceder al relativo; por ejemplo, la preposición **a** ante el complemento directo de persona, y puede oírse cualquiera de estas formas:

El profesor **que saludaste** ayer.
El profesor **al que saludaste** ayer.
El profesor **a quien saludaste** ayer.

3.1. Tipos de subordinadas adjetivas

Los adyacentes del nombre, del mismo modo que los adjetivos que se unen al nombre, pueden especificarle, es decir, restringir su significado (caso de los adjetivos pospuestos al nombre), o bien explicar una cualidad implícita, intrínseca del nombre (caso de los antepuestos al nombre). De igual modo, las subordinadas adjetivas pueden ser **especificativas** o **explicativas**. Por ejemplo, las dos oraciones siguientes, integradas por los mismos vocablos, significan cosas diferentes:

1) Los seres humanos que son tolerantes aman la libertad.
2) Los seres humanos, que son tolerantes, aman la libertad.

En el primer caso el segmento *sujeto* contiene una **subordinada de relativo especificativa** y equivale al adjetivo pospuesto: */los seres humanos que son tolerantes/* = */los seres humanos tolerantes/*, ésos y sólo ésos aman la libertad.

En el segundo caso el segmento sujeto contiene una **subordinada de relativo explicativa**, y equivale a un adjetivo antepuesto /los tolerantes seres humanos/. Es llamada también **apositiva**, porque equivale a una aposición: // los seres humanos, tolerantes, aman la libertad//, es decir, / todos los seres humanos/.

Ambos tipos de subordinadas adjetivas se distinguen en la lengua hablada porque en las explicativas hay una pausa entre el antecedente y el relativo, además de un cambio de entonación, en tanto que en las especificativas no hay ninguno de estos signos prosódicos y la subordinada va unida directamente al antecedente.

3.2. Los pronombres relativos como nexos subordinantes en las subordinadas adjetivas

Son pronombres relativos las siguientes formas estudiadas en el Tema 8:

- QUE (especificativas y explicativas)
- EL CUAL, LA CUAL, LOS CUALES, LAS CUALES (explicativas)
- EL QUE, LA QUE, LOS QUE, LAS QUE (especificativas)
- QUIEN, QUIENES (explicativas)

Con una preposición delante, todos los pronombres relativos pueden ser especificativos o explicativos:

La mujer con quien sale tu hermano es morena (especificativa).
La zona sobre la cual se asienta Costa Rica es volcánica (especificativa).

Son relativos determinantes:

- CUYO, CUYA, CUYOS, CUYAS
- CUANTO, CUANTA, CUANTOS, CUANTAS

Pueden ser incluidos entre los pronombres relativos los adverbios relativos:

- DONDE, COMO, CUANDO, CUANTO

Todos estos relativos, cuando llevan un antecedente expreso a su lado, integran subordinadas de relativo adjetivas, como las estudiadas más arriba:

Mi casa, la que tengo en la playa, es pequeña.
Cervantes, quien escribió el Quijote, nació en Alcalá de Henares.
Me gusta *ese modo como* te mira.
El lugar donde vivía mi abuelo es hermoso.

Cuando no llevan un antecedente expreso a su lado, sino que se sobreentiende a través del contexto, integran las llamadas **subordinadas de relativo sustantivadas**, las cuales desempeñan todas las funciones de los sintagmas nominales, es decir, son como las subordinadas sustantivas. Ejemplos:

El que llegue antes no cerrará la puerta con llave (Sujeto).
Quien bien te quiere, te hará llorar (Sujeto).
Piensa *en la que te ha defendido siempre* (Complemento preposicional).

Cuando las formas **cuando, donde y como** no llevan antecedente se analizan como subordinadas adverbiales (Véase Tema 15):

Cuando tú me llames iré sin falta a ayudarte (Tiempo).
Tendremos que resolver el problema como se nos ocurra (Modo).
Viviremos donde nos permita el precio de los pisos (Lugar).

Ejercicios

1. Indique qué funciones desempeñan las subordinadas sustantivas que aparecen en las oraciones siguientes:

   a) *Nos fastidió que dijeras esas palabras.*
   b) *Vuestra tarea es la clave de que el arte enriquece al espíritu.*
   c) *No contestar a su hermano es problemático en estos momentos.*
   d) *Ayer nos explicó por qué trabaja tanto.*
   e) *Les duele que no ayudes en esos trabajos tan duros.*
   f) *Antonio no consintió que su hermana hiciera la comida.*
   g) *Ellos se avergonzaban de no haberles hecho un regalo de boda.*
   h) *Admiramos sus anhelos de que haya buen ambiente en casa.*
   i) *Se olvidaron de que el accidente había tenido lugar allí.*
   j) *¡Qué hermoso es poder dar buen ejemplo a los hijos!*

2. Exprese en estilo indirecto las siguientes oraciones subrayando los cambios gramaticales:

   a) *Preguntaron a los estudiantes: «¿Habéis terminado el trabajo práctico?».*
   b) *Dicen cada día a sus vecinos: «Estos árboles de vuestro jardín son preciosos».*
   c) *Anunciaron por la televisión: «El número premiado en la lotería acaba en siete».*
   d) *Nos juró de forma contundente: «No volveré a cometer este delito».*
   e) *Les pidieron a sus amigos: «Por favor, prestadnos la bicicleta».*

3. Señale a qué tipo de subordinadas relativas pertenecen las incluidas en las oraciones siguientes:

   a) *Los griegos que vivían en tiempo de Pericles conocieron grandes hombres.*
   b) *Los franceses, que son nuestros vecinos del Norte, son los antiguos galos.*
   c) *Mi hermano Juan, con el cual comparto habitación, es muy estudioso.*
   d) *Los días en que no hago gimnasia me siento peor.*
   e) *Todos los hombres que llegan a la vejez pasan por momentos de tristeza.*

4. Exprese en estilo directo las siguientes oraciones subrayando los cambios gramaticales:

   a) *Tus tíos dijeron que vendrían a nuestra casa en primavera.*
   b) *Os prometimos que seríamos juiciosos y prudentes en aquel viaje.*
   c) *Enrique pensaba que la vida era demasiado difícil en aquellas circunstancias.*
   d) *Los carteles de las elecciones anunciaban que todos los problemas se acabarían si se votaba a sus candidatos.*

e) *Mis profesores dijeron que, si no estudiábamos duramente, no aprobaríamos.*

5. Señale en el texto siguiente las subordinadas sustantivas y las adjetivas, indicando la función desempeñada por las sustantivas y el tipo en el caso de las adjetivas:

   «No volví a ver a la abuela sino una vez, meses más tarde, el día que fui a visitarla con Eulalia al sanatorio de las afueras en donde la cuidaban. La evocación de este melancólico encuentro en Señas de identidad *me exime del penoso deber de rememorarlo ahora en detalle. Para los que no conocen la obra, me limitaré a precisar que la abuela no me reconoció y, tras cambiar con Eulalia y conmigo unas frases de cortesía, regresó al mundo opaco que la amparaba en sus desdichas y en el que, dueña del vasto olvido, vivía indudablemente mejor»* (Juan Goytisolo, *Coto vedado*, p. 110).

Tema 15

La subordinación adverbial

Ángeles Estévez Rodríguez

Introducción

El objetivo de este tema es definir con precisión las oraciones agrupadas bajo la denominación de subordinación adverbial. En primer lugar, se explican las diferencias entre las oraciones subordinadas adverbiales propias e impropias. A continuación, nos detendremos en los distintos tipos existentes dentro de cada uno de estos dos grandes grupos, y se darán unas pautas para su análisis sintáctico. Finalmente, diferenciaremos el comportamiento de las oraciones subordinadas consecutivas y comparativas respecto de las oraciones subordinadas adverbiales propias e impropias.

1. Caracterización

La función característica del sintagma adverbial en la oración es la de complemento circunstancial (CC). Si esta función la desempeña una oración, en lugar de un sintagma, se habla de **subordinación adverbial**. Las oraciones subordinadas adverbiales, al igual que las subordinadas sustantivas y las subordinadas adjetivas, forman parte de una oración compleja.

Distinguimos dos grupos dentro de la subordinación adverbial: las subordinadas **adverbiales propias** y las subordinadas **adverbiales impropias**; en este segundo grupo presentan un comportamiento particular las oraciones subordinadas concesivas y condicionales que, a diferencia de las demás, modifican no solo al verbo principal de la oración compleja, sino a toda la oración principal (véase Tema 13).

Dentro de las oraciones subordinadas hay que incluir las consecutivas y comparativas, que forman un grupo aparte, ya que no equivalen ni a un sustantivo, ni a un adjetivo ni a un adverbio, es decir, no pueden considerarse ni subordinadas sustantivas, ni subordinadas adjetivas ni subordinadas adverbiales.

2. Oraciones subordinadas adverbiales propias

Son las oraciones que desempeñan en la oración compleja la función de CC que le corresponde al adverbio (SAdv) y que pueden sustituirse por él. Se clasifican en temporales, de lugar y de modo:

Amanecía cuando Juan terminó su jornada. → *Amanecía entonces.*
CC (or. sub. temporal)

Aparcamos donde nos recomendaron. → *Aparcamos allí.*
CC (or. sub. de lugar)

Lo dibujó como le dijeron. → *Lo dibujó así.*
CC (or. sub. de modo)

2.1. Oraciones subordinadas temporales

Expresan una circunstancia temporal de anterioridad, simultaneidad y posterioridad respecto del verbo principal. Van introducidas por diversos nexos subordinantes; el más común es **cuando**. Otros nexos temporales son: ***mientras (que)***, ***antes (de que)***, ***después (de) que***, ***siempre que***, ***tan pronto como***, ***al tiempo que***, ***conforme***, ***apenas***, etc.:

Cuando regrese al hotel, *llamaré por teléfono*.
CC (or. sub. temporal)

Mientras su hijo juega, *Juan prepara la cena*.
CC (or. sub. temporal)

Antes de que sus amigos se levantaran, *ella ya había desayunado*.
CC (or. sub. temporal)

Las oraciones subordinadas temporales también se pueden construir con un verbo en forma no personal (**infinitivo**, **gerundio** o **participio**):

Al hacer la reserva, *se equivocó de fecha*.
CC (or. sub. temporal)

Después de visitar aquel país, *su vida cambió*.
CC (or. sub. temporal)

Entrando en la casa, *se encontró con los nuevos vecinos*.
CC (or. sub. temporal)

Concluida la inauguración, *ofrecieron un cóctel*.
CC (or. sub. temporal)

Fotocopiados los exámenes, *se meten en sobres*.
CC (or. sub. temporal)

El participio, en estas cláusulas absolutas, concuerda en género y número con un sustantivo.

– Recuerde que se considera incorrecto el uso del gerundio de posterioridad, que consiste en expresar una acción posterior a la del verbo principal:

Llegaron al cine, empezando la película enseguida.
gerundio de posterioridad

(por *Llegaron al cine y empezó la película*.)

– El gerundio puede funcionar como un adjetivo especificativo en determinados contextos y en estos casos equivale a una oración subordinada adjetiva:

Desde mi ventana veo a los chicos jugando al fútbol.
Desde mi ventana veo a los chicos que juegan al fútbol.

– Sin embargo, se considera incorrecto el uso de algunos de estos gerundios de carácter especificativo (llamado a veces gerundio del Boletín Oficial del Estado), en lugar de la oración subordinada adjetiva:

**Promulgaron una ley regulando las elecciones*.
(por *Promulgaron una ley que regulaba las elecciones*.)

2.2. Oraciones subordinadas de lugar

Expresan una circunstancia locativa del verbo principal. El nexo habitual es ***donde,*** precedido o no de preposición:

Le dejó la llave (en) donde acostumbraba.
CC. (or. sub. de lugar)

Fuimos (a) donde quisiste tú.
CC (or. sub. de lugar)

Me ayudó hasta donde pudo.
CC (or. sub. de lugar)

Os vimos donde comenzaba la carrera.
CC (or. sub. de lugar)

No se deben confundir estas oraciones con las subordinadas adjetivas de relativo introducidas por *donde* con antecedente (véase Tema 14):

El restaurante donde comieron es excelente.
antecedente — or. sub. adjetiva de relativo

Con el gerundio también se puede expresar el valor locativo:

Subiendo las escaleras, a la derecha, están las litografías.
CC (or. sub. de lugar)

– El adverbio relativo *donde* se utiliza con verbos de movimiento, estado, percepción, acontecimiento, etc.; en cambio, *a donde* (también escrito *adonde*) se debe usar sólo con verbos de movimiento:

Fuimos donde / a donde quisiste tú.
* *Os vimos a donde estaba la pancarta.* (por *Os vimos donde estaba la pancarta.*)

– El adverbio relativo *adonde*, (o a *donde*) puede llevar un antecedente expreso; forma entonces oraciones subordinadas adjetivas de relativo:

Había un museo en el pueblo adonde fueron.
antecedente

– También debe recordar que el adverbio interrogativo *adónde* (o *a donde*) se usa con verbos de movimiento:

Desconoce adónde irá de embajador.
¿Adónde ibas ayer?

Sin embargo, *dónde* se puede emplear con todo tipo de verbos:

Desconoce dónde irá de embajador.
Dime dónde está tu hermano.

– Es frecuente, en la lengua coloquial el uso de *donde* seguido de un nombre con un valor equivalente a 'en casa de' o 'a casa de': *Carmen fue donde Juan* (*donde = a casa de*).

2.3. Oraciones subordinadas de modo

Expresan una circunstancia de valor modal del verbo principal. El nexo más frecuente es ***como***. Otros nexos son ***según (que)*** y ***conforme***:

Hicimos el viaje como pudimos.
CC (or. sub. de modo)

Pedro hizo los armarios según/conforme figuraban en la revista.
CC (or. sub. de modo)

Según dice el entrenador, el equipo está cansado.
CC (or. sub. de modo)

Las oraciones subordinadas de modo también se construyen con el verbo en **gerundio** o con la preposición ***sin*** **+ infinitivo**:

Hizo los armarios basándose en una revista.
CC (or. sub. de modo)

No te vayas sin despedirte.
CC (or. sub. de modo)

> *Según*, cuando va seguido de un nombre o pronombre, funciona como una preposición con el significado de 'conforme a', 'de acuerdo con', etc.: *según una revista...; según nosotros...*

3. Oraciones subordinadas adverbiales impropias

Estas oraciones subordinadas también **desempeñan en la oración compleja la función de CC que le corresponde al adverbio (SAdv), pero se diferencian de las del grupo anterior en que carecen de sustituto adverbial**. Se clasifican en causales, finales, concesivas y condicionales:

Ellos fueron al concierto porque sus amigos los invitaron.
CC (or. sub. causal)

Paco se acercó al escritor para que le firmara el libro.
CC (or. sub. final)

Aunque llovía mucho, salieron a pasear.
(or. sub. concesiva)

Si vienen el domingo, iremos al cine.
(or. sub. condicional)

3.1. Oraciones subordinadas causales

Expresan la causa real u objetiva del verbo principal. Los nexos causales son: ***porque***, ***que***, ***como***, ***ya que***, ***pues***, ***puesto que***, ***dado que***, etc. El más característico es *porque*. Se construyen en modo indicativo:

Carmen pidió la palabra porque quería hablar de su situación laboral.
CC (or. sub. causal)

Sube la persiana, que no veo nada.
CC (or. sub. causal)

Mañana irá al teatro, pues / ya que / puesto que lo han invitado.
CC (or. sub. causal)

Como no llevaba el pasaporte, no pudo pasar la aduana.
CC (or. sub. causal)

> Más adelante (apartado 3.4) veremos que el nexo *como* también introduce subordinadas condicionales; en este caso el verbo va en subjuntivo:
>
> *Como no lleves el pasaporte, no puedes pasar.*

En las oraciones negativas con el nexo *porque* el verbo puede ir en indicativo o subjuntivo:

Vino a la fiesta, no porque le apetecía / apeteciera.
CC (or. sub. causal)

Las subordinadas causales también se construyen con el verbo en infinitivo o gerundio. En este caso, el **infinitivo** va precedido de preposición o de algunas locuciones como *a fuerza de* + (*tanto*, *mucho*), *a base de tanto*, etc.:

Aprobó por haber estudiado mucho.
CC (or. sub. causal)

A fuerza de tanto reclamar protección, se la concedieron.
CC (or. sub. causal)

En las oraciones con **gerundio** se pueden cruzar varios valores (causales, condicionales, temporales, etc.):

Habiendo reclamado protección, se la concedieron.
CC (or. sub. causal)

Cocinando con un buen aceite, los guisos están más sabrosos.
CC (or. sub. ¿causal? ¿condicional?)

3.2. Oraciones subordinadas finales

Expresan el fin con el que se realiza la acción del verbo principal. Los nexos finales son ***para que***, ***que***, ***a que***, ***a fin de*** (***que***), ***con el fin de*** (***que***), ***con el objeto de*** (***que***), etc. El más característico es *para que*.

Se construyen en modo subjuntivo si el sujeto de la subordinada es distinto al del verbo principal de la oración compleja; pero, si coinciden ambos sujetos, el verbo de la subordinada final va en infinitivo; en este caso dicha oración va precedida de los nexos ya señalados, pero sin la conjunción *que*:

María nos avisó para que lo supiéramos. (sujetos: María ≠ nosotros)
CC (or. sub. final) [*para que lo supiéramos*]

Acércate, que te peine esa coleta. (sujetos: tú ≠ yo)
CC (or. sub. final) [*que te peine esa coleta*]

Venimos a fin de que nos lo expliques. (sujetos: nosotros ≠ tú)
CC (or. sub. final) [*a fin de que nos lo expliques*]

Juan abandonó la reunión para llamar a su hija. (sujetos: Juan = Juan)
CC (or. sub. final) [*para llamar a su hija*]

Mis hermanos han ido a comprar café. (sujetos: mis hermanos = mis hermanos)
CC (or. sub. final) [*a comprar café*]

Hice un esfuerzo por callarme. (sujetos: yo = yo)
CC (or. sub. final) [*por callarme*]

A veces, una oración con el nexo *porque* y el verbo en subjuntivo puede expresar finalidad:

Te daré mi opinión porque conozcas su situación.
CC (or. sub. final) [*porque conozcas su situación*]

Si el modo de la oración subordinada fuera el indicativo, tendría valor causal:

Te daré mi opinión porque conoces su situación.
CC (or. sub. causal) [*porque conoces su situación*]

Igual ocurre con el nexo *que*:

Llévate el paraguas, que está lloviendo.
CC (or. sub. causal) [*que está lloviendo*]

Llévate el paraguas, que no te mojes.
CC (or. sub. final) [*que no te mojes*]

3.3. Oraciones subordinadas concesivas

Indican un obstáculo de lo expresado en la oración principal, que luego es superable. Los nexos concesivos son: ***aunque***, ***a pesar de*** (***que***), ***por más que***, ***si bien***, ***aun cuando***, ***bien que***, etc. El más característico es *aunque*:

Aunque sus miedos desaparecieron, *seguía intranquilo*.
or. sub. concesiva — or. principal

A pesar de que la tierra está bien abonada, *las plantas no brotan*.
or. sub. concesiva — or. principal

La concesividad se puede expresar con las formas no personales del verbo. El **infinitivo** puede ir precedido de las preposiciones *para* y *con*:

Para ser un adolescente, *es ya una promesa en el fútbol*.
or. sub. concesiva — or. principal

Las oraciones con un infinitivo precedido de la preposición *con* suelen tener un sentido condicional; por esta razón conviene tener en cuenta que en las oraciones concesivas se expresa una acción contraria a la manifestada en la oración principal:

Con sonreír, *no me convences*. (*Aunque sonrías…*)
or. sub. concesiva

Con asistir a las sesiones, *obtendrás el diploma*. (*Si asistes...*)
or. sub. condicional

No es fácil reconocer el valor concesivo cuando el verbo va en **gerundio**, pues se entrecruzan otros valores, generalmente, el modal:

Siendo tan listo, *no obtiene buenos resultados*.
or. sub. concesiva

Teniendo buen ambiente, *se trabaja mejor*.
or. sub. condicional

Reptando por las paredes, *llegó al tejado*.
or. sub. de modo

Sin embargo, cuando el gerundio va precedido de *aun*, la ambigüedad desaparece:

Aun ahorrando mucho, *no puede comprar un piso*.
or. sub. concesiva

Cuando la subordinada concesiva se forma con el **participio**, este suele ir precedido de los nexos *aunque* y *si bien*:

Los jugadores, *aunque / si bien contrariados*, *aceptaron su derrota*.
or. sub. concesiva

Otros recursos para expresar el valor concesivo son algunos esquemas fijos basados en la repetición léxica:

Cante lo que cante, gusta a todos.
or. sub. concesiva — or. principal

Quieras o no quieras, vendrán con nosotros.
or. sub. concesiva — or. principal

3.4. Oraciones subordinadas condicionales

Expresan la condición que se ha de cumplir para que se realice lo expresado en la oración principal. Tradicionalmente, se denomina *prótasis* a la oración subordinada condicional, y *apódosis* a la oración principal.

Los nexos condicionales son: ***si***, ***como***, ***a condición de*** (***que***), ***con la condición de*** (***que***), ***con que***, ***con tal de*** (***que***), ***en el caso de*** (***que***), ***en el supuesto de*** (***que***), ***siempre que***, ***cuando***, etc.; el más frecuente es *si*:

Si nos lo permites, pasaremos la noche aquí.
or. sub. condicional (prótasis) — or. principal (apódosis)

Repetirá esa asignatura a condición de que le convaliden ya sus estudios.
or. principal — or. sub. condicional

Con que hubieras presentado una solicitud, te la habrían convalidado.
or. sub. condicional — or. principal

> Recuerde que el nexo *como*, además de oraciones modales, introduce oraciones causales y condicionales. Para reconocer estas últimas, fíjese en el modo verbal de la oración subordinada: las oraciones condicionales llevan el verbo en subjuntivo y las causales, en indicativo. Además, la oración subordinada causal con *como* siempre va antepuesta al verbo principal:
>
> *Como no estudias, no puedes aprobar.*
> or. sub. causal
>
> *Como no estudies, no puedes aprobar. / No puedes aprobar, como no estudies.*
> or. sub. condicional — or. sub. condicional

Los nexos *siempre que* y *cuando* introducen oraciones subordinadas temporales (véase apartado 2.1), pero también pueden introducir oraciones subordinadas condicionales del tipo:

Se prestan libros siempre que se tenga carné de estudiante.
or. sub. condicional

Cuando se calla, tendrá sus motivos.
or. sub. condicional

Conviene observar que *con que*, además de ser un nexo condicional, puede ser también un SP compuesto por la preposición *con* + el pronombre relativo *que*:

Esa es la asignatura *con (la) que tienes problema*.
or. sub. adjetiva

o por la preposición *con* regida por el verbo principal + la conjunción subordinante *que* como introductora de una oración subordinada sustantiva:

Nos conformamos *con que vengáis un rato*.
or. sub. sustantiva en función de CP

Conque, en una sola palabra, es un nexo coordinante consecutivo (véase Tema 13, apartado 2.1.4):

Hay una oferta especial, *conque iré a Montevideo*.
or. coordinada consecutiva

Las oraciones subordinadas condicionales también pueden construirse con el verbo en infinitivo, gerundio o participio. El **infinitivo** puede ir precedido de las preposiciones *de* y *con*, y de alguno de los nexos ya señalados sin la conjunción *que*:

De seguir el mal tiempo, *los hoteles perderán clientes*.
or. sub. condicional

Con dar voces, *no consigues nada*.
or. sub. condicional

En el caso de aceptar mi oferta, *escríbeme*.
or. sub. condicional

El **gerundio** expresa un valor condicional si las acciones de la oración principal y de la oración subordinada son simultáneas; se refuerza dicho valor si va acompañado de los adverbios *solo* y *solamente*:

Proyectando el viaje así, *no tendremos problemas*.
or. sub. condicional

Solamente reservando el vuelo, *estaríamos seguros*.
or. sub. condicional

Asimismo, con el **participio**, el valor condicional se clarifica si el verbo de la oración principal va en condicional:

Ese cuadro, *colgado ahí*, *estaría perfecto*.
or. sub. condicional

4. Oraciones subordinadas consecutivas y comparativas

Las oraciones consecutivas y comparativas se comportan de una manera parecida a las oraciones subordinadas adjetivas, en el sentido de que **funcionan como adyacentes de un núcleo no verbal**; los núcleos de los que dependen las oraciones consecutivas y comparativas pueden ser nominales, adjetivales y adverbiales, que deben ir intensificados (subordinadas consecutivas) o cuantificados (subordinadas comparativas). También pueden ser adyacentes del propio intensificador o cuantificador:

Tengo tanto trabajo que no puedo acompañarte.

SN: intensif. (*tanto*) | núcleo nominal (*trabajo*) | adyacente (or. sub. consecutiva) (*que no puedo acompañarte*)

Su hermano está tan ocupado que no lo llama nunca.

SAdj: intensif. (*tan*) | núcleo adjetival (*ocupado*) | adyacente (or. sub. consecutiva) (*que no lo llama nunca*)

Vivían tan cerca que se visitaban con frecuencia.

SAdv: intensif. (*tan*) | núcleo adverbial (*cerca*) | adyacente (or. sub. consecutiva) (*que se visitaban con frecuencia*)

El perro ladraba tanto que molestaba a los vecinos.

SAdv: núcleo intensif. (*tanto*) | adyacente (or. sub. consecutiva) (*que molestaba a los vecinos*)

Tenía tantos lunares como (tenía) su madre.

SN: cuantif. (*tantos*) | núcleo nominal (*lunares*) | adyacente (or. sub. comparativa) (*como (tenía) su madre*)

Ese equipo es mejor que (es) el otro.

SAdj: núcleo cuantif. (*mejor*) | ady. (or. sub. comp.) (*que (es) el otro*)

4.1. Oraciones subordinadas consecutivas

Expresan una consecuencia en grado máximo. Funcionan como adyacentes de un núcleo no verbal intensificado o como adyacentes del propio intensificador y van introducidas por el nexo ***que***. Los intensificadores más comunes son ***tanto***, ***tal*** y sus variantes respectivas (***tan***, ***tanta***, ***tantos***, ***tantas***, ***tales***):

Su caché era *<u>tan elevado que no pudieron contratarlo</u>*.

atributo (SAdj)

intensif. | núcleo adjetivo | adyacente (or. sub. consecutiva)

La hirvió *<u>tanto que se deshizo</u>*.

CC (SAdv)

núcleo intensif. | ady. (or. sub. cons.)

En ocasiones, puede aparecer elidido el intensificador y la unidad intensificada:

Los embalses están *<u>que revientan</u>*. (*tan llenos que revientan*)

or. sub. consecutiva

Existen otros procedimientos para expresar el valor consecutivo a través de locuciones del tipo ***de tal modo***, ***de tal suerte***, ***de tal forma***, ***de tal manera***, ***hasta tal punto***, etc., y el nexo ***que***:

Organizaron las mesas *<u>de tal modo que todos estuvimos a gusto</u>*.

CC (SAdv)

núcleo intensif. | or. sub. consecutiva

4.2. Oraciones subordinadas comparativas

Expresan una comparación entre dos términos y hacen referencia a la cantidad o a la cualidad. Al igual que las subordinadas consecutivas, funcionan como adyacentes de núcleos nominales, adjetivales o adverbiales cuantificados, o del propio cuantificador. El segundo término de la comparación va introducido por los nexos ***que*** o ***como***. La oración subordinada comparativa suele llevar el verbo subordinado elidido cuando coincide con el verbo principal; también pueden aparecer elididas otras unidades:

Ese florero tiene *<u>más flores que aquel</u>*.

CD (SN)

cuantif. | núcleo | ady. (or. sub. comp.)

[*Ese florero tiene más flores que* (*flores tiene*) *aquel*.]

Hay tres tipos de oraciones subordinadas comparativas: de **superioridad**, de **igualdad** y de **inferioridad**. Y, en general, se expresan, respectivamente, mediante las correlaciones ***más*** ... ***que***, ***tant***(***o***) ... ***como***, ***igual*** ... ***que***, ***menos*** ... ***que***:

Pedro come más arroz *<u>que verduras</u>*.

or. sub. comparativa de superioridad

Tu hijo viaja tanto *<u>como el mío</u>*.

or. sub. comparativa de igualdad

Este pantalón es igual que aquel.
or. sub. comparativa de igualdad

José tiene menos amigos que Víctor.
or. sub. comparativa de inferioridad

Los adjetivos comparativos ***mejor***, ***peor***, ***mayor*** y ***menor*** (Tema 8, apartado 2.1.3) pueden ocupar el lugar de los cuantificadores *más*, *tanto*, *menos* y constituir oraciones comparativas:

Este tejido es mejor que aquel.
atributo (SAdj)

núcleo — adyacente (or. sub. comparativa)

A las oraciones comparativas que van introducidas por la preposición ***de*** seguida de una oración de relativo sustantivada, se las denomina *comparativas relativas* o *comparativas con de*:

El hecho fue más humillante de lo que puedes pensar.
atributo (SAdj)

cuantif. — núcleo — adyacente (or. sub. comparativa)

Ejercicios

1. ¿Qué clase de subordinadas reconoce en las siguientes oraciones complejas?

   a) *Diseñaba los trajes inspirándose en fotos familiares.*
   b) *Lo llaman el flautista de Hamelin, porque tras él van muchos alumnos.*
   c) *Como las cortinas estaban corridas, la mansión estaba en penumbra.*
   d) *Aunque trabaja en Córdoba, vive en Madrid.*
   e) *Siempre que entra al despacho, abre la ventana.*
   f) *El traje llevaba tanta cola que pesaba mucho.*
   g) *Como vengas pronto, iremos a verlos.*
   h) *Tiene más cubiertos que platos.*
   i) *Vienen a instalar la antena.*
   j) *Llegaron hasta donde les dijeron.*

2. Identifique los nexos y señale qué tipos de oraciones introducen:

   a) *Mientras nadaba en el mar, su piel se llenaba de reflejos azules.*
   b) *Colocaba las fotos en el álbum como le había dicho su madre.*
   c) *Sergio pidió la palabra porque quería hablar de su situación laboral.*
   d) *El director nos escribió una carta con el fin de que todos conociéramos su programa.*
   e) *Javier asistió a la ceremonia, si bien no se quedó al convite.*
   f) *Como Juan trate a sus amigos así, los perderá.*

g) *Las flores habían crecido tanto que el suelo parecía una alfombra.*
h) *David aprobó menos asignaturas que Ana.*

3. Analice sintácticamente las siguientes oraciones:

   a) *Amanecía cuando Juan terminó su jornada.*
   b) *Carmen aparcó el coche donde le recomendó el guardia.*
   c) *Pensó en la casa donde nació.*
   d) *No enciendas las luces, que nos ilumina la luna.*
   e) *Carlos necesita tiempo para terminar su tesis.*
   f) *La carne no estaba sabrosa a pesar de que Luis la condimentó abundantemente.*
   g) *Comprando antes de las doce, le llevamos su compra.*

Tema 16

El significado: denotación y connotación. El eufemismo

M.ª Antonieta Andión Herrero

Introducción

Empezamos este tema refiriéndonos a una parte de vital importancia en la transmisión de información, el *significado* y sus valores *denotativo* y *connotativo*.

Cuando un hablante hace uso de la lengua, ya sea de forma oral (a través de su representación articulada) o de forma escrita (a través de grafías o letras), está apelando a un consenso o acuerdo de toda la comunidad de hablantes, regulado por la gramática y el uso. Es decir, el emisor está obligado a agrupar las unidades lingüísticas de manera que sean reconocibles auditiva y visualmente por el oyente o lector. Es lo que pudiéramos llamar la parte "física" de la comunicación, cuyas unidades lingüísticas deben ser identificadas por quien nos oye o nos lee. Pero la comprensión tiene una segunda parte, más "intelectual", que es la asociación con los significados que tenemos registrados para esas unidades.

El hablante puede usar las palabras de forma directa, refiriéndose a sus significados propios, rectos, objetivos, reales, y estaría en el campo de la *denotación*. También puede sugerir, y estaría en otro campo, el de la *connotación*, de mayor variabilidad y más dependiente del contexto y de la situación que rodea a la propia comunicación y sus participantes.

Para entender la complejidad del plano del significado léxico, es necesario reconocer la distinción entre *denotación* y *connotación* en la representación de la realidad significativa de una palabra, además de apreciar la riqueza de la connotación en cuanto a sugerencia e implicación en los significados. Sin embargo, la connotación tiene limitaciones para quien la usa ya que no se puede obstaculizar la comprensión del mensaje al destinatario. Entre las connotaciones, juega un papel importante el eufemismo y el disfemismo, en cuya determinación interviene el factor social.

1. Denotación y connotación

Si queremos asociar las facetas del significado de manera muy simple, pensemos que respecto de una palabra:

Denotación ES ⇒ Significado básico, primario. Acepciones que aparecen en un diccionario.

Connotación ES ⇒ Significado sugerido, añadido en el momento en que se usa.

Es difícil trazar una línea que divida claramente la denotación y la connotación, pueden ser más bien entendidas como polos extremos en el significado de una palabra, en cuyo centro encontramos denotaciones que sólo se usan en determinados contextos y connotaciones que se han extendido mucho en el uso de los hablantes y ya aparecen asociadas al significado casi literal de la palabra. Quizás, para explicarlo mejor, debemos decir que el significado denotativo es aquel que reconocemos rápidamente, sin esfuerzos; el connotativo es el que nos llama la atención como característico u original en el uso concreto que ha hecho un hablante.

Al usar una palabra podemos **denotar**, es decir, referirnos a un significado por su concepto (definición, idea, pensamiento, juicio) o por su referente (objeto de la realidad), a los que aludimos de manera directa. Hay algo que debe entenderse muy claramente: la denotación puede tener o no referentes reales. Es fácil ver la denotación en la representación de algo concreto y objetivo, que reconocemos como existente independientemente de nosotros o que no es una fabulación de nuestra mente. Sin embargo, también las invenciones más fantasiosas pueden ser contenidos denotativos. Pensemos en el concepto mítico que denotamos con la palabra *unicornio*, que inmediatamente asociamos al 'animal fabuloso especie de caballo y con un cuerno recto en mitad de la frente', y al que –aun sin haber visto– todos recoceríamos en el regazo de esta dama pintada por Rafael. Pero al mismo término asociaríamos otros significados cuando nos canta Silvio Rodríguez:

Mi unicornio azul
ayer se me perdió,
no sé si se me fue,
no sé si se extravió,
y yo no tengo más
que un unicornio
azul.

Si alguien sabe de él,
le ruego información,
cien mil o un millón
yo pagaré.
Mi unicornio azul
se me ha perdido ayer,
se fue.

En el texto de la canción resulta evidente la connotación que añade los significados simbólicos de 'belleza, libertad, pureza, ideales'.

La realidad del referente o situación a la que alude una palabra puede ser hasta fingida y encontrarnos ante una mentira. No obstante, seguimos estando en el campo de la denotación por la asociación directa con el significado propio de la palabra.

Cuando nos referimos a la **denotación** estamos hablando de la literalidad, es decir, del significado exacto. Por ello el carácter informativo de la denotación y su rigidez en la correspondencia entre significado y significante. A través de la función denotativa, la lengua capta el mundo real, le da nombres y establece una relación concreta entre palabras y significados.

Al utilizar una palabra también podemos hacerlo **connotando**, es decir, aprovechándonos de una característica o propiedad de su significado que nos permita añadir un matiz, algo especial que se aparta del exacto o propio. El hablante utiliza la connotación para dotar a los significados literales (denotados) de las palabras de valores adicionales, adquiridos en determinados contextos y que muestran un poco el subconsciente del propio hablante: no sólo lo que es, sino además lo que a él le parece. Por ello, la connotación se mueve en el campo de la subjetividad, de lo implícito, de la ideología, de la cultura. Si decimos *Parece que tu compañera está suave hoy,* el adjetivo *suave* aprovecha el significado de 'liso y blando al tacto' para expresar una evaluación personal hacia alguien cuya actitud ha cambiado a mejor, es más agradable.

Ciertamente, el hablante tiene libertad de usar una palabra añadiéndole la connotación que le parezca relevante, pero esta libertad está limitada por una relación lógica entre el significado añadido y el real. Dicha connotación debe estar motivada, ser razonable, reconocible por la comunidad de hablantes; si no es así, se corre el riesgo de no ser entendido, o aún peor, malinterpretado. Por ejemplo, vemos llegar al novio de una amiga y le avisamos: *Tu príncipe te está esperando.* Existe una connotación positiva, amorosa, que puede hasta resultar simpática; pero si hubiéramos dicho *Tu farola te está esperando,* sin que existan antecedentes implícitos que justifiquen la aplicación de ese término propio de mobiliario urbano, se producirá una ruptura de la comunicación por incomprensión de la destinataria.

El que una palabra pueda tener un significado connotativo demuestra que la relación entre significado y significante es flexible en el léxico, que puede estar más allá de lo que define a las palabras en el diccionario; pero esta flexibilidad nunca debe llegar a ser arbitraria y romper la asociación que existe con el significado denotado o real.

Ejemplificaremos aquí ambos planos, el de la denotación y la connotación, para comprender más claramente sus límites. Veamos la palabra *verano,* que insertada en una frase puede tener, por ejemplo, los siguientes significados:

Falta poco tiempo para que empiece la época estival.
(Denotación)

Pronto será verano.

Tengo más ánimo porque mejorarán las temperaturas y se acercan las vacaciones.
(Connotación)

Más ejemplos: En la frase *Hay corriente aquí,* podemos discernir entre la denotación, que constata la presencia de una masa de aire en movimiento, y la connotación, que indica una sensación de frío en el hablante y quizás una petición para que alguien ponga remedio a ese fenómeno haciendo algo como cerrar una ventana. En el caso de *Llueve,* podríamos establecer una denotación, 'cae agua de las nubes', y varias connotaciones posibles, 'siento melancolía, tristeza' (más negativa) o 'qué bueno que se acabó la sequía y se riegan los campos' (más positiva).

1.1. La denotación

Para entender bien qué es el significado denotativo de una palabra, conviene partir de que nuestro pensamiento establece a través de ella la relación con la realidad. Veámoslo más detenidamente.

Si tomamos una palabra, por ejemplo, *libro,* podemos distinguir:

- Una serie concreta de cinco sonidos que forman una imagen acústica (significante).
- Una asociación mental: idea, pensamiento (significado).
- Una realidad que reúne los requisitos como representante físico de esa palabra (referente).

Entonces, podríamos representar los elementos de la siguiente manera:

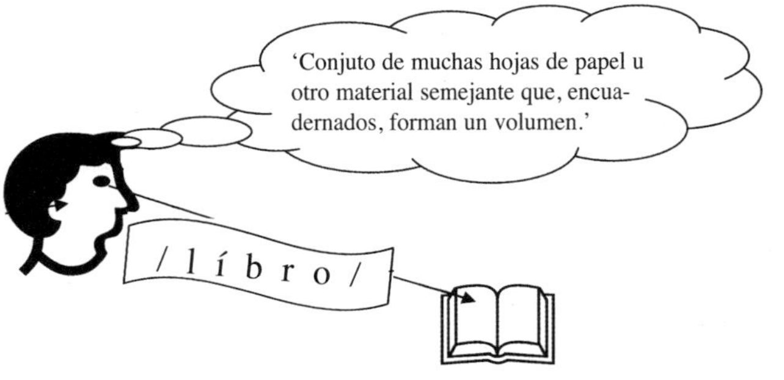

1.1.1. La referencia

No nos detendremos en el significante –a ello se dedica el Tema 3–, sólo nos interesa que su identificación quede clara aquí. Sobre el referente debe indicarse que las palabras establecen una relación de **referencias** con la realidad de varios tipos:

- Referencia singular: el referente es único o individual: *Ángela, España.*
- Referencia general: el referente pertenece a una clase o género que reúne a individuos, objetos, etc. semejantes o del mismo tipo: *perro, mesa.*
- Referencia relativa: el referente varía según a quién represente: *aquel* (su significado depende de a quién o qué señale), *ella* (puede corresponder a cualquier persona singular y femenina).
- Sin referencia: no hay ninguna noción a la que represente, sino que son instrumentos de relación gramatical: *sino, para.*

De lo anterior deducimos que no todas las palabras denotan significados de igual "peso informativo" o valor semántico. Así, según el significado, las palabras serán:

- **Léxicas**: su significado es un concepto o noción, desde lo más concreto (un objeto real) hasta lo más abstracto (por ejemplo, la cualidad de la bondad).

  Las palabras con significado léxico son las que permiten la descripción y clasificación de la realidad, expresar los juicios del pensamiento, etc., porque transmiten una gran carga informativa. Entran en esta categoría de palabras léxicas los sustantivos, los adjetivos, los verbos y los adverbios.
- **Gramaticales**: su significado es indicar qué tipo de relaciones sintácticas (dentro de la oración) o sintagmáticas (dentro del sintagma) establecen las restantes palabras entre sí. Podríamos pensar en ellas como palabras "instrumentales", que se definen por sus usos. Serán, entonces, palabras gramaticales, el artículo, los pronombres, los adjetivos determinativos, las preposiciones y las conjunciones.

Pensemos, por ejemplo, en el significado de la preposición *a* y veremos que son sus usos los que la definen: Indicar intervalo de tiempo (*De dos a seis estoy en la oficina*), modo (*Me he comprado un chal hecho <u>a</u> mano*), lugar (*Voy ahora <u>a</u> su casa*) y tiempo (*Te llamaré <u>a</u> las seis*).

1.1.2. Semas y campos semánticos

En cuanto al significado conviene señalar que presenta unidades mínimas llamadas **semas**. Los semas reúnen los rasgos de identificación sobre los que se asienta un concepto, que no sólo lo definen a él sino que lo distinguen de los otros. Cuando varios de estos semas son comunes a un número de palabras, éstas constituyen un **campo semántico**. Por ejemplo, tener en común 'que se usa para cubrir el cuerpo', materiales de elaboración semejantes, etc., hace que *falda, pantalón y chaqueta,* pertenezcan al mismo campo léxico-semántico de las "prendas de vestir".

Como podemos ver al consultar cualquier palabra en un diccionario, varios pueden ser los significados que aparezcan en una misma entrada. Pongamos el caso del verbo *hacer,* del que el *Diccionario* de la Real Academia Española cita 58 acepciones: 'producir; fabricar; ejecutar un trabajo; concebir algo con la imaginación; contener; causar; desarrollar mediante ejercicios; componer; perfeccionar; juntar; acostumbrar; cumplir una edad; recorrer un camino; suponer; embellecer una parte del cuerpo; obtener; proveer; representar en un espectáculo…'. Esta agrupación de significados denotativos recoge la historia de uso del verbo a través de los tiempos y responde al principio de rentabilidad y economía de la propia lengua (una palabra puede tener varios significados); sólo el contexto lingüístico y situacional concreto en el que el hablante utilice la palabra precisará con cuál de las acepciones posibles se debe entender en ese caso. En *<u>Haces</u> bien en ayudarlo,* el verbo *hacer* se refiere a 'obrar, actuar', mientras que en *Ayer <u>hizo</u> tres años que me casé,* el significado es indudablemente 'transcurrir el tiempo'.

1.2. La connotación: Tipos

Si antes habíamos visto las relaciones de los significados dentro de una palabra, ahora hablaremos de que las palabras también establecen entre sí relaciones que pueden ser explicadas en aplicación a su denotación y connotación. Alrededor de un significado (denotación) se puede reunir una serie de palabras que establecen una relación sinonímica. El uso por parte de un hablante de una u otra palabra aporta una información extra, connotada, que puede ser de varios tipos:

1.2.1. Relativa a la procedencia geográfica del hablante

Según utilice una u otra palabra, se añade una información de cuál es la región de la que es oriunda la persona. Veamos, por ejemplo, los términos que pueden aparecer preferentemente en el mundo hispánico para referirse al 'vehículo de servicio público que sigue un trayecto y paradas fijas, especialmente en las ciudades' y que nos indicarían la posible procedencia del hablante: *autobús* (España, Panamá, Puerto Rico, Venezuela), *bus* (Colombia, Costa Rica, Honduras, Nicaragua, Panamá), *camión* (México), *colectivo* (Argentina), *guagua* (Cuba, España, Puerto Rico, República Dominicana), *micro* (Bolivia, Chile, Paraguay) y *ómnibus* (Perú, Uruguay)[1]. La selección por parte del hablante de una de ellas para insertarla en la frase *Viene el* , nos informa sobre la variedad del español que utiliza y, sabiendo a qué zona pertenece dicha variedad, sabremos la procedencia del hablante.

1.2.2. Relativa a la procedencia social del hablante

Es decir, a su extracción o nivel sociocultural. Es evidente que si un hablante tiene que utilizar una palabra para denotar una 'sensación desagradable de enojo' y puede seleccionar entre *contrariado, molesto, enfadado, cabreado* y *jodido,* sobre todo en una situación comunicativa de poca confianza, su nivel de educación y su procedencia social pueden determinar la palabra seleccionada.

1.2.3. Relativa a la edad del hablante

Cada generación suele tener un léxico adaptado a las condiciones propias de su época de juventud y madurez. Son términos compartidos por sus coetáneos, que generaciones anteriores suelen no usar o generaciones posteriores sienten como desusadas o arcaicas. Piénsese, por ejemplo, en las palabras *botica* y *farmacia*, identificadas por su uso con personas de grupos de edades diferentes.

---

[1] Datos sacados del *Diccionario de español de geosinónimos* del Proyecto VARILEX (http://www.lenguaje.com/herramientas/varilex/varilex.asp).

1.2.4. Relativa a la profesión del hablante

Muchas palabras comunes tienen sus correlatos en campos específicos profesionales y quienes usan esos términos más especializados, en vez de los comunes, están indicando una clara procedencia profesional. Parece lógico que quien se refiera al 'dolor de cabeza' como *cefalea*, está en el ámbito de la Medicina, muy posiblemente de la Neurología.

1.2.5. Relativa al uso estilístico

La búsqueda de la originalidad, de un estilo literario, es la connotación que expresa quien usa *mar* con género femenino *(la mar)* sin ser necesariamente "gente de mar". Así alterna Rafael Alberti ambos géneros: *El mar. La mar. / El mar. ¡Sólo la mar!*

1.2.6. Relativa al tabú

Las palabras no es que sean malsonantes, sino que en uno de sus significados están asociadas a áreas tabú de la lengua; entonces, el hablante las evita intentando no levantar suspicacias. En este sentido, el tabú más extendido y desigual en el mundo hispánico es el del verbo *coger,* tan rentable en nuestra lengua, pero que en extendidas zonas de América Central y del Sur significa 'mantener relaciones sexuales'.

1.2.7. Relativa a la colocación de las palabras

Pongamos de ejemplo la conocida colocación del adjetivo delante del sustantivo con valor enfático. Observemos el énfasis de significado de los adjetivos subrayados en este poema de Zorrilla:

> *Ese <u>vago</u> clamor que rasga el viento.*
> *es la voz funeral de una campana.*
> *<u>Vano</u> remedo del <u>postrer</u> lamento.*
> *de un cadáver sombrío y macilento.*
> *que en <u>sucio</u> polvo dormirá mañana.*

1.2.8. Relativa a las formas de tratamiento

El grado de formalidad del intercambio comunicativo está connotado en el uso de unas u otras palabras de igual denotación. Quizás un caso muy evidente sea el pronombre de segunda persona del singular en español, que tiene dos(tres en zonas de voceo) formas –que también determinan la morfología verbal–, influenciadas por factores como la situación en la que se encuentran los hablantes, las relaciones de jerarquía, la diferencia de edad, el desconocimiento o falta de confianza, etc. Todas ellas pueden condicionar que se seleccione *usted, tú* –o *vos* para algunas zonas hispanoamericanas–. Entre el uso de *tú* o *usted*, el hablante puede connotar un abanico de significados adicionales que van desde la intención de acercarse al destinatario hasta la distancia despreciativa, pasando por el respeto.

Hay que aclarar que las connotaciones varían con el tiempo y gozan de actualidad; es decir, que las connotaciones se modifican muy fácilmente. No sólo nos estamos refiriendo a casos como el cambio de entonación que puede convertir una afirmación en una negación; así, la frase *¡Vaya, qué valiente!*, dicha en un tono irónico, connota cobardía. Hablamos además de la dependencia que tienen los significados hacia la propia vida de las lenguas y de las comunidades de los hablantes, de su evolución, sus modas, sus acontecimientos, etc. Quizás una forma sencilla de ejemplificarlo sería observar el traspaso que se produce entre el tabú y el eufemismo: hay palabras "neutrales" que, de tanto sustituir a otra "mala" o soez, terminan convirtiéndose ellas también en tabú. Ése es el caso de *retrete*, eufemismo en su momento de *cagadero/meadero*, para el que ahora se prefiere *servicio* o *baño*.

2. El eufemismo (y sus conceptos afines)

Para entender qué es un **eufemismo** debemos referirnos necesariamente al tabú, pues actúa como su sustituto. El tabú es una valoración negativa que se asocia a ciertas palabras y que por ello se evitan. El utilizarlas indica mal gusto, grosería, agresividad o falta de cortesía. De hecho, lo que llamamos urbanidad o normas sociales de buen comportamiento impiden el uso de palabras tabú en ciertas situaciones o con determinados interlocutores.

Históricamente, las personas han clasificado, inconscientemente o no, determinadas realidades dentro del área tabú y, por tanto, las palabras que se refieren directamente a estas realidades son también tabú. Así ocurre con las zonas del cuerpo relacionadas con actividades fisiológicas o sexuales, las propias actividades (*sobaco, teta, culo...*), las enfermedades o defectos físicos y mentales, conceptos religiosos asociados al mal, la muerte, aspectos sociales *(portero, criado, verdugo…)* y políticos *(dictadura, fusilamiento…),* etc. Sobre estas palabras pesa una consideración social o ética.

Quizás, es la palabra *muerte* el tabú más evitado en todas las culturas; palabra que por temor, religiosidad o cualquier otro sentimiento se intenta ahuyentar no pronunciándola. Por ejemplo, en el libro *La muerte. Expresiones mexicanas de un enigma* (1975), aparece sustituida por todos estos nombres: *La Segadora, La Igualadora, La Llorona, La Chinita, La Apestosa, La Impía, La Cierta, La Blanca, La Triste, La Tiznada, La Tía de las Muchachas, La Madre Matiana, La Hedionda, La Novia Fiel, La Pelona, La Canica, La Copetona, La Mocha, La Dientona, La Descarnada, La Tembeleque, La Afanadora, La Pálida, La Parca Cruel, La China Hilaria…*

Claramente, el área tabú también forma parte de la realidad y como tal necesita ser referida. Para ello, todas las lenguas tienen un arsenal de palabras sustitutas de las tabú y que socialmente son "aceptables". Éstas serían los **eufemismos**, verdaderos expertos en camuflar lo que los hablantes quieren evitar.

No se ha cambiado la realidad, sino la manera de referirla con el objetivo de no producir un efecto de rechazo. Pero hemos de estar seguros de que el destinatario reconoce el significado real, pues, si no es así, estaríamos creando una confusión.

El uso de un eufemismo está justificado porque el hablante quiere ser cortés, elevar la dignidad de una profesión u oficio, de una persona que sufre una minusvalía o situación penosa como gesto de reconocimiento o humanitario, ser políticamente correcto, etc. Es frecuente encontrar préstamos de otras lenguas cumpliendo la función de sustitutos eufemísticos, por ej.: *maître* para designar al 'jefe de cocina'. También diminutivos (*braguitas* por *bragas*), siglas (*VIH* para referirse al virus que provoca el *sida*), etc. El uso de eufemismos demuestra adecuación y pericia en las relaciones sociales.

Los eufemismos siguen un camino de lexicalización; van perdiendo su conexión con su significado original –el que tenían como propio antes de ser eufemismo de otra palabra– y los hablantes dejan de sentir que son sustitutos de un tabú porque a su vez se han ido tabuizando. Es decir, suelen tener "fecha de caducidad"; de tanto ser usados con el referente tabú, pierden su neutralidad y se cargan de connotaciones negativas, por lo que tienen que ser sustituidos a su vez por otros eufemismos.

Existe un fenómeno inverso al del eufemismo, se llama **disfemismo** y consiste en cargar de connotaciones negativas una palabra que originariamente no las tenía. Por ejemplo, la designación *señorita* para referirse a una mujer joven es rechazada si se entiende por alusión a un estatus civil o a no tener marido. También, la palabra *mujer* o *marido* tiene en algunas variedades de la lengua española un sentido peyorativo, pues se le reconoce el sema de 'no estar casado o casada legalmente'. De la misma manera, *fiambre* se ha cargado de valores negativos al asociarse con el significado de 'muerto'. El eufemismo y el disfemismo pretenden nombrar algo con otras palabras, en este sentido utilizan un mecanismo metafórico, pero con intenciones opuestas: mientras el eufemismo pretende mejorar la alusión al referente ocultando la vulgaridad, grosería, fealdad o inconveniencia de su significado, el disfemismo carga de negatividad un significado neutral atribuyéndole características peyorativas.

Ejercicios

1. ¿Qué palabra escribiría en cada uno de los espacios correspondientes?

_______________: Aspecto del significado que consiste en indicar o significar (algo), generalmente en forma de concepto o referencia a alguna realidad de manera propia.

_______________: Concepto que reúne denotación y connotación de una palabra.

_______________: Sugerencia que se hace de una significación concreta, además de la recta o propia.

_______________: Imagen acústica de un conjunto de sonidos.

_______________: Cualquier cosa concreta o abstracta de la realidad extralingüística.

2. Relacione los conceptos con las palabras asociadas a ellos:

Significado literal		Rigidez
Carácter valorativo		Significado propio
Significado explícito	DENOTACIÓN	Matiz de significado
Subjetividad		Referente
Significado en el contexto		Objetividad
situacional	CONNOTACIÓN	Significado implícito
Carácter informativo		Flexibilidad

3. ¿Cómo explicaría el significado denotado y connotado de las dos intervenciones en la siguiente conversación?

☺ *¡La puerta!*

☹ *Estoy con la tortilla.*

4. Utilice lo aprendido sobre la denotación y la connotación para argumentar la siguiente frase:

El ser humano es el mayor creador de signos que existe sobre la Tierra, su gran cometido es significar.

5. Explique por qué sustantivos, adjetivos, verbos y adverbios son palabras léxicas. Ponga tres ejemplos de cada tipo.

6. ¿Cuáles de estos significados de la palabra *rojo* asociaría con la denotación y la connotación? Subraye la opción correcta.

'sangre': Denotación - Connotación
'color': Denotación - Connotación
'pasión': Denotación - Connotación

7. Explique cómo se relacionan el tabú y el eufemismo.

8. ¿Cuál sería la palabra tabú sustituida por los siguientes eufemismos?

Persona de la tercera edad: ___________	Conflicto bélico: _______________
Pasar a mejor vida: __________________	Estar contrariado/a: _____________
Estar rellenito/a: ____________________	Estar mal de fondos: ___________
Películas X: _________________________	Barman: ______________________
Centro penitenciario: _________________	Estar mal del estómago: _________
El Maligno: __________________________	Ser poco espabilado/a: _________
Auxiliar de vuelo: ____________________	Ir al baño: ____________________

9. Observe las siguientes expresiones: *fallecer, irse al cielo, liar el petate, abandonar este mundo, dormir el sueño eterno, descansar en paz, irse al*

otro mundo, irse al otro barrio, dormir el sueño de los justos, irse a la gloria, hacer el último viaje... ¿A qué palabra sustituyen todas ellas? ¿Qué tipo de relación establecen con este significado común?

10. Rellene los huecos en blanco en la siguiente definición que aparece en el *Diccionario de términos filológicos,* de Lázaro Carreter.

_______________: Término que se opone a _______________ para designar la palabra que alude a un concepto con un matiz peyorativo o despectivo. «El _______________ es un esfuerzo para liberarse de la actitud admirativa o respetuosa que gravita, en general, sobre la humanidad media. Consiste, sobre todo, en la sustitución de los términos nobles, o simplemente normales, por expresiones tomadas en dominios más vulgares, más familiares, más regocijantes» (Carnoy). Así, por ejemplo, el llamar *terrado* a la cabeza, *dátiles* a los dedos, etc.

Tema 17

Las relaciones del significado y el significante: sinonimia, antonimia, homonimia, polisemia, paronimia, metáfora y metonimia

Paloma Cuesta Martínez

3. Homonimia
    3.1. Caracterización
    3.2. Tipos de homónimos
    3.3. Aspectos expresivos de la homonimia
4. Polisemia
    4.1. Caracterización
    4.2. Aspectos expresivos de la polisemia
    4.3. Diferencias entre polisemia y homonimia
5. Paronimia
    5.1. Caracterización
    5.2. Aspectos expresivos de la paronimia
6. Metáfora
    6.1. Caracterización
    6.2. Tipos de metáforas
    6.3. Aspectos expresivos de la metáfora
7. Metonimia
    7.1. Caracterización
    7.2. Tipos de metonimias
    7.3. Aspectos expresivos de la metonimia

Ejercicios

Introducción

Las palabras que integran el léxico de una lengua mantienen entre sí relaciones basadas en el significado. El objetivo de este tema es adquirir algunas nociones básicas sobre las principales relaciones semánticas: sinonimia, antonimia, homonimia, polisemia, paronimia, metáfora y metonimia. Para comprenderlas bien, se debe tener presente que el signo lingüístico es la unión entre un **significante** y un **significado** (Tema 2, apartado 3).

Estos conceptos, además de constituir una parte del estudio de la lengua como disciplina académica, resultan muy útiles para disfrutar de la literatura, para defenderse –y apreciar el ingenio– de las diversas formas de propaganda y para aprovechar uno mismo los recursos del idioma, tanto en la expresión oral como escrita.

1. Sinonimia

1.1. Caracterización

La sinonimia se define como la relación semántica existente entre **dos o más palabras que tienen significantes distintos y significados iguales o equivalentes**.

significante 1	significante 2
significado	

Es un fenómeno muy general tanto en español como en otras lenguas. Todos hemos comprobado que, para un mismo concepto, podemos elegir entre dos o más términos alternativos: *concejal - edil*, *estante - balda - anaquel*, *productivo - rentable*, *encendedor - mechero*, *empezar - comenzar*, *flaco - delgado*, *alegre - contento*, *calendario - almanaque*, *adversario - rival*, *esposo - marido*, etc.

A menudo ha surgido la discusión de si existen o no los sinónimos. Los que niegan su existencia argumentan que dos términos, aunque se refieran a un mismo objeto, realidad o entidad, sugieren **matices distintos**. Por ejemplo, tanto *sacerdote* como *cura* significan 'hombre que ha recibido las órdenes religiosas que le permiten celebrar culto', pero el segundo añade un matiz coloquial que no posee el primero.

Otro inconveniente para admitir que dos palabras sean sinónimas es que no siempre pueden emplearse en el mismo **contexto**. Así, *enviar* y *remitir* lo son en *Le han <u>enviado/remitido</u> la factura*, pero decimos *Envíales un saludo* (no **Remíteles un saludo*) o *Me enviaron a paseo* (no **Me remitieron a paseo*).

1.2. Tipos de sinónimos

Cuando los matices son idénticos y pueden presentarse en el mismo contexto, hablamos de **sinónimos absolutos** o **totales**. Esto ocurre sólo en algunas ocasiones, a menudo en el ámbito de la terminología científica (en botánica, *semilla - simiente*; en geometría, *cubo - hexaedro regular*; en química, *sosa cáustica - hidróxido de sodio*; en medicina, *cefalalgia* o *cefalea - dolor de cabeza*; en astronomía, *cosmos - universo*, etc.), pero también en el vocabulario común (*acabar - terminar*, *motivo - causa*, *andar - caminar*, *conseguir - lograr*, *este - levante*, etc.).

Sin embargo, para hablar de sinonimia no es imprescindible que los significados de dos palabras sean totalmente idénticos e intercambiables. En la práctica, se consideran sinónimos aquellos términos que, teniendo distinto significante, comparten el mismo significado **denotativo**, aunque difieran en sus **connotaciones** (Tema 16, apartado 1). Se denominan entonces **sinónimos parciales**.

Estas connotaciones diferentes pueden ser geográficas, estilísticas, de registro, de nivel, etc. (Tema 24). Veamos algunos casos:

- Un término es **más local** o **dialectal** que el otro: *maní - cacahuete*, *palillos - castañuelas*, *guagua - autobús*, etc.
- Un término es **más profesional** que el otro: *odontólogo - dentista*, *amigdalitis - anginas*, *pumita - piedra pómez*, *lente de contacto - lentilla*, *abdomen - vientre*, *oxítona - aguda*, *diátesis - voz*, etc.
- Un término es **más literario** o **culto** que el otro: *ebrio - borracho*, *estío - verano*, *hálito - aliento*, *averno - infierno*, etc.
- Un término es **más coloquial**, **familiar** (o **vulgar**) que el otro: *chavea - muchacho*, *parienta - esposa*, *currar - trabajar*, *abrirse - huir*, *colega - amigo*, *cepillar - suspender* (en una asignatura), *apoquinar - pagar*, *compinche - cómplice*, etc.
- Uno de los términos pertenece al **habla infantil**: *orina - pipí*, *madre - mamá*, *daño - pupa*, *en brazos - a upa*, etc.

Entre otros factores, los sinónimos deben su aparición a los distintos procedimientos de los que dispone un idioma para crear palabras nuevas (Tema 18). Se forman, así, series (de dos, tres o más términos) como las siguientes:

- Término nativo - **préstamo**: *clasificación - ranking*, *entrevista - interviú*, *vestíbulo* (o *recibidor*) *- hall*, *hincha - fan*, *guía - cicerone*, *aficionado - diletante*, etc.
- Término patrimonial - **cultismo** latino: *isleño - insular*, *mancha - mácula*, *mascar - masticar*, *alma - ánima*, etc.
- Término tabú - **eufemismo** (Tema 16): *morir - fallecer* (*finar*, *pasar a mejor vida...*), *cárcel - centro penitenciario*, *manicomio - centro psiquiátrico*, *nalgas - trasero* (o *pompis*), etc.
- Término extenso - **acortamiento**: *televisión - tele*, *cinematógrafo - cine*, *fotografía - foto*, *milicia - mili*, *kilogramo - kilo*, *autobús - bus*, etc.

– No debe confundirse la sinonimia con el hecho de que un término sea **más general** que otro. Así, por ejemplo, *árbol* no es sinónimo de *manzano*, *sauce* o *chopo*, sino la palabra que engloba al conjunto de las 'plantas con tronco y ramas que alcanzan determinada altura'. Se dice que *árbol* es el **hiperónimo** de *manzano*, de *sauce* o de *chopo*; y que estos a su vez son los **hipónimos** de *árbol*.

– Tampoco hablaremos de sinonimia si un término es claramente **más extremo** que otro (*pánico* o *terror* con respecto a *miedo*; *ensordecedor*, respecto a *ruidoso*; *molido*, respecto a *cansado*) o cuando una de las palabras implica determinada **valoración moral** ausente en otra (*pasma* tiene un matiz despectivo o peyorativo que no posee *policía*, lo mismo que *matasanos* frente a *médico*, o *caterva* frente a *multitud*).

1.3. Aspectos expresivos de la sinonimia

Explotar la posibilidad que ofrece el idioma de elegir entre varios términos para expresar un mismo significado es una herramienta fundamental al redactar un texto. Mediante la alternancia de sinónimos se evitan, por ejemplo, las repeticiones cercanas de una misma palabra que afean un escrito, siempre que este recurso no resulte forzado. Además, conocer los matices que cada sinónimo comporta contribuye a crear un estilo más o menos formal o coloquial, con sabor local o cosmopolita, poético, humorístico, etc., según la intención del emisor.

Existen, como se verá en el Tema 19 (apartado 5), los llamados *Diccionarios de sinónimos*, que no faltan nunca en la biblioteca de cualquier escritor.

2. Antonimia

2.1. Caracterización

Se entiende por antonimia la relación semántica que mantienen dos términos, denominados *antónimos*, **cuyos significantes son distintos y cuyos significados son opuestos o contrarios**.

significante	≠	significante
significado	⇦ ⇨	significado

Ejemplos: *largo* / *corto*, *bueno* / *malo*, *rompible* / *irrompible*, *vivo* / *muerto*, *simpático* / *antipático*, *igual* / *distinto*, etc.

2.2. Tipos de antónimos

Los antónimos pueden ser de dos tipos:

a) **Antónimos léxicos**, aquellos que poseen distinto lexema: *prohibir / autorizar*, *aburrido / divertido*, *alegre / triste*, *limpio / sucio*, *comer / ayunar*, *silencio / ruido*, etc.
b) **Antónimos gramaticales**, que son los obtenidos por el procedimiento formal de añadir al lexema prefijos derivativos de significado negativo (*a-*, *des-*, *dis-*, *in-*, *anti-*): *simétrico / asimétrico*, *conocer / desconocer*, *función / disfunción*, *animado / inanimado*, *magnético / antimagnético*, etc. Dentro de los antónimos gramaticales se incluyen los formados simplemente por la negación del término positivo: *potable / no potable*, *reciclable / no reciclable*, *género marcado / género no marcado*, etc.

Obsérvese que, mediante la anteposición de la partícula negativa *no*, siempre podríamos obtener el antónimo de cualquier término: *hablar / no hablar*, *bebedor* (de alcohol) / *no bebedor*, *contaminado / no contaminado*, *mortal / no mortal*, etc. A veces la lengua dispone de antónimos ya acuñados que pueden sustituir al término negativo de la relación: *no hablar → callar*, *no bebedor → abstemio*, *no contaminado → puro*, *no mortal → inmortal*. Pero esto no siempre ocurre: el antónimo de *fumador* es *no fumador*, ya que no encontramos ninguna forma léxica que recoja este significado ni podemos obtenerlo a través de prefijos (**afumador*, **infumador*, **antifumador*, **desfumador*).

Por la naturaleza de las relaciones que mantienen entre sí, se distinguen, a su vez:

a) **Antónimos graduables**, que son los que expresan grados diferentes de una misma cualidad dentro de una escala: así, entre *caliente* y *frío*, encontramos los términos intermedios *caldeado / templado / tibio*, pero a su vez *caliente* y *frío* se incluyen entre los polos extremos *ardiendo / calentísimo / muy caliente - muy frío / friísimo / helado / gélido*. Otros antónimos graduables son *alto / bajo*, *largo / corto*, *feo / guapo*, *joven / viejo*, *grande / pequeño*, etc.
b) **Antónimos no graduables** (también denominados *complementarios*), que son los que no permiten grados intermedios: *soltero / casado*, *vertebrado / invertebrado*, *diestro / zurdo*, etc. Salvo en enunciados con intención expresiva, no cabe estar *poco soltero*, ser un animal *algo vertebrado* o ser *bastante zurdo*.

Muy próxima a la relación de antonimia, está la denominada **relación de inversión**. Es la constituida por dos términos interdependientes de tal forma que uno presupone al otro: así *vender* es inverso de *comprar* porque si alguien "vende" necesariamente hay alguien que "compra". Casos similares son *padre / hijo*, *marido / esposa*, *médico / paciente*, *profesor / alumno*, *jefe / subordinado*, etc.

Recuerde, finalmente, que una misma palabra puede tener varios antónimos. Ocurre cuando una palabra es polisémica, es decir, cuando posee varios significados (véase apartado 4). Así, *día*, en su acepción de 'tiempo que dura la claridad del Sol sobre el horizonte', se opone a *noche*; pero, si significa 'tiempo que la Tierra emplea en dar una vuelta alrededor de su eje', contrasta con otras unidades de tiempo (*minuto*, *hora*, *mes*, *año*...).

2.3. Aspectos expresivos de la antonimia

El uso de antónimos en un mismo enunciado supone una llamada de atención sobre el mensaje. Es, por ello, un recurso muy empleado en los textos literarios: así sucede, por ejemplo, en el verso de Santa Teresa *que muero porque no muero*, o en *Ser o no ser: Esa es la cuestión*, que Shakespeare pone en boca de Hamlet. No obstante, otros tipos de textos también aprovechan el poder expresivo de los antónimos: eslóganes publicitarios (*Aprenda a distinguir lo auténtico de lo falso*), titulares de prensa (*Debate entre países ricos y pobres en la cumbre de Bruselas*), el discurso político (*Sin prisa pero sin pausa*), etc.

Como ya vimos al hablar de los sinónimos, existen también recopilaciones de antónimos. Suelen entremezclarse con los primeros, formando los llamados *Diccionarios de sinónimos y antónimos* (Tema 19, apartado 5).

3. Homonimia

3.1. Caracterización

Son homónimos dos o más términos que poseen **significados distintos y significantes idénticos**. Por su definición (y tal como muestran claramente los gráficos), la relación semántica de homonimia es justamente la contraria a la de sinonimia:

<table>
<tr><td colspan="2">significante</td></tr>
<tr><td>significado 1</td><td>significado 2</td></tr>
</table>

Recuerde que dos términos tienen significantes idénticos cuando su transcripción fonológica es exactamente la misma (véase Tema 3): tanto *vino* ('bebida alcohólica fermentada extraída de la uva') y *vino* (del verbo *venir*) se transcriben /bíno/. Pero también son homónimas *deshecho* (participio del verbo *deshacer*) y *desecho* ('residuo'), pues comparten el mismo significante: /deséco/.

3.2. Tipos de homónimos

Las palabras *vino* ('cierta bebida') y *vino* (de *venir*) son **homónimos homógrafos**, puesto que se escriben igual; en cambio, *deshecho* y *desecho* son **homónimos no homógrafos**, ya que difieren en la grafía. De ello es fácil deducir que **todos los homónimos son homófonos, pero no todos son homógrafos**.

Además de por sus características gráficas, los homónimos pueden clasificarse según pertenezcan o no a la misma categoría gramatical o clase de palabras (Tema 7). Distinguiremos, por lo tanto, dos grupos:

a) **Homónimos gramaticales**, aquellos que pertenecen a **distintas categorías** o clases de palabras: *cara* ('rostro', sustantivo) - *cara* ('costosa', adjetivo), *para* (preposición) - *para* (del verbo *parar*). Son los más abundantes y fáciles de reconocer.
b) **Homónimos léxicos**, que pertenecen a la **misma categoría** gramatical: *hoz* ('instrumento para segar', sustantivo) - *hoz* ('valle angosto', sustantivo), *ablando* (del verbo *ablandar*) - *hablando* (del verbo *hablar*). Cuando son homógrafos, resulta mucho más difícil detectarlos porque, como en seguida veremos, pueden confundirse con términos polisémicos (véase apartado 4). Dentro de este grupo, están los verbos que pertenecen a distintas formas de la conjugación (los llamados **homónimos paradigmáticos**): *cantamos* (hoy) - *cantamos* (ayer), *leía* (yo) - *leía* (él o ella), *ame* (yo) - *ame* (él o ella), *come* (tú, imperativo) - *come* (él o ella, presente de indicativo).

Ejemplos de homónimos	
Distinta categoría gramatical	– **homógrafos** *haya* ('especie botánica', sustantivo) - *haya* (del verbo *haber*); *ante* (preposición) - *ante* ('piel de búfalo curtida', sustantivo); *lista* ('relación', sustantivo) - *lista* ('inteligente, despierta', adjetivo); *bajo* (preposición) - *bajo* (del verbo *bajar*) - *bajo* ('no alto', adjetivo). – **no homógrafos** *sabia* ('que posee sabiduría', adjetivo) - *savia* ('líquido que circula por las plantas', sustantivo); *uso* (del verbo *usar*) - *huso* ('instrumento para hilar', sustantivo); *hasta* (preposición) - *asta* ('cuerno', sustantivo); *hay* (del verbo *haber*) - *¡ay!* (interjección).
Misma categoría gramatical	– **homógrafos** *cola* ('parte del cuerpo del animal', sustantivo) - *cola* ('pegamento', sustantivo); *carpa* ('especie zoológica', sustantivo) - *carpa* ('toldo', sustantivo); *banda* ('cinta ancha', sustantivo) - *banda* ('grupo musical', sustantivo); *fui* (del verbo *ir* y del verbo *ser*); *ve* (del verbo *ir* y del verbo *ver*). – **no homógrafos** *varón* ('persona de sexo masculino', sustantivo) - *barón* ('título nobiliario', sustantivo); *vaca* ('especie zoológica', sustantivo) - *baca* ('parrilla portaequipaje de un vehículo', sustantivo); *basto* ('grosero, sin pulir', adjetivo) - *vasto* ('dilatado, extenso', adjetivo); *habría* (del verbo *haber*) - *abría* (del verbo *abrir*).

A veces, homónimos de la misma categoría combinan marcas gramaticales para su diferenciación: el *pez* ('especie zoológica', masculino) - la *pez* ('sustancia resinosa', femenino), el *coma* ('estado patológico de pérdida de conciencia, sensibilidad y motricidad', masculino) - la *coma* ('signo de puntuación', femenino).

La homonimia suele circunscribirse a la palabra, pero en ocasiones traspasa sus límites para abarcar un sintagma o un enunciado: *haber* (verbo o sustantivo) - *a ver* (preposición más verbo *ver*, en expresiones como *¡A ver si esta vez ganamos!*); *la ve* (a ella) - *lavé* (los platos) - *la be* ('letra del abecedario').

3.3. Aspectos expresivos de la homonimia

La homonimia no suele plantear problemas de comprensión porque el contexto evita su potencial ambigüedad. Tiene, en cambio, importancia desde el punto de vista ortográfico. Los pares o tríos de homónimos pueden suscitar dudas en la escritura y provocar faltas contra la adecuación de grafías. Conocer los homónimos más usuales ayudará a escribir, por ejemplo, *acervo* ('patrimonio cultural o moral de una comunidad') sin confundirlo con *acerbo* ('áspero', 'cruel'); a distinguir entre *olla* ('recipiente de cocina') y *holla* ('pisa', del verbo *hollar*); o a elegir *gira*, para referirnos a las actuaciones sucesivas de un artista, y no *jira* ('comida campestre').

Desde el punto de vista expresivo, constituye un recurso excelente para llamar la atención sobre el mensaje, a través de los *juegos de palabras* a que da lugar. Recordemos el fragmento de la novela picaresca *El Buscón* en el que su autor, Francisco de Quevedo, juega humorísticamente con los dos significados de la palabra *cardenal* ('moratón' y 'prelado'): *Por estas y otras niñerías, estuvo preso; aunque, según a mí me han dicho después, salió de la cárcel con tanta honra, que le acompañaron doscientos cardenales, sino que a ninguno llamaban "señoría".*

4. Polisemia

4.1. Caracterización

Un término es polisémico cuando **a su significante le corresponden varios significados que guardan cierta relación entre sí**. Así, la palabra *hoja* puede significar 'parte de una planta' (*El ficus tiene hojas grandes, lanceoladas y brillantes*), 'lámina de cualquier material' (*Necesito una hoja de papel para anotar los datos*), 'lienzo de una puerta, ventana, biombo...' (*El viento batía las hojas del balcón*), 'cuchilla de un arma blanca o de una herramienta cortante' (*El serrucho es una sierra de hoja ancha*), etc.

Estos significados son acepciones que un término ha ido adquiriendo a lo largo del tiempo. Las causas más importantes de que este fenómeno se produzca son:

a) La adquisición de **sentidos figurados**:

- Por **semejanza** con el objeto originario: así, la palabra *parásito* designa el 'organismo animal o vegetal que vive a costa de otro de distinta especie', pero también, por similitud con él, a una 'persona que vive a costa ajena' (*Es un* *parásito* *de la sociedad*). Este fenómeno se denomina *metáfora*; lo veremos con más detalle en el apartado 6.
- Por **contigüidad** o **proximidad espacial** con él: *café* significa tanto la bebida en sí (que toma a su vez el nombre de la semilla con la que se fabrica) como el lugar en el que se consume. La *metonimia*, que es como se denomina este mecanismo, será tratada en el apartado 7.

b) La **especialización** de los términos en los distintos contextos de uso: para un meteorólogo, el *frente* será la 'superficie de contacto entre dos masas de aire' (*Se aproxima un frente frío*), mientras que un militar entenderá por tal 'zona de combate' (*El armisticio les libró de ir al frente*) y un político pensará en una 'coalición de partidos u organizaciones con un programa común' (*Frente Popular*, *Frente Polisario*).

4.2. Aspectos expresivos de la polisemia

La polisemia es una de las manifestaciones más claras del fenómeno conocido como *economía del lenguaje*: así, un solo significante (por ejemplo, /bánko/) permite expresar multitud de significados según el contexto en el que se emplee: 'asiento', 'extensión baja arenosa en el mar o en un río', 'conjunto de peces', 'establecimiento público de crédito', 'establecimiento médico donde se conservan y almacenan órganos, tejidos, etc.', 'acopio de datos referidos a una determinada materia, que puede ser utilizado por diversos usuarios', etc. La riqueza de significados de esta y de muchas otras palabras de nuestro léxico puede comprobarse a través de las acepciones múltiples de un mismo artículo en los diccionarios.

El carácter polisémico de las palabras favorece un recurso expresivo, denominado *dilogía*, en el que se juega con la ambivalencia de un término, y que se emplea tanto en literatura (*Se pierde quien se lo pierde*. / *¡Qué mío el campo tan verde!*, versos de Jorge Guillén) como en publicidad (*Wrangler tiene tela*). Es, en cambio, un inconveniente para el científico, que busca la correspondencia unívoca entre significante y significado. Por ello la terminología científica se renueva con la pretensión de que los nuevos términos sean inequívocos.

4.3. Diferencias entre polisemia y homonimia

No siempre es fácil establecer una distinción clara entre polisemia y homonimia. En realidad, en ambos casos se trata de un solo significante al que corresponden varios significados:

/óxa/ (*hoja*)	'parte de una planta' 'lámina de cualquier material' 'lienzo de una puerta, ventana...' 'cuchilla'	POLISEMIA
/áya/ (*haya*)	'especie botánica' 1.ª y 3.ª p. sing. del verbo *haber*	HOMONIMIA

En estas páginas no vamos a entrar en las disquisiciones que ocupan a los lingüistas; tan sólo apuntaremos unas orientaciones que pueden ser útiles en la práctica:

a) La distinción es, sobre todo, de tipo histórico:

- La homonimia se origina cuando los significantes originarios o primitivos de dos palabras llegan, por diversas razones, a coincidir en la forma: *haya* ('especie botánica') proviene del latín *fagea*; *haya*, del verbo *haber*, proviene del latín *habeam*.
- La polisemia se origina cuando una palabra incorpora a lo largo de su vida como término varios significados: *hoja*, en cualquiera de sus acepciones, proviene del latín *folia*.

fagea / *habeam* → *haya*

hoja → 'parte de una planta' / 'lienzo de una puerta...' / 'cuchilla'

b) En la homonimia, los distintos significados no guardan ninguna relación entre sí: nada tiene que ver una especie botánica con un verbo. En cambio, en la polisemia los significados mantienen cierta similitud: todas las acepciones de *hoja* que hemos visto comparten las características de ser objetos de poco grosor y presentar una superficie plana de cierta extensión.

c) En los diccionarios, los términos homónimos suelen aparecer en distintas entradas o artículos. Por el contrario, los significados de un término polisémico figuran como distintas acepciones de una misma entrada o artículo.

d) Si dos términos pertenecen a distinta categoría gramatical o clase de palabras son necesariamente homónimos; los términos polisémicos pertenecen a la misma clase.

5. Paronimia

5.1. Caracterización

Se denominan *parónimos* dos o más términos que poseen **significados distintos y significantes muy parecidos** (a veces sólo difieren por un fonema).

En español, encontramos multitud de ejemplos: *calidad - calidez*, *limo - lino*, *ahora - hora*, *actitud - aptitud*, *calor - color*, *mal - mar*, *adaptar - adoptar*, *devastar - desbastar*, etc. Seguramente, al lector se le ocurrirán muchos más.

En la pronunciación normativa, son parónimos los términos cuya única distinción radica en la oposición /ʎ/ - /y/: *rallar - rayar*, *olla - hoya*, *calló - cayó*, etc. Sin embargo, para los hablantes yeístas –aquellos que pronuncian [y] en lugar de [ʎ]–, estos pares de palabras serán homónimos.

Lo mismo ocurre en las zonas de habla española en las que no se distingue entre /s/ y /θ/. Lo que en español estándar son parónimos (*caza - casa*, *pozo - poso*, *cede - sede*), serán homónimos para un hablante que practique el seseo –[kása], en ambos casos– o el ceceo –[káθa] en ambos casos–.

5.2. Aspectos expresivos de la paronimia

La repercusión de los parónimos en el terreno expresivo es considerable puesto que ocasionan frecuentes incorrecciones y dudas en el uso del léxico. Así, muchas veces se confunden términos como *infringir* e *infligir*, *abertura* y *apertura*, *competir* y *competer*, etc. (véase Tema 19).

La proximidad de parónimos en un enunciado es un recurso muy utilizado en los textos literarios, especialmente en poesía: *Mundo, huerto casi muerto* o *Se avecina la garra de la guerra*, ambos de Gloria Fuertes. Pero, al tratarse de un procedimiento, como otros que hemos visto, para atraer la atención sobre el mensaje, es frecuente también en los textos publicitarios: *Quien sabe, SABA*, para anunciar una marca de televisores, o *Los libros os harán libres*, que fue el eslogan de una campaña destinada a fomentar la lectura.

6. Metáfora

6.1. Caracterización

Ya hemos señalado (apartado 4.1a) que en el origen de muchos procesos polisémicos de adquisición de nuevos significados por parte de un significante está la metáfora.

La metáfora es un mecanismo por el cual **un significante** (por ejemplo, *ratón*), al introducirse en determinado contexto (*No funciona el ratón del orde-*

nador), **sustituye su significado real u originario** ('mamífero roedor') **por otro significado** ('pequeño aparato manual conectado a un ordenador o a un terminal, cuya función es mover el cursor por la pantalla para dar órdenes'), denominado *sentido figurado*.

Este segundo significado es distinto del primero, pero entre ellos existe una relación de **semejanza**: tanto el mamífero roedor como el dispositivo electrónico tienen forma redondeada, son pequeños, habitualmente de color gris, se mueven en zigzag y tienen un largo apéndice (la cola y el cable, respectivamente). A su vez, han dejado de ser relevantes aquellos componentes del significado originario que no encajan en el nuevo contexto ('mamífero', 'causa daño por lo que come, roe y destruye', 'hay especies que habitan en el campo'). El nuevo significado tiene, por su parte, otros aspectos que escapan de la similitud ('electrónico', 'de material plástico', 'su función es mover el cursor por la pantalla para dar órdenes').

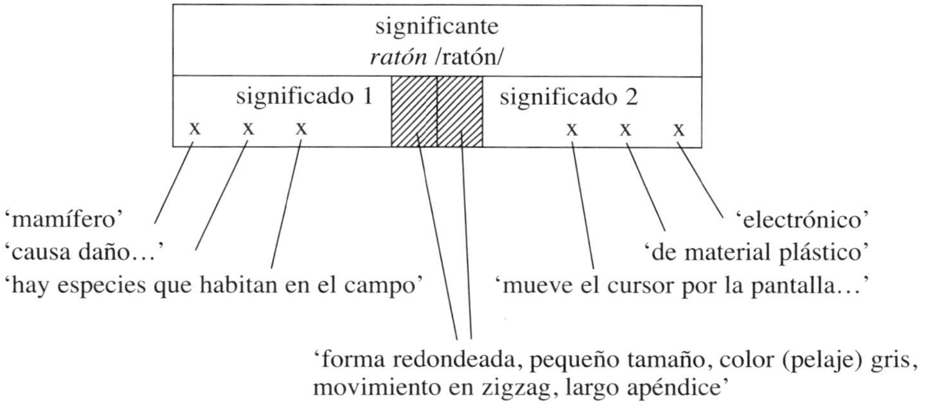

Una metáfora consta, por lo tanto, de varios elementos:

- Un **término real**, o aquello de lo que hablamos en realidad (cierta pieza del ordenador).
- Un **término metafórico**, que es la expresión que, en lugar del término real, ha aparecido en el enunciado (*ratón*).
- El **fundamento de la metáfora**, que son los rasgos de significado compartidos por ambos ('forma redondeada', 'pequeño tamaño', 'color gris', 'movimiento en zigzag', 'largo apéndice').
- La **imagen de la metáfora**, o aquellos rasgos exclusivos del significado originario (en nuestro caso, el correspondiente a 'roedor') que se proyectan sobre la nueva acepción (por ejemplo, 'animado', 'ágil por sus movimientos', 'puede dar miedo al principio, pero es inofensivo', 'simpático y familiar, como lo eran el Ratón Pérez, Tom y Jerry o la pareja Mouse'); se trata de un aspecto subjetivo pues es lo que un término metafórico sugiere en cada oyente o lector.

Cuando empleamos *ratón* para referirnos a la pieza del ordenador, nosotros ya no percibimos la similitud que encontró, sin duda, quien utilizó por primera vez esta metáfora: fue Douglas Engelbart, el inventor de este dispositivo, que lo llamó *mouse* ('ratón') por su forma; se trata, pues, de una metáfora que el español toma "prestada" del inglés. A fuerza de repetirse, el nuevo significado se ha incorporado a la palabra, como demuestra el hecho de que constituya la segunda acepción del *Diccionario* de la Real Academia.

Numerosas palabras de nuestro léxico se han formado por un mecanismo de sustitución entre los nombres de dos realidades que presentan algún tipo de semejanza, es decir, son metáforas: *gato del coche*, *vehículo anfibio*, *congelar los sueldos*, *amargar el día*, *cadena montañosa*, *estilo mariposa de natación*, *pez espada*, *boca del metro*, etc.

6.2. Tipos de metáforas

Por la categoría gramatical de los términos metafóricos, las metáforas pueden ser **metáforas nominales**: *sierra* ('cordillera'), *cañón* ('foco de luz concentrada usado en artes escénicas'), *ladrillo* ('cosa pesada o aburrida'), etc.; **metáforas adjetivales**: *persona cerril*, *jugadores galácticos*, *ordenador clónico*; o sustantivos en función de adyacente: *ciudad dormitorio*, *buque fantasma*, *disco pirata*, etc.; **metáforas verbales**: *bordar un personaje*, *aguar la fiesta*, *matar el tiempo*, etc.

Por su fuente de inspiración, podemos distinguir, además:

a) **Metáforas antropomórficas**, aquellas en las que se asocian objetos o entidades con las distintas partes del cuerpo: *manecillas del reloj*, *boca de riego*, *arterias de la ciudad, la columna vertebral de la nación*, *cabeza de distrito*, *dientes de una sierra,* etc.
b) **Metáforas animales**, aquellas en las que se toman términos del reino animal, tanto para denominar objetos o realidades cotidianas (*cuello cisne*, *paso de cebra*, *lenguas de gato*, *piel de gallina*, *sentir un hormigueo*, etc.), como para transferir a los seres humanos cualidades características de ciertas especies: *un lince en los negocios*, *una rata de biblioteca*, *foca* ('persona gorda'), *víbora* ('con malas intenciones'), *ganso* ('patoso, que presume de chistoso, sin serlo'), *camaleón* ('con habilidad para cambiar de actitud y conducta, adoptando en cada caso la más ventajosa'), etc.
c) **Metáforas sinestésicas**, en las que términos pertenecientes a uno de los cinco sentidos (vista, oído, olfato, tacto, gusto) se aplican a un campo sensorial distinto: *voz cálida* (oído → tacto), *rostro dulce* (vista → gusto), *amarillo chillón* (vista → oído), etc.

Pero muchas otras esferas sirven de inspiración para la creación de metáforas: los fenómenos de la naturaleza (*una riada de gente*, *ser alguien un ciclón, un volcán*, *un terremoto*; *el ocaso de las ideologías*), el mundo de los toros (*cambiar de tercio*, *ponerse el mundo por montera*, *las cornadas de la vida*), las creencias religiosas (*Esta casa es un infierno*, *¡Qué cruz de chico!*, *el paraíso de los excursionistas*), etc.

6.3. Aspectos expresivos de la metáfora

La metáfora es un recurso expresivo muy importante en el lenguaje poético (véase Tema 22, apartado 1). En los ejemplos que hemos visto, la imagen de la metáfora ha perdido en gran parte su fuerza expresiva (decimos que *se han lexicalizado*), al contrario de lo que ocurre con las metáforas literarias: *La cebolla es escarcha / cerrada y pobre*, de Miguel Hernández, o *El arco iris es la bufanda del cielo*, de Ramón Gómez de la Serna.

7. Metonimia

7.1. Caracterización

La metonimia se produce cuando un término adopta como significante el de otra palabra a partir de la relación de **contigüidad, proximidad o cercanía** que existe entre sus significados respectivos. Así, en *Acudieron las mejores raquetas del circuito*, la palabra *raqueta* ya no significa 'pala oval, con mango y red, utilizada en juegos de pelota', sino que ha adquirido el de otra palabra, *tenista* ('persona que juega al tenis'), que guarda una estrecha relación con él:

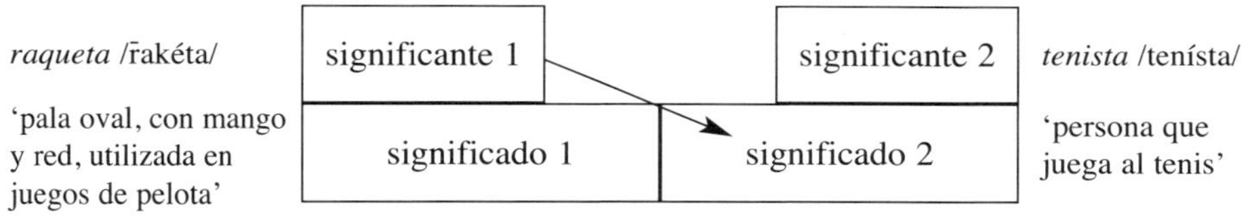

Como señalamos al hablar de la polisemia (apartado 4.1a), la metonimia es un procedimiento que permite crear palabras nuevas. Así, se denominó *berlina* a un 'coche de caballos cerrado, comúnmente de dos asientos' porque fue en Berlín donde se construyó por primera vez este tipo de vehículo; *rebeca* es una 'chaqueta de punto con botones hasta el cuello' porque el personaje de Rebeca en la película de Hitchcock vestía esta prenda; *sándwich* debe su nombre a un aristócrata inglés del XVIII, el conde de Sandwich, que consumió estos emparedados durante una inacabable partida de cartas.

A su vez, términos ya existentes adquieren nuevas acepciones por este mecanismo: *cuello*, que designa originariamente una zona de la anatomía, se refiere también a la parte de una prenda de vestir que rodea esa zona del cuerpo; el *cabecero* de una cama es donde reposa la cabeza, etc.

7.2. Tipos de metonimia

Existen muchos **tipos de metonimia** porque la relación de contigüidad o proximidad que la sustenta se entiende, tradicionalmente, de forma amplia y diversa. Veamos algunos:

a) Designación del **todo** con el significante correspondiente a una **parte**: *doscientas cabezas de ganado* (en lugar de vacas, ovejas...), *Tiene que alimentar muchas bocas*, *Es un manitas*; o a la inversa, designar una **parte** con el significante del **todo** (*España ha firmado el acuerdo*, en lugar de *El gobierno español*). Esta modalidad de metonimia se denomina ***sinécdoque***.

b) Designación del **contenido** con el significante del **continente**: *Se han bebido toda la botella*, *Hay que acabar la fuente* (de verdura), *El menú consta de dos platos*, *Se fumó una cajetilla*; *Saludó a las gradas* (a los espectadores que las ocupan).

c) Designación de un **producto** con el significante del **lugar** de procedencia: *un rioja*, *queso gruyer* (de Gruyère, región de Suiza), *pergamino* (soporte para escritura hecho por primera vez en Pérgamo), *angora* (lana obtenida del pelo del conejo de Angora, antiguo nombre de Ankara, Turquía).

d) Designación de una **obra artística** con el significante correspondiente a su **autor**: *un Velázquez*, *un Picasso*, *leer a Cervantes* (en lugar de *la obra de...*), *Prefiero Verdi a Wagner*, *Vestía un Armani*.

e) Designación del **portador** con el significante de la **prenda de vestir** que lo caracteriza: *los cascos azules* (por 'tropas neutrales que intervienen por encargo de Naciones Unidas'), *los boinas verdes* (por 'cuerpo militar especializado').

f) Designación de un **profesional** con el significante del **instrumento** que utiliza: *espada* ('matador de toros'), *voz* ('cantante'), *pluma* ('escritor'); en nuestro ejemplo inicial, *raqueta* por 'tenista'.

g) Designación de un **objeto** con el significante de una **marca comercial**: *un Mercedes*, *lycra*, *túrmix* ('batidora eléctrica'), *la termomix*, *unas Ray-ban*.

h) Designación de un **objeto** con el significante del **material** con el que está hecho: *una acuarela*, *un óleo*, *Prefiero el algodón al hilo* (por *las prendas de...*), *Compro oro* (por *objetos de...*), *Hay que limpiar la plata*.

i) Designación de un **objeto** por alguna **característica técnica**: *un dos caballos*, *un turbo*, *las bifocales*, *un pentium*, *la parabólica*.

Dentro de la metonimia, suele incluirse la **antonomasia**, que consiste en aplicar a alguien el nombre propio de un personaje prototípico (mitológico, literario, histórico) que posee en grado sumo las cualidades o características que queremos destacar. Así, en *Este actor es un adonis*, se enfatiza su condición de 'joven guapo, apuesto, atractivo' por alusión al dios griego Adonis, de gran hermosura. Otros ejemplos son: *un donjuán* (por 'seductor'), *un quijote* (por 'idealista, defensor desinteresado de causas justas'), *un maquiavelo* (por 'persona astuta, que actúa con doblez y engaño'), *un Onasis* (por 'millonario'), etc.

7.3. Aspectos expresivos de la metonimia

La metonimia es, por una parte, un procedimiento de economía del lenguaje; se trata, en realidad, de una elipsis: se dice *El diseñador ha elegido el lino*, en lugar de *El diseñador ha elegido los trajes de tejido de lino*; es más rápido enunciar *Dame un post-it* que *Dame una hoja de papel de pequeño tamaño autoadhesiva, normalmente de colores, para escribir una nota que se vea fácilmente*. Se utiliza también para evitar repeticiones: *El escritor ha presentado su novela; como sabemos, es una de las plumas más incisivas del nuevo periodismo*.

Sin tener la fuerza expresiva de la metáfora, es un recurso que también aparece en los textos literarios: *Todo se halla en esta Babilonia, / como en botica, grandes alambiques, / y más en ella títulos que botes*, versos de Luis de Góngora que describen el Valladolid de comienzos del XVII; o estos otros de Rafael Alberti dedicados a la muerte del torero José Gómez Ortega "Joselito": *¡Virgen del Amor, clavada, / lo mismo que un toro, el seno! / Pon a tu espadita bueno / y dale otra vez su espada*.

Ejercicios

1. Especifique la relación semántica que existe en cada uno de los siguientes pares de términos: *oeste - poniente*, *pedazo - trozo*, *paludismo - malaria*, *garganta - desfiladero*, *alquilar - arrendar*, *desertor - prófugo*, *letal - mortífero*, *Parlamento - Cortes*, *Constitución - Carta Magna*. Puede ayudarse de un diccionario.
2. ¿Qué demuestra el hecho de que nos refiramos a una fiesta popular muy conocida como *el entierro de la sardina*, pero suene rara la expresión *el sepelio de la sardina*?
3. ¿Pueden considerarse sinónimas las expresiones *tal vez - quizá - posiblemente - probablemente*? Intente intercambiarlas en un mismo contexto.
4. ¿Podría afirmarse que dos o más términos son sinónimos si poseen el mismo significado denotativo, pero varían sus connotaciones?
5. Señale los matices (connotaciones) que encuentre en cada uno de los siguientes pares de sinónimos: *límpido - limpio*, *ósculo - beso*, *cogorza - borrachera*, *chorizar - robar*, *tocadiscos - tocata*, *corcel - caballo*, *caca - suciedad*, *dinero - pasta*, *aceituna - oliva*, *rapsoda - poeta*, *raposo - zorro*, *hado - destino*, *zafa - palangana*, *oftalmólogo - oculista*.
6. ¿Cómo se han formado los siguientes dobletes: a) *ferry - transbordador*, b) *viejos - tercera edad*, c) *ánima - alma*, d) *micro - micrófono*?
7. ¿Pueden considerarse sinónimos *horrendo - feo*, *sacamuelas - dentista*, *cicatero - ahorrativo*? ¿Por qué?
8. ¿Son sinónimos *flor - clavel*, *pájaro - gorrión*, *escritor - novelista*, *edificio - palacio*?
9. Clasifique los siguientes antónimos según sus características lingüísticas: *falso - auténtico*, *lógico - ilógico*, *arriba - abajo*, *agrado - desagrado*, *dis-*

creto - indiscreto, *siempre - nunca*, *deslizante - antideslizante*, *delgado - gordo*.

10. ¿Cree que *herbívoro* y *carnívoro* son antónimos graduales? ¿Y *claro* y *oscuro*?

11. ¿Pueden existir homónimos no homófonos?

12. Clasifique los siguientes homónimos desde el punto de vista gramatical: *corte* (de un monarca) - *corte* (del verbo *cortar*), *sentimos* (ahora) - *sentimos* (anoche), *lava* (del verbo *lavar*) - *lava* (de un volcán), *ola - hola*, *horca - orca*, *huno - uno*.

13. ¿Hay homonimia en *oro parece, plata no es*?

14. *Llama* puede significar: a) 'lengua de fuego' (del latín *flamma*); b) 'avisar con la voz a alguien', del verbo *llamar* (del latín *clamare*); c) 'mamífero rumiante de América del Sur' (voz quechua). ¿Es una polisemia o una homonimia? Aporte, al menos, tres razones para justificar su respuesta.

15. ¿Qué relación se establece entre los pares *casa - cosa*, *pote - bote*, *rebosar - rebasar*, *taza - tasa*, *ralla - raya*?

16. Enumere los componentes de una metáfora.

17. Señale las metáforas y metonimias que encuentre en las siguientes oraciones, indicando a qué tipo pertenece cada una:

    a) *Es el batería del grupo.*
    b) *Por la noche no había un alma en la plaza.*
    c) *Vive en el corazón de Londres.*
    d) *Nunca he sido un demóstenes.*
    e) *Tengo un hambre canina.*
    f) *Luis es un pez gordo.*
    g) *Lleva un jersey de cachemira.*
    h) *No habrá más remedio que desenterrar el asunto.*
    i) *Una canción de hace unos años tenía por título "Eclipse del corazón".*
    j) *Su cara me suena.*

18. Clasifique las metáforas del ejercicio anterior según su clase gramatical.

Tema 18

El léxico español: Elementos constitutivos. Préstamos y neologismos. La formación de palabras

Paloma Cuesta Martínez

4. La formación de palabras
   4.1. Derivación
      4.1.1. Prefijación
      4.1.2. Sufijación
   4.2. Composición
   4.3. Otros procedimientos de formación de palabras

Ejercicios

Introducción

El objetivo de este tema es conocer las principales características del léxico español, es decir, del conjunto de palabras de nuestro idioma.

En primer lugar, veremos cómo el léxico actual es el resultado de un largo proceso de siglos en el que podemos rastrear la huella de los distintos pueblos que han formado parte de nuestra historia.

La incorporación de palabras de otras lenguas, los denominados *préstamos*, requiere un proceso de adaptación a la estructura fonológica y morfológica de la lengua que los recibe. Se estudiarán las distintas fases por las que pueden pasar las voces extranjeras y cómo solucionar las dudas expresivas que suelen plantear.

Se tratará asimismo el concepto de neologismo, relacionado tanto con los préstamos como con la formación de palabras.

Se entiende por *formación de palabras* el estudio de los mecanismos internos de que la lengua dispone para la renovación del léxico. Conoceremos la derivación y la composición, pero también otros fenómenos como la formación de siglas y acrónimos, los acortamientos o las palabras inventadas.

1. El léxico español: Elementos constitutivos

La base del español es el **latín**, que, como vimos en el Tema 1, evolucionó, a través del latín vulgar, al castellano, denominado también *español* desde el siglo XVI. La lengua española es la continuación del latín hablado en la Península; por lo tanto, la **inmensa mayoría de las palabras españolas proviene del latín**: *cabeza*, *ciudad*, *alegre*, *hijo*, *gato*, *olivo*, *retrato* o *tiempo* son una muestra tomada al azar de los casi 20 000 términos que el *Diccionario* de la Academia (*DRAE*) recoge como procedentes del latín.

Pero a lo largo de los siglos nuestra lengua se ha enriquecido con vocablos de muy diversos orígenes: árabe, francés, italiano, inglés... Atendiendo a la lengua de origen, los términos incorporados se denominan *arabismos* (los procedentes del árabe), *galicismos* (del francés), *italianismos* (del italiano), *anglicismos* (del inglés), etc.

Su proporción es variable, y depende de razones históricas, muy especialmente, del grado de influencia que cada lengua tiene en un momento histórico dado, por su dominio en lo político, lo económico, lo militar o lo cultural. Así, la entrada de galicismos, que fue masiva cuando Francia dirigía los designios de Europa en los siglos XVII y XVIII, ha dado paso a la de anglicismos, debido al predominio de Estados Unidos, desde mediados del XX, en el contexto internacional.

Muchas de estas incorporaciones están perfectamente asimiladas a nuestro idioma, por lo que no siempre somos conscientes de que sean términos importados. Para conocer el origen de las palabras, se acude a los **diccionarios etimológicos**, aunque algunos diccionarios –por ejemplo, el de la Academia–, incluyen la etimología de cada término, por lo que son de gran utilidad para conocer la procedencia del léxico.

1.1. Helenismos

Según el *DRAE*, cerca de 2 000 términos son de origen griego: *enciclopedia*, *análisis*, *biblioteca*, *archivo*, *cosmético*, *drástico*, *efímero*, *erótico*, *galáctico*, *nostálgico*, etc.

Pero esta proporción resulta engañosa pues son muchos los términos griegos que llegaron al léxico español a través del latín. Este cauce han seguido, por ejemplo, *academia*, *filosofía*, *botánica*, *farmacia*, *amazona*, *bucólico*, *antipatía*, *tesoro*, *pánico*, y un largo etcétera, no en vano el Imperio Romano fue heredero y continuador de la Grecia clásica.

Principales áreas	**Helenismos**
Botánica y zoología	*pétalo*, *sépalo*, *carpelo*, *anacardo*, *acacia*, *cacto*, *narciso*, *orquídea*, *bacteria*, *ameba*, *espora*, *anfibio*, *lepidóptero*, *arácnido*, *berberecho*, *anchoa*, etc.
Física, matemáticas, química, geología	*acústica*, *óptica*, *ánodo*, *cátodo*, *electrón*, *fotón*, *protón*, *émbolo*, *matemática*, *ábaco*, *ángulo*, *teorema*, *óxido*, *ozono*, *astrolabio*, *enzima*, *proteína*, *ágata*, *alabastro*, *amatista*, *amianto*, *seísmo*, etc.
Filosofía	*filósofo*, *agnosticismo*, *filantropía*, *eclecticismo*, etc.
Medicina, anatomía y ciencias afines	*diagnóstico*, *diálisis*, *dosis*, *epidemia*, *síndrome*, *toxina*, *trauma*, *hepatitis*, *anemia*, *anorexia*, *eccema*, *anestesia*, *autopsia*, *anatomía*, *amígdala*, *faringe*, *laringe*, *esófago*, *encéfalo*, *esqueleto*, *acné*, *fármaco*, *narcótico*, etc.
Lingüística	*alfabeto*, *grafía*, *fonema*, *acento*, *gramática*, *sintaxis*, *lexema*, *lexicografía*, *sema*, *semántica*, *elipsis*, *acrónimo*, *apóstrofo*, *asterisco*, *analogía*, *koiné*, etc.
Literatura	*poesía*, *comedia*, *drama*, *antología*, *protagonista*, *episodio*, *escenografía*, *melodrama*, *monólogo*, *diálogo*, *trilogía*, *prólogo*, etc.
Política	*democracia*, *anarquía*, *oligarquía*, *aristocracia*, *apátrida*, *demagogia*, *hegemonía*, *tiranía*, *ácrata*, etc.
Arquitectura, música y otras artes	*ábside*, *cornisa*, *metrópoli*, *anfiteatro*, *melómano*, *pentagrama*, *armonía*, *ritmo*, *canon*, *estética*, etc.

Llegan incluso helenismos a través del árabe: *abalorio*, *acelga*, *adelfa*, *albaricoque*, *albóndiga*, *almidón*, *alquimia*, *arroz*, *atún*, *mazapán*, *zanahoria*, *zumo*, etc.

Además, como se verá más adelante (apartado 4.2), la composición culta de base grecolatina es uno de los procedimientos vigentes de formación de palabras, tanto en el español como en las restantes lenguas modernas.

1.2. Germanismos

Por *germanismo* se entiende toda palabra o expresión procedentes de las lenguas de los antiguos pueblos germánicos (godos, visigodos, vándalos, francos...) y del alemán actual.

Muchos germanismos acceden a lo que luego sería el español a través del latín, por el contacto entre romanos y germanos en la última etapa del Imperio. Cuando, en el siglo V d. C., los visigodos llegan a la Península, están ya muy romanizados, por lo que su aportación al léxico no es muy numerosa.

Son palabras de procedencia germánica *albergar*, *burgo*, *buscar*, *abandonar*, *jabón*, *espuma*, *grima*, *guisa*, *sala*; adjetivos como *rico*, *blanco* o *fresco*; nombres de prendas de vestir y tejidos: *falda*, *fieltro*, *ropa*, *sayón*, *toalla*; términos relacionados con actividades bélicas: *guerra*, *espiar*, *guardia*, *tregua*, *espuela*, *yelmo*, *botín*, *galardón*; nombres de animales: *ganso*, *gavilán*; de actividades domésticas: *bordar*, *rueca*, etc.

Del alemán moderno, proceden, entre otros, los términos *niqui* ('prenda de vestir'), *brindis*, *vermú*, *chotis*, *vals*, *hámster*, *saga*, *pistola*, *káiser*, *nazi*, *leitmotiv*; muchos términos químicos y geológicos: *barbitúrico*, *bencina*, *cinc*, *cobalto*, *níquel*, *wolframio*, *blenda*, *cuarzo*, *feldespato*; militares: *búnker*; de las ciencias sociales: *demoscopia*, *estadística*, *lumpen*, etc.

1.3. Arabismos

Cerca de 1 200 términos recogidos en el *DRAE* son de origen árabe y abarcan, como veremos, campos muy diversos. Es un componente muy destacado de nuestro léxico, debido a razones históricas –la presencia árabe en la Península durante ocho siglos (de 711 a 1492 d. C.–), pero también a la importancia de la cultura árabe durante esa época.

Principales áreas	Arabismos
Astronomía, matemáticas, química, medicina	*acimut*, *nadir*, *cifra*, *álgebra*, *latón*, *alambique*, *alcohol*, *alquitrán*, *jaqueca*, *talco*, etc.
Botánica y zoología	*aceituna*, *albahaca*, *alcachofa*, algodón, *alhelí*, azafrán, *azucena*, *berenjena*, *espinaca*, *jazmín*, limón, *nenúfar*, *tamarindo*, *retama*, *sandía*, *alacrán*, alcatraz, *jabalí*, jurel, etc.
Agricultura y productos agrícolas	*acequia*, *noria*, *alberca*, *bancal*, *aceite*, etc.
Arquitectura militar y civil	*almena*, *atalaya*, *mazmorra*, *albañil*, *tabique*, *adobe*, *adoquín*, *alcoba*, *azotea*, *zaguán*, *alféizar*, *alacena*, *tarima*, etc.
Actividad bélica	*adalid*, *cimitarra*, *arsenal*, *faca*, *rehén*, *jinete*, etc.
Actividad marítima y comercial; términos costeros	*falúa*, *aduana*, *tarifa*, *arancel*, *almacén*, *dársena*, *albufera*, *arrecife*, etc.
Música, literatura, artes	*guitarra*, *laúd*, *tambor*, *jarcha*, *taracea*, etc.
Vida cotidiana	indumentaria (*albornoz*, *alpargata*, *gabán*, *gasa*, *ajuar*, *alhaja*, *alforja*), mobiliario y enseres del hogar (*diván*, *alicate*, *jarra*, *taza*), productos comestibles (*almíbar*, *azúcar*, *jarabe*, *escabeche*, *mendrugo*), juegos (*ajedrez*, *tahúr*, *azar*), actividades domésticas (*tarea*, *almuerzo*), etc.
Instituciones políticas, militares y religiosas	*alcalde*, *alférez*, *alguacil*, *jeque*, *visir*, *ayatolá*, *imán*, etc.

Hay también adjetivos (*azul*, *carmesí*, *baladí*, *cicatero*, *fanfarrón*, *holgazán*...), verbos (*acicalar*, *halagar*...) y sustantivos que designan actitudes (*ademán*, *alborozo*, *talante*). Del árabe provienen las interjecciones *hala* y *ojalá*.

Algunos arabismos han sido sustituidos en la actualidad por términos de procedencia latina (*albéitar* por *veterinario*, *azogue* por *mercurio*) o forman parejas de sinónimos (*aljibe - cisterna*, *almirez - mortero*, *almanaque - calendario*, *tahona - panadería*).

1.4. Galicismos

Son términos o giros procedentes del francés que pasan a otra lengua, en este caso, al español. El *DRAE* recoge cerca de 1 800 voces de este origen. Es, pues, un componente importante de nuestro léxico, junto con el griego y el árabe.

Datan de distintas épocas. Fueron abundantes durante la Edad Media (siglos XI-XII), por las relaciones religiosas y comerciales de Francia con los reinos cristianos hispanos, favorecidas por el Camino de Santiago y por la expansión de las órdenes monacales. Pero la gran oleada de galicismos se produjo durante el siglo XVIII con la llegada de los Borbones a España y con el auge de la Ilustración. La entrada de galicismos continúa durante el XIX, pero retrocede en el XX ante el peso de la cultura anglosajona; no obstante, aún nos llegan muchos términos franceses.

Principales áreas	Galicismos
Instituciones religiosas, militares y civiles	*deán*, *chantre*, *chambelán*, *jefe*, *gendarme*, etc.
Actividad militar y bélica	*fusil*, *arcabuz*, *bayoneta*, *carabina*, *metralleta*, *calibre*, *artillería*, *batería*, *tropa*, *batalla*, *motín*, *bucanero*, *brigada*, *cadete*, *cuartel*, *camuflaje*, *masacre*, etc.
Política	*complot*, *asamblea*, *comité*, *burocracia*, *entente*, *bolchevique*, *chovinismo*, etc.
Gastronomía y hostelería	*restaurante*, *hotel*, *suite*, *chef*, *ambigú*, *bufé*, *menú*, *consomé*, *canapé*, *croqueta*, *besamel*, *mayonesa*, *cruasán*, *champiñón*, *entrecot*, *escalope*, *suflé*, *bombón*, *anís*, *fresa*, etc.
Vestimenta, tejidos, moda	*chal*, *blusa*, *frac*, *chaqué*, *anorak*, *chándal*, *corsé*, *cremallera*, *bisutería*, *batista*, *franela*, *perlé*, *blonda*, *piqué*, *lamé*, *canesú*, *bies*, *bigudí*, *maniquí*, *boutique*, *prêt-à-porter*, etc.
Vivienda y mobiliario	*chalé*, *chimenea*, *cómoda*, *moqueta*, *parqué*, *bidé*, *somier*, *sofá*, etc.
Ciencia, tecnología y desarrollo	*casete*, *aerosol*, *lentilla*, *reciclaje*, *alucinógeno*, *bisturí*, *aterrizaje*, *amerizaje*, *avión*, *aeroplano*, *buque*, *convoy*, *autobús*, *autocar*, *camión*, *tren*, *cabriolé*, *capó*, *chasis*, *garaje*, *chofer*, *báscula*, *bricolaje*, etc.
Cultura, arte, espectáculos	*plató*, *viñeta*, *ballet*, *claqué*, *cuplé*, *cabaré*, *boîte*, *caché*, *debut*, *carrusel*, etc.

Muchos verbos son de origen francés: *acaparar*, *aclimatar*, *adosar*, *constatar*, *cotizar*, *entrenar*, *financiar*, *frotar*, *patrullar*, *sabotear*, etc.; también encontramos adjetivos: *anglófono*, *alemán*, *galante*, *banal*, *viable*, etc.

1.5. Italianismos

Se entiende por *italianismos* los términos o giros del italiano que han pasado a otras lenguas, en nuestro caso, al español. El *DRAE* recoge unas 600 voces de esta procedencia.

Penetran ya en el siglo XIV, pero sobre todo desde el XV, con el florecimiento en Italia del Renacimiento y del Humanismo. Suele decirse que se concentran en áreas relacionadas con el arte, pero no faltan los relativos al comercio, la política, la gastronomía, las costumbres... La entrada de italianismos continúa hasta hoy con mayor o menor intensidad.

Principales áreas	Italianismos
Arquitectura, pintura, escultura	*boceto, diseño, maqueta, modelo, balcón, apartamento, cúpula, escalinata, rotonda, bronce, escayola, terracota, acuarela, aguatinta, caricatura*, etc.
Música	*adagio, alegro, andante, crescendo, arpegio, batuta, partitura, concertino, sonata, quinteto, romanza, serenata, contrabajo, violoncelo, ópera, opereta, aria, bel canto, libreto, tenor, soprano, mezzosoprano, contralto, castrato*, etc.
Literatura, publicaciones	*novela, poema, soneto, cuarteto, estrambote, madrigal*; muchos relativos al teatro: *atrezo, camerino, palco, foso, mutis, comparsa, arlequín, bufo*, etc.; *boletín, folleto, gaceta, pasquín*, etc.
Actividad marítima, comercio	*brújula, fragata*; *bancarrota, desfalcar, empresa, florín, mercancía*, etc.
Política, sociedad, instituciones	*abate, monseñor, cortesano, déspota, fascista, mafia, gueto*, etc.
Actividad militar	*alarma, alerta, asalto, atacar, bastión, cartucho, centinela, ciudadela, muralla, escaramuza, escolta, escopeta, espadachín, trinchera*, etc.
Gastronomía	*espagueti, lasaña, canelones, tallarines, menestra, salchicha, carpaccio, chapata, al dente, gorgonzola, mozzarella, tiramisú, soda, bazofia*, etc.
Vida cotidiana, costumbres, indumentaria	*acampar, caminata, charlar, cortejar, carnaval, cabalgata, carroza, confeti, máscara, piñata, saltimbanqui, casino, tómbola, cantina, corbata, organza*, etc.

Otros italianismos son términos tan comunes como *payaso, piloto, tráfico, caricia, capricho, medalla, cartulina, porcelana, pasarela* o *estafeta*; las valoraciones *canalla, tacaño, pedante*; los verbos *brillar, estropear, fracasar, intrigar, manejar*, etc.

1.6. Anglicismos

Los *anglicismos*, es decir, los términos o expresiones tomados del inglés, constituyen la aportación más abundante al léxico español en la actualidad. El *DRAE* recoge entre 600 a 700 palabras de esta procedencia, pero hay que decir que, como su entrada es constante desde la mitad del siglo XX –no sólo en el español sino en el resto de las lenguas modernas–, muchos de ellos todavía no han pasado a formar parte del diccionario académico. Su carácter reciente y las dificultades de adaptación a la fonología y morfología de nuestro idioma hacen que sea el componente léxico en el que más se tiene la conciencia de neologismo (véase apartado 3).

Hasta mediados del XX, los anglicismos eran pocos (*mitin*, *dandi*, *club*, *boxeo*, *bote*, *borda*, *babor*, *norte*, *sur*, *este*, *oeste*, *fútbol* o *futbol*, *gol*, *tenis*, *yate*...), muchos de ellos tomados a través del francés. Hoy no existe campo que escape a su influencia.

Principales áreas	**Anglicismos**
Ciencia y tecnología	*adrenalina*, *aldehído*, *big bang*, *quark*, *silicona*, *fuel*, *gasolina*, *airbag*, *ferry*, *desodorante*, *spray*; muy numerosos en informática y electrónica: *byte*, *chip*, *digitalizar*, *hardware*, *software*, *interfaz*, *multimedia*, *tóner*, *audio*, *bafle*, *escáner*, *fax*, *transistor*; también en medicina: *anfetamina*, *chequeo*, *epidural*, *drogadicción*, *estrés*, *penicilina*, etc.
Deportes	*aeróbic* (o *aerobic*), *bate*, *béisbol*, *golf*, *chutar*, *córner*, *penalti*, *derbi*, *esprínter*, *hockey*, *hooligan*, *rally*, *rugby*, *waterpolo*, etc.
Indumentaria y moda	*blazer*, *body*, *esmoquin*, *jersey*, *short*, *slip*, *top-less*, *top-model*, etc.
Hostelería y gastronomía	*barman*, *catering*, *cóctel*, *bistec*, *bacón*, *ketchup*, *sándwich*, *brandy*, *gin-tonic*, *ron*, *light*, *lunch*, etc.
Música, literatura, cine, espectáculos	*banjo*, *blues*, *gospel*, *jazz*, *rock*, *best-seller*, *boom*, *cómic*, *gag*, *casting*, *fan*, *striptease*, etc.
Política, economía y sociedad	*absentismo*, *eslogan*, *extraditar*, *líder*, *lobby*, *auditar*, *cheque*, *holding*, *mánager*, *stock*, *behaviorismo*, *gánster*, *gentleman*, *esnob*, *punk*, etc.
Vida cotidiana, vivienda, costumbres	*baby-sitter*, *contracepción*, *campus*, *christmas*, *detective*, *folclore*, *póquer*, *póster*, *test*, *tique*, *turismo*, etc.

Los anglicismos se extienden a nombres de animales y plantas (*albatros*, *dogo*, *fox terrier*, *secuoya*), armas de fuego (*revólver*, *rifle*), verbos (*categorizar*, *detectar*, *dopar*, *flirtear*), etc.

1.7. Otras aportaciones

El léxico español ha acogido términos procedentes de otras lenguas peninsulares:

- Provenientes del **catalán** (*catalanismos*) son voces relacionadas con la gastronomía (*butifarra*, *confite*, *convite*, *moscatel*), la actividad comercial y marítima (*bajel*, *nao*, *granel*, *mercería*, *retal*), vivienda (*masía*, *barraca*, *porche*, *litera*, *picaporte*), sentimientos (*añoranza*, *congoja*, *orgullo*), pero también se extienden a otros campos: *faena*, *cantimplora*, *capicúa*, *clavel*, *cordel*, *novel*, *pincel*, *esquirol*, etc.
- Del **portugués-gallego** (*lusismos*) provienen términos de navegación (*baliza*, *bengala*, *carabela*, *monzón*, *marejada*, *vigía*), productos del mar y alimentos (*mejillón*, *ostra*, *almeja*, *vieira*, *mermelada*, *caramelo*), vivienda, mobiliario y enseres (*pagoda*, *choza*, *biombo*, *bandeja*), las palabras *morriña*, *menina*, *paria*, *regañar*, *volcán*, etc.
- Del **vasco** han pasado al español *aquelarre*, *bacalao*, *chabola*, *chistera*, *ganzúa*, *izquierdo*, *zamarra* o *zurrón*, entre otros.

Se llaman **americanismos** los términos procedentes de las lenguas indígenas de América, que entraron en el léxico español a raíz del descubrimiento de ese continente. Las nuevas realidades se acompañaban de nombres tomados del taíno, náhuatl, quechua, guaraní, etc. A través del español, muchos pasaron a otras lenguas modernas. Hay voces relativas a la navegación (*canoa*, *piragua*, *huracán*), plantas (*tomate*, *maíz*, *aguacate*, *boniato*, *caoba*, *cacao*, *papaya*, *cacahuete*), animales (*alpaca*, *colibrí*, *cóndor*, *jaguar*, *vicuña*, *llama*, *caimán*, *ñandú*), alimentos y otros productos de consumo (*chocolate*, *tapioca*, *guacamole*, *cigarro*), instituciones (*cacique*), etc. Las palabras *guateque*, *barbacoa*, *carpa*, *cancha*, *butaca*, *hule*, *macuto*, *petate* o *tiza* son de esta procedencia.

Naturalmente, no se han agotado todas las contribuciones de otros idiomas a nuestro léxico, aunque son más esporádicas. Así, palabras tan usuales como *coche*, *escaparate*, *zapato* o *tabú* provienen, respectivamente, del húngaro, holandés, turco y polinesio.

2. Préstamos

Se denomina *préstamo* cualquier elemento, generalmente léxico, que una lengua toma de otra y que asume como propio. Así, los distintos helenismos, germanismos, arabismos, galicismos, italianismos, anglicismos, etc., presentes en nuestro léxico tienen la condición lingüística de préstamos.

No cabe duda de que contribuyen de una forma crucial al enriquecimiento del idioma. Pero también es verdad que, al provenir de un sistema fonológico y morfológico distinto al de la lengua de acogida, plantean varios problemas, como son su grado de adaptación, el juzgar si son realmente necesarios o las dudas expresivas que generan en los hablantes, sobre todo en la escritura.

Por su grado de adaptación al sistema receptor, se distingue entre:

a) **Extranjerismos** (o **xenismos**): son los préstamos que conservan la grafía de la lengua originaria: *boîte*, *prêt-à-porter*, *mezzosoprano*, *pizza*, *software*, *light*, etc.

b) **Préstamos adaptados** (**asimilados** o **integrados**): aquellos que han sufrido una transformación para asimilarse a la fonología y morfología de la lengua receptora: *tropa* (< fr. *troupe*), *jefe* (< fr. *chef*), *medalla* (< it. *medaglia*), *monseñor* (< it. *monsignore*), *estándar* (ingl. *standard*), *auditar* (< ingl. *audit*), etc. Como vimos, apenas tenemos consciencia de que sean préstamos; para conocer su origen tenemos que recurrir a los diccionarios. Es el grupo más numeroso de los préstamos, ya que está integrado por la mayoría de las voces que se han incorporado al léxico a través de los siglos.

> Lo normativo es emplear la forma adaptada al español y no la originaria, por conocida que sea. Cuando se vaya a usar un préstamo, conviene consultar el diccionario académico u otro buen diccionario, para saber cómo escribirlo o pronunciarlo. Así, se recomienda utilizar *canelones* (no *cannelloni*), *cruasán* (no *croissant*), *disquete* (no *diskette*), *escáner* (no *scanner*), *eslogan* (no *slogan*), *espagueti* (no *spaghetti*), *estrés* (no *stress*), *magacín* (no *magazine*), *penalti* (no *penalty*), etc.

Un grupo intermedio entre los extranjerismos y los préstamos adaptados está constituido por aquellos préstamos que, si bien conservan todavía grupos fonéticos extraños al sistema de acogida, han experimentado cierta transformación: pérdida de alguna grafía, presencia de la tilde, presencia de sufijos propios del español, etc.: *rosbif* (< ingl. *roastbeef*), *sándwich* (< ingl. *sandwich*), *windsurfista* (< ingl. *windsurf* + sufijo español *-ista*).

Un síntoma de la dificultad de adaptación que presentan algunos préstamos son las variantes que para una misma voz extranjera recoge el diccionario académico: *aeróbic* o *aerobic*, *yóquey* o *yoqui* (< ingl. *jockey*), *vermú* o *vermut* (< alemán *Wermut*), *fútbol* o *futbol*, *besamel* o *besamela* (< fr. *béchamel*), etc.

Existe un tipo especial de préstamos, denominados **calcos léxicos**. Se originan cuando se adopta el contenido semántico de una palabra extranjera compuesta, pero, en lugar de importar el significante originario, se procede a traducirlo literalmente a unidades lingüísticas propias de la lengua de recepción; por ejemplo, *autodefensa* es un calco del inglés *selfdefense* (*self* 'auto' + *defense* 'defensa'). Otros calcos son: *baloncesto* (ingl. *basketball*), *balonvolea* (ingl. *bolleyball*), *balonmano* (alemán *Handball*), *aerolínea* (ingl. *airline*), *banco de datos* (ingl. *databank*), *cazatalentos* (ingl. *headhunter*), *contrainteligencia* (ingl. *counterintelligence*), *fin de semana* (ingl. *week-end*), *autoservicio* (ingl. *self-service*), *alzacuello* (fr. *hausse-col*), *superhombre* (alemán *Übermensch*), etc.

Se llaman, a su vez, **préstamos semánticos** aquellas palabras ya existentes en el idioma que toman prestada de otra lengua una acepción nueva: *ratón* (‘roedor’) en su acepción de ‘dispositivo electrónico’, *sofisticado* (‘afectado, refinado’) al usarlo por ‘técnicamente complejo o avanzado’, *nominar* (‘dar nombre’) empleado por ‘presentar o proponer a alguien para un premio’, etc.

Por su grado de necesidad en el idioma que los recibe, se distingue entre:

a) **Préstamos necesarios**, aquellos que se suelen importar conjuntamente con una realidad inexistente hasta entonces. Si un objeto es desconocido para los hablantes, lo más usual es darle el nombre que tiene en la lengua de donde procede: así, designamos *sauna* (< finlandés *sauna*) al ‘baño de vapor, en recinto de madera, a muy alta temperatura’; *karaoke* (< japonés *karaoke*) a la ‘diversión consistente en interpretar una canción sobre un fondo musical grabado, mientras se sigue la letra a través de una pantalla’ etc.

b) **Préstamos innecesarios** (o **superfluos**), aquellas voces extranjeras que se emplean en lugar de las equivalentes españolas, que las pueden sustituir perfectamente: *parking* (mejor *aparcamiento*), *hall* (mejor *vestíbulo* o *recibidor*), *jeans* (mejor *vaqueros*), *self-service* (mejor *autoservicio*), *week-end* (mejor *fin de semana*), etc.

No obstante, hay que recordar que los préstamos enriquecen la lengua que los incorpora y no hay por qué tener recelos a la hora de emplearlos, siempre que no se olviden los términos españoles correspondientes. La postura de defensa del idioma contra la incorporación de voces extranjeras se conoce como *purismo* o *casticismo* y se ha repetido a lo largo de la historia.

– Los préstamos adaptados siguen las **reglas de acentuación** del español: *esprínter* (ingl. *sprinter*), *tiramisú* (it. *tirami su*), *béisbol* (ingl. *baseball*), *chalé* (fr. *chalet*), etc.

– Los extranjerismos o xenismos se escriben en letra cursiva (si el texto está en redonda), en redonda (si el texto está en cursiva) o entre comillas: *La película incluye un* flash-back *sobre la infancia del protagonista*.

– Para la formación del plural de los préstamos, véase Tema 8 (apartados 1.1.4d y 2.1.1).

3. El concepto de neologismo

El neologismo se define como vocablo, acepción o giro nuevo en una lengua. Implica novedad, es decir, debe ser de reciente creación. Este término nuevo puede formarse:

- Con elementos ya existentes en la lengua: combinando, por ejemplo, el prefijo *anti-* con el sustantivo *sistema* se obtiene *antisistema*.
- Mediante préstamo de una lengua extranjera, ya sea en su forma original (*handicap* ‘desventaja’) o con una forma adaptada (*filin*, del inglés *feeling* ‘sentimiento’).

Se deduce fácilmente: a) que todo préstamo, en el momento de su adopción, es un neologismo; b) que, cuando con el tiempo se convierte en préstamo integrado, deja de considerarse neologismo: nadie diría hoy que *tráfico* (tomado del italiano) o *zapato* (tomado del turco) son neologismos, aunque sí lo fueran para los hablantes de la época; c) que no todos los neologismos son préstamos, pues también se forman con elementos propios: así, *videoconferencia* resulta de la unión de *vídeo* y *conferencia*, dos palabras que ya existían.

El lenguaje periodístico y el lenguaje científico son pródigos en neologismos (véase Tema 22). Ante las nuevas realidades sociales o avances de la ciencia, se crean constantemente términos nuevos: *eurodiputado*, *ocupa*, *virus* y *gusanos* informáticos, *ADN*. Son neologismos en el momento de su aparición, pero dejan de sentirse como tales al cabo del tiempo; se trata de un concepto relativo.

Los neologismos pueden ser de dos tipos: **neologismo de forma**, o creación de un término nuevo, tanto en su significante como en su significado; y **neologismo de sentido**, en el que se dota de un significado nuevo (otra acepción) a un significante ya existente en el idioma.

- Son *neologismos de forma* los préstamos, los derivados mediante prefijos y sufijos (*desfavorecidos*, *visionado*), los compuestos (*narcotráfico*, *macrosondeo*), las siglas (*DVD* < *Digital Video Disc*), los acrónimos (*módem* < *modulación* y *demodulación*), la creación *ex nihilo* o palabras inventadas (*gas* fue creada por el científico flamenco J. B. van Helmont en el siglo XVII) y los acortamientos (*foto* < *fotografía*).
- Son *neologismos de sentido* la formación de metáforas y metonimias para designar nuevos objetos (*ala* en su acepción de 'cada uno de los dos apéndices laterales del avión'; o *quevedos* por 'lentes de forma circular sujetos en la nariz') y la reconversión categorial (el adjetivo *conservante* 'que conserva' se convierte en sustantivo con el significado de 'sustancia que añadida a ciertos alimentos sirve para conservarlos sin alterar sus cualidades').

En los apartados 1 y 2 de este tema estudiábamos los préstamos, que, como acabamos de ver, son un tipo de neologismos de forma. En el siguiente apartado nos detendremos en los restantes neologismos de forma, y en los neologismos de sentido. Todos ellos constituyen los principales procedimientos de creación léxica.

4. La formación de palabras

Entendemos por *formación de palabras* el conjunto de mecanismos internos que posee una lengua para renovar su léxico.

4.1. Derivación

Muchas palabras se forman por derivación, es decir, añadiendo afijos (generalmente, prefijos y sufijos) al lexema de una palabra ya existente, dando lugar a otra palabra.

4.1.1. Prefijación

Es un procedimiento muy habitual de creación léxica. El español posee abundantes prefijos, que pueden agruparse en torno a diversos campos nocionales.

a) Expresan 'cantidad' ***poli-*** (*polideportivo*, *policlínica*), ***pluri-*** (*pluriempleo*, *pluripartidismo*), ***multi-*** (*multicolor*, *multinacional*), ***uni-*** (*unidireccional*, *unifamiliar*), ***mono-*** (*monovolumen*, *monopatín*), ***bi-*** (*bicameral*, *bifásico*); ***tri-*** (*triángulo*, *tricampeón*), ***cuatri-*** o ***cuadri-*** (*cuadrilátero*, *cuatripartito*), etc.
b) Expresan 'tamaño' o 'exceso' ***hiper-*** (*hiperespacio*, *hipertensión*), ***super-*** (*superpotencia*, *superproducción*), ***macro-*** (*macromolécula*, *macroeconomía*), ***mega-*** (*megavatio*, *megaestrella*), ***maxi-*** (*maxifalda*, *maxisingle*). Sus contrarios son ***mini-*** (*minicadena*, *minicine*) y ***micro-*** (*microcirugía*, *microclima*).
c) Expresan 'oposición' o 'contrario a' ***anti-*** (*anticonstitucional*, *antiarrugas*) y ***contra-*** (*contracultura*, *contrarrevolucionario*). El prefijo *contra-* significa, además, 'colocado frente a' (*contraportada*, *contraventana*). La idea de 'defensa' o de 'estar a favor de' se consigue con ***pro-*** (*proamnistía*, *progubernamental*), a menudo con separación gráfica (*pro aborto*).
d) Expresan 'privación' o 'negación' ***in-***, ***i-*** o ***im-*** (*inanimado*, *ilegalización*, *improcedente*), ***a-*** o ***an-*** (*atemporal*, *apolítico*, *anaerobio*), ***des-*** *dis* (*despenalización*, *desinformación, dislexis*) y la partícula ***no*** (*no fumador*, *pacto de no injerencia*).
e) Expresan nociones temporales ***ante-*** (*anteayer*, *anteproyecto*) y ***pre-*** (*preescolar*, *precocinado*), que indican anterioridad; y ***pos-*** (*posfranquista*, *posmodernismo*), que indica posterioridad. A veces, significan espacio, 'delante' y 'detrás', respectivamente: *antesala*, *premolar*, *pospuesto*.

> La Academia prefiere la forma *pos-* (*posdata*, *posdorsal*) a *post-*, aunque no es incorrecto escribirlo con -t (*postdata*, *postdorsal*).

f) Expresan nociones espaciales ***para-***, que significa 'al margen de' (*paramedicina*, *parapolicial*); ***intra-*** y ***extra-***, que indican 'dentro' y 'fuera', respectivamente (*intramuros*, *intravenoso*, *extraterrestre*, *extraparlamentario*); ***sub-***, que significa 'rango o condición inferior', 'debajo de' (*subdelegado*, *subempleo*, *subsuelo*); ***ultra-*** y ***trans-***, con el significado de 'más allá', 'al otro lado de' (*ultrasonido*, *ultraderecha*, *transpirenaico*, *transatlántico*).

Otros prefijos son: ***co-***, ***con-*** o ***com-***, que indica 'colaboración', 'agregación', 'condición en común' (*coguionista*, *conurbación*, *compatriota*); ***ex-***, que expresa 'lo que se ha dejado de ser' (*ex marido*, *ex ministro*); ***neo-***, que significa 'reciente, nuevo' (*neogótico*, *neocapitalista*); ***seudo-***, que significa 'falso' (*seudocientífico*, *seudomarxista*); ***auto***-, que indica 'propio, por uno mismo' (*autobiografía*, *autoayuda*); ***homo***- y ***hetero***-, con los significados respectivos de 'igual' y 'distinto' (*homosexual*, *heterotrasplante*).

Algunos prefijos presentan diversos valores: así, ***sobre***- puede indicar 'por encima de' (*sobrevolar*) y 'exceso' (*sobreactuar*); ***inter***- y ***entre***- significan 'en medio de' (*intercostal*, *entrecejo*), pero también 'entre varios' (*interministerial*, *entrecruzamiento*); ***re***-, que expresa 'reiteración' (*rehabilitar*, *rearme*), 'movimiento hacia atrás' (*replegar*, *reembolsar*), intensificación (*repeinado*, *renegar*), etc.

Los prefijos pueden ser de origen griego (*mega*-, *neo*-, *seudo*-, *auto*-, *homo*-, etc.), de origen latino (*multi*-, *pluri*-, *maxi*-, etc.) o preposiciones españolas (*contra*, *entre*); lo que interesa destacar aquí es que todos ellos permiten crear nuevas palabras en la actualidad.

4.1.2. Sufijación

Así como los prefijos no cambian la clase de la palabra sobre la que se aplican (*activo* adjetivo → *<u>in</u>activo* adjetivo), los sufijos pueden, bien mantenerla (*andamio* sustantivo → *andami<u>aje</u>* sustantivo), bien transformarla en otra clase de palabra (*amar* verbo → *ama<u>ble</u>* adjetivo). Vamos a clasificar los principales sufijos del español según las clases de palabras a que dan lugar.

A) *Sufijos nominales*

Son los que forman sustantivos. Como son numerosos, sólo vamos a destacar algunos:

-***ado***: se aplica habitualmente a sustantivos (*obispado*, *profesorado*, *electorado*) y a verbos (*el etiquetado*, *secado* y *aclarado automáticos*, *el comunicado*). Sobre sustantivos presenta la variante *-ato*: *decanato*, *patronato*.

-***aje***: produce multitud de palabras a partir de sustantivos (*billetaje*, *andamiaje*, *cordaje*), pero sobre todo a partir de verbos (*marcaje*, *blindaje*, *abordaje*, *fichaje*, *hospedaje*, *embalaje*, etc.). Muchos préstamos del francés y algunos del inglés presentan la misma terminación: *amerizaje*, *peaje*, *porcentaje*.

-***ción***: genera muchos nombres de acción al aplicarlo sobre verbos: *generación*, *proliferación*, *grabación*, *especulación*, etc.

-***dad***: se aplica sobre adjetivos: *igualdad*, *maldad*, *hermandad*. Tiene diversas variantes: *-edad* (*suciedad*, *falsedad*), *-idad* (*caducidad*, *sagacidad*), *-tad* (*lealtad*, *libertad*).

-***ero***, -***ería***: se aplican sobre sustantivos para indicar, respectivamente, profesión y el local donde se ejerce: *frutero*, *frutería*, *jardinero*, *jardinería*, *zapatero*, *zapatería*. Pero también significa 'lugar donde abunda o se deposita algo' (*cenicero*, *frutero*, *basurero*), 'árbol frutal' (*melocotonero*, *limonero*), etc.

-***ismo***, -***ista***: el primero es muy frecuente para designar doctrinas, sistemas, movimientos (*cristianismo*, *feudalismo*, *romanticismo*); el segundo, para referirse a los partidarios de esas corrientes (*europeísta*, *sufragista*, *cubista*) o para designar profesiones (*violinista*, *periodista*, *golfista*).

-miento, ***-mento***: suelen indicar 'acción y efecto': *reclutamiento*, *alojamiento*, *descubrimiento*, *cargamento*, *salvamento*, etc.

La **sufijación apreciativa** también posibilita la formación de nuevas palabras cuando, tras la adición del diminutivo, aumentativo o despectivo, el término adquiere un significado específico. Así, con *mesilla* nos referimos al 'mueble pequeño, con cajones, situado al lado de la cama'; con *faldón*, a la 'prenda de bebé, suelta desde la cintura y hasta los pies'; por *politicastro* entendemos un 'político inhábil, mal intencionado, que actúa con fines y medios turbios'.

B) *Sufijos adjetivales*

Son los que forman adjetivos. Son muy numerosos: las listas elaboradas por los especialistas incluyen cerca de 150. Destacaremos los siguientes:

-***ble***: forma abundantes adjetivos a partir de verbos. Si el verbo es de la primera conjugación, toma la forma *-able* (*comprobable*, *reprobable*, *edificable*, *identificable*); si es de la segunda o tercera, toma la forma *-ible* (*temible*, *deducible*).

-***ado***(***a***): constituye un grupo muy numeroso formado a partir de los participios de los verbos: *trabado*, *zumbado*, *adobado*, *perfumado*, *nublado*, etc.

-***al***: forma adjetivos relacionales (Tema 8, apartado 2.1.4): *comarcal*, *naval*, *zodiacal*, *presidencial*; lo mismo que -***ico***, -***ica*** (*bíblico*, *histórico*, *torácico*). Un subgrupo de los relacionales, el de los gentilicios, se forma mediante -***ano*** (*riojano, africano*), -***eño*** (*madrileño*, *caribeño*), -***ense*** (*turolense*, *bonaerense*), -***és*** (*leonés, inglés*), -***í*** (*ceutí*, *yemení*), etc.

-***dor***(***a***): es unos de los más productivos en el español actual: *bronceador*, *prometedor*, *conmovedor*, *halagador*, *ganador*, etc.

Por poseer un significado muy específico, cabe resaltar -***esco***(***a***) y -***oide***, que significan 'parecido a' (*quevedesco*, *dantesco*, *simiesco, androide*, *ovoide*); -***udo***(***a***), que indica posesión (*barbudo*, *mofletudo, concienzudo*); o -***ero***(***a***), en su significado de 'aficionado a' (*faldero*, *dulcero*, *casamentero*).

Hay que tener en cuenta, no obstante, que es muy frecuente que los sufijos adjetivales tengan varios significados: -***oso***, por ejemplo, puede indicar posesión (*hiposo*, *musculoso*), 'propenso o dispuesto hacia algo' (*chismoso*, *catarroso*, *chistoso*, *voluntarioso*), 'causante de' (*tormentoso*, *angustioso*, *contagioso*), etc.

C) *Sufijos verbales*

Son los que forman verbos. Muchos menos que los nominales y adjetivales –y reducidos en la actualidad a formar únicamente verbos de la primera conjugación–, generan gran cantidad de verbos nuevos. Los principales son:

-***ar***: forma verbos a partir de sustantivos (*conmocionar*, *agenciar*, *beneficiar*) y de adjetivos (*legitimar*, *transparentar*).

-***ear***: forma verbos a partir de adjetivos (*redondear*, *falsear*, *coquetear*), pero sobre todo de sustantivos (*piratear*, *bromear*, *bombear*, *pedalear*, *hornear*), e incluso de pronombres (*tutear*) e interjecciones (*aupar*).

-***izar***: es característico del lenguaje científico-técnico y periodístico, por lo que muchas veces los verbos originados se sienten como neologismos (*indizar*, *esponsorizar*, *estandarizar*), aunque no siempre (*profundizar*, *escandalizar*). Se aplica a sustantivos (*ruborizar*, *canalizar*) y a adjetivos (*vulgarizar*, *volatilizar*).

-***ificar***: se aplica a sustantivos (*clasificar*, *escenificar*) y a adjetivos (*fortificar*, *dulcificar*). Compite con el sufijo -*ar* en algunos verbos: *concretar* - *concretizar*, *lubricar* - *lubrificar*, *ampliar* - *amplificar*; la Academia admite ambas, pero prefiere las primeras. Aparece también en muchos términos científicos (*caseificar*, *esterificar*).

Algunos verbos se han creado por la adición simultánea de un prefijo y un sufijo, procedimiento que, como vimos en el Tema 7 (apartado 5.1), se denomina **parasíntesis**. Los prefijos que intervienen son ***a***- y ***en***-. Los sufijos más comunes son -***ar***, -***ecer***, -***izar***. Pueden formarse a partir de sustantivos (*yeso* > *enyesar*, *compás* > *acompasar*, *trono* > *entronizar*, *terror* > *aterrorizar*, *sombra* > *ensombrecer*) y de adjetivos (*blanco* > *emblanquecer*, *bello* > *embellecer*, *mudo* > *enmudecer*, *duro* > *endurecer*, *seguro* > *asegurar*). Por parasíntesis se forman también adjetivos a partir de sustantivos: *niño* > *aniñado*, *naranja* > *anaranjado*.

4.2. Composición

Como hemos visto en el Tema 7, son palabras compuestas aquellas que poseen más de un lexema: *motocarro*, *agridulce*. Las simples sólo poseen uno: *carro*, *moto*, *agrio*, *dulce*.

Las palabras compuestas pueden ser de dos tipos:

- **Compuestos léxicos** (o *conglomerados*), que resultan de la unión, también gráfica, de dos o más palabras ya existentes: *motocarro*, *aguamarina*, *limpiaparabrisas*.
- **Compuestos sintagmáticos**, que son producto de la inmovilización de una construcción sintagmática, con preposición (*banco de datos*, *agencia de viajes*, *cuchilla de afeitar*) o sin ella (*cajero automático*, *ciudad dormitorio*); a veces van unidos por guión (*salón-comedor*, *fútbol-sala*, *hispano-germano*, *científico-técnico*).

Tanto en la composición léxica como en la sintagmática, pueden intervenir distintas **clases de palabras** en un orden fijado de antemano:

sustantivo + sustantivo: *telaraña*, *zarzamora*, *bocacalle*, *compraventa*, *sureste*, *coche cama*, *falda pantalón*, *niño probeta*, *café teatro*, *orden del día*, *traje de baño*, *secador de pelo*, *tren de mercancías*, etc.

sustantivo + adjetivo: *pelirrojo*, *astifino*, *cejijunto*, *patizambo*, *aguardiente*, *tiovivo*, *hierbabuena*, *drogodependiente*, *hilo musical*, *contestador automático*, *llave inglesa*, etc.

adjetivo + sustantivo: *altiplanicie*, *bajorrelieve*, *mediodía*, *librepensador*, etc.

adjetivo + adjetivo: *claroscuro*, *sordomudo*, *espaciotemporal*, *azulgrana*, *rojiblanco*, *ruso-americano*, *teórico-práctico*, etc.

verbo + sustantivo: *abrecartas*, *sacacorchos*, *escurreplatos*, *pinchadiscos*, *recogepelotas*, *metepatas*; es muy frecuente que el segundo elemento vaya en plural; aparecen con frecuencia en locuciones adverbiales: *a matacaballo*, *a vuelapluma*.

adverbio + sustantivo, **adjetivo** o **verbo**: *malentendido*, *malhumor*, *bienintencionado*, *malhablado*, *maloliente*, *clarividente*, *altisonante*, *malcriar*, *malgastar*, *bienestar*, etc.

Otros esquemas son: verbo + verbo (*picapica*, *duermevela*, *tejemaneje*), sustantivo + verbo (*maniatar*, *radioescucha*), etc. Ciertos compuestos resultan de la inmovilización de una frase: *vaivén*, *correveidile*, *tentempié*, *hazmerreír*, *nomeolvides*, *sabelotodo*.

Los compuestos léxicos experimentan muchas veces transformaciones fonológicas (sustitución, adición u omisión de fonemas): *pelirrojo* (*pelo* + *rojo*), *coliflor* (*col* + *y* + *flor*), *norcoreano* (*norte* + *coreano*), etc. Son los compuestos que presentan el grado máximo de fusión.

En los compuestos sintagmáticos pueden aparecer varias preposiciones, no solo *de*: *olla a presión*, *café con leche*, *fabricación en serie*, *novela por entregas*, *hockey sobre hierba*.

Compuestos cultos grecolatinos

Un grupo especial de compuestos son los formados a partir de elementos del griego y del latín, recuperados muchas veces en época reciente. Son cultismos porque no han evolucionado fonéticamente como el resto de las palabras de origen latino.

Pueden estar formados por: a) **dos elementos griegos**: *antropología* (*antropo-* 'hombre' + *-logía* 'estudio', 'ciencia'); b) **dos elementos latinos**: *apicultura* (*apis* 'abeja' + *-cultura* 'cultivo, crianza'); c) **un elemento griego y otro latino**: *televisión* (griego *tele-* 'a distancia' + latín *visio, -onis*); d) **un elemento griego o latino y otro patrimonial**: *aeropuerto*, *alcoholímetro*, *dedocracia*. Los casos c) y d) se denominan *compuestos híbridos*.

Este tipo de compuestos son muy abundantes en el lenguaje de la ciencia y de la técnica (Tema 22), en el que fueron creados, y del que pasan al léxico general: *hemodiálisis*, *fungicida*, *sismómetro*, *electrocardiograma*, etc. Muchos son, a su vez, préstamos: así, *homofonía* y *psicodélico* provienen del inglés; *aeroplano* y *aerostato*, del francés, etc.

4.3. Otros procedimientos de formación de palabras

- Las **siglas** y los **acrónimos** tienen gran difusión en la actualidad. Las siglas se crean yuxtaponiendo las iniciales de un sintagma o de un enunciado: *IVA* (*Impuesto sobre el Valor Añadido*). Los acrónimos resultan de la unión de dos o más palabras que han experimentado un truncamiento en su parte inicial o final: *bit* (*binary digit*). Son muy abundantes en el lenguaje científico-técnico y jurídico (Tema 22), pero están también presentes en otras áreas, a veces muy cotidianas. Son ejemplos de siglas: *Talgo* (*Tren Articulado Ligero Goicoechea Oriol*), *ITV* (*Inspección Técnica de Vehículos*), *AVE* (*Alta Velocidad Española*). Son ejemplos de acrónimos: *bonobús* (*bono* y *autobús*), *telediario* (*televisión* y *diario*), *ofimática* (*oficina* e *informática*).

> Las siglas se escriben con mayúsculas, por regla general sin puntos (*UNED*, *DNI*). Deben escribirse en minúscula las que están ya totalmente integradas en el léxico: *radar*, *ovni*, *láser*, *inri* (*Iesus Nazarenus Rex Iudaeorum*), *sida* (*síndrome de inmunodeficiencia adquirida*), *los geo* (*grupo especial de operaciones*), *vip* (del ingl. *very important person*), etc.

- Los **acortamientos** son términos que han perdido parte de su significante, pero que conservan el significado originario. Cuando se crean, suelen tener un matiz coloquial, familiar o jergal: *cole*, *profe*, *mate* (*matemáticas*), *tele*, *bici*, *bus* (*autobús*), *poli* (*policía*), *disco* (*discoteca*), *mani* (*manifestación*), *porno* (*pornográfico*), *neura* (*neurasténico*), *díver* (*divertido*), *porfa* (*por favor*). Con el tiempo pueden perder esos matices: *foto*, *corto*, *zoo*, *chelo* son equivalentes a *fotografía*, *cortometraje*, *zoológico*, *violonchelo*. En ocasiones llegan incluso a sustituir casi por completo al término extenso: así, en la lengua actual se prefieren *cine*, *radio*, *metro* o *taxi* a *cinematógrafo*, *radiodifusión*, *metropolitano* o *taxímetro*.
- Las **onomatopeyas** son las palabras cuyo significante imita o recrea el sonido de la cosa o la acción designada: *tictac*, *frufrú*, *tilín*, *cataplum*; o los sonidos de los animales: *guau*, *miau*, *quiquiriquí*, *croar*, *pío*. Se han formado por este procedimiento *berrear*, *carcajada*, *carraspear*, *cencerro*, *chirriar*, *gárgara*, *refunfuñar*, *tartajear*, *zambomba*, etc.
- La **creación *ex nihilo*** ('de la nada') constituye un grupo curioso que integra las palabras inventadas por un hablante determinado. Tienen este origen *gas*, creada por un científico holandés; *radio*, inventada por el matrimonio Curie para designar el elemento químico descubierto por ellos; *acordeón* y *bandoneón,* acuñadas por los inventores respectivos de estos instrumentos musicales. En realidad, es difícil encontrar una palabra inventada totalmente "de la nada": *gas*, por ejemplo, es una deformación de la palabra griega *caos*.

Las palabras "inventadas" fuera de estos ámbitos (*chupóptero*, *perjúmenes*, *finstro*, *metrosexual*) gozan, por lo general, de una fama efímera y quedan convertidas en testigos de situaciones sociales muy concretas.

- La **metáfora** y la **metonimia** son fuente de creación léxica, tal como se vio en el Tema 17 (apartados 6 y 7). Con ellas entramos en los llamados *neologismos de sentido*.

  Muchas palabras tienen su origen en **metáforas**: nombres de animales (*trompetero*, *tamboril*, *barbada*, para peces; *tarro*, *carraca*, para aves; *navaja*, *arca*, para moluscos), nombres de plantas (*alacrancillo*, *alfiler*, *candelabro*, *gallocresta*), términos científicos y técnicos (*corona solar*, *armadura* 'pieza de hierro que cierra un circuito magnético', *ladrón* 'clavija múltiple para toma eléctrica'), etc. Las palabras pueden adquirir un nuevo sentido al introducirlas en otro contexto: así, el término marítimo *zozobra* ha pasado a significar también 'inquietud, aflicción y congoja del ánimo'; *veleta* es un instrumento que señala la dirección del viento, pero también 'persona inconstante y mudable'.

  Se han creado por **metonimia** nombres de alimentos y bebidas (*manchego*, *burdeos, sándwich*), tejidos e indumentaria (*angora*, *astracán*, *corpiño*, *leotardo*, procedente de Léotard, acróbata francés del siglo XIX), profesiones (*batería*, *espada*, *trompeta*), vehículos (*tilburi*, de *Tilbury*, inventor de este carruaje; *berlina*), objetos (*pulsera*, *cabecero*, *pergamino*), etc. Existen, además, muchos términos científicos de este origen: por ejemplo, *voltio* (de Alessandro Volta), *newton* (de Isaac Newton) o *decibelio* (de Graham Bell).

- Se entiende por **reconversión categorial** el fenómeno por el cual una palabra, al adoptar otra categoría gramatical distinta de la suya, adquiere un significado específico. Así, los sustantivos *pipa*, *cantidad*, *bomba* se han convertido en adverbios con el significado de 'muy bien', 'mucho': *pasárselo pipa*, *disfrutar cantidad* (Tema 10, apartado 1.3). Muchos adjetivos, al sustantivarse, designan objetos muy concretos: *móvil* o *inalámbrico* son tipos de teléfonos; *portátil*, una clase de ordenador, *descapotable*, un tipo de coche; *vaqueros,* pantalones de una determinada hechura, etc.

Ejercicios

1. Indique si son verdaderos o falsos los siguientes enunciados:

   a) El latín es un componente más, entre otros, del léxico español; b) Los galicismos comienzan a entrar en el siglo XVIII; c) Muchos helenismos penetran en el español a través del latín, del árabe y como compuestos cultos; d) Los términos médicos proceden exclusivamente del griego y del inglés; e) Entre los arabismos se encuentran diversos términos científicos;

f) A nuestro léxico sólo se han incorporado sustantivos; los adjetivos y verbos proceden del latín; g) Los italianismos se refieren exclusivamente a las artes plásticas, a la música y a la gastronomía; h) Entre los anglicismos hay muchos préstamos adaptados, además de extranjerismos y calcos léxicos; i) La entrada de americanismos es masiva desde mediados del XX por la influencia de Estados Unidos en la escena internacional.

2. Señale la serie integrada en su totalidad por galicismos:

   a) *cigarro*, *hule*, *faena*, *clavel*, *revólver*, *empatar*
   b) *jefe*, *barbitúrico*, *jabón*, *chotis*, *anfiteatro*
   c) *jabalí*, *narciso*, *complot*, *autocar*, *maniquí*
   d) *anglófono*, *galante*, *blusa*, *chalé*, *casete*

3. Marque la serie que incluya un anglicismo, un americanismo y un arabismo:

   a) *cúpula*, *bucanero*, *escayola*
   b) *fan*, *caoba*, *tarifa*
   c) *coche*, *zapato*, *tabú*
   d) *campus*, *maíz*, *payaso*

4. Clasifique los siguientes términos según sean extranjerismos, préstamos asimilados o calcos léxicos: *monseñor*, *slogan*, *sándwich*, *copy-right*, *estándar*, *windsurfismo*, *alzacuello*, *rosbif*, *marcapasos*.

5. Sustituya los siguientes préstamos por palabras y expresiones de nuestro idioma: *disc-jockey*, *christmas*, *boîte*, *debut*, *fútbol*, *córner*, *living*, *cicerone*, *maillot*, *short*, *film*, *conductor de un programa*, *show*.

6. Los préstamos, los compuestos, las metáforas, las metonimias, los acrónimos y los acortamientos, ¿son neologismos de forma o neologismos de sentido?

7. Aísle e indique el significado de los prefijos que aparecen en: *apolítico*, *pluricelular*, *prehistórico*, *multimillonario*, *anticlerical*, *polisílabo*, *postraumático*, *cuatrimestral*, *anteproyecto*, *paranormal*, *macroconcierto*, *reconstruir*, *extracomunitario*, *codirector*, *megadiscoteca*, *procomunista*, *seudoescritor*, *entrecomillado*, *ultramontano*.

8. Marque los sufijos e indique la clase de palabra sobre la que se han formado los siguientes términos: *barbero*, *fondear*, *grabado*, *desmontable*, *batidora*, *homogeneizar*, *proliferación*, *anclaje*, *fluidificar*, *algebraica*, *predicamento*, *solidaridad*, *arterial*, *barrigudo*, *marear*.

9. ¿Por qué procedimiento se han formado *enjaular*, *atornillar*, *atardecer*, *empobrecer*?

10. Especifique las clases de palabras que intervienen en la formación de los siguientes compuestos: *hombre rana*, *malacostumbrado*, *largometraje*, *patilargo*, *pegapases*, *bienmesabe*, *paga extraordinaria*, *coche de paseo*, *castellano-leonés*, *boquiabierto*, *altavoz*.

11. Si *semáforo* se ha formado a partir de *sema-* 'señal' y *-foro* 'llevar', ¿cómo se denomina?

12. Indique si las siguientes palabras se han originado por siglación o acronimia: *ovni*, *apartohel*, *opa*, *telediario*, *peneuvista*, *mir*, *frontenis*.

13. ¿Sabría aportar ejemplos de acortamientos no mencionados en el tema?

14. Señale cómo se han originado los siguientes términos: *pez espada*, *sevillanas*, *berrear*, *lenguado*, *los antiinflamatorios*, *leotardo*, *procesionaria*, *la estilográfica*.

Tema 19

Propiedad e impropiedad léxicas. El uso del diccionario

Ana-Jimena Deza Enríquez

Introducción

A la hora de hablar o de escribir no basta con poner en práctica las reglas de ortografía o con elaborar bien las oraciones. Queda otro aspecto no menos importante, que es el léxico. Para que una persona se pueda entender con otra no es suficiente que el mensaje que emite sea claro, inteligible y goce de una buena pronunciación; se requiere también que el léxico sea rico y variado. El emisor no se debe ceñir a hacerse comprender sin más cuando emite secuencias de palabras, también debe poner en práctica su competencia lingüística y procurar que el léxico sea adecuado. El léxico es la parte de la lengua que afecta de modo más directo a la comunicación, la herramienta con la que podemos construir mejores diálogos y elaborar más originales escritos. Por todo ello, el manejo del diccionario es obligado. A él debemos recurrir en caso de desconocimiento del significado de una palabra, cuando haya duda o para la búsqueda del término más apropiado.

1. Propiedad e impropiedad léxicas

La **propiedad** es el significado exacto de las palabras y consiste, por lo tanto, en el ajuste, en el uso, entre la palabra empleada y lo que se desea significar con ella; no es lo mismo que corrección.

Se habla bien, o lo que es lo mismo, con propiedad, cuando nos expresamos con claridad inequívoca, buscando los términos apropiados y acomodándonos a lo que quieren decir, esto es, al significado que tienen en el diccionario. Se habla o escribe con propiedad si el encaje entre lo que queremos decir y el significado de las palabras es el correcto. Por el contrario, la **impropiedad** léxica es la falta de propiedad en el uso de las palabras. Se consideran impropiedades las palabras que utilizamos al hablar o escribir y a las que conferimos un significado que no se corresponde con el que tienen en el diccionario académico. Algunas se han extendido de tal manera que resulta imposible desarraigarlas. Surgen cuando determinados grupos de personas comienzan a emplearlas, y se difunden con pasmosa rapidez; al final, acabamos usándolas todos y terminan por imponerse.

Son causas del mal uso del léxico la ignorancia, el afán de notoriedad o de parecer más culto, la pobreza léxica o el escribir como se habla. Es bastante común servirse de palabras "baúl" o clichés, de vocablos de relleno, vacíos de significado o de significado erróneo, así como de expresiones hinchadas o altisonantes. El resultado es el empobrecimiento del idioma.

Una de las causas de impropiedad léxica es la **paronimia**. Los vocablos parónimos, muy próximos en el significante, pero que nada tienen que ver en el significado, originan confusiones frecuentes. Así, *inerme*, 'sin armas', se confunde a veces con *inerte*, 'inactivo', 'sin vida'; *salobre*, 'que tiene sabor de sal', con *salubre*, 'bueno para la salud', etc.; la **homonimia**: *rallar-rayar*; y la

sinonimia, que provoca cruces entre los significados (véase Tema 17), como en el caso de *confirmar* y *ratificar*, que no son sinónimos:

> *Ya te <u>confirmo</u> que la reunión será el lunes* (no **Ya te <u>ratifico</u> que la reunión será el lunes*).
> *El notario <u>ratificó</u> en el contrato lo acordado entre las partes* (no **El notario <u>corroboró</u> en el contrato lo acordado entre las partes*).

Vamos a exponer a continuación algunas palabras que ofrecen duda, y que no se deben confundir:

- ***accesible*** tiene que ver con *acceso*: 'de fácil acceso o trato', y no puede confundirse con ***asequible***, 'que puede conseguirse o alcanzarse'. Es corriente oír **Mi jefe es una persona asequible*, cuando en realidad es *accesible*; en cambio, sí es correcto *Ese piso me resulta asequible* (está dentro de mis posibilidades económicas).
- **acervo** nada tiene que ver con **acerbo**. Escrito con "v" se refiere a bienes de tipo moral o cultural, o a haberes que pertenecen a varias personas: *acervo histórico*, *pictórico*, etc. *Acerbo* es 'áspero al gusto', y de ahí, 'cruel, riguroso': *Tenía enfrente un rival acerbo*.
- **adolecer** significa 'causar dolencia o enfermedad y 'padecer algún defecto'; en consecuencia, no puede usarse para hechos positivos. Son correctos *Adolece de falta de originalidad* o *Adolece de ser antipático* y no lo es **Adolece de sentido del humor*.
- **apertura**. En ocasiones se usa equivocadamente por *abertura*. Ambas significan 'acción de abrir', pero ocupan contextos distintos. **Abertura** tiene que ver con boca, hendidura o agujero, mientras que **apertura** es el acto de dar principio a algo. Así, nos referiremos a la *abertura de la boca*, *de los órganos articulatorios* (en fonología), a la *abertura de un pantalón*, pero se dirá que *Tuvo lugar la apertura de la asamblea*, *del juicio oral* o *del museo*.
- **bienal** no es lo mismo que **bianual**. *Bienal* es algo que sucede o se repite cada dos años; *bianual* ocurre dos veces al año. Podemos hablar de *la bienal de cine* y de *una visita bianual al médico*. En el mismo caso se encuentran **trimestral** y **trimensual**; el primero quiere decir "cada tres meses" y el segundo, "tres veces al mes": *El envío de esta revista es trimestral*; *El pago de lo que debe es trimensual*.
- **capaz** es 'apto, con talento o cualidades para algo' y también 'grande o espacioso': *El salón donde se celebró el bautizo era capaz para cien personas*; *Cristina es una persona muy capaz*. (En sus dos acepciones tiene que ver con *capacidad*). No puede confundirse con **susceptible**, 'capaz de recibir modificación': *Las leyes son susceptibles de reformas*.
- **cesar** es verbo intransitivo y significa 'dejar de desempeñar algún empleo o cargo'. No debe usarse por 'separar o deponer a alguien de su cargo', que es lo que significa **destituir**, y que es transitivo. Hay que decir *Destituyeron al director de los informativos*, no **Cesaron al*

director de los informativos ni **Lo cesaron*. En el mismo caso que *cesar* se encuentra **dimitir**, también intransitivo, y nunca sinónimo de *destituir*: *El consejero de cultura dimitió*, no **Dimitieron al consejero de cultura* ni **Lo hicieron dimitir*.

- **corroborar**, 'dar mayor fuerza a un argumento u opinión', nada tiene que ver con **ratificar**, 'aprobar o confirmar actos, palabras y escritos dándolos por valederos o ciertos'. Además, se ratifican cosas (promesas, contratos, tratados), no personas: *El diputado corroboró las palabras del presidente con nuevos argumentos*. El pronominal *ratificarse* añade el sema 'dar por cierto': *Me ratifico en lo dicho*.
- **desternillarse** es 'reírse mucho sin poderse contener': *desternillarse de risa*. No hay que confundirlo con **destornillarse**, cuyo significado es 'desconcertarse obrando o hablando sin juicio'. Por tanto, **Destornillarse de risa* no sería correcto.
- **detentar**, 'retener y ejercer ilegítimamente algún poder o cargo público', no es sinónimo de *ejercer*, *ocupar*, *desempeñar*: **Rodríguez Zapatero detenta la Presidencia del Gobierno*. Tampoco **ostentar**, 'mostrar o hacer patente algo', 'hacer gala de grandeza, lucimiento y boato', debe usarse por *desempeñar un cargo*.
- **escuchar**, 'prestar atención a lo que se oye', le está comiendo el terreno a **oír**, que se limita a 'percibir con el oído los sonidos'. Es evidente que no son lo mismo; el primero añade un sema que no tiene el segundo: 'poner atención': *Escuchó atentamente lo que le dije*, no **Escuché por la radio que iba a llover*, ni **¿Me escuchas?* por *¿Me oyes?*; **No, no te escuchamos*, *No se escucha*, y otras frases por el estilo.
- **hojear** es pasar las hojas de un libro o escrito, leyendo deprisa algunos pasajes. Su homónimo **ojear** es mirar sin prestar atención, superficialmente. De ahí que sea correcto *Hojear el periódico*, pero no **Hojear los titulares del periódico*.
- **inaudito** se refiere a 'no oído'; no tiene nada que ver con **insólito**, 'raro, extraño, desacostumbrado': *Lo que dice esta niña es algo inaudito*; *Aquella tarde ocurrió algo insólito*.
- **infringir**, 'quebrantar órdenes o leyes', no puede usarse por **infligir**, 'imponer un castigo': **Le infringió una tremenda paliza*.
- **inverosímil**, 'que no tiene apariencia de verdad', no se puede sustituir por *indiferente*, 'que no despierta interés o afecto': **Lo que me digas me es inverosímil*; en cambio, es correcto *Esa persona me es indiferente*.
- **ingerir** e **injerir(se)** se invierten con facilidad. El primero es 'introducir por la boca comida, bebida', etc. El segundo, 'meter una cosa en otra', 'entremeterse, inmiscuirse en asuntos ajenos': *Los alimentos se ingieren al comer*; *No debes injerirte en sus cosas*.
- **mirar** es 'dirigir la vista a un objeto', y admite los mismos contextos que **ver**, 'percibir por los ojos los objetos', 'observar'. Pero *mirar* implica *atención* y *aplicación de la vista* por parte del que ve. Así, diremos *Veo el cuadro* (lo percibo con los ojos), *Miro el cuadro* (lo contemplo, o simplemente, dirijo a él la vista).

- **perjuicio**, 'daño', y **prejuicio**, 'juicio de las cosas antes de tiempo y sin tener conocimiento cabal', no tienen nada en común: *Las personas cerradas están llenas de prejuicios*, pero *Lo ha denunciado por daños y perjuicios*.
- **prescribir** y **proscribir** no son iguales. El primero es 'ordenar, determinar algo' y 'recetar': *Las leyes prescriben ciertas normas*; *El médico le ha prescrito unos días de reposo*. **Proscribir**, en cambio, es 'prohibir una costumbre o uso': *Se proscribe la exhibición de carteles*.
- **prever** y **proveer** no son semejantes. El primero significa 'ver con anticipación': *Juan no previó las consecuencias de sus actos*. *Proveer* es 'preparar, reunir, suministrar o facilitar lo necesario para algún fin': *Los soldados proveyeron de víveres, ropa y otros enseres a los damnificados*, pero no **Los políticos no preveyeron los desastres de la sequía*.
- **reticente** se dice de quien, con malicia, oculta o calla algo que debiera decir: *Se mostraba bastante reticente a dar detalles*. No puede usarse por *reacio*, *remiso* o *terco*: **Mi padre es reticente a las discusiones entre nosotros*.
- **revelar**, 'descubrir o manifestar lo ignorado o secreto', no guarda relación con **rebelar(se)**, 'sublevarse, levantarse': *Aquellos detalles revelaban sus buenas intenciones*; *El campesinado se rebeló contra sus opresores*.
- **reverter** es 'rebosar'; ***revertir***, 'volver una cosa al estado que tuvo antes'. Se dirá *La inversión revertirá mayores beneficios para la empresa* y *El agua está revirtiendo del lavabo*, o sea, saliéndose.
- **visionar** es 'ver imágenes cinematográficas o televisivas, especialmente desde un punto de vista técnico o crítico'. **Visualizar** significa 'imaginar algo que no se tiene a la vista' (equivale a *visibilizar*, 'hacer visible'). No son sinónimos y ninguno de los dos puede confundirse con *ver*: *Ayer por la tarde estuvimos visionando la grabación del programa*; *Aunque no la tenía delante, podía visualizar sus rasgos*.

2. Significados recientes de algunas palabras

La creación de nuevas palabras y su incorporación al acervo lingüístico es algo inevitable, es un síntoma de que la lengua está viva y evoluciona. No se puede frenar la llegada de neologismos, provocada por la necesidad de nombrar nuevos objetos o conceptos, como tampoco los cambios de significado. Puesto que el español es un organismo vivo, algunas palabras comienzan a usarse, al igual que en otras lenguas, con acepciones que no constan en el diccionario, pero que se abren al futuro y acabarán siendo aceptadas. Es el caso de *acentuar* por *aumentar*, *incrementar*, *intensificar*, *agravar* (*acentuar*, según el *DRAE*, es 'recalcar, realzar o resaltar'): *Este año se ha acentuado la deuda pública* (por *se ha incrementado*); *Conforme va creciendo, se le acentúa más el defecto del habla* (por *se agrava*). *Agresivo*, 'que tiende a la violencia', se usa cada vez más por *dinámico*, *activo* o *emprendedor*: *Es un empleado muy agresivo en su actividad diaria* (por *dinámico*); *Se necesitan ejecutivos agresivos* (por *emprendedores*). *Conducir* implica movimiento de una parte a otra: 'llevar, transportar'. De ahí que aumente el uso de **Sonia es la conductora del programa de televisión* o **Cobos conduce la orquesta de Radiotelevisión española*, cuando lo correcto es *dirigir* o *director*. *Contemplar* ya aparece con la acepción de 'considerar' en el diccionario académico, siendo bastante ordinario su empleo: *Los derechos de los españoles están muy bien contemplados en la Constitución*.

En el mismo caso se encuentran otros términos, cada día más habituales: *prever* por *planear* o *tener la intención*: *El Banco de España prevé una bajada de los tipos de interés*; *promover*, 'iniciar o impulsar una acción', por *organizar*: *Le encantaba promover ciclos de conferencias*; *exento*, 'libre, desembarazado de algo', por *carente* o *falto*: *Exento de cuidados*, pero no **Exento de cariño*; *promedio*, 'término medio', por *aproximación*: *En el acto había un promedio de unas cincuenta personas*; *rutinario*, 'algo que se hace por costumbre, hábito de hacer las cosas por mera práctica y sin razonarlas', por *cotidiano*, *diario* o *habitual*; *legal*, 'prescrito por la ley y conforme a ella', por *leal*, 'que guarda la debida fidelidad'; se emplea coloquialmente **Soy un tío legal*; *breve*, 'de corta extensión o duración', se usa en ocasiones por *poco*: *En breves momentos el juez emitirá su veredicto*, pero es redundante.

El verbo *estimular* se ha visto desbancado en Psicología por *motivar-motivación* y sus contrarios *desmotivar-desmotivación*; es muy frecuente oír que alguien *está desmotivado* por *falto de estímulo*. En vez de *considerar* o *examinar* un asunto, está de moda *profundizar*. También se habla de *parámetros*, término propio de las matemáticas, con el sentido de 'aspecto' o 'punto de vista'.

De la influencia de lo tecnológico y científico se han tomado expresiones coloquiales que se oyen con harta frecuencia: *encendérsele a uno la luz* por *caer en la cuenta*, *cargar las pilas* por *recuperar energías* o *cruzársele a uno los cables* por *confundirse* u *ofuscarse*.

Del lenguaje jurídico-administrativo se han adoptado como normales *hacer acto de presencia* por *presentarse* o *aparecer*, *dictar resolución de revocación* por *revocar*, o *tomar un acuerdo* en vez de *acordar*. Del periodismo nos vienen algunos empleos como: *hacer declaraciones* por *declarar*, *ser de la opinión de* por *opinar*; y los adverbios: *básicamente*, *obviamente*, *mayoritariamente*, *mayormente*, *supuestamente*, *presuntamente*, etc.

El uso de ciertas palabras va desterrando poco a poco a otras arraigadas y consolidadas hasta ahora en el idioma, con pérdida de una peculiar manera de expresión y la adquisición de otra nueva. Así, se prefiere *iniciar* a *empezar* y *comenzar*, y *finalizar* a *acabar* y *terminar*. Apenas se habla de *oportunidades*; la palabra *oportunidad*, 'conveniencia de tiempo y lugar', alterna con *opción*. Casi no se mencionan las *suposiciones*, *cábalas*, *indicios* o *sospechas*: todo ello se subsume en la más "culta" *especulaciones* y su verbo *especular*, que significa 'meditar, reflexionar, teorizar'. Es raro que alguien goce de crédito o confianza; en su lugar se prefiere la palabra *credibilidad*, "más llena" de significado.

Importante y *componente* son de uso generalizado. El primero sustituye a *esencial*, *primordial*, *destacado*, *crucial*, e incluso a *crítico*: *Tiene un coche importante*, *Raúl marcó un gol importante*. El segundo, 'que compone o entra en la composición de un todo', se emplea como sinónimo de *aspecto*, *parte*: *Esa película encierra un componente de violencia*; de modo similar se aplica la palabra *punto*: *Yo no contrataría esos salones para una boda: tienen un punto que no me gusta*. A su vez, *puntual* está arrollando a *concreto* y *preciso*. Palabra muy polisémica, a todas horas oímos mencionar *un momento puntual* o *Interrumpió la conversación para decir algo muy puntual*; sin embargo, en el uso moderno no parece responder a ninguna de las acepciones del diccionario: 'pronto, diligente, conveniente, adecuado': *Carlos acudió puntual a la cita*; *Se requirió un informe puntual de la situación en los Balcanes*. Es aceptado ya el adjetivo *preocupante* con el significado de 'inquietante' o 'turbador', así como *globalización* por 'totalización', que ha dado lugar a la metonimia *aldea global*.

Una palabra como *filosofía* se ha hecho sinónima actualmente de *contenido*, *fundamento*, *criterio*, *intención*: *Cada partido político tiene su propia filosofía*. Existe una gran inflación del sustantivo *tema* cuando se lo adopta por *cuestión*, *problema*, *motivo*, etc. Significa 'asunto o materia', y debe dedicarse a *idea central*, *asunto de que trata un escrito*, *discurso*, etc.

3. Nuevas acepciones admitidas por la Real Academia Española

La Real Academia refrenda o sanciona los usos de los hablantes. La aparición de palabras utilizadas con acepciones que no constan en el diccionario lleva a esta institución a aprobar o rechazar lo que es más conveniente. Esa es la causa de la aceptación de algunas de ellas con significados adquiridos recientemente. Así, *incrementar* se admite como sinónima de *aumentar*, e igualmente *incremento*, de uso muy extendido; a todas horas se oye: *el incremento del paro*, *del precio de la gasolina*, etc. *Incidir* sigue siendo 'incurrir en un error', pero su asociación con *influir* ha permitido la inclusión del sentido coloquial *hacer hincapié* (o *subrayar*): *En su discurso*, *el ministro incidió en el tema de la vivienda*. Lo mismo le sucede a *dinámica*, que ya significa 'energía y actividad de una persona', y a *especular* ('registrar', 'meditar', 'reflexionar con hondura', 'teorizar'), el cual se admite también como 'perderse en sutilezas o hipótesis sin base real'. El empleo de *problemático* por *conflictivo* y *difícil* ha llevado a incluir la acepción 'que presenta dificultades o causa problemas'.

Alternativa, 'opción entre dos cosas' ya constaba en la edición del *DRAE* de 1992 como "opción" a secas: *alternativa de poder*. En la última, de 2001, *deleznable* se acepta por 'despreciable', 'de poco valor'; *logística*, como el 'conjunto de medios y métodos necesarios para llevar a cabo la organización de una empresa o de un servicio'; se da entrada en *patología* al 'conjunto de síntomas de una enfermedad'; en *operativo*, a 'disponible, preparado o listo para ser utilizado o entrar en acción'. Por su parte, en *nominar*, junto a 'dar nombre a alguien o algo', consta 'presentar o proponer a alguien para un premio'; y *ofertar* amplía su significado no sólo a ofrecer en venta un producto, sino a 'comprometerse a dar algo' en general, y lo hace sinónimo de *ofrecer*.

4. Usos que deben evitarse

Al hablar o escribir, hay que **huir de**:

- La **adjetivación innecesaria**, que resulta inexpresiva por el hecho de formar sintagmas lexicalizados por el uso, la mayoría de las veces redundantes: *serio problema*, *profunda atención*, *agudo conflicto*, *falso pretexto*, *participación activa*, *indigencia absoluta*, etc.
- Los **adverbios de relleno**. A veces usamos sin control los adverbios en *-mente*: *básicamente*, *evidentemente*, *obviamente*, *verdaderamente*, *ciertamente*, *lógicamente*, etc. Sí pueden aparecer dos juntos como *lisa y llanamente*, *pura y simplemente*, *particular y personalmente*.
- **Varios sinónimos**. La acumulación de sinónimos sobra si la palabra que debemos perseguir es la apropiada y más correcta. Es corriente oír *Fue tajante y rotundo*, *hacer público y manifiesto*, e incluso tres seguidos: *vasto, extenso y amplio operativo policial*. Deben evitarse, sobre todo, cuando riman: *Es objetivo primordi**al** y fundament**al** encontrar al que lo haya hecho*.
- Las **palabras inútiles** o **superfluas**. Consisten en la introducción de complementos que no se precisan, del tipo: *en el peor de los casos*, *a todos los efectos*, *por así decirlo*, o el continuo *Quiero decir* que se incluye antes de variar algo con otras palabras. Siempre es preferible la sencillez expresiva (o incluso la simplicidad) al abultamiento; siempre es mejor *conocer* a *tener conocimiento de*, *manifestar* a *poner de manifiesto*, *comenzar* a *dar comienzo*, *publicar* a *hacer público*, *presentarse* a *hacer acto de presencia*. En este grupo se cuentan los **circunloquios**, del tipo *Después de las razones aducidas, estamos en condiciones de poder afirmar...*, cuya expresión más simple podría ser: *Tras lo dicho, ya podemos afirmar...* Suelen hacer bulto y no enriquecen la significación.
- Los **tópicos**. Son palabras "prefabricadas" y uniformadas, que dice una generalidad. Suelen consistir en sintagmas preestablecidos que se repiten como muletillas al hablar: *de entrada*, *a lo largo y a lo ancho*, *por activa y por pasiva*, o los más coloquiales: *asignatura pendiente*, *comerse el marrón*, *puro y duro*, *punto y final*, *punto y pelota*, *como suele decirse*, *quiero decir...*, *... para que tú me entiendas*, etc.

- Las **palabras "baúl"** o **comodines**. Son aquellas que tienen un significado muy general que suele servir para casi todo, y a las que recurrimos cuando no nos vienen a la cabeza otras más cultas. Es el caso de verbos como *haber*, *tener*, *poner*, *hacer*, *dar*, *echar*, etc. Todos ellos son prescindibles, ya que, con determinadas lexías, pueden conmutarse por otros verbos: *haber un gran silencio* → ***reinar** un gran silencio*; *hacer una película* → ***rodar** una película*; *tener efecto* → ***surtir** efecto*; *dar lástima* → ***inspirar** lástima*; *echar un olor* → ***despedir** un olor*; *decir un secreto* → ***revelar** un secreto*; *poner una emisora* → ***sintonizar** una emisora*; *ser de un partido* → ***militar** en un partido*.
  Contribuye a la vaciedad del discurso la repetición constante de los vocablos *cosa*, *tema*, *rollo*, *chisme*, *tío*, *-a*, *colega*, *tronco*, *flipar*, *molar*, etc. Son palabras de relleno que no dicen nada y, desde luego, no deberían aparecer en una conversación cuidada.
- La **hinchazón expresiva.** Viene provocada por la utilización de un léxico exagerado: *antagonístico* por *antagonista* o *antagónico*, *dinamizar* por *activar* o *animar*, *disturbar* (por *molestar*) o *dimisionar* por *dimitir*, *renunciar*. Por la misma razón deben evitarse *difusividad*, *dinamicidad*, *condicionatividad* o *evaluatividad*; *cumplimentación*, *anexionamiento*, *comparecimiento*, *agasajamiento*, *sugerimiento* o *agudizamiento*, etc. Usar al hablar la palabra más rebuscada no significa hablar mejor sino que contribuye a la voluminosidad y afeamiento del estilo.

5. El manejo del diccionario

Cuando queremos expresarnos con propiedad, escribir con corrección o, simplemente, dudamos del significado de las palabras, se hace imprescindible la consulta del diccionario. Este nos proporciona los significados exactos de las mismas y las múltiples acepciones de que constan muchas de ellas. Es la herramienta que debemos tener permanentemente a mano.

Como ya sabemos (Tema 16), en el valor de las palabras influyen dos variables: *denotación* y *connotación*. La primera está constituida por el significado concebido objetivamente y como tal, mientras que la segunda expresa valores subjetivos, añadidos al signo. Pues bien: la *denotación* es el significado que definen los diccionarios y el que todos los usuarios de una lengua están de acuerdo en atribuirle; se aprende con la lengua misma y, en casos aislados, se modifica con el paso del tiempo.

Un diccionario es un repertorio de unidades léxicas, generalmente ordenadas alfabéticamente, donde se exponen las palabras de un idioma. Existen varios tipos de diccionarios: normativos, ideológicos, de uso, históricos, etc.

– El primordial es el ***Diccionario de la lengua española* (*DRAE*)** que publica la Real Academia Española en sucesivas ediciones. Es el diccionario prescriptivo (o normativo) por excelencia. Recoge también modismos, coloquialismos, vulgarismos, préstamos, etc.

Presenta la siguiente estructura:

- La entrada a cada palabra o *lema*, donde, normalmente se ofrece en primer lugar la etimología de la misma, la categoría gramatical a que pertenece y el género (en abreviaturas). A continuación, se da paso a la definición, en la que se distinguen dos partes: la primera fija la significación de las voces de forma general; seguidamente, concreta lo definido para su correcta identificación.
- Si hay más de una acepción, estas aparecen numeradas con sus definiciones correspondientes, incluyendo los sentidos figurados.
- En el caso de que alguna de las acepciones de la palabra en cuestión vaya acompañada de determinados adjetivos, verbos, preposiciones, etc., se hacen constar después de cada definición, y aparecen marcados en letra negrita.
- Al final de cada entrada se adjuntan expresiones coloquiales, e incluso proverbios.

El Seminario de Lexicografía de la Real Academia Española se encarga de actualizar los matices significativos que van surgiendo en el habla cotidiana, aceptando unos y rechazando otros, procurando acomodarse a las necesidades de las distintas épocas y etapas por las que pasa un idioma y que piden, cada cierto tiempo, una atenta revisión.

La última edición del diccionario académico es del año 2001 (vigésima segunda). Está hecha en coordinación con todas las Academias americanas de lengua española, e incluye los americanismos y los países de procedencia.

Existen también diccionarios de uso:

– El ***Diccionario de uso del español*** de María Moliner (Madrid, Gredos) y el ***Diccionario del español actual (DEA)*** de Manuel Seco, Olimpia Andrés y Gabino Ramos (Madrid, Santillana) se utilizan para una exacta comprobación del uso que los hablantes de una lengua hacen de las palabras y de sus significados en relación con dicho uso. Incluyen definiciones que no siempre coinciden con las que da la Real Academia. Introducen palabras usuales e inusuales, eruditas, científicas, pero también rurales y voces de germanía; las que se emplean corrientemente y las desusadas: sinónimos, antónimos, referencias de usos contextuales y abundantes ejemplos que dan el valor de uso de los vocablos.

Hay también otros tipos de diccionarios:

– El ***Diccionario ideológico*** de Julio Casares (Barcelona, Gustavo Gili) agrupa las voces por familias léxicas, esto es, por grupos de palabras que giran en torno a una misma idea. Consta de dos partes claramente diferenciadas: una analógica y otra alfabética. En la última, las lexías aparecen como en cualquier diccionario. En la anterior, se ofrecen desplegando una clasificación de otras muchas con las que tienen algo que ver y que cubren todo un campo semántico, incluyendo sintagmas y expresiones, términos científicos relativos a ellas, verbos y derivados postverbales.

– El ***Diccionario crítico-etimológico castellano e hispánico*** de J. Corominas y J. A. Pascual (Madrid, Gredos) proporciona, fundamentalmente, la etimología y el origen de las palabras. Aunque pertenece a la perspectiva diacrónica de la disciplina lexicográfica, es un auténtico diccionario de la lengua y, al mismo tiempo, da cabida en sus páginas a la historia completa de los elementos léxicos (lexías, formantes, locuciones, modismos, etc.) de la lengua española.

– El ***Diccionario de dudas de la lengua española*** de Manuel Seco (Madrid, Espasa-Calpe) es un estupendo diccionario al que recurrir en el caso de tantas dudas como pueden surgirnos al hablar o en la escritura. En él se detalla la conjugación de los verbos irregulares, las construcciones sintácticas que ofrecen problema, etc.

Por último, la misión de los diccionarios de sinónimos es ofrecer palabras similares a las que se quiere sustituir, sin alterar su significado. El uso de sinónimos es síntoma del buen conocimiento del idioma y de la búsqueda del perfeccionamiento del léxico a través de los innumerables matices significativos que ofrece el contexto.

Su estructura consiste en:

- Palabras "madre" o cabezas de grupo en letra negrita.
- Sinónimos, equivalencias o ideas afines (debajo de las palabras "madre"), generalmente con el orden siguiente:
  - voces de uso general;
  - tecnicismos;
  - americanismos, variaciones dialectales, extranjerismos, neologismos e incluso vocablos del argot y de las jergas populares.
- Después de los correspondientes sinónimos constan en letra cursiva los antónimos.

En cuanto a los diccionarios de sinónimos y antónimos, se recomiendan:

- El ***Diccionario de sinónimos***, de Samuel Gili Gaya (Barcelona, Bibliograf).
- El ***Diccionario general de sinónimos y antónimos***, de José Manuel Blecua (Barcelona, Vox).
- El ***Diccionario de sinónimos y antónimos***, de Espasa-Calpe (Madrid, Espasa-Calpe).
- El ***Diccionario avanzado de sinónimos y antónimos de la lengua española***, de José Manuel Blecua (Barcelona, Sper).
- El ***Diccionario de modismos o fraseológico***, de Manuel Seco (Madrid, Aguilar).

Ejercicios

1. ¿De qué ámbitos del lenguaje están tomadas las siguientes expresiones? ¿Cuáles son sus significados? *Girar visita de inspección, darse a la fuga, poner la antena, fundírsele a uno los plomos, patinarle las neuronas, desconectar.*

2. Señale las impropiedades léxicas de estas frases. Justifique por qué son incorrectas y anote la palabra apropiada:

   a) *Está haciendo un calor importante.*
   b) *La casa precisa una remodelación. Vamos a pintar y lijar el parqué.*
   c) *Me he comprado toda la gama de productos Diadermine.*
   d) "*Próxima construcción de 20 chalets exclusivos*".

3. Seleccione la palabra correcta de las dos que van entre paréntesis:

   a) *Debemos* (**concienzarnos/concienciarnos**) *de los problemas del Tercer Mundo.*
   b) *En los exámenes* (**se confiaba/se autoconfiaba**), *y por eso suspendía.*
   c) *En democracia se produce* (**la alternativa/la alternancia**) *de los partidos políticos.*
   d) *No me atrevo a* (**opinar/valorar**) *los últimos acontecimientos.*

4. Indique a qué términos pertenecen las siguientes definiciones:

   a) 'contrario a algo', 'que muestra resistencia'; b) 'flojo, dejado o detenido en la resolución o determinación de algo'; c) 'pertinaz, obstinado e irreducible'.

5. Busque la palabra o la expresión correctas:

   a) *No admito ingerencias en mi trabajo.*
   b) *Rato detentó el puesto de vicepresidente durante ocho años.*
   c) *Vosotros no preveyisteis las consecuencias de aquella mala acción.*
   d) *La joven tenista se rebeló como la ganadora del torneo.*
   e) *La policía disolvió a los manifestantes.*
   f) *Vistiendo el maillot amarillo, subió al podio en loor de multitudes.*

6. Sustituya las palabras subrayadas por una expresión sinónima que aclare su significado:

   a) *La nueva línea de metro será <u>operativa</u> el año que viene.*
   b) *¡Yo creía que el <u>tema</u> de la cerradura ya estaba resuelto!*
   c) *Me gustó el diseño del arquitecto, pero parecía poco <u>operativo</u>.*
   d) *Quedó con Marcos. Tenía que comentarle algunas cosas <u>puntuales</u>.*

7. ¿Qué término corresponde a 'corroborar la verdad, certeza o el grado de probabilidad de algo'? a) *reafirmar*; b) *confirmar*; c) *revalidar*; d) *rectificar*.

8. En las oraciones siguientes elija entre los dos sinónimos que se ofrecen el que considere más apropiado:

   a) *El sofá del salón ya está* (***caduco/anticuado***).
   b) *Guti marcó el gol* (***al final/a la finalización***) *del partido*.
   c) *El atasco que se produce todas las mañanas en la autopista no es* (***insólito/inaudito***).
   d) *Era tan intelectual que carecía de* (***actitudes/aptitudes***) *para las manualidades*.
   e) *En sus ratos libres se dedica a* (***ojear/hojear***) *los cuadros del Museo del Prado*.
   f) *Las procesiones de Semana Santa pertenecen al* (***acervo/montón***) *de las tradiciones nacionales*.

9. Aligere la expresión suprimiendo la palabra redundante:

   a) *Puso especial énfasis en la doctrina nietzscheana*.
   b) *Llegados a este punto de la explicación, voy a poner un ejemplo práctico*.
   c) *Si algo no queda claro, insistiré de nuevo en ello*.
   d) *Solía ir a nadar a menudo con su hermana*.
   e) *Se trata de optimizar al máximo la rentabilidad de las acciones*.
   f) *Dice que está desalentado porque no tiene proyectos de futuro*.

10. Elimine los circunloquios:

   a) *Es conveniente dar por finalizada la reunión*.
   b) *No creí que fueras a poner en duda mis palabras*.
   c) *En este asunto, no debemos apartar de nuestra mente los hechos que se detallan*.
   d) *La policía entró en acción para detener al kamikaze*.
   e) *Al final del homenaje, le hicieron entrega del premio*.

11. Simplifique las siguientes locuciones utilizando preposiciones equivalentes:

   a) *Todo puede solucionarse por la vía del diálogo*.
   b) *El partido terminó a falta de goles*.
   c) *Estuvo hablando por espacio de tres horas*.
   d) *Es muy bueno a nivel de idiomas*.
   e) *Expusieron el proyecto en base a los datos de que disponían*.

12. Sustituya en las oraciones siguientes las formas verbales subrayadas por otras más precisas:

   a) *Juan tenía la esperanza de que lo admitiesen en el grupo*.
   b) *Los marroquíes son de religión musulmana*.
   c) *Al llegar a su casa, puso la emisora que más le gustaba*.
   d) *En los Multicines echan una película que no quiero perderme*.
   e) *La entrevistaron para una obra de teatro y le pidieron que dijera un poema*.
   f) *En aquel crimen había algunas circunstancias extrañas*.
   g) *El gobierno dará medidas para solucionar la crisis*.
   h) *A medida que pasaba el tiempo, Laura se había hecho ilusiones con aquel chico*.

Tema 20

El texto: coherencia y cohesión. Los conectores discursivos

Pilar Ruiz-Va Palacios

Introducción

1. ¿Qué es el texto?
2. Textualidad o propiedades textuales: adecuación, cohesión, coherencia
   - 2.1. Adecuación
   - 2.2. Cohesión
     - 2.2.1. Principales mecanismos de cohesión
       - 2.2.1.1. La referencia
       - 2.2.1.2. La sustitución
       - 2.2.1.3. La elipsis
       - 2.2.1.4. Los conectores discursivos
       - 2.2.1.5. La entonación
       - 2.2.1.6. La puntuación
       - 2.2.1.7. La cohesión temporal expresada por las formas verbales
   - 2.3. La coherencia

Ejercicios

Introducción

Hasta este momento nos hemos centrado en estudiar la oración como la unidad máxima del análisis lingüístico, pero existen otros enfoques: nos referimos a los estudios de lingüística supraoracional o textual, los cuales proponen como unidad máxima el enunciado, el discurso, el texto, la conversación, etc.; es decir, consideran como unidad lingüística máxima el **texto completo** (por eso el análisis del texto se denomina también *supraoracional)*, sea cual sea su extensión.

Cuando, durante la segunda mitad del siglo XX, el **texto** se constituyó de manera generalizada como objeto de estudio de la lingüística, una de las preguntas planteadas –tal vez la más importante– fue: ¿Cuáles son las propiedades que nos permiten distinguir un **texto** de un **no-texto**? Hubo bastante acuerdo en cuanto a que las propiedades de **coherencia** y de **cohesión** son las que caracterizan el texto, así como la de **adecuación** a la situación comunicativa**.** Descubriremos en este tema cuáles son los mecanismos que conducen a un texto adecuado, cohesionado y coherente.

1. ¿Qué es el texto?

Desde el punto de vista etimológico, la palabra **texto** proviene de *texere* ('tejer'); el texto es algo parecido a un tejido, a una tela en donde se traman y conectan ideas. Un texto es un vehículo de comunicación. A diario nos encontramos con textos escritos que se producen con diversos propósitos y se diferencian entre sí por varios aspectos: a quién va dirigido, qué intención tiene, qué propone, etc.

Se define comúnmente que *un texto es cualquier manifestación verbal completa que se produzca en un acto de comunicación*. Son textos todo enunciado, (Véase el Tema 12) los escritos de literatura, las redacciones de los alumnos, la explicación del profesor, pero también los diálogos y las conversaciones, las noticias, la publicidad, etc. Así, los textos pueden ser tanto orales como escritos; literarios o no; emitidos para decir o escribir, o bien para leer o escuchar; extensos o breves, etc.

Para reconocer una manifestación verbal como texto, deberá presentar textualidad, es decir, deberá cumplir unas **propiedades textuales**. Una simple lista de oraciones sobre un mismo tema no es un texto si carece de la estructuración de las ideas y de las conexiones gramaticales imprescindibles para poder formar una unidad comunicativa y expresar un significado completo.

2. Textualidad o propiedades textuales: Adecuación, cohesión, coherencia

Las propiedades textuales, conocidas también como **condiciones de textualidad**, son el requisito imprescindible para que un texto se configure como tal, frente a un no-texto. Son tres:

- Adecuación.
- Cohesión.
- Coherencia.

2.1. Adecuación

La lengua no es uniforme, presenta variaciones debidas a diversos factores: la geografía, la historia, el grupo social, la situación de comunicación, la interrelación entre los hablantes, el canal de comunicación, etc.

Dentro de un mismo dialecto, la lengua también muestra registros muy diferentes: formales, especializados, coloquiales, etc. (Véase el Tema 24). Por ejemplo, *guay, bonito*, *hermoso* o *bello* pueden ser sinónimos en algunos contextos, pero tienen valores sociolingüísticos diferentes: *guay* es muy coloquial, incluso puede resultar vulgar; *bonito* pertenece a un nivel de formalidad familiar; *hermoso* o *bello* representan un registro más formal, culto y especializado. En una exposición en público usaríamos las dos últimas para dar un tono técnico (*una escultura hermosa, un concierto muy bello*), pero también la palabra familiar (*Ésta es una ciudad bonita*). Sin embargo, sólo emplearíamos *guay* hablando entre amigos, en una situación muy informal.

La **adecuación** de un texto implica que éste presenta, entre todas las soluciones lingüísticas que posee la lengua, la más apropiada para cada situación de comunicación. Según sea la situación, será necesario optar entre el dialecto local o el estándar más general; y también será necesario saber qué registro de la lengua es apropiado elegir para la ocasión comunicativa: el formal estándar, el coloquial, los especializados o técnicos, etc. Manejar adecuadamente la diversidad de la lengua implica distinguir qué palabras son dialectalismos locales –y no serían entendidos fuera de su ámbito– y cuáles de ellas son de uso general, así como identificar la terminología específica de cada campo de conocimiento. En resumen, la **adecuación** del texto requiere de quien lo emite sensibilidad sociolingüística para seleccionar el nivel de lenguaje apropiado en cada situación de comunicación.

Un texto oral o escrito muestra la **adecuación** necesaria si:

- Consigue el propósito comunicativo con el que se ha producido (defender un punto de vista, exponer un informe, narrar una historia, pedir algo, etc.). Ha de resultar claro que se trata de una argumentación, un relato, de una petición, etc.
- Mantiene el mismo nivel de formalidad. Si la formalidad es alta, no debe figurar ninguna expresión vulgar o demasiado coloquial y, por el contrario, si el tono es familiar, no es apropiado que aparezcan palabras demasiado técnicas o cultas, ni la sintaxis debería ser muy compleja. (Con frecuencia se mezclan niveles de formalidad; ello indica confusión expresiva.)
- Mantiene el mismo grado de especificidad, sea alto o bajo. En un texto que trate de un tema especializado, se empleará la terminología específica del campo y se evitará el uso de expresiones coloquiales y palabras generales. (También es común el error de trivializar o vulgarizar un texto por no atenerse al nivel de especificidad que requiere.)

2.2. Cohesión

Es una propiedad textual imprescindible, tanto en el texto escrito como en el oral. Designamos como **cohesión** textual el hecho de que las oraciones que integran un discurso no son unidades aisladas e inconexas, simplemente colocadas una al lado de otra, sino que están relacionadas con medios lingüísticos diversos (puntuación, entonación, conjunciones, artículos, pronombres, sinónimos, etc.) que conforman entre sí una trama de conexiones, la cual permite la comprensión lectora y la producción de escritura. La **cohesión** tiene carácter sintáctico y semántico.

Por ejemplo, el texto siguiente es confuso porque carece de cohesión:

> *María y Ana fueron a la floristería. Ella buscaba azaleas y orquídeas. En la tienda no había del color pretendido. Compró unas blancas.*

Aplicándole los mecanismos de cohesión adecuados, resulta así:

> *María y Ana fueron a la floristería. La primera buscaba azaleas y orquídeas. En la tienda a la que acudieron no las había del color pretendido. Por eso María compró sólo unas orquídeas blancas.*

En este segundo ejemplo existe la cohesión de que carecía el primero, tanto por la organización estructural de la información como por la presencia de mecanismos que la jerarquizan.

En resumen, la propiedad de la cohesión engloba cualquier mecanismo de carácter lingüístico que sirva para relacionar las oraciones de un texto entre sí. Es básicamente gramatical y afecta a la formulación superficial del texto.

2.2.1. Principales mecanismos de cohesión

Los principales mecanismos de cohesión textual son la **referencia**, la **sustitución**, la **elipsis** y los **conectores**, pero también intervienen como herramientas cohesivas la **entonación**, la **puntuación** y la **cohesión temporal** expresada por los tiempos verbales.

2.2.1.1. La referencia

La **referencia** consiste en la relación entre un elemento del texto y otro u otros elementos también presentes en el texto, o bien en el contexto situacional.

Se denomina *deíxis* la referencia a ciertos datos que señalan la situación de comunicación: el lugar (*aquí, allí*), el tiempo (*ahora, entonces, después*) y los participantes (*emisor, receptor*); y *deícticos* las palabras que los expresan.

La referencia textual se establece en dos direcciones:

a) Referencia exofórica: "hacia fuera" del texto. Es la relación que se entabla cuando un elemento del texto alude a referentes del mundo real, es decir, extralingüísticos, pertenecientes al contexto situacional:

El alcalde ha anunciado que desde hoy quedará suspendida por obras la línea 2 del Metro de Madrid.

Tanto el SN *El alcalde* como el adverbio de tiempo *hoy* y el SN *la línea 2 del Metro de Madrid* establecen referencias exofóricas, pues aluden a entidades externas al texto. Las referencias exofóricas sólo aportan cohesión y coherencia al texto si los receptores comparten el conocimiento del mundo real al que éste se refiere.

b) Referencia endofórica: "hacia dentro" del texto. Es la relación que entabla un elemento del texto con un referente que está presente en el mismo texto. También se la conoce como **correferencia** porque ambos elementos del texto, el primero y el segundo, aluden a un mismo referente:

María recitó un poema conmovedor. En él se traslucía toda su sensibilidad.

El pronombre personal *él* hace referencia endofórica al SN *un poema conmovedor*; el posesivo *su* es correferente, a su vez, del SN *María*.

Las referencias endofóricas pueden ser de dos clases: **anáfora** y **catáfora**.

- **Anáfora**: referencia "hacia atrás", a un elemento aparecido con anterioridad en el texto.

El ejemplo de referencia endofórica, lo es, asimismo, de anáfora: el pronombre personal *él* hace referencia al SN *un poema conmovedor*, aparecido antes en el texto.

Si no dispusiéramos de mecanismos diversos para evitar la repetición del nombre *poema*, el texto llegaría a ser reiterativo:

María recitó un poema conmovedor. En el poema conmovedor se traslucía toda la sensibilidad de María.

Asimismo, si eliminásemos las referencias necesarias a ese elemento en el lugar adecuado, las frases serían incompletas y el texto no podría entenderse:

María recitó un poema conmovedor. Se traslucía toda la sensibilidad.

La anáfora es una de las redundancias necesarias para hacer progresar el texto sin repetir tediosamente las mismas palabras.

- **Catáfora**: referencia "hacia delante", se anticipa a un elemento que aún no ha aparecido en el texto.

Te lo presentaré: éste es mi primer nieto.

El pronombre personal *lo* y el pronombre demostrativo *éste* son catáforas porque hacen referencia al SN *mi primer nieto* antes de que aparezca en el texto.

2.2.1.2. La sustitución

Un mecanismo fundamental de cohesión es la reiteración léxica, la cual permite no "perder el hilo" del discurso. Para evitar repetir las mismas palabras sin que el texto deje de ser comprensible, se sustituye un elemento léxico por otro. La sustitución es una relación anafórica y puede hacerse por dos procedimientos:

a) Sustitución de un elemento por sinónimos, **hiperónimos** o **hipónimos**:

- La sustitución por **sinonimia** (Véase Tema 17, apartado 1) consiste en utilizar otras palabras (sinónimos) o bien expresiones, para nombrar elementos ya mencionados con anterioridad, con el fin de evitar la repetición:

Eva estudia en la escuela del pueblo. Pedro en otro centro escolar.

Se ha reemplazado un elemento, el nombre *escuela,* por un SN sinónimo: *centro escolar.*

- La sustitución por **hiperonimia** (Véase Tema 17, apartado 1) consiste en reemplazar un elemento por otro de dimensión significativa más amplia, que lo abarca semánticamente, como pueda ser *vehículo* con respecto a *coche*, *autobús*, *moto*, etc.

Venus brillaba en la noche. Ese planeta nos fascinaba en las noches de verano.

Aquí sustituimos un nombre nombre propio, *Venus*, por otro elemento de significado más general, el hiperónimo *planeta.*

- La sustitución por **hiponimia** (Véase Tema 17, apartado 1) consiste en reemplazar un elemento por otro de dimensión significativa menos extensa, es decir, de significado incluido en el primero:

Estaba plantando un árbol en la foto: aquel castaño lo acompañó toda su vida.

El sustantivo *castaño*, al igual que los sustantivos *roble, encina, pino,* etc., son hipónimos incluidos en el hiperónimo *árbol.*

b) Sustitución de un elemento por pronominalización. Las proformas:

Las proformas son palabras especializadas en la función de sustituir a otras palabras. Distinguimos las siguientes:

- **Pronombres gramaticales**: personales, demostrativos, posesivos, etc. Son los pronombres tradicionales, estudiados por la gramática: *él, ella, ése, aquél, lo, la, les, ello, alguna, ninguna, nadie, esto*, etc. (Tema 8, apartado 4):

No me parece que Leo tenga razón, aunque él quiera tenerla siempre.

El pronombre *él* sustituye al nombre propio *Leo*, y el pronombre *la*, al sustantivo común *razón*.

- **Pro-adverbios**: Los adverbios (*allí, allá, aquí, entonces*, etc.) pueden actuar como sustitutos de otros elementos en algunos contextos determinados:

  Todo ese verano paseó sus amores por la playa. Desde entonces, nunca regresa allí.

El adverbio *entonces* reemplaza el SN *Todo ese verano*; *allí* sustituye al CC *por la playa*.

- **Comodines léxicos**: Se trata de algunos vocablos con un significado muy genérico, que funcionan como sustitutos ocasionales de palabras más precisas. Realizan la misma función que un comodín en un juego de cartas. Entre los más frecuentes están: *hacer, dar, cosa, elemento,* etc.

  Voy todas las semanas al cine; casi siempre lo hago por la noche.

El verbo *hago* reemplazan junto con el pronombre yo *Voy* al cine.

2.2.1.3. La elipsis

- **Elipsis** significa 'omisión' y **elíptico**, 'omitido, sobrentendido, tácito'. Es un mecanismo de cohesión consistente en suprimir un elemento o estructura (sujeto, verbo, complemento, etc.) que ya ha aparecido antes en el texto, cuyo vacío puede reponer fácilmente el receptor:

  Unos pensaban en las inminentes vacaciones; otros, en los exámenes de septiembre.

La ausencia del verbo *pensaban* en la segunda oración es una elipsis que aparece señalada por la coma.

¿No creías que fuera tan tarde?

El sujeto *tú* (2ª persona verbal) del verbo *creías* está elíptico u omitido.

2.2.1.4. Los conectores discursivos

Los enunciados que componen un texto mantienen distintas clases de relación que se expresan mediante diversos tipos de enlace a los que se denomina **conectores discursivos**.

Se puede proponer una clasificación de los conectores discursivos que los agrupa en dos grandes clases atendiendo a su función en el texto:

A) La primera clase de conectores o **marcadores textuales** –como también se los denomina– tiene la función de soporte sintáctico de las relaciones lógicas entre las oraciones del texto, así como de establecer las coordenadas temporales y espaciales del mismo:

• **Causales**: expresan relaciones de causa dentro del enunciado:

Porque, ya que, que, pues, dado que, visto que, puesto que, como, considerando que, a causa de, gracias a que, a fuerza de, con motivo de, por culpa de, etc.

• **Consecutivos**: indican relaciones de consecuencia dentro del enunciado:

Por lo tanto, por consiguiente, en consecuencia, de modo que, por esto, a consecuencia de, así que, por lo cual, pues, consiguientemente, razón por la cual, con que, etc.

• **Condicionales**: plantean la condición necesaria para que se produzca otra acción:

Si, a condición de/que, siempre que, siempre y cuando, en caso de/que, con tal de/ que, con sólo, etc.

• **Finales**: plantean la finalidad de la acción principal:

Para/que, a fin de/que, con el objetivo/objeto de/que, con la finalidad de/que, con vistas a, con miras a, etc.

• **Concesivos**: expresan alguna objeción u obstáculo a una acción:

Aunque, a pesar de que, pese a que, por más que, con todo, si bien, aun + gerundio, *aun cuando*, etc.

• **Comparativos**: marcan algún grado de semejanza entre elementos de los enunciados:

Del mismo modo/que, igualmente, igual de/que, tan/tanto...como, análogamente, a diferencia de, más...que, superior...a, mayor que, menos...que, inferior a, menor que, etc.

• **Temporales**: establecen el marco temporal de la acción:

Antes, anteriormente, mucho/bastante/poco antes, entonces, al mismo tiempo, simultáneamente, mientras, en el mismo momento, después, acto seguido, a continuación, etc.

• **Espaciales**: delimitan el marco espacial de la acción:

Arriba/abajo, más/menos, boca arriba/boca abajo, encima/debajo, delante/detrás, en medio/en el centro, cerca/lejos, dentro/fuera, al centro/ al lado, de cara/de espaldas, en el interior/en el exterior, etc.

B) Existe también otra clase de conectores o marcadores cuya función es organizar la estructura del texto:

- **Introductores del tema del texto**:

El objetivo principal de, nos proponemos exponer, este texto trata de/pretende, etc.

- **Marcadores de orden secuencial de las ideas**:

Para empezar, en primer lugar, primeramente, primero, de entrada, ante todo, antes que nada, en segundo lugar, segundo, luego, después, además, en tercer lugar, seguidamente, a continuación, en último lugar, en último término, para terminar, para concluir, como colofón, finalmente, etc.

- **Introductores de un tema o aspecto nuevo**:

A propósito de, por lo que se refiere a, con/al respecto a/de, en cuanto a, en lo que concierne a, en relación con, otro punto/aspecto es, acerca de, sobre, a continuación, en otro orden de cosas, etc.

- **Aditivos**: Expresan la noción de inclusión, suma o adición o intensificación de datos:

Y, y además, también, encima, es más, más aún, incluso, de igual forma, igualmente, de igual manera/ forma/ modo, hasta, para colmo, máxime, todavía, asimismo, del mismo modo/forma/manera, por otro lado, por otra parte, así pues, hay que insistir en, hay que destacar, hay que tener en cuenta, etc.

- **Restrictivos**: señalan diferentes relaciones de contraste y oposición entre enunciados:

Pero, mas, sino, aun así, sin embargo, no obstante, con todo, en cierto modo, en cierta medida, hasta cierto punto, por el contrario, ahora bien, de todas maneras, de alguna manera, etc.

- **Reformuladores o explicativos, y ejemplificativos**:

Es decir, esto es, o sea, a saber, en/con otras palabras, dicho de otro modo, mejor dicho, por ejemplo, en particular, baste, como botón de muestra, verbigracia, así, tal como, pongo por caso, como ya se ha dicho, en efecto, la idea central es, vale la pena decir, etc.

- **Diferenciadores**:

Por un lado... por otro, por una parte... por otra, ahora bien, en cambio, por el contrario, no obstante, opuestamente, sin embargo, etc.

- **Marcadores de advertencia**:

Atención, cuidado, fíjense en, no olviden, recuerden, observen, presten atención a, etc.

• **Enfatizadores**: destacan aspectos de los enunciados que se considera esencial tener en cuenta:

Sobre todo, ante todo, ciertamente, lo que es más, lo que es peor, repetimos, insisto, por si fuera poco, lo que es más importante, especialmente, etc.

• **De corrección**:

Mejor dicho, rectificando, quiero decir, etc.

• **Marcadores de resumen, final o conclusión del texto**:

En resumen, resumiendo, recapitulando, brevemente, en pocas palabras, globalmente, recogiendo lo más importante, en conjunto, sucintamente, para finalizar/terminar/concluir/acabar, en definitiva, en conclusión, así pues, como colofón, finalmente etc.

2.2.1.5. La entonación

Es uno de los mecanismos de cohesión más importantes y expresivos de los textos orales. Fundamentalmente, la **entonación** (Véase Tema 4) indica si una oración ha terminado o no, si el emisor ha acabado de hablar, o bien si está formulando una interrogación, una exclamación o una afirmación, etc. Pero también tiene otras funciones y capacidades expresivas que van mucho más allá de lo normativo: indica la actitud del hablante (seria, irónica, reflexiva, irritada, entusiasta, tierna, etc.) o el énfasis que se pone en subrayar determinados puntos del texto: una palabra, una oración, etc.

2.2.1.6. La puntuación

Se ha explicado con frecuencia que los signos de puntuación son la equivalencia escrita de la entonación, pero no es exacto: ambos sistemas presentan más diferencias que semejanzas. Aunque es cierto que determinadas entonaciones se marcan en el escrito con signos gráficos (¿?, ¡!, ( ), - -, etc.), otros muchos usos de la puntuación (oposiciones, enumeraciones, cambios de orden, etc.) tienen una explicación únicamente sintáctica, sin correlación tonal. Además, la asociación demasiado simple entre entonación y puntuación, o entre pausa y coma, suele inducir al error y provocar faltas graves de puntuación (si leyéramos en voz alta algunos textos plagados por un exceso de signos de puntuación, parecería que jadeásemos...). Por otro lado, el inmenso potencial expresivo de la entonación contrasta con las muy limitadas posibilidades del uso normativo de los signos de puntuación. En realidad, la entonación y la puntuación son dos sistemas de cohesión paralelos en el texto oral y en el escrito, con características y funciones particulares no necesariamente coincidentes.

Las funciones de los signos de puntuación son diversas: estructuran el texto, delimitan las oraciones, destacan las ideas y señalan las relaciones de subordinación entre ellas. Como se estudia en el Tema 6, apartado 2, sólo unas pocas normas de puntuación son absolutas, las demás son opcionales o facultativas, lo que permite puntuar un enunciado de diversas maneras, que le atribuyen diferentes significados. Además de conocer las reglas generales, el dominio de la puntuación exige entrenamiento permanente en la aplicación a la escritura.

2.2.1.7. *La cohesión temporal expresada por las formas verbales*

En el texto las formas verbales sustentan la sucesión cronológica de los hechos y además guardan una correlación lógica estricta durante todo el discurso. La elección de la persona (1.ª, 2.ª, 3.ª) o del modo verbal (indicativo, subjuntivo, condicional, etc.), pero sobre todo del tiempo (presente, pasado o futuro) viene determinada por muchos factores: las intenciones comunicativas del emisor, la necesidad de adecuación del texto a la situación comunicativa, el significado global del texto, y también por la interrelación entre las diversas formas verbales que aparecen y las que no lo hacen, o están omitidas en el texto. La elección del tiempo verbal comporta el compromiso de no abandonar inmotivadamente la opción seleccionada. Si se escoge situar el texto en tiempo pasado, el eje temporal debe mantenerse en pasado, y, en consecuencia todas las formas verbales que se usen deben tener valor de pasado (Véase Tema 9). Y, además, en lo que respecta a la elección del tiempo verbal, es importante atenerse a la *concordancia de los tiempos* (*consecutio temporum*).

El fenómeno gramatical de la concordancia de los tiempos consiste en que el verbo subordinante (o principal) de una oración ejerce limitaciones sobre el tiempo en que debe aparecer la acción subordinada. Por ejemplo, manifiesta concordancia de tiempos *Me ordenó que* entregase *los ejercicios de Lengua española*, pero no es aceptable **Me ordenó que* hubiera entregado *los ejercicios de Lengua española*. Lo mismo que ocurre con *Espero que* llegue *puntual,* frente a la expresión agramatical **Espero que* llega *puntual*.

2.3. La coherencia

La coherencia es la propiedad textual que garantiza la transmisión de la información. Es básicamente semántica y afecta a la organización profunda del texto.

La coherencia de un texto se logra mediante la correcta organización y distribución de la información sobre un tema determinado. Los enunciados u oraciones que forman un texto no son una cadena de ideas que se relacionan sin conexión unas con otras, sino que están organizadas en función de lo que se quiere expresar. Por ejemplo: un enunciado puede contener información que amplíe, explique, corrija o compare lo dicho anteriormente. Una redacción o exposición desorganizada, que mezcla ideas o las repite, y que no secuencia las cosas de forma ordenada, que no tiene ningún esquema, constituye un *texto incoherente*:

Este verano haré senderismo. Sin embargo las botas de montaña me dan calor. Entonces iré a arreglarme los pies.

Éste es un ejemplo de texto incoherente, lo que se aprecia con mayor claridad si se lo compara con el siguiente, dotado de coherencia:

Este verano haré senderismo. Llevaré unas botas ligeras puesto que las de montaña me dan calor. Antes de salir de viaje iré al podólogo a arreglarme los pies.

La comunicación no se realiza mediante la simple acumulación o adición de oraciones. Para que nuestros mensajes tengan sentido y puedan ser comprendidos, los enunciados que los componen tienen que relacionarse entre sí "tejiendo" una trama, una estructura coherente, cuyo resultado final será un texto.

La coherencia es la propiedad textual que indica cuál es la información pertinente que se ha de comunicar y cómo se ha de hacer (en qué orden, con qué grado de precisión o detalle, con qué estructura, etc.) Por ejemplo, las redacciones o las exposiciones de los alumnos que son desorganizadas, que repiten ideas o bien las mezclan, y que no secuencian las ideas de forma ordenada, aquéllas que no obedecen a ningún esquema previo, se consideran textos incoherentes.

- Uno de los aspectos más importantes de la coherencia textual junto con la calidad y la estructuración de la información es qué **cantidad de información** es conveniente introducir en el texto, es decir, ¿cuánta información es pertinente para cada tipo de comunicación?, ¿se aportan todos los datos necesarios?, ¿no se produce un exceso de información (repetición, redundancia, datos irrelevantes para el propósito comunicativo, etc.) ni escasez (lagunas en el significado, exceso de presuposiciones, sobrentendidos o de datos implícitos que el receptor no conoce)?

La selección de la información para generar un texto depende del propósito comunicativo del emisor, los conocimientos previos que éste tiene de quién es el receptor, el tipo de mensaje que pretende crear, y también de factores contextuales como son la *situación* (conjunto de datos accesibles a los participantes de un acto de comunicación, que se encuentran en el entorno físico inmediato. Para que el enunciado *Enciende la luz, por favor* adquiera sentido, es necesario que se den ciertos factores que forman parte de la situación de comunicación: que haya un interruptor en el lugar donde ocurre el diálogo, y que la luz esté apagada, entre otras cosas.) y el *contexto sociocultural* (conjunto de datos provenientes de condicionamientos sociales y culturales sobre cómo debe ser el comportamiento verbal y su adecuación a diferentes circunstancias, según las convenciones y las rutinas establecidas. Hay normas sociolingüísticas sobre cómo saludar, por ejemplo, o sobre qué tratamiento de respeto elegir o qué registro lingüístico usar para dirigirse a cada receptor en cada situación.)

- Otro de los aspectos importantes de la coherencia textual es la **calidad de la información** seleccionada: ¿son claras y comprensibles las ideas que aparecen en el texto?, ¿están expuestas de forma completa, progresiva y ordenada?, ¿se las ilustra con ejemplos apropiados?, ¿se expresan con la terminología específica y las formulaciones precisas? O bien, por el contrario, ¿están las ideas poco definidas, faltas de concreción?, ¿son los enunciados demasiado genéricos y teóricos, y carentes de ejemplos, o tal vez excesivamente anecdóticos?

Se pueden distinguir dos tipos de información en un texto: la que ya es conocida por el receptor y, por lo tanto, sirve de base o punto de partida (el **tema** o el tópico), y la información que es realmente nueva (el **rema** o el comentario). El equilibrio entre lo que ya se sabe y lo desconocido garantiza la comprensión y el interés de la comunicación. Sólo cuando la correlación tema - rema esté ajustada la comunicación tendrá éxito.

Es preciso advertir que el tema y el rema van cambiando a medida que el receptor descodifica el texto, ya que lo que era desconocido (rema 1), al pasar a ser sabido (tema), hace de puente para presentar datos nuevos (rema 2). Este fenómeno se llama **tematización** y es la base de que pueda funcionar la progresión de la información en el texto.

- Existe un tercer aspecto, la **estructuración de la información,** la cual, junto con la cantidad y la calidad más arriba explicadas, es un aspecto central de la coherencia textual. ¿Cómo se ordena la información del texto?: ¿se deben estructurar lógicamente los datos según un orden o esquema predeterminado (cronológico, espacial -gráfico-, etc.)?, ¿se desarrolla cada idea en un párrafo?, ¿se administra de forma progresiva la información nueva?

Recomendamos prestar especial atención a estructurar la información de un texto secuenciando la información en diversos párrafos.

El **párrafo** es una unidad significativa perceptible visualmente; desarrolla una única idea completa, distinta de la presentada en otros párrafos, y está marcada gráficamente en la hoja con puntos y aparte y con espacios en blanco. Agrupa las oraciones entre sí con un criterio temático y permite separar las distintas partes de un texto: la introducción, el desarrollo intermedio mediante ejemplos, las conclusiones, los argumentos, etc. Un párrafo puede servir para ordenar distintos tipos de ideas, para matizarlas, aducir ejemplos, introducir tesis o argumentos opuestos, establecer un orden cronológico, etc.

Con frecuencia no desdeñable, los escritos de los estudiantes son incoherentes por causa de la mala organización o del desorden precisamente porque no se estructuran en párrafos bien diferenciados: los puntos y aparte parecen elegidos al azar, las ideas no se agrupan por núcleos temáticos, hay temas que de improviso quedan inconclusos o que se repiten sin fin, etc. Dar el paso del enunciado al texto es muy largo y complicado si entre ambos no existe un puente como el párrafo. Éste puede y debe ser el instrumento para aprender a ordenar las ideas y, en definitiva, para producir un texto completo.

Resumiendo, cohesión y coherencia son las propiedades que nos permiten identificar un texto y diferenciarlo de una mera acumulación de enunciados sin armazón sintáctica ni semántica. Es decir, estas propiedades marcan el límite entre texto y no texto, pero no son las únicas propiedades que debe manifestar un texto. Un texto es coherente en la medida en que se pueda señalar su tema o asunto o, dicho de otro modo, si podemos descubrir «de qué se trata». En consecuencia, para que un texto sea coherente es fundamental que entre los conceptos presentes en él existan relaciones como las de causa-efecto, temporalidad y posibilidad, entre otras, y que no haya contradicciones internas. Por ejemplo, si en una narración se afirma que es *domingo de verano al mediodía* y, sin indicar el transcurso de tiempo, dos renglones después se habla de que *brilla la luna*, o del *frío de la noche*, veremos que hay problemas en las relaciones de temporalidad y, por lo tanto, hay una contradicción que hace incoherente –e increíble– el relato. Ahora bien, si en el mundo representado en el relato en cuestión nunca hay «día», sino que se trata de una «noche permanente», entonces no hay contradicción interna y el texto es perfectamente coherente (siempre y cuando las características de ese mundo representado estén establecidas claramente en el texto).

- **En resumen, ¿en qué se diferencian las propiedades textuales de coherencia y cohesión?**

La cohesión y la coherencia son dos propiedades estrechamente ligadas con la comprensión y la producción de textos. Pero es preciso que establezcamos con claridad la distinción entre estos dos conceptos. Para hacerlo, es necesario que sepamos diferenciar también entre forma (expresión) y contenido, entre estructura superficial y estructura profunda, entre oración y proposición.

Todo texto es una unidad semántica que consta de dos planos o estructuras: un plano del contenido y un plano de la forma o expresión. La primera estructura es un proceso de pensamiento y está constituida por la organización lógica de las ideas o proposiciones. Conforma la estructura profunda. La segunda estructura es la expresión lingüística de ese pensamiento previamente organizado, formulado como oraciones. Esta segunda estructura conforma, entonces, la estructura superficial.

La diferencia entre la **coherencia** y la **cohesión** es la siguiente:

- La **coherencia** la descubre el destinatario (el receptor) del texto mediante la interpretación, la descodificación. (Véase Tema 2). Un texto es coherente si el destinatario comprende sin problemas "de qué trata", lo que significa que se ha cumplido la intención comunicativa del emisor. De la coherencia depende, pues, la comprensión global profunda del texto.
- La **cohesión** del texto, en cambio, debe apreciarse a simple vista en la "superficie" formal del texto, es decir, en las palabras y expresiones que lo conforman y en cómo éstas se relacionan entre sí en los enunciados.

CLASIFICACIÓN DE LOS TEXTOS SEGÚN EL ÁREA DE USO

Los textos se adecuan a las diversas áreas de la actividad humana; esa adecuación a las convenciones pragmáticas implica la propiedad de coherencia. Cada área de uso de los textos está definida por el destinatario, la función, la finalidad y el tema concreto. El hecho de que los textos sean orales o escritos comporta también diferencias dignas de mención. Los textos pueden clasificarse así:

Área individual: textos para el propio emisor, que no leerá o escuchará nadie más; temas generales, muy libres; lenguaje coloquial.

- **Oral**: soliloquios, monólogos, grabaciones en casetes, etc.
- **Escrito**: diario privado, apuntes, notas, agenda, comentarios en lecturas, cuentas, etc.

Área familiar: textos para el círculo familiar e íntimo y los amigos; temas generales; lenguaje coloquial o poco formal.

- **Oral:** conversaciones, diálogos, recitación de poemas, parlamentos breves en situaciones formales y sociales (aniversarios, nacimientos, casamientos defunciones, etc.), conversaciones telefónicas, etc.
- **Escrito**: cartas, postales, invitaciones, felicitaciones, participaciones, dedicatorias en regalos, esquelas, etc.

Área académica: textos escolares y de las actividades de formación; todo tipo de temas; lenguajes especializados y formales.

- **Oral**: exposiciones, exámenes orales, disertaciones, entrevistas, diálogos, conferencias, lectura en voz alta, etc.
- **Escrito**: redacciones, exámenes, tesis, resúmenes, recensiones, reseñas, esquemas, trabajos, apuntes, murales, ensayos, comentarios de texto, fichas, etc.

Área laboral: textos del mundo del trabajo; temas especializados; lenguaje específico y formal.

- **Oral**: exposiciones, entrevistas, parlamentos breves, conversaciones telefónicas, etc.
- **Escrito**: informes, cartas, currículum, notas interiores, memorias, etc.

Área social: textos públicos destinados a audiencias numerosas y heterogéneas; todo tipo de temas; medios de comunicación de masas; lenguaje formal en alternancia con el familiar.

- **Oral**: intervenciones en la radio y la televisión, parlamentos en público, discursos, intervenciones en actos públicos, reuniones, debates, etc.
- **Escrito**: anuncios, cartas en la prensa, artículos en revistas, notas públicas, avisos, etc.

Área administrativa: textos convencionalmente prefijados; temas generales o específicos, lenguajes especializados (comercial, administrativo, etc.); relaciones con organizaciones públicas y privadas (administraciones, colegios, asociaciones, etc.); lenguaje formal.

- **Escrito**: instancias, currículum, formularios, impresos, peticiones, cartas, bandos, leyes, reglamentos, etc.

Área creativa: ámbito de la creación y el ocio; finalidad lúdica y artística, temas y lenguajes variados.

- **Oral**: tradición oral popular, relatos, historietas, chistes, películas, teatro, canción, etc.
- **Escrito**: géneros tradicionales de la literatura (poesía, novela, cuento, teatro, etc.), historieta, etc.

Ejercicios

La mayoría de los ejercicios que siguen incluyen manipulación y reformulación de textos o fragmentos, dado que consideramos que los conceptos de coherencia y cohesión deben tener un espacio eminentemente práctico.

1. El texto oral siguiente, utilizado para pedir en préstamo en la Biblioteca universitaria un libro recomendado, *Tronca, vengo por un book recomendao por el cátedo. ¿Está pillao o me lo pasas?*: a) ¿es adecuado respecto del propósito comunicativo? b) ¿mantiene un nivel de formalidad uniforme?

2. Introduzca los mecanismos de cohesión que crea oportunos en el texto siguiente y explique de qué clase son:

   Un jefe de tren dio la bienvenida al tren a Marina. Marina se sentó dejándose caer pesadamente en el asiento asignado en el billete en el compartimento del tren, asignado en el billete. Marina estaba cansada. El jefe de tren preguntó a Marina si deseaba cenar en el vagón restaurante del tren. Marina contestó al jefe de tren que prefería comprar un bocadillo y una botella de agua al camarero encargado del servicio ambulante del tren, Marina quería comer el bocadillo y beber la botella de agua a solas en su compartimento.

3. Utilice conectores que expresen relaciones lógicas para unir estos dos enunciados:

   Su marido estaba preocupado.
   Ella no quería volver a trabajar.

El objetivo es explorar las relaciones que se establecen mediante el uso de los conectores. Cambiando los conectores obtenemos resultados textuales muy productivos. Las relaciones lógicas entre los enunciados que conforman el texto pueden explicitarse por medio de estas palabras o expresiones que indican causa (*porque*, *ya que*, *debido a…*), consecuencia (*por lo tanto*, *en consecuencia*, *así que…*), relaciones temporales o secuenciales (*primero*, *después*, *más tarde…*), etc.

Tema 21

Modalidades textuales

M.ª Antonieta Andión Herrero

Introducción

El ser humano posee el sistema de comunicación más perfecto dado a ninguna especie viviente. Sus códigos (lenguas) le permiten construir infinitas cadenas de las que se ha valido y se vale para cumplir dos importantísimas funciones: solicitar y transmitir información. La calidad de la información transmitida no sólo radica en su valor de verdad, novedad, importancia y utilidad, sino también en su forma. La forma tiene un valor en sí misma, que pudiéramos identificar con la "belleza" o la "función estética", pero también su cualidad radica en estructurarse y servir para transmitir esa información de manera eficaz. Hablaremos en este tema de las macro o superestructuras de los textos.

Pero, ¿qué interés puede tener para un hablante de su propia lengua conocer cómo se organiza un texto? Desde el receptor más pasivo (oyente/lector) hasta el emisor más creativo (hablante/escritor), todos los usuarios de la lengua se benefician de conocer los recursos con los que cuentan para expresarse y/o para comprender. Este conocimiento es un vehículo facilitador de la comunicación, de la transmisión informativa y convierte a los participantes en cómplices de la comunicación. Si se reconoce la forma organizativa de un texto, es decir, su estructura, más rápida y significativamente se llega a su información y, en caso de ser un texto literario, nos propicia además su disfrute.

Reflexionaremos, entonces, sobre las modalidades textuales: narración, descripción, argumentación y exposición. Sus ejemplificaciones nos ayudarán a identificarlas. En ellas será interesante poder observar la relación que se establece entre la representación de la realidad y la subjetividad del autor del texto.

1. La modalidad textual

Para clasificar un texto se puede atender a varios criterios: su modalidad (narrativos, descriptivos, argumentativos...), el canal empleado (orales o escritos), el registro usado (formales e informales), el lenguaje (periodísticos, publicitarios, literarios...).

Al hablar de **modalidades textuales** –también llamadas por algunos *tipos de prosa* y por otros, *órdenes discursivos*–, estamos clasificando los textos de acuerdo con su macroestructura, es decir, con la organización de su contenido. No nos referimos a sus características formales, semánticas o funcionales –que, en conjunto, clasifican los textos por su tipo (periodístico, literario, científico...)–, ni a la elección del lenguaje o al tipo de información –que dividen los textos en géneros (diálogo, carta, informe, resumen, ley, cuento, guión, editorial, ensayo...)–. Sí tienen un papel muy importante en la construcción de una modalidad textual los conectores –palabras o grupos de palabras– que expresan la cohesión entre las partes del texto (Véase Tema 20).

Suele considerarse que las modalidades mayores son la narración y la exposición, mientras la descripción se da dentro de la primera y la argumentación, de la segunda. Pero aquí, por razones didácticas, los veremos por separado. En este tema consideraremos cuatro modalidades textuales: **narración, descripción, argumentación** y **exposición**.

2. La narración

La **modalidad narrativa**, que desde ahora llamaremos *narración,* se caracteriza por presentar una historia a través del tiempo –de ahí el predominio de verbos en el texto– y por establecer entre los acontecimientos (reales o ficticios) una relación lógica. Dicha relación se conecta por un hilo conductor: una persona, un lugar, una época, etc.

A pesar de que el devenir natural de los hechos en una narración suele ser lineal en el tiempo (viene del pasado y termina en el presente), hay géneros que organizan los hechos de acuerdo a criterios como la importancia informativa de los mismos. En el periodismo, por ejemplo, las noticias dan prioridad a la aparición de los hechos más relevantes, continúan con los secundarios y finalizan con los detalles más anecdóticos. Esta técnica es lo que se conoce como *pirámide invertida*. Preferentemente lineales en la sucesión de las acciones son las narraciones literarias tradicionales, aunque el orden temporal puede ser manipulado en la literatura con fines estilísticos. Veamos cómo presenta Alejo Carpentier (1904-1980) la secuencia de "reconstrucción" de una casa en este fragmento de su cuento "Viaje a la semilla", donde el tiempo transcurre retrospectivamente de la destrucción presente a una mejor situación en el pasado:

> *Los cuadrados de mármol, blancos y negros, volaron a los pisos, vistiendo la tierra. Las piedras, con saltos certeros, fueron a cerrar los boquetes de las murallas. Hojas de nogal claveteadas se encajaron en sus marcos, mientras los tornillos de las charnelas volvían a hundirse en sus hoyos, con rápida rotación. En los canteros muertos, levantadas por el esfuerzo de las flores, las tejas juntaron sus fragmentos, alzando sonoro torbellino, de barro, para caer en lluvia sobre la armadura del techo. La casa creció, traída nuevamente a sus proporciones habituales, pudorosa y vestida. La Ceres fue menos gris. Hubo más peces en la fuente. Y el murmullo del agua llamó begonias olvidadas.*

Aunque cuando se habla de la narración suele acudirse a fragmentos literarios, no debe suponerse que ésta sea una modalidad exclusiva de la literatura. No obstante, hemos de reconocer que a la literatura pertenecen sus muestras más antiguas, las más representativas y las de mayor calidad, desde los cantares de gesta hasta las novelas actuales.

2.1. Estructura y tipos de narración

Los hechos, acontecimientos o episodios que se secuencian en la narración se organizan en una estructura más o menos estándar. Primero, la **introducción**, que presenta una acción desencadenante de la trama argumental, enmarcada en un lugar y en una época –coordenadas espacio-temporales que constituyen el escenario de las acciones–, y en la que participan uno o varios protagonistas (principales y secundarios). Segundo, el **nudo**, en el que se desarrollan y suceden los hechos; y tercero, el **desenlace**, donde se resuelve la trama y se termina la secuencia de acciones.

Las narraciones pueden ser objeto de una clasificación más pormenorizada teniendo en cuenta cómo son los elementos que en ella intervienen. Se pueden hacer entonces consideraciones atendiendo a diversos aspectos:

A) **La veracidad de los hechos narrados**, que divide la narración en:

- **Narración verídica** (o **fática**): se narran hechos reales. Así cuenta parte de su vida Gabriel García Márquez (1928-) en sus memorias *Vivir para contarla*:

  El tren pasaba a las once por la finca Macondo, y 10 minutos después se detenía en Aracataca. El día en que iba con mi madre a vender la casa pasó con una hora y media de retraso. Yo estaba en el retrete cuando empezó a acelerar y entró por la ventana rota un viento ardiente y seco, revuelto con el estrépito de los viejos vagones y el silbato despavorido de la locomotora. El corazón me daba tumbos en el pecho y una náusea glacial me heló las entrañas. Salí a toda prisa, empujado por un pavor semejante al que se siente con un temblor de tierra, y encontré a mi madre imperturbable en su puesto, enumerando en voz alta los lugares que veía pasar por la ventana como ráfagas instantáneas de la vida que fue y que no volvería a ser nunca jamás.

- **Narración ficticia** (o **literaria**): se narran hechos imaginarios. Aquí el mismo autor, G. García Márquez, inventa el descubrimiento de la tumba de su protagonista en la novela *Del amor y otros demonios:*

  En la tercera hornacina del altar mayor, del lado del Evangelio, allí estaba la noticia. La lápida saltó en pedazos al primer golpe de la piocha, y una cabellera viva de color de cobre intenso se derramó fuera de la cripta. El maestro de obra quiso sacarla completa con la ayuda de sus obreros, y cuando más tiraban de ella más larga y abundante parecía, hasta que salieron las últimas hebras todavía prendidas a un cráneo de niña. En la hornacina no quedó nada más que unos huesecillos menudos y dispersos, y en la lápida de cantería carcomida por el salitre sólo era legible un nombre sin apellidos: Sierva María de Todos los Ángeles. Extendida en el suelo, la cabellera espléndida medía veintidós metros con once centímetros.

B) **La participación del narrador en los hechos**, que divide la narración en:

- **Narración en primera persona**: el sujeto es la persona que cuenta los hechos. Así sucede en este fragmento de la novela *La enferma*, de Elena Quiroga (1921-1995):

  No había habido burla o broma cuando nos encontramos. Yo salí del avión una de las últimas porque la gente se apresuraba y mi butaca estaba casi en cabeza de la cabina, y caminé hacia la salida. Le vi. Nos abrazamos estrechamente, sinceramente, me besó en la cara, apretándome contra él, riéndose, efusivo.

- **Narración en tercera persona**: el sujeto es testigo de los hechos, pero no participa en ellos. Sirva de ejemplo este fragmento de la novela *Pedro Páramo,* de Juan Rulfo (1918-1986):

  El padre Rentería pasó junto a Pedro Páramo procurando no rozarle los hombros. Levantó el hisopo con ademanes suaves y roció el agua bendita de arriba abajo, mientras salía de su boca un murmullo, que podía ser de oraciones. Después se arrodilló y todo el mundo se arrodilló con él.

3. La descripción

La **modalidad descriptiva**, que desde ahora llamaremos *descripción,* tiene como objetivo presentar personas, objetos, lugares, sentimientos..., dando detalles concretos de ellos: cualidades, rasgos o características. La importancia en el texto del propio elemento seleccionado –ya sea real o imaginario–, y de su contexto físico, provoca una abundancia de sustantivos y adjetivos, relacionados con verbos como *ser, estar, haber, tener, observar...*, así como también proposiciones adjetivas y adverbiales de lugar, tiempo y modo.

3.1. Pasos y clasificación de la descripción

Elaborar una descripción supone un proceso que tiene sus etapas. Primero, necesitamos observar aquello que vamos a describir, analizarlo detenidamente para descubrir los detalles que nos interesan (estructura, color, forma, etc.), qué entorno físico y qué circunstancias lo rodean. De todo ello seleccionamos, en una segunda fase, qué es importante para nuestra descripción, dependiendo de si nos vamos a centrar en una presentación analítica (de las partes del elemento hasta conformar el todo), o cronológica (transformación del elemento en el tiempo), o de efecto acumulativo (progresión de los detalles hasta conseguir un clímax emotivo). Ya en el tercer paso, se organizan los rasgos seleccionados anteriormente y se presenta el elemento según queramos desarrollar la descripción (del todo hacia sus partes, del interior al exterior, de lo cercano a lo lejano; o al revés).

Las descripciones pueden ser clasificadas según:

A) **La finalidad de la descripción**, y así podrán ser:

- **Descripción técnica**. El objetivo de este tipo de descripción es informar; por ello, su punto de vista es objetivo. Es frecuente encontrarla en textos científicos, donde se describe un elemento de la naturaleza o de la sociedad dando detalles de su forma, estructura, funcionamiento, finalidad, etc. Los textos expositivos suelen hacer uso de este tipo de descripción. Veamos un ejemplo en el que se describe un tipo de orquídea:

  La Orquídea de Bertoloni (Ophrys bertolonii) *es una orquídea variable (que puede presentar pequeñas variaciones). Hojas lanceoladas, a veces for-*

mando roseta basal. Cada planta tiene entre 2 y 10 flores, con tépalos de rosados a verdosos. El labelo es redondeado, peloso y oscuro y presenta un espéculo de color azul brillante.

- **Descripción literaria**. El objetivo de este tipo de descripción es estético: detallar la impresión que produce una persona, un animal, un hecho...; por ello, su punto de vista es subjetivo. La descripción aparece entonces moldeada por las emociones del autor, y en ella son frecuentes las figuras literarias (metáforas, símiles, metonimias...). Observe cómo describe Benito Pérez Galdós (1843-1920) a Doña Perfecta en la novela del mismo nombre:

  Negros y rasgados los ojos, fina y delicada la nariz, ancha y despejada la frente, todo observador la consideraba como acabado tipo de la humana figura; pero había en aquellas facciones cierta expresión de dureza y soberbia que era causa de antipatía. Así como otras personas, aun siendo feas, llaman, Doña Perfecta despedía. Su mirar, aun acompañado de bondadosas palabras, ponía entre ella y las personas extrañas la infranqueable distancia de un respeto receloso; mas para las de casa, es decir, para sus deudos, parciales y allegados, tenía una singular atracción. Era maestra en dominar, y nadie la igualó en el arte de hablar el lenguaje que mejor cuadraba en cada oreja.

B) **La naturaleza del elemento descrito**, y así podrán ser:

- **Topografía**: se describe un lugar: su extensión, topografía, aspecto general y particular, etc. Así describe Camilo José Cela (1916-2002) el pueblo de Taracena en *Viaje a la Alcarria*:

  Taracena es un pueblo de adobes, un pueblo de color gris claro, ceniciento; un pueblo que parece cubierto de polvo, un polvo finísimo, delicado, como el de los libros que llevan varios años durmiendo en la estantería, sin que nadie los toque, sin que nadie los moleste. El viajero recuerda a Taracena deshabitado. (...) Sobre la fachada de una casa, unas camisas muy lavadas, unas camisas tiesas, rígidas, que parecen de cartón, brillan como la nieve.

- **Cronografía**: se describe un tiempo, una época o período histórico. Veamos esta descripción del Renacimiento:

  Entre 1350 y 1550 la sociedad europea occidental conoció y vivió una auténtica revolución espiritual, una crisis de perfiles muy nítidos en todos los órdenes de la vida; una profunda transformación del conjunto de los valores económicos, políticos, sociales, filosóficos, religiosos y estéticos que habían constituido la vieja civilización medieval, aquella que había sido definida, con un cierto desprecio, como la edad de las tinieblas.

- **Prosopografía**: se describe el aspecto físico de una persona, animal o cosa. Se dan detalles de su anatomía, forma, color... cualquier rasgo observable que lo caracterice. Leamos este fragmento de la disposición de las estrellas en el cielo durante el invierno:

  La Osa Mayor aparece muy cerca del horizonte, en el Norte. Siguiendo la línea de las dos estrellas delanteras, y a unas cinco veces su distancia, se puede descubrir la Estrella Polar, que parece estar quieta en el cielo durante todo el año. Es el extremo de la Osa Menor, sólo visible en cielos oscuros. Siguiendo esa línea, y a la misma distancia de la Estrella Polar que la Osa Mayor, aparece Casiopea, en forma de W (o M, según se mire). Está cercana al cenit. Hacia el Este, a media altura, está la constelación de Auriga, en forma de pentágono. Su estrella más brillante es Capella. Entre ésta y Casiopea, está la constelación de Perseo.

- **Etopeya:** se describe el carácter, los rasgos morales o psicológicos de una persona. Debemos mencionar sus aptitudes, actitudes, hábitos, personalidad... Veamos este fragmento de los *Episodios nacionales* de Benito Pérez Galdós:

  Debía en gran parte su prestigio a su gran valor; pero también a la nobleza de su origen, al respeto con que siempre fue mirada allí la familia de Lazán y a su hermosa y arrogante presencia. Era joven. Había pertenecido al Cuerpo de Guardias, y se le elogiaba mucho por haber despreciado los favores de una muy alta señora, tan famosa por su posición como por sus escándalos. Lo que más que nada hacia simpático al caudillo zaragozano era su indomable y serena valentía, aquel ardor juvenil con que acometía lo más peligroso y difícil, por simple afán de tocar un ideal de gloria.

- **Retrato**: se describe, conjuntamente, el físico y el carácter de una persona. Es la unión de la prosopografía y la etopeya. Léase el ejemplo antes citado de Doña Perfecta.

- **Caricatura**: se describe exageradamente los rasgos físicos o morales de una persona, con el propósito de hacerle una crítica o ridiculizarla. Así ocurre en el soneto "A un hombre de una gran nariz", de Francisco de Quevedo (1580-1645):

  Érase un hombre a una nariz pegado,
  érase una nariz superlativa,
  érase una alquitara medio viva,
  érase un peje espada mal barbado;
  era un reloj de sol mal encarado,
  érase un elefante boca arriba,
  érase una nariz sayón y escriba,
  un Ovidio Nasón mal narigado.
  Érase el espolón de una galera,
  érase una pirámide de Egipto,
  las doce tribus de narices era;
  érase un naricísimo infinito,
  frisón archinariz, caratulera,
  sabañón garrafal, morado y frito.

Vistas las dos primeras modalidades textuales, **narración** y **descripción**, que tan frecuentemente aparecen asociadas, podemos afirmar que mientras la **narración** se basa en sucesiones temporales que presentan la variación de los elementos, de su relación con un contexto y de la transformación de este propio contexto, la **descripción** se detiene en el elemento y sus partes, detallando cómo coexisten estas partes simultáneamente en el espacio. De ahí que, **narración** y **descripción**, se orienten en dos ejes diferentes: el temporal, la una, y el espacial, la otra.

4. La argumentación

La **modalidad argumentativa**, que desde ahora llamaremos *argumentación,* tiene como objetivo presentar pruebas convincentes que apoyen una tesis, opinión o punto de vista. Toda buena argumentación se basa en principios lógicos y dialécticos, con unos argumentos razonables, pero no rotundos e inapelables, ya que frustraría la necesaria controversia entre posturas. De ahí que la argumentación no se refiera a certezas (que evidentemente no necesitan ser debatidas), sino a probabilidades que se encadenan en una relación de causa-efecto (unas provocan a otras).

Los **argumentos** son piezas clave en el "éxito" de la argumentación, en la finalidad de influir en el destinatario del texto. En esta modalidad son recomendables la claridad del razonamiento y el orden en que se presentan los mismos. El objetivo de convencer de nuestra postura al destinatario debe hacernos planificar estratégicamente la presentación. El fin perseguido puede ser la adhesión a nuestro punto de vista, o el abandono de tesis contrarias, o impulsar alguna acción.

La argumentación precisa, además de la solidez de los argumentos presentados, de cierta habilidad persuasiva o de carisma del autor. Destreza muy necesaria cuando no hay hechos demostrables que se puedan aportar. De ahí que la función predominante del lenguaje sea la apelativa o conativa. Desde el punto de vista de la gramática, la argumentación se caracteriza por el uso de subordinadas causales, consecutivas y condicionales.

4.1. Estructura y procedimientos

La presentación de esta modalidad textual se organiza en varias partes, más o menos estables:

1. **Tesis**. Presentación del tema, idea central o planteamiento (recomendablemente polémico) sobre el que se propone reflexionar. Aunque es frecuente que la tesis encabece la argumentación, puede aparecer al final y, entonces, sustituye a la conclusión.

Es importante que la presentación se haga de manera clara y no excesivamente generalizadora, lo cual evitará que abarque un campo teórico muy amplio, o gran pluralidad de casos, y pueda ser refutada fácilmente. Las tesis no deben formularse en forma interrogativa, porque propicia la ambigüedad al esconder la postura del autor. Desde el principio debe saberse si afirmamos o negamos el planteamiento propuesto. No obstante, también hay casos de argumentación en el que la tesis no se expresa de manera evidente y resulta implícita.

2. **Cuerpo argumentativo**. Aportación de hechos y discusión que genera el punto anterior (1). Es la parte fundamental de la argumentación, su desarrollo. Aquí es donde aparecen los argumentos que apoyan nuestra tesis. Para ello podemos ayudarnos de lo dicho por otras personas (voces de autoridad: citas, máximas, proverbios, refranes, etc.), de las relaciones lógicas entre los argumentos (a través de conectores discursivos, reiteraciones, ejemplos, etc.).

3. **Conclusión**. Propuesta de solución –una o varias posibles– de la discusión planteada, por la que se ha ido discurriendo y a la que conduce de manera natural la parte 2. A veces también incluye una crítica a otras posibles soluciones o alternativas. Esta parte suele marcarse con conectores como *finalmente, por lo tanto, así pues, por consiguiente, en conclusión, en definitiva, esto nos lleva a concluir que, podemos deducir que,* etc.

En el camino argumentativo que hacemos recorrer al destinatario (oyente o lector) hacia la confirmación de la tesis, los argumentos pueden presentarse de diversas maneras:

- **De lo general a lo particular**. A partir de leyes, reglas, principios, se llega a casos concretos que ejemplifican y verifican dichas leyes, reglas... *(Procedimiento deductivo).*
- **De lo particular a lo general**. A partir de casos concretos se crean leyes, reglas, principios que explican casos del mismo tipo. *(Procedimiento inductivo).*
- **De los rasgos comunes de las cosas**. A partir de algunas semejanzas formales o de comportamiento de varias cosas se concluye que esta concordancia puede alcanzar otros aspectos. *(Procedimiento analógico).*

Es bueno tener en cuenta que los argumentos deben ser probables –que tienen posibilidades de realizarse, pero no son evidentes– y verosímiles –que pueden sentirse como verdaderos–. No necesariamente son demostrables de manera científica, ni rigurosos. Estos últimos aparecen en disciplinas más científicas, como las matemáticas, la física, la química, etc.

Los textos argumentativos necesitan cierta extensión para que la estructura anterior pueda desarrollarse. La brevedad de este tema sólo nos permite seleccionar un fragmento de Julio Cortázar (1914-1984), que lleva por título "El amargo encanto de la máquina de escribir":

> *Los escritores que escriben a mano, y que son más de los que uno se imagina, defienden su sistema con el argumento de que la comunicación entre el pensamiento y la escritura es mucho más íntima, porque el hilo continuo y silencioso de la tinta hace las veces de una arteria inagotable. Los que escribimos a máquina no podemos ocultar por completo cierto sentimiento de superioridad técnica, y no entendemos cómo fue posible que en alguna época de la humanidad se haya escrito de otro modo. Ambos argumentos, desde luego, son de orden subjetivo. La verdad es que cada quien escribe como puede, pues lo más difícil de este oficio azaroso no es el manejo de sus instrumentos, sino el acierto con que se ponga una letra después de la otra.*

El ensayo es el género por excelencia de la argumentación, que se presenta acompañada por la modalidad expositiva. En él se combinan el dominio de las ideas, la coherencia de la lógica y la habilidad lingüística (estilo).

5. La exposición

La **modalidad expositiva**, que desde ahora llamaremos *exposición,* tiene como objetivo presentar y explicar pensamientos, conceptos o ideas entre los que no predominan las intenciones valorativas (propias de la argumentación), ni las conexiones temporales (propias de la narración). La objetividad es uno de sus principios y por ello abunda en textos científicos, didácticos y divulgativos, característicos de los ámbitos periodístico y académico, que están predeterminados por el tipo de destinatario al que se dirigen.

De los contextos mencionados se deduce que los textos expositivos deben transmitir una información fiable y verdadera, es decir, rigurosa. No perdamos de vista que el objetivo del autor es que se comprenda lo que se expone. Para ello se vale de la clasificación, la síntesis, la comparación, el contraste, la analogía, la definición (apoyada por una descripción técnica), el resumen y el ejemplo.

En el nivel morfosintáctico de la lengua, la exposición se caracteriza por presentar oraciones enunciativas, compuestas; verbos en presente intemporal, tercera persona, formas impersonales, etc., además de un léxico preciso y poco polisémico.

5.1. Estructura y tipos de textos expositivos

Los temas tratados en la exposición, que generalmente se refieren de manera directa a la realidad, aparecen de forma clara, coherente y ordenada. Los contenidos que constituyen el tema serán expuestos de manera gradual para facilitar la comprensión.

La exposición de un tema se estructura, generalmente, de la manera siguiente:

1. **Introducción**. Se presenta el tema, concepto o idea que se va a trabajar.
2. **Desarrollo**. Explicación ordenada de los elementos que constituyen ese tema. La propia naturaleza del tema, si es más general o más concreta, determina que la explicación tenga tipos diferentes de estructura. Veamos las dos principales:

- **Estructura analizante** (con ordenación deductiva). La idea de partida es general y, después, se van presentando aspectos de interés, casos concretos, detalles, etc. Con el objetivo de no perder la visión global y configurar en el oyente/lector un esquema claro del análisis, estas parcelas del todo se enumeran, se describen, se definen, se comparan, se ejemplifican, etc.

- **Estructura sintetizante** (con ordenación inductiva). Se presentan primeramente los aspectos concretos y se va componiendo la idea general, que viene a servir de conclusión.
  Como vemos, esta estructuración es muy semejante a la forma de presentar los argumentos en la modalidad argumentativa. De ahí que la propia argumentación sea un recurso de la exposición y que algunos autores la consideren como una "submodalidad" dentro de la exposición (recuérdese lo que al respecto dijimos al inicio del capítulo).

A su vez el desarrollo puede ser:

- **Cronológico**: se expone un fenómeno o un proceso de manera secuencial. Pensemos por ejemplo en una exposición de un hecho histórico.
- **Lógico**: explicamos por qué se ha producido un determinado conflicto social (relación causa-efecto).
- **Jerárquico**, cuando ordenamos los elementos de acuerdo con su importancia: primero los determinantes para la comprensión de una idea y, posteriormente, sus detalles.

3. **Conclusión**. Se resumen las ideas más importantes. Se recupera el tema, concepto o idea inicial y se valora la información dada.

Los textos de la modalidad expositiva se clasifican según el público al que están destinados y, en consecuencia, a su grado de dificultad para la comprensión del tema. Así pueden distinguirse:

- **Textos divulgativos** sobre temas de interés general, destinados a un público no especializado.
- **Textos especializados** sobre temas específicos que exigen del público unos conocimientos previos en una materia.

Para diferenciar la **exposición** de la **argumentación** hay que detenerse en sus fines: la **exposición** presenta una tesis y la explica, no pretende defenderla ni provocar polémica, ya que tiene un fin informativo o divulgativo; la **argumentación** sustenta con razones (argumentos) la validez de la tesis, tiene un fin de convencimiento y adhesión. La **exposición** persigue que el oyente/lector entienda la tesis; la **argumentación**, que la acepte y la haga suya.

6. Comparación entre las distintas modalidades textuales

Las modalidades textuales, por sí solas, no determinan un tipo de texto, pueden presentarse combinadas en un solo. Ello es razonable si tenemos en cuenta que en toda actividad comunicativa el fin de contactar con un destinatario y transmitirle información es el objetivo primordial y para ello el autor de un texto (emisor) se vale de cuantos recursos tenga a su alcance y sean pertinentes a sus necesidades. En una novela, por ejemplo, podemos encontrar una descripción subordinada a la narración de los hechos. Veamos cómo nos cuenta este recuerdo Isabel Allende (1942-) en su libro *Afrodita: Cuentos, recetas y otros afrodisíacos:*

> *Paseando por los jardines de la memoria, descubro que mis recuerdos están asociados a los sentidos. Mi tía Teresa, la que se fue transformando en ángel y murió con embriones de alas en los hombros, está ligada para siempre al olor de las pastillas de violeta. Cuando esa dama encantadora aparecía de visita, con su vestido gris discretamente iluminado por un cuello de encaje y su cabeza de reina coronada de nieve, los niños corríamos a su encuentro y ella abría con gestos rituales su vieja cartera, siempre la misma, extraía una pequeña caja de lata pintada y nos daba un caramelo color malva.*

Resumimos lo antes expuesto en el siguiente cuadro.

Modalidades textuales. Presentación comparativa

Modalidad	Narración	Descripción	Argumentación	Exposición
Intención comunicativa	Relata acciones, acontecimientos, hechos que suceden a unos personajes.	Presenta objetos, personas, lugares, animales, sentimientos... dando detalles.	Defiende ideas razonando los argumentos con el fin de convencer.	Explica de forma objetiva unos hechos para que sean comprendidos.
Responden a:	*¿Qué pasa?*	*¿Cómo es?*	*¿Qué pienso?* *¿Qué opinas tú?*	*¿Por qué es así?*
Ejemplos	Novelas, cuentos, noticias, cómics, biografías, memorias, diarios…	Guías de viaje, novelas, cuentos, postales, cartas, catálogos, guías turísticas, reportajes, diarios…	Artículos de opinión, críticas de prensa, discursos, publicidad, ensayos…	Libros de texto, artículos de divulgación, enciclopedias, diccionarios…
Tipo de lenguaje	Verbos de acción Diversidad de tiempos verbales Conectores cronológicos Sustantivos Adjetivos Adverbios de lugar Figuras retóricas	Abundancia y variedad de sustantivos y adjetivos Complementos nominales Predicados nominales Verbos *ser, estar, parecer…* Adverbios y preposiciones de lugar Proposiciones adjetivas y adverbiales de lugar, tiempo y modo Figuras retóricas	Verbos que expresan opinión Conectores de causa y consecuencia Razonamientos lógicos o silogismos (tipo de argumentos con 3 proposiciones)	Lenguaje claro y directo Presente intemporal Predominio de la 3.ª persona verbal Formas impersonales Conectores explicativos Conectores de causa y consecuencia Conectores ordenadores Oraciones enunciativas

Ejercicios

1. ¿Cuáles de estos géneros consideraría que puede utilizar la narración verídica o fática?

Novela	Anécdota
Historia	Noticias
Crónica	Cuento
Fábula	Libro de texto
Biografía	Reportajes periodísticos

2. ¿A qué modalidad textual pertenece el siguiente texto?

El espectroscopio de prisma, el más corriente de los dos tipos, está constituido por un prisma triangular de cristal que dispersa la luz incidente de tal forma que los rayos de los diferentes colores son desviados según distintos ángulos. Cuando el astro físico necesita los colores más separados de lo que puede conseguir con un solo prisma, utiliza dos o tres prismas en su espectroscopio. Dado que cada uno de ellos absorbe parte de la luz incidente, queda menos cantidad de ésta para formar el espectro. Un espectroscopio de esta clase sólo es útil para estudiar los astros más brillantes.

3. ¿Cómo clasificaría la descripción en este fragmento de la biografía de Pablo Neruda (1904-1973), *Confieso que he vivido*?

En las tardes, al ponerse el sol, frente al balcón se desarrollaba un espectáculo diario que yo no me perdía por nada del mundo. Era la puesta de sol con grandiosos hacinamientos de colores, repartos de luz, abanicos inmensos de anaranjado y escarlata. El capítulo central de mi libro se llama «Los crepúsculos de Maruri». Nadie me ha preguntado nunca qué es eso de Maruri. Tal vez muy pocos sepan que se trata apenas de una humilde calle visitada por los más extraordinarios crepúsculos.

Intente describir un fenómeno natural que lo haya impresionado.

4. ¿Qué tipo de descripción utiliza Quevedo en este fragmento?

Llegó el día, y salí en un caballo ético y mustio, el cual, más de manco que de bien criado, iba haciendo reverencias. Las ancas eran de mona, muy sin cola; el pescuezo, de camello y más largo; tuerto de un ojo y ciego del otro; en cuanto a edad, no le faltaba para cerrar sino los ojos; al fin, él más parecía caballete de tejado que caballo, pues, a tener una guadaña, pareciera la muerte de los rocines.

(Historia de la vida del Buscón llamado don Pablos, ejemplo de vagamundos y espejo de tacaños)

5. ¿Por qué se considera que argumentar es *algo más que opinar?*

6. ¿Cuál es la tesis que sostiene en este fragmento Pedro Salinas (1892-1951)? ¿A qué modalidad textual pertenece?

Nos entendemos y sentimos en común, hoy, porque muchas generaciones de nuestros antepasados fueron entregándose una a otra ese instrumento prodigioso de vivir, en la lenta sucesión de perfecciones, de modo que el idioma ha llegado hasta nosotros más apto que nunca para expresar lo humano. ¿Tiene derecho ninguna generación a descuidar o abandonar esta santa misión trasmisora de su lengua, por flojedad o por inconsciencia? [...] Deber de todo grupo histórico, de toda generación es la transmisión enriquecida de su herencia.

Consume de lo heredado, de ello vive en gran parte, pero su deber es crear, a su vez, acrecer, enriquecer, de manera que a la hora de las cuentas finales el haber común sea más alto. Tan solo así la humanidad se siente realizada en plena dignidad de su cometido. Este lenguaje que hablamos, nuestro es por unos años, recibido lo tenemos de los hombres de ayer, en él están, apreciables, todos los esfuerzos que ellos pusieron en mejorarlo. Pues bien, este es mi llamamiento: que cuando nosotros se lo pasemos a nuestros hijos, a las generaciones venideras, no sintamos la vergüenza de que nuestras almas entreguen a las suyas un lenguaje empobrecido, afeado o arruinado. Este es el honor lingüístico de una generación humana y a él apelo en estas mis últimas palabras.
("Aprecio y defensa del lenguaje". Puerto Rico. 1944)

7. ¿Qué tipos de textos expositivos se distinguen de acuerdo con el grado de especialización de su público? Reflexione y escriba cada tipo debajo de la característica que se señala.

   a) Uso de tecnicismos, de símbolos y fórmulas (matemáticos, físicos, químicos, etc.).

   b) Evita el uso de tecnicismos y prefiere explicaciones claras apoyadas en ejemplos.

8. ¿A qué modalidad textual pertenece el siguiente fragmento?

   El léxico disponible es el conjunto de palabras que los hablantes tienen en el lexicón mental y cuyo uso está condicionado por el tema concreto de la comunicación. Lo que se pretende es descubrir qué palabras sería capaz de usar un hablante en determinados temas de comunicación. Se diferencia del léxico básico en que éste lo componen las palabras más frecuentes de una lengua con independencia del tema tratado.

9. ¿De qué pretende convencernos Juan Carlos Onetti (1909-1995) en este fragmento de su discurso de recepción del premio Cervantes, 1980? Entonces, ¿a qué modalidad discursiva pertenece?

   Yo nunca he sabido hablar ni bien ni regular. La elocuencia, atributo muy hispánico, me ha sido vedada, Hablo mal en privado, por eso hablo poco en las pequeñas reuniones de amigos, y hablo peor en público, por lo cual sería mejor para ustedes que no les dijera nada. Me resistí siempre a ofrecimientos, insistencias e incredulidades, sin saber que una fatalidad inexorable me obligaría a hablar públicamente, por primera vez, en España. Para desilusión de mis oyentes, muchos de ellos magistrales conversadores, mi torpeza oratoria se vio penosamente confirmada.

10. ¿En qué modalidad textual clasificaría el manual que tiene en sus manos?

Tema 22

Los lenguajes específicos: literario, científico, jurídico-administrativo, periodístico y publicitario

Ana-Jimena Deza Enríquez

Introducción

1. El lenguaje literario
   - 1.1. La comunicación literaria
   - 1.2. Los géneros literarios y el uso del lenguaje
2. El lenguaje científico y técnico
   - 2.1. Propiedades del lenguaje científico y técnico
   - 2.2. El vocabulario científico y técnico
   - 2.3. Creación de la terminología científica y técnica
3. El lenguaje jurídico-administrativo
   - 3.1. Rasgos lingüísticos de los textos jurídico-administrativos
   - 3.2. Rasgos gramaticales del estilo jurídico
   - 3.3. Rasgos léxicos de los textos jurídico-administrativos
   - 3.4. Fórmulas de los textos jurídico-administrativos. Tipos de textos

4. El lenguaje periodístico
   4.1. La comunicación periodística
   4.2. Los géneros periodísticos
   4.3. Rasgos lingüísticos del texto periodístico
5. El lenguaje publicitario
   5.1. La publicidad, medio de comunicación
   5.2. Rasgos lingüísticos del lenguaje de la publicidad

Ejercicios

Introducción

El lenguaje es la capacidad que tiene el ser humano para comunicarse por medio de lenguas naturales. Pero, junto a la lengua común, existen las lenguas especiales de las ciencias, de algunos oficios y profesiones y de diversas técnicas. Dichos lenguajes especiales (o específicos) son modalidades singulares o particulares que están destinadas a un fin concreto. Así, los tipos de lenguaje que se estudian en este tema reciben la denominación de **específicos** por tener algo que los caracteriza y distingue de otros; son más concretos, precisos y determinados. Por otra parte, dichos lenguajes son **especiales** porque, en el caso del lenguaje literario, una novela, por ejemplo, no se reduce a su argumento, persigue una finalidad concreta, y lo que expresa un poema sólo puede expresarlo ese poema bajo la forma de sus propios signos.

Los lenguajes específicos comparten con la lengua común la estructura gramatical y sólo se diferencian por poseer terminologías que les son propias, dependiendo de la materia de la que traten: Medicina, Física, Matemáticas, Informática, etc. La terminología es, por tanto, lo que los caracteriza y los distingue, y consiste en el conjunto de palabras particulares de un ámbito del saber, dotadas de un significado concreto e inequívoco para todos los que cultivan esa rama del conocimiento.

1. El lenguaje literario

1.1. La comunicación literaria

Su estructura presenta el esquema básico de todo uso del lenguaje: arranca de un emisor o hablante (el autor) que comunica un mensaje (contenido o texto) a un receptor (el lector u oyente) de acuerdo con los signos y las reglas en una determinada situación comunicativa. Dicho mensaje o contenido es imaginario. La Literatura es arte, es creación y, en consecuencia, las obras literarias son obras de arte y creación de una realidad imitativa.

El **autor**, al escribirla, se proyecta en su obra, pero el **lector** también participa en ella. Al igual que en la comunicación lingüística, es un elemento activo, ya que al descodificar el mensaje escrito, lo interpreta, y se produce en él una respuesta: lo entiende o no, le choca, lo sorprende, lo satisface o lo defrauda, le produce placer. El autor no se dirige a un lector concreto, sino a un público múltiple y heterogéneo, y lo hace tanto a lectores de su presente como a lectores futuros; por su parte, el lector debe identificarse con el mensaje que quiere comunicar el autor. En suma, es algo recíproco: el autor incorpora al lector en la obra y este, a través de su lectura, construye una imagen del autor.

El **mensaje** literario posee un significado (el que le ha dado el autor), pero no es unívoco para todos los posibles lectores. Cada lector interpreta la obra en función del contexto externo y es él quien le da sentido.

Recordemos que el texto es una unidad total de comunicación oral o escrita en el que las oraciones y las ideas aparecen entretejidas formando organizaciones de elementos lingüísticos interrelacionados con coherencia y cohesión (Tema 20). Un texto tiene un significado unitario y total, y en él hablamos de *situación*. Esta constituye uno de los factores para que el mensaje se transmita, pudiendo ser **física** (conjunto de circunstancias que permiten establecer una comunicación inequívoca) o **lingüística** (el contorno que rodea a cualquier fragmento del texto: oraciones, párrafos, etc., y que es responsable de la significación del mismo). Dado que la comunicación es inseparable de la situación en que se realiza, frente a la obra literaria podemos hablar de *situación de lectura*. La situación comunicativa en la obra literaria es doble:

a) El contexto externo (o **situacional**), que se refiere a las circunstancias externas al mensaje.
b) El contexto interno (o **contexto lingüístico**), creado en el interior del mensaje.

El primero está en función de la preparación del lector y los conocimientos que posea sobre la sociedad o los géneros literarios; asimismo, depende de sus actitudes, intereses y creencias; de cualidades como la sensibilidad o la perspicacia; y también, cómo no, de su dominio del lenguaje. El contexto interno tiene una doble vertiente. Por un lado, es el que la obra literaria crea: los personajes se interpretan en relación a los demás personajes y a los acontecimientos que tienen lugar dentro de la narración; son los elementos interiores al mensaje. El otro contexto interno es el lingüístico.

1.2. Los géneros literarios y el uso del lenguaje

Los tres grandes géneros literarios son la lírica, la épica y la dramática. En consecuencia, podemos hablar de textos poéticos, narrativos y dramáticos (o teatrales), a los que habría que añadir la biografía y el ensayo, en la frontera entre lo literario y lo no literario, ya que participan de otra función del lenguaje: la referencial, y constituyen la clase de textos expositivos y argumentativos (Tema 21).

En el lenguaje literario es frecuente la búsqueda de **efectos expresivos**. Se persiguen la sorpresa y el extrañamiento del lector a través de una serie de artificios que si se usan en demasía vuelven opaco el lenguaje. Son recursos característicos los tropos y las figuras. Ambos son procedimientos del arte de la Retórica, la cual cumple el fin de adornar la teoría de la expresión dentro del hecho humano de la comunicación, emulando en la lengua moderna el artificio de la antigua. La **figura** es una manera de hablar que se aparta del modo común, mientras que el **tropo** se forma por el paso de un vocablo a otro de distinto significado, que guarda semejanza con el significado anterior. De este modo, el último implica una sustitución, al trasladar la significación natural (o propia) de las palabras a otra que no lo es.

El uso de ambos recursos se da en los tres planos de la lengua: fónico, semántico y sintáctico. La onomatopeya, las aliteraciones, el ritmo y la rima son propios del lenguaje poético y se inscriben en el primero de dichos planos. En el sintáctico, abundan los fenómenos de paralelismo, correlación, asíndeton, polisíndeton, hipérbaton y repetición (o anáfora). En el semántico, puede haber epítetos; figuras como la prosopopeya, hipérbole, lítotes, antítesis y paradoja; y tropos: comparación, metáfora, metonimia y sinécdoque (Tema 17).

1.2.1. Recursos del plano fónico

- ***Aliteraciones***, o repetición de sonidos: *El **r**uido con que **r**ueda la **r**onca tempestad* (Zorrilla); *En**r**oscada a **sus s**enos la **s**e**r**piente* (Valle-Inclán).
- ***Onomatopeya***, o fonemas que evocan acciones u objetos: *las ínsulas extrañas / los ríos sonorosos / el silbo de los aires amorosos* (San Juan de la Cruz); *el ala de la noche / junto al ala del día* (Blas de Otero).
- ***Ritmo***: reiteración periódica e insistente de un elemento fónico. En la poesía, el ritmo lo crean la distribución de los acentos en el verso y la disposición de los pies métricos, produciendo impresión de musicalidad; en la prosa, el ritmo sobreviene con las unidades sintácticas y la simetría de las frases.
- ***Rima***: coincidencia de sonidos al final de la última sílaba acentuada del verso (consonante o asonante).

1.2.2. En el nivel sintáctico, aparecen

- ***Anáfora***: repetición de palabras y de la misma estructura sintáctica: *Con tres heridas viene: / la de la vida, / la del amor, / la de la muerte* (Miguel Hernández).
- ***Paralelismo*** estructural: repetición del ordenamiento de los mismos elementos en un verso y los siguientes: *Sobre el corazón un ancla* / y *sobre el ancla una estrella*, / y *sobre la estrella el viento* / y *sobre el viento la vela* (Rafael Alberti).
- ***Correlación***: los elementos del primer verso se corresponden uno a uno con los del segundo: *Afuera el fuego*, *el lazo*, *el hielo* y *flecha / de amor que abrasa*, *aprieta*, *enfría* y *hiere* (Cervantes).
- ***Hipérbaton***: altera el orden normal de las palabras: *a mí*, *que las fértiles orillas / piso*, [...] *tu noble arena con humilde planta*, *dime si*... (Góngora).
- ***Asíndeton***, u omisión de nexos conjuntivos: *Llegó con tres heridas*: / *la del amor*, / *la de la muerte*, / *la de la vida* (Miguel Hernández), o la multiplicación de los mismos a través del ***polisíndeton***: *Yo atrueno en el torrente*, / ***y*** *silbo en la centella*, / ***y*** *ciego en el relámpago*, / ***y*** *rujo en la tormenta* (Gustavo Adolfo Bécquer).

1.2.3. Son recursos de índole semántica

- ***Epíteto***: se trata de un adjetivo explicativo que pone de relieve una cualidad del sustantivo con el fin de embellecer: *oscuras golondrinas* (Bécquer); *en sus manos de ambiguos príncipes decadentes* (Rubén Darío). Puede anteponerse al nombre o no. Puesto que a través del epíteto los poetas nos dan su particular visión de las cosas, suele estar lleno de connotaciones individuales: *sol insomne* (Juan Ramón Jiménez).
- ***Comparación*** o ***símil***: contrasta dos cosas por medio del nexo *como*: *Espadas como labios* (V. Aleixandre).
- ***Metáfora***: es el cambio semántico por el que un significante toma otro significado distinto al propio (Tema 17). Se basa en la semejanza y, mediante sustitución, embellece el texto: *las perlas de tu boca* (por los 'dientes'); *cabellos de oro fino*; *despiden larga vena / los ojos hechos fuente* (Fray Luis de León).
- ***Prosopopeya***: clase de metáfora por la que se atribuyen cualidades humanas a las cosas: *En mostrando el aurora sus mejillas de rosa...* (Garcilaso).
- ***Metonimia***: cambio de significado en virtud de una relación de contigüidad y cuyo campo de acción son las relaciones de causalidad o procedencia (Tema 17): *Acude, corre, vuela / traspasa la alta sierra, ocupa el llano, / no perdones la espuela, no des paz a la mano, / menea fulminando el hierro insano* (Fray Luis de León). (Aquí, *la espuela* alude al caballo y *el hierro*, a la espada); ambas metonimias designan el todo por medio de la parte.
- ***Hipérbole***: es una exageración desmesurada: *Umbrío por la pena, casi bruno / porque la pena tizna cuando estalla* (M. Hernández).
- ***Lítotes***: es una atenuación del pensamiento: *La política es el arte de no decir la verdad* (por *mentir*).
- ***Antítesis***: consiste en la contraposición de dos ideas: *Lloráis entre las pajas, / de frío que tenéis, / hermoso niño mío, y de calor también* (Lope de Vega).
- ***Paradoja***: es la unión de dos ideas aparentemente irreconciliables: *Soy otro cuando soy, los actos míos / son más míos si son también de todos, / para que pueda ser he de ser otro* (Octavio Paz).

2. El lenguaje científico y técnico

Bajo esta doble denominación se incluye el lenguaje de la Ciencia y de las diversas técnicas y profesiones. La importancia de este tipo de lenguaje se debe, fundamentalmente, al auge experimentado en el siglo XX a causa de los descubrimientos científicos y a los avances imparables en el campo de la tecnología.

Dentro de las disciplinas científicas, habría que distinguir entre las **ciencias exactas, físicas**...: Botánica, Biología, Medicina, Física, Química, etc., y las **ciencias humanas**: Pedagogía, Psicología, Sociología, Lógica, Lingüística, etc.

2.1. Propiedades del lenguaje científico y técnico

Toda ciencia ofrece una serie de conocimientos ordenados y sistematizados, opera con enunciados exactos y evita en todo momento las contradicciones internas. Ello hace que se caracterice por la ***objetividad*** (y la ***universalidad***), lo que conlleva poder expresarse por encima de cualquier frontera y con una terminología que supere las barreras idiomáticas. Los científicos van más allá de la objetividad, buscan el consenso de la comunidad científica, así como también persuadir a los lectores o a la audiencia. Además, los constantes avances en el campo científico-técnico piden continuas definiciones para cada concepto u objeto.

De este modo, son propias del lenguaje científico las siguientes características:

- Los signos monosémicos con correspondencia biunívoca entre significante y significado, donde a cada término corresponde un significado *único* (o función referencial del lenguaje).
- Los enunciados formalizados, donde aparecen términos técnicos definidos con el mayor rigor.
- El uso de citas textuales de otras teorías como criterio de autoridad y refuerzo de las argumentaciones.
- Una sintaxis rigurosa y sencilla en aras de la precisión y la claridad, descartando la ambigüedad y la voluntad estilística.
- La abundancia de definiciones de tipo esencial, causal o descriptivo de los distintos términos.
- El carácter denotativo (y nunca connotativo) de los mismos.
- Las referencias internas al propio discurso, por ejemplo, aludir a otros científicos o a otras páginas del libro.
- El empleo de la 3.ª persona del plural en construcciones impersonales con *se*.
- La abundancia de oraciones coordinadas y subordinadas que expresen condición, circunstancias y consecuencias.
- La propiedad y la corrección constantes, con el fin de hacerse entender aun a trueque de que existan repeticiones. Estas, inadecuadas en el estilo literario, no deben ser valoradas negativamente como descuido, sino como una necesidad que nace del deseo de claridad máxima.

2.2. El vocabulario científico y técnico

El lenguaje científico y técnico es propio de especialistas, lo que le confiere un carácter cerrado y un uso restringido. El vocabulario de la ciencia es muy especializado y constituye un valioso instrumento donde los elementos léxicos reflejan los contenidos, la actividad y los distintos hallazgos en múltiples ámbitos del saber humano. Consecuencia de este carácter especializado es la aparición y aprovechamiento de una terminología propia, plagada de neologismos y tecnicismos, fruto de la rapidez en los descubrimientos, de las innovaciones constantes y de la necesidad de plasmarlos lingüísticamente. Ello obliga a la creación incesante de voces nuevas, aumentando la terminología científica y técnica (o *tecnicismos*).

Una característica importante de los términos científicos es la ausencia de polisemia. Por ejemplo, en el lenguaje normal la palabra *hierro* puede tener más de un significado, mientras que en un tratado científico se refiere a un metal denso, magnético, dúctil y maleable y muy fuerte, cuyo número atómico es el 26 y su símbolo, *Fe*; de su dureza proviene la expresión "tener una salud *de hierro*" o "ser *de hierro*", refiriéndose a la fortaleza de algo.

Se denomina ***tecnicismos*** a las palabras que forman parte de la terminología científica y técnica. Estos abundan en las ciencias naturales ante la necesidad de nombrar cosas, generalmente concretas: *bacilo*, *neutrón*, *proteínas*, *ácidos*, *triglicéridos*, *dermatitis*, *fotosíntesis*, *hidrógeno*, *manómetro*, y tantas otras. Por su parte, ciencias humanas como la Filosofía o la Teología, por razones de su propio contenido, manejan un vocabulario más abstracto, más metafísico; respectivamente: *ente*, *esencia*, *idea*, *causa*, *contingencia*, *silogismo*, (la) *nada*; o *forma*, *materia*, *alma*, *sustancia*, *conciencia*, *albedrío*, etc.

Los tecnicismos proceden en su mayoría del inglés (Tema 18) y de otras lenguas, y en la ciencia son abundantísimos.

a) Entre otros, existen *back-ground*, *cassette*, *flash*, *gasoil*, *hardware*, *quark*, *software*, etc. Con el mismo significante que en inglés se encuentran *algol* (ingl. *algol*), *bit*, (ingl. *bit*), *chip* (ingl. *chip*), *trust* (ingl. *trust*), *web* (ingl. *web*), y, parcialmente, *blíster* (ingl. *blisterpack*), y han sido admitidos como tales por la Real Academia Española.

b) Algunos ya están adaptados. Son anglicismos reconocidos y tienen forma española: *craqueo* (ingl. *to crack*), *gasóleo* (ingl. *gasoil*), *interferón* (ingl. *interferon*), *formatear* (ingl. *format*), *escáner* (ingl. *scanner*) o *wolframio* (alemán *Wolfram*). Esta forma se hace extensiva también a los plurales, como en el caso de *fiordo*, *-os* (de *fiord*) o *formateo*, *-s*. Otras veces, sin embargo, en esa adaptación no se respeta la sintaxis de la lengua a la que llega el tecnicismo, como sucede en *olla a presión* y otras expresiones de este tipo que en español deben llevar la preposición *de*.

Hay que reseñar el carácter marcadamente internacional que posee la terminología científica y técnica, pero es precisamente su forma original la que facilita la comprensión inequívoca entre la comunidad científica. En el tipo de lenguaje que nos ocupa, el extranjerismo es inevitable, pero tampoco afecta en demasía al habla común ni la perjudica sobremanera.

2.3. Creación de la terminología científica y técnica

Los neologismos son también muy abundantes. La creación de los términos científicos y técnicos se lleva a cabo a través de varios procedimientos: compuestos cultos greco-latinos, préstamos lingüísticos, siglas y acrónimos (Tema 18).

A) *Compuestos cultos greco-latinos*

Son términos cultos tomados del griego y del latín. Abundan los formados por palabras griegas o latinas en su totalidad. En el primer caso se encuentran: *dosis*, *cefalalgia*, *hidrógeno*, *gastritis*, *isodinámico*, *telégrafo*, *oligosacárido*, *trigonometría*, *antonomasia*, entre otros muchísimos más. Palabras enteramente latinas son *cardiograma* o *nomenclatura*, así como *cánidos* o *vulturiformes* y *anseriformes* para referirnos a determinadas aves.

La suma de un elemento griego más otro latino da lugar a un ***híbrido***. *Audífono*, *hidroavión*, *calorímetro*, *hidrocarburo*, *pluviómetro*, *telecomunicación*, *hemoglobina* y cientos de palabras más responden a una formación híbrida.

Con raíces griegas se han formado, entre otras muchas: *biomedicina*, *anestesia*, *acromático*, *bioquímico*, *endocardio*, *endogamia*, *fotoalergia*, *fotograma*, *hemorragia*, *hidrocarburo*, *isobara*, *isomorfo*; *microbio*, *microeconomía*, *monocromo*, *monóptero*, *omnívoro*, *plurivalente*, *pluricolor*, *protón*, *telequinesia*, *telepatía*, *termodinámico*, *termopila*, *xenófobo*.

B) *Préstamos*

La avalancha de descubrimientos en ambos órdenes de la vida (científico y técnico) urge a la adaptación de los nuevos vocablos al resto de las lenguas. Al igual que los compuestos greco-latinos, son abundantísimos los préstamos, y también hay calcos léxicos, ya sean en su forma original o adaptada (Tema 18). No siempre resulta fácil separar los extranjerismos de los préstamos; de ahí que sintamos como nuestras muchas palabras del árabe, que son préstamos, pero que nos pasan desapercibidos como tales: *acequia*, *aceite*, *adobe*, *adalid*, etc.

Son igualmente préstamos lingüísticos los denominados germanismos, arabismos, galicismos, italianismos, americanismos y anglicismos. Hay que poner de manifiesto la apabullante entrada de anglicismos sufrida en el siglo XX en los ámbitos de la informática, la medicina, la economía y el periodismo. *Electrodo*, *isobara* y *cibernética* son palabras prestadas del francés; *telemática* (< *telematics*), del inglés. En cambio, *cosmonauta* procede del ruso, con prefijo griego.

C) ***Siglas y acrónimos***

Otra fuente de entrada de nuevas palabras son las siglas y los acrónimos.

Algunas siglas empleadas en la ciencia son: *ADN* (***á***cido ***d***esoxirribo***n***ucleico), *DDT* (***D***icloro***d***ifenil***t***ricloroetano), *NASA* (National Agency Space Administration).

Entre los acrónimos se cuentan: *hidrosol* (gr. *hidro* y *solución*), *troposfera* (gr. *tropos* y atmó*sfera*), *duraluminio* (lat. *dur*us y *aluminio*), *velcro* (fr. *vel*ours, 'terciopelo', y *cro*chet, 'gancho' *módem* (*mo*dulación y *dem*odulación), *interfono* (*inter*ior y telé*fono*), *ovni* (***o***bjeto ***v***olante ***n***o ***i***dentificado), *telemática* (*tele* e infor*mática*), *radar* (***ra***dio ***d***etecting ***a***nd ***r***anging) o *láser* (***l***ight ***a***mplification by ***s***imulated ***e***mission of ***r***adiation).

3. El lenguaje jurídico-administrativo

Los **lenguajes jurídico** y **administrativo** son los característicos de los mensajes emitidos por los poderes públicos y corresponden a lo que se ha llamado *lenguajes del poder*. El **lenguaje jurídico** es el lenguaje técnico propio del Derecho y de los textos legales. El **lenguaje administrativo** tiene encomendada la gestión de lo relativo al bien público, está sometido a los principios del Derecho vigente y su actividad es extensiva a todos los ciudadanos de un Estado. Los dos influyen entre ellos y tienen en común el ser prescriptivos.

3.1. Rasgos lingüísticos de los textos jurídico-administrativos

Dado que los dos lenguajes emanan de las instituciones sociales investidas de autoridad pública, su **emisor** es institucional, esto es, el órgano oficial del poder que produce un **mensaje** de tipo normativo bajo una enunciación objetiva. Dicho mensaje tiene carácter prescriptivo, normativo y regulador según unos criterios determinados, y se ajusta a un **código** también determinado que siempre tiene forma de documento escrito, a menudo lleno de convenciones gramaticales para una mejor comprensión del mensaje. El **receptor** es múltiple y heterogéneo, pudiendo tratarse tanto de los profesionales de esta rama del saber: abogados, jueces, administrativos (o *receptores específicos*), como del conjunto de los ciudadanos (o *receptores no especializados*), ignorante, en su mayoría, en estas cuestiones. Por último, la materia de este lenguaje remite a una realidad muy amplia y diversa (en Derecho proliferan temas de la índole más variada, que abarcan enormes parcelas de la realidad), lo que lo distingue de los lenguajes especializados que hemos visto hasta ahora, cuyo ámbito temático suele ser más reducido.

Son muchos y variados los rasgos lingüísticos que caracterizan al lenguaje jurídico y administrativo:

- la monosemia del léxico, evitadora de términos equívocos, la cual deriva del predominio de la denotación en una relación de causa-efecto;
- la concreción, precisión y selección de los términos;
- la concisión y claridad en la exposición de los hechos, argumentos y resoluciones;
- una estructura fija, que facilita la lectura y aporta rapidez;
- un lenguaje plagado de convenciones lingüísticas, fruto de su esencial y profunda finalidad social.

3.2. Rasgos gramaticales del estilo jurídico

Morfológicamente se caracteriza por:

- La presencia constante de sustantivos, que pueden llegar a la acumulación: *valores, alhajas, colecciones científicas o artísticas, libros, medallas, armas, ropas de vestir, caballerías o carruajes y sus arreglos, granos, caldos* y *mercancías*.
- Predominio de sustantivos abstractos en textos legales, cuyo sentido es, además, sumamente concreto: *tramitación, requerimiento, autenticidad, incoación, conveniencia, gravamen, ordenamiento, concesión, irrevocabilidad*.
- La preferencia por la anteposición de adjetivos calificativos: *derechos de <u>general</u> aplicación, <u>oportuno</u> procedimiento, salir a <u>pública</u> subasta*.
- Verbos en 3.ª persona del singular o en 1.ª del plural, con empleo de la voz pasiva, de la pasiva refleja o de *se* impersonal: *<u>Se procede</u> a la práctica de las pruebas propuestas*; *<u>Hágase</u> saber a las partes*; *<u>Llámase</u> doble vínculo al parentesco por parte del padre y de la madre conjuntamente*.
- Uso del futuro imperfecto de indicativo como forma de imperatividad y mandato: *El plazo de presentación de candidaturas <u>concluirá</u> el 30 de septiembre de 2004*. Lo mismo sucede con el presente de subjuntivo: *se decrete, se tramite*.
- Empleo del futuro de subjuntivo, en decadencia en la lengua común: *Si <u>hubiere</u> varios parientes de un mismo grado, y alguno o algunos no <u>quisieren</u> o no <u>pudieren</u> suceder, su parte acrecerá a los otros del mismo grado*.
- Empleo del gerundio (*<u>Cumpliendo</u> el acuerdo plenario de fecha 13 de octubre pasado*), no siempre correcto. Equivale a una oración de relativo, con pérdida de su carácter verbal: *Orden <u>nombrando</u> a...* (en vez de *Orden <u>de nombramiento</u>*); *instancia <u>solicitando</u>...*, llegando en ocasiones al exceso: en una sentencia puede aparecer hasta cinco veces en forma de *Resultandos* y *Considerandos*.

- Formas procedentes del participio de presente latino: *actuante*, *solicitante*, *la administración expropiante*, *el expediente obrante*.
- Participios en construcción absoluta: *Previa deliberación del Consejo de Ministros*, *Leída la presente acta*, *Interrogado por el abogado de la acusación particular*.
- Abundantes perífrasis con valor obligativo y potestativo: *podrá recabar*, *Las obras deberán respetar los caminos de servicio existente*, que se extienden a la voz pasiva: *podrá ser enajenada*.
- Uso incorrecto de la preposición *a*: *materia a desarrollar*, *caudales a detraer*, *vacantes a ofertar*.

3.3. Rasgos léxicos de los textos jurídico-administrativos

3.3.1. Latinismos y cultismos

Debido al enorme influjo del Derecho Romano, gran parte del léxico jurídico proviene del latín.

a) Abundan especialmente las formas latinas utilizadas en su forma pura, algunas de las cuales se emplean en la vida común; tales son: *a priori*, 'antes de examinar el asunto de que se trata'; *modus vivendi*, 'modo de vivir, base o regla de conducta, arreglo, ajuste o transacción entre dos partes'; *persona non grata*, 'persona no deseada por algunos para desempeñar el cargo para el que ha sido propuesta'; *sui generis*, 'de un género o especie muy singular o excepcional'.

b) Algunos términos y expresiones son de carácter exclusivamente jurídico: *tribunal a quo*, 'tribunal cuyo fallo se recurre'; *ex aequo et bono*, 'en justicia y de buena fe'; *petitum*, 'derecho o compensación que, según afirma el demandante, le corresponde de acuerdo con la ley y que el demandado le niega o se resiste a reconocer'; *sub iúdice*, 'pendiente de resolución judicial'; *ut retro*, 'según la fecha expresada anteriormente arriba'.

c) Ciertos latinismos jurídicos proceden de otras lenguas. Así, *abducción* (ingl. *abduction* < *abductĭo*) y *absentismo* (*absenteeism* < *absens*, *-ntis*) han entrado a través del inglés y *beneficio de inventario*, del francés (*bénéfice d'inventaire* < *beneficium inventarii*), si bien, en última instancia, proceden del latín. Los dos primeros son anglicismos; el último, galicismo.

3.3.2. Tecnicismos

Algunos se usan en el lenguaje común: *alegación*, *apelación*, *reconvención*, *aval*, *arrendamiento*, *homicidio*, *interdicto*; *bienes mostrencos*, *troncales*, *parafernales*, *patrimoniales* o *fungibles*; *decretar*, *disponer*, *facultar*, *instruir*, *proveer*, *prescribir*.

En un contrato se habla de *derechos de autor*, *derechos patrimoniales* y *derechos de reproducción*, *distribución* y *comunicación pública*; asimismo, de transmitir por *actos inter vivos* los derechos del contrato en exclusiva.

Sentencia, *compraventa*, *diligencia*, *testamento*, *derechos reales*, *juicio de faltas*, *demandante*, *recurrente*, *imputado*, *absolutorio*, etc., etc., son de sobra conocidos y empleados por los ciudadanos en algún momento de su vida. En los distintos escritos de tipo jurídico o administrativo, encontramos en numerosas ocasiones vocablos que se usan normalmente: *audiencia*, *autoridad*, *escrito*, *medida*, *motivo*, *plazo*, *pretensión*; *notificar*, *practicar*, *regular*, *resolver*; *apreciar*, *declarar*, *estimar*.

3.3.3. Arcaísmos

Son usos lingüísticos del pasado que se mantienen en el lenguaje judicial y que proceden en su mayor parte de los textos legales. No es raro encontrar vocablos como *pedimentos* (o escritos procesales sin alegaciones de fondo que se presentan ante el juez); participios como *devolutivo*, 'que devuelve' (el que tiene un recurso cuando atribuye al tribunal superior el conocimiento del asunto de la resolución impugnada): *efecto <u>devolutivo</u>*, *Que se admita sólo en el <u>efecto devolutivo</u>*; adverbios: *cuasi*, *otrosí*, o sintagmas adverbiales: *a mayor abundamiento* por 'además'.

3.3.4. Siglas y abreviaturas

El lenguaje jurídico y administrativo, dada su funcionalidad, comparte con los diversos lenguajes especializados el uso de las siglas. Sin embargo, en los textos legales no es recomendable abusar de ellas, porque pueden introducir oscuridad en la lectura. Suele encontrarse nombres de organismos: *MOPU* (Ministerio de Obras Públicas), *MEC* (Ministerio de Educación y Ciencia), *ANECA* (Agencia Nacional para la Evaluación de la Calidad); y de leyes: *LC* (Ley de Carreteras).

También hay formas abreviadas: *R. O.* (Real Orden), *O. M.* (Orden Ministerial), etc.

3.4. Fórmulas de los textos jurídico-administrativos. Tipos de textos

3.4.1. Fórmulas de tratamiento

Es frecuente el uso de abreviaturas por la rapidez y comodidad que suponen. Se conceden en función de los cargos dentro de una jerarquía. Son de uso ordinario: *Su Señoría* (*S. S.ª*) para designar a los jueces; *Su Ilustrísima* (*S. I.*), *Usía Ilustrísima* (*V. S. I.*), *Vuestra Ilustrísima* (*V. I.*), o *Excelentísimo Señor* (*Excmo. Sr.*) para ministros y altos cargos de la Administración; *Ilustrísimo Señor* (*Ilmo. Sr.*) para Jefes de Servicio o Departamento.

3.4.2. Fórmulas fraseológicas

Con ellas se inicia, construye y termina el cuerpo de los textos administrativos, por lo que son de tres clases:

a) *Primeras*: *A los efectos de la presente Ley*; *REAL DECRETO 1292/2004 de 20 de febrero, por el que se crea...*; *En uso de las atribuciones conferidas por el artículo 3 de la Ley 7/1996, de 8 de julio...*; *Por Orden se convoca concurso general de méritos para la provisión de puestos de trabajo vacantes en el Ministerio de Justicia e Interior*.

b) *Intermedias*: *ha acordado*, *ha resuelto*, *se autoriza*, *se aprueba*, *se dispone*, *se modifica*; *Quedan derogadas todas las disposiciones...*; *vengo en proponer*, *vengo en disponer*; *vengo en sancionar*, *vengo en conceder*.

c) *Finales*: *Así lo dispongo, a los efectos del artículo 9.1. de la Constitución* (de una Ley); *Así lo dispongo por el presente Decreto*; *Lo que comunico a vuestras excelencias para su conocimiento y efectos*; *Lo que comunico a V. I. para su conocimiento, el de esa Junta Directiva y demás efectos*.

3.4.3. Tipos de textos jurídico-administrativos

El más representativo en el ámbito administrativo es la *instancia*. Son textos legales (y también administrativos) la *Ley*, los *Decretos*, las *Resoluciones* y las *Órdenes Ministeriales*. Por último, la *demanda*, *providencia*, *sentencia* y *ejecutoria* son escritos procesales. Vamos a ver únicamente los de uso más común.

– La **instancia** es el más generalizado y se utiliza para que los ciudadanos soliciten algo de los responsables de algún organismo de la Administración. Tiene un esquema fijo que se divide en las partes siguientes: 1) *Encabezamiento* (con tratamiento de *Ilmo. Sr.*). 2) *Cuerpo*, redactado en 3.ª persona, donde conste: a) los datos personales completos del solicitante; b) exposición de los motivos: hechos de que se parte, argumentos que se hacen valer introducidos por la palabra EXPONE (*A V. I. con el mayor respeto* EXPONE); c) *Petición* concreta: *De V. I. con el mayor respeto* SOLICITA. 3) *Frase final* de despedida (*Es gracia que no duda en alcanzar del recto proceder de V. I. cuya vida guarde Dios muchos años*), con el lugar y fecha, firma del solicitante y, por último, en mayúsculas, el cargo de la autoridad a que se dirige.

– La **Ley** es el escrito de máximo rango que abarca también las normas emanadas de los parlamentos de las Comunidades Autónomas. Existen leyes *orgánicas* y *ordinarias*, y las modalidades de *decretos leyes* y *decretos legislativos*. Su estructura es:

a) Nombre, número y fecha de promulgación de la misma:

LEY 32/2003, de 3 de noviembre, General de Telecomunicaciones.

b) Fórmula de sanción real, expresada directamente por el Rey o en su nombre:

JUAN CARLOS I,
REY DE ESPAÑA

A todos los que por la presente vieren y entendieren.
Sabed: Que las cortes generales han aprobado y Yo vengo en sancionar la siguiente Ley.

c) Preámbulo (o Exposición de motivos) de lo que sigue a continuación (constancia de hechos, objetivos que se pretenden, etc.).
d) Cuerpo de la Ley, donde constan los TÍTULOS y CAPÍTULOS. Estos se componen de *Artículos* numerados y titulados.
e) Disposiciones particulares (adicionales, transitorias, derogatorias y finales).
f) Fórmula fija de mandato, lugar, fecha y firma del Rey, acompañada de la del Presidente del Gobierno:

Por tanto, mando a todos los españoles, particulares y autoridades, que guarden y hagan guardar esta Ley Orgánica.
Madrid, 3 de noviembre de 2003
JUAN CARLOS R.

El Presidente del Gobierno
JOSÉ MARÍA AZNAR LÓPEZ

– El **Real Decreto** es una resolución del Consejo de Ministros, con fuerza normativa para todos los ciudadanos. Su estructura es muy similar a la de la ley:

a) Encabezamiento, donde se identifica el Real Decreto, seguido de su número, fecha y asunto.
b) Preámbulo o Exposición de motivos, donde se exponen los hechos, razones y bases legales que se alegan con fundamento jurídico.
c) Fórmula de sanción real.
d) Cuerpo introducido por DISPONGO, que contiene las disposiciones generales en forma de artículos divididos en párrafos.
e) Disposiciones particulares (adicionales, transitorias, derogatorias y finales).
f) Lugar y fecha, y firma del Rey, acompañada de la del ministro correspondiente.

He aquí uno muy breve:

REAL DECRETO 891/2004, de 23 de abril, por el que se concede la gran Cruz de la Real y Distinguida Orden Española de Carlos III a doña Luisa Fernanda Rudí Úbeda.

Queriendo dar muestra de Mi Real aprecio a doña Luisa Fernanda Rudí Úbeda, a propuesta del Presidente del Gobierno y previa deliberación del Consejo de Ministros en su reunión de abril de 2004,

Vengo en concederle la Gran Cruz de la Real y Distinguida Orden Española de Carlos III.

Dado en Madrid. a 23 de abril de 2004.

JUAN CARLOS R.

El Presidente del Gobierno
JOSÉ LUIS RODRÍGUEZ ZAPATERO

– La **Orden Ministerial** es el acuerdo de un ministro que envía a alguna autoridad que pertenece a un Ministerio. La **Resolución** es el escrito que hacen llegar órganos y autoridades de rango inferior a los ministros. Ambas son más cortas que el Real Decreto y tienen una estructura muy similar, con encabezamiento, fundamentación legal y de contenido, fórmula de conclusión y especificación del cargo de la autoridad a quien se dirige (*Orden*) o de quien emana (*Resolución*).

4. El lenguaje periodístico

4.1. La comunicación periodística

Desde que en el siglo XVIII vio la luz el primer periódico, la necesidad de información sobre asuntos de interés común ha ido aumentando. La enorme influencia que ha cobrado la información periodística en la sociedad actual y la cantidad de medios a su alcance (prensa escrita, radio, televisión, revistas especializadas, etc.) la han convertido en un elemento imprescindible hoy en día. Es esa vastísima capacidad de información lo que la ha llevado a ser reconocida como *el cuarto poder*.

La finalidad principal de la comunicación periodística es **informar** sobre cuestiones generales o concretas, de ámbito nacional e internacional. De ahí que la misión tanto de los periódicos como de la radio y la televisión sea **difundir noticias**. Pero es requisito de la información que sea objetiva. Es obligación de los medios de masas informar sobre hechos, acontecimientos, etc., de la forma más neutra posible. De ahí que la función del lenguaje que suele predominar en los textos periodísticos sea la representativa. Junto a esta función, se da también la expresiva, ya que la importancia que se dé a una noticia o a otra es indicativo de una forma de pensar.

La comunicación periodística es unilateral, ya que ni el emisor ni el receptor están presentes en el acto comunicativo. El receptor es universal, pero puede suceder que el lector se convierta en emisor cuando participa en secciones como las *Cartas al Director* o *Respuestas de los lectores*, o en el caso de que escriba y publique un artículo.

Los textos escritos como el periódico o las revistas incluyen no sólo los elementos verbales, sino también los icónicos: fotografía, gráficos, etc., que aclaran y fijan la información escrita. Son elementos gráficos importantes el tipo y tamaño de la letra y la situación del texto dentro de la página. La letra negrita se utiliza para lo más importante, variando el tamaño según lo que se quiera destacar. Asimismo, las informaciones más relevantes se colocan en la mitad superior de las páginas.

4.2. Los géneros periodísticos

La publicación periodística más importante es el **periódico**.

El periódico constituye un texto unitario. Se divide en secciones que agrupan la información por contenidos en nacional, internacional, cultural, deportes, sociedad, etc. La diversidad de los asuntos tratados origina el que haya varios géneros periodísticos que poseen sus propias características de contenido y expresión. Los principales son la noticia, el reportaje, la crónica, la entrevista, el editorial, el artículo, la columna y la crítica.

– La **noticia** es el género periodístico por excelencia. Consiste en el relato de un acontecimiento o suceso. Sus principales rasgos son el interés y la novedad. La noticia que pretenda ser completa ha de responder a seis preguntas: quién, qué, cuándo, dónde, cómo y por qué. En cuanto a su estructura, está constituida por un titular, la entrada y el texto propiamente dicho. El ***titular*** es, a primera vista, el elemento más importante, por ser el primero que se lee. Posee una función muy práctica, que consiste en situar al lector anunciándole de qué se va a tratar; de ahí que resuma en una o dos líneas el contenido esencial de la noticia. Tiene dos funciones más: 1) Dirigir al lector para que elija entre las noticias que más le interesen. 2) Destacar lo novedoso e insólito. La ***entrada*** (o *lead*) es la enumeración breve, clara y concisa de las seis preguntas anteriores. En ella se consignan los datos más importantes de la noticia en forma resumida (es obvio que las noticias cortas carecen de entrada) y debe responder a las seis preguntas citadas. En el ***cuerpo*** se ofrecen los demás datos en orden decreciente de interés: va de los datos de segundo grado a los de cuarto y quinto, es decir, de los más importantes a los más secundarios.

– El **reportaje** es un relato informativo de algún hecho que aun siendo actual, ya no es noticia del día, o de alguna cuestión que pueda interesar al público. Tiene carácter objetivo, suele ir acompañado de fotografías y puede adquirir tono de denuncia: el mal estado de las carreteras, las obras de una calle, etc.

– La **crónica** es la narración de hechos acaecidos en un período de tiempo y se caracteriza por estar realizada por un cronista o enviado especial, que debe dar cuenta de la realidad del lugar desde el que hace la crónica y de los hechos sucedidos. Tiene una extensión intermedia entre la noticia y el reportaje, y se distingue de este por ser más personal.

– La **entrevista** recoge el diálogo entre el periodista que la realiza y un personaje de interés o actualidad. En ella se refleja su carácter y personalidad y se ofrecen sus opiniones. Se realiza en estilo indirecto, después de una breve introducción.

– El **editorial** trata un asunto de especial relevancia (político, económico o social) y aparece en un lugar destacado del periódico. Va sin firmar, porque expone la opinión del propio periódico, siendo su director el que se responsabiliza de las opiniones vertidas en él.

– El **artículo** de opinión es un escrito en el que un periodista, escritor o intelectual expone sus puntos de vista u opiniones sobre un tema cualquiera de actualidad o de interés científico, histórico, filosófico, etc. Es el género que admite mayor subjetividad y los periódicos cuentan con colaboradores fijos, cuyas ideas son afines a las de la publicación.

– La **columna** está hecha a base de comentarios de un periodista o colaborador, que enjuician diariamente la actualidad, sobre todo política. Se le reserva un espacio fijo, casi siempre el mismo, y se presta mucho a la subjetividad, a la vez que influye de modo considerable en la opinión pública.

– La **crítica** es el escrito de los que juzgan libros, películas, conciertos, obras de teatro, corridas de toros, deportes, etc.

4.3. Rasgos lingüísticos del texto periodístico

El periodismo, tanto escrito como oral y audiovisual, ejerce una gran influencia sobre el idioma. Acepta como ideal la adhesión a un registro culto de la lengua –siendo, en el fondo, vehículo de tal registro–, aunque muchas veces se aparta de la corrección idiomática. Del deseo de ajustarse a ese ideal han surgido los diferentes **libros de estilo** de las agencias de información y periódicos, que establecen las normas respecto a la expresión y al tratamiento de ciertos contenidos. No hay que olvidar que, de cumplirse ese ideal, los medios de comunicación serían los más importantes instrumentos de educación idiomática.

Exceptuando el artículo y la columna, que introducen la subjetividad de su redactor permitiendo una expresión más personal, el lenguaje periodístico se caracteriza por:

- estar al servicio de la función representativa del lenguaje;
- la utilización de un lenguaje denotativo que evite la ambigüedad o la plurisignificación;
- el deseo de claridad, concisión y corrección.

Son características gramaticales de los textos periodísticos:

- El empleo del sustantivo sin artículo (especialmente en los titulares), lo cual favorece una gran concentración del mensaje, y cuya finalidad es que abarquen toda la noticia, dejando el ánimo en suspenso hasta la lectura de la misma: *Sólo palabras muertas*; *Pendiente abajo*; *Matemáticas con mucho arte*.
- El uso del indicativo en sus tiempos presente y pretérito perfecto, procurando evitar el pretérito indefinido, sobre todo en televisión. Aunque el hecho que se narra haya ocurrido hace algún tiempo (incluso años), el afán de actualidad exige el uso del presente. Cuando se hace referencia al pasado, se prefieren el pretérito imperfecto de indicativo, para expresar la duración de algo, y el pretérito perfecto de indicativo, que sigue acercando al presente lo que se cuenta.

- El empleo constante de la forma verbal de 3.ª persona, con frecuentes oraciones impersonales que dejan en la incógnita la autoría de los hechos, favoreciendo los enunciados siempre objetivos, con sujeto desconocido y sin aportaciones personales (sobre todo en televisión).
- El condicional de rumor, de origen francés: *El presidente convocaría* (por *tal vez convoque*) *pronto elecciones*.
- La preferencia, en los medios orales, por el estilo directo, aunque en los periódicos se utiliza más el indirecto en las citas. Son casos de estilo directo (los dos que siguen aparecen en un periódico. El primero es un *titular*): *Bono, en Barcelona*: "*España no es algo que cualquier iluminado pueda inventar*"; "*Aún hay que hacer un enorme trabajo en Rusia para que entienda qué es democracia*". Al estilo indirecto pertenece: *La nueva consejera niega que el Gobierno se "derechice" por ella*.

En la sintaxis, dominan las construcciones cortas y sencillas. En los titulares, las oraciones suelen ser completas: *Rajoy bajará el IRPF a familias numerosas con discapacitados*, pero a veces no hay verbo. Así, una noticia puede aparecer como *La izquierda francesa avanza ligeramente en las elecciones locales* (*El País*), o *Ligera ventaja conservadora en las municipales francesas* (*ABC*). La elisión del verbo, no obstante, no impide que la comprensión sea perfecta.

5. El lenguaje publicitario

5.1. La publicidad, medio de comunicación

Paralelamente al lenguaje periodístico, dentro de los medios de masas se encuentra otro lenguaje: el de la publicidad. Nacida en las primeras décadas del siglo XX, avanzó deprisa fruto de la sociedad de consumo, y ocupa ámbitos muy extensos. Tiene manifestaciones orales y escritas, según el medio informativo en que aparezca: prensa, radio, televisión, etc. Los textos publicitarios son breves, y persiguen atraer y conquistar al usuario. Su eslogan "Una imagen vale más que cien palabras" lo confirma.

Los rasgos principales del lenguaje publicitario son economía, eficacia y libertad. **Economía**, porque pretende decir mucho con pocos elementos significativos; **eficacia**, porque intenta actuar al máximo sobre el receptor; **libertad**, porque se permite saltarse las normas gramaticales en aras de la expresividad. En virtud de la economía, simplifica la sintaxis, eliminando las palabras de menor contenido significativo: artículos, adjetivos determinativos, preposiciones, conjunciones, etc. Se propone sugerir al máximo.

- En este tipo de comunicación, el **emisor** es un periódico, una empresa de publicidad o los técnicos de creación publicitaria. El **canal** es la letra impresa de carteles, revistas, diarios, o las ondas de la radio y la televisión. El **receptor** es universal, somos todos los consumidores. Le corresponde la función conativa o apelativa del lenguaje.

- Su finalidad principal es la de **persuadir**. A diferencia del periodismo, no busca principalmente informar, sino convencer al público y lograr que el individuo se sienta atraído, caiga en la red de lo que se le ofrece y pase a la acción comprando, invirtiendo, etc. Por ejemplo, con el fin de adelgazar, se crean mensajes como éste: *Desayuno Special **K** durante 15 días* (para reducir una talla). Si lo que se necesita es un lugar donde vivir, los periódicos facilitan la búsqueda: RETIRO, *ático, 200 metros, terraza impecable.*
- El **mensaje** publicitario consta de imágenes y elementos verbales. Tiene valor denotativo, pero también el connotativo de la persuasión, amén de otros valores añadidos: *Prodigy essence. Concentrado de vida. Quintaesencia anti-edad. En un tiempo récord*. Lo escrito, o elementos verbales, simbolizan distintos valores subjetivos: calidad, buen precio, juventud, belleza, economía, prestigio, éxito, claves para el triunfo, etc.
- Es importante el **tipo de letra**. Se usan las mayúsculas con frecuencia inusitada, bien en la primera grafía: *Beber Agua Mineral Natural Bezoya es beber pureza*; en grafías intermedias: *For**Z**a*; en la última: *Zanus**SÍ***; o en todas: *OBJETIVO MORENO PERFECTO*.
- Una de las formas que adopta la publicidad es el **eslogan**, construcción condensada y llamativa, de fácil memorización y gran economía lingüística: *Un Martini invita a vivir*. Consiste en un mensaje abreviado, cortísimo, donde bastan una o dos frases. Y aun cuando los textos publicitarios sean amplios, suele haber un eslogan **de cierre**:

> *En algunas de las decisiones más importantes de la vida, es difícil recibir el mejor consejo. En otras, muy fácil.*
> *Si quiere comprar o vender su vivienda, llame a GILMAR.*
> ***Acertar es muy fácil.***

- El **contenido** de los textos publicitarios se caracteriza por los rasgos de placer y satisfacción de los sentidos a través de imágenes atractivas que despiertan la curiosidad del receptor. Para ello, se vale de la descripción: *Las grageas herbales de Valeriana están compuestas de valeriana, una planta cuya acción sedante te relajará durante el día para que puedas descansar mucho mejor por la noche*; y la fabulación: *Presentamos la última fantasía en fragancia. Estèe Lauder. Beyond paradise, embriaga los sentidos*. Otras veces, echa mano del enigma, intentando colocar al lector en situaciones problemáticas para conducirlo a la mejor solución, la que preconizan la imagen o el texto: *Patek Philippe. ¿Quién serás en las próximas horas?*, para anunciar una marca de reloj.
- Se concede una especial importancia a las **marcas** de los productos, que aparecen siempre, ya sea oralmente o en textos escritos. De este

modo, en los nombres de las marcas se produce un proceso de semantización, por el que se cargan de significado. Algunos anuncios llevan sólo el nombre de la marca y poca leyenda detrás: *Simon Life. Tu refresco con vitaminas*; a veces se refuerza la marca con una frase: *Alta costura en tu sofá. Cancún. Las cosas hay que pedirlas por su nombre*. Otros se acompañan de la fotografía y el nombre de algún personaje en boga, como el caso del reloj *Omega*: *Omega. Cindy Crawford. Choices* (lo que en español sería: *Omega. La elección de Cindy Crawford*).

- Algo que gusta a los publicistas es el recurso al **tópico**. Hay tópicos de la tradición: *Cinco Jotas. Desde 1879 celebrando los mejores acontecimientos*, y de la antigüedad: *Longines. La elegancia del tiempo desde 1832*. Recientemente, es normal oír anuncios con referencias al futuro: *Vengo del futuro para contarte las excelencias del poder del detergente Skipp*. Otras veces se refieren al prestigio de lo foráneo: *Winston. El genuino sabor americano*, o a algo exclusivo, diferente, sofisticado: *Acostúmbrate a estar por encima de los demás* (Nissan Patrol).
- Los anuncios se llenan asimismo de **connotaciones**. Las sensaciones de confort o suavidad, lo aromático, agradable y placentero se vierten en reclamos de joyas, tabaco, cosméticos, colonias y bebidas: *Tónico hidratante suave, con proteínas de seda*; *Los magos de la luminosidad. Son los reyes. Tres productos mágicos que saben como ningún otro captar la luz y sublimar la piel* (los maquillajes de *Yves Saint Laurent*). Otros significados connotativos aluden al prestigio social. Generalmente, marcan lo diferente, la exclusividad: *Lujo. Vivir la diferencia. Para los amantes de los paraísos*. Algunos de estos anuncios se ofrecen en su totalidad en otros idiomas, para conferir más autoridad al producto: *Longines. Evidenza. Elegance is an attitude. L'elegance du temps despuis 1832*; *Dior. J'adore le fémenin absolu* (colonia). Otros nos envuelven en sensaciones de libertad: *Metro de Madrid ¡Vuela!*; de felicidad y descanso: *Chopard. Happy sport*; *Piscinas que albergan diversión, relax, felicidad*... Los hay que denotan solidaridad hacia el comprador: *Cómprate un Toyota y no pagues hasta el 2006*, e incluso complicidad: *Colección Conexión. Tú y yo somos "Conexión"*.

5.2. Rasgos lingüísticos del lenguaje de la publicidad

- En la **ortografía**, entre otras incorrecciones, se recurre a las mayúsculas para resaltar lo que se dice: *Estèe Lauder. La Belleza por Definición*, o se emplea el guión incorrectamente: *anti-edad, multi-usos*. Hay que destacar el casi constante empleo del punto. Éste y el punto y aparte han anulado prácticamente a la coma:

  Roc. Promesas cumplidas.
  La revolución de Vileda. Ultramax. Cubo y mopa.
  Nivea for men. Cuidado facial avanzado.

- Además, se producen intencionadamente:

– **Rimas**: *¿Y tú? ¿Cueces o enriqueces?* (al cocinar con *Avecrem*); *Cuando haces pop ya no hay stop* (referido a las patatas fritas *Pringles* que se comen mientras se baila y no se puede parar de comerlas).

– **Aliteraciones**: *Muévete con tu MoviStar*.

– **Paralelismos bimembres**: *Sana por dentro, sana por fuera*; *Limpieza exterior. Limpieza interior. Salud exterior. Salud interior* (lo que proporciona el Agua Bezoya).

- En el plano **morfosintáctico**, hay que destacar:

– Repetición de una misma palabra en el adyacente y en el núcleo de un sintagma (lo que se conoce como *genitivo hebreo*) para ponderar un producto: *Max Factor. El maquillaje de los maquilladores*.

– La identificación a través del verbo copulativo: *Siemens es calidad*; *Este verano el aire es Aquamarine*; *Cuando el baño es Arte, es* GALA.

– Las frases nominales: *Pasión por lo mejor*; *El primero en cifras*; *Amor por la tierra*. En las construcciones nominales abundan las aposiciones especificativas (*Vino Ribera del Duero*) y explicativas: (*Tous. Una fragancia, una joya*; Manos *libres* (una clase de móvil); *Orgullo bodeguero*.

– El empleo frecuente de adjetivos y adverbios: *Doblemente concentrado para resultados acelerados* (dicho de una crema). Pueden llegar a la acumulación: *Deliciosos copos integrales tostados, fresas sabrosas, cerezas apetitosas, frambuesas silvestres* (unos cereales). Incluso hay marcas comerciales en función de adjetivo: *Consigue que la piel tenga la famosa luminosidad Clinique*.

– Presencia de la 2.ª persona, que coloca al receptor en primera línea y lo implica de modo absoluto: *Con un Vitara te lo puedes permitir todo*; *Nuevo Opel Astra. Confía en tus ojos*.

– La tendencia a suprimir las preposiciones por razones de economía: *pisos llave en mano*; SALAMANCA, *mejor zona, salón 40 metros, 3 dormitorios, estrenar*. Otras veces, por el contrario, se subrayan: **EN** *directo con Enrique* (anuncio de Tarot).

– La abundancia de oraciones **condicionales**: *Si es Teka, sí*; **imperativas**: *Apresúrese. Ya han comenzado las rebajas en El Corte Inglés*; *Prueba lo más nuevo de Dove*; **exclamativas**: *¡Deja que tu peluquero libere la personalidad de tu color!* (*Nuevo L'Oréal. Paris*) e **interrogativas**, con preguntas que llaman la atención y esperan una respuesta del interlocutor: *Nuevo Licor del Polo ¿De qué color son tus dientes?*.

- En el nivel **léxico-semántico**, asistimos a:

– Creaciones léxicas consistentes en la fusión o alteración de palabras ya existentes (por acortamiento o alargamiento): en un anuncio de Futurología se lee ACIERTOTAL (por *acierto total*); *Avecrem* (por *crema de ave*), *Devor-Olor* (por *devora el olor*); *Absorcontrol* (pañales que *controlan la absorción*); *Maxiburger* (una hamburguesa de *varios "pisos"*).

– Abundantes tecnicismos. Multitud de ejemplos se refieren a cremas *reafirmantes*, *anticelulíticas*, y de otras clases: *Crema ultracompacta*; *Gel reafirmante anticelulítico*; *Crema hidratante con liposomas*.

– Empleo corriente de préstamos. La publicidad es terreno abonado para la inclusión de los vocablos que nos llegan del inglés: *vídeo*, *compact-disc*, *panty*: *Marie Claire*, *un panty para cada mujer*; *Oferta de veinte compact-disc más diez libros por solo 19, 50 euros al mes*. Otros se crean en español por imitación: *dermoestética*, sobre *dermodietetic*: *Ven a Corporación Dermoestética*. Otras formaciones foráneas son *clorex*, *Ultramax*, *Hidramax*, etc.: *Limpieza segura con Vim clorex y la fregona Ultramax*; *Hidramax +. Hidrata al máximo* (una crema).

- En un lenguaje que se propone llamar la atención no podían faltar los **recursos retóricos**, más bien propios del lenguaje literario, que ya vimos al inicio de este tema:

– **Comparaciones**: *Ni enrojecida ni quemada, sino como Elle McPherson* (refiriéndose a la piel cuando se toma el sol); *Jamaica*: *Más que Caribe* (reclamo de una agencia de viajes).

– **Metáforas**: *Los tratamientos Hidramax actúan en el corazón del proceso de hidratación*; *Clínicas Vital Dent. Dibujamos sonrisas*; *Aire de mujer*.

– **Hipérboles**: La exaltación propia de lo que se quiere decir o vender da pie al uso de esta figura: *Este verano con Pantén pro-V deslumbrarás al sol*; *Limpiar el mundo* (lavadora); *Siéntanse como un rey y una reina y disfruten de su palacio. El Hotel Meliá Alicante*.

– **Atenuaciones**, por la inserción de un elemento dubitativo que va dirigido a la competencia: *Sensor Gillette. Podría ser la mejor desechable que hayas probado jamás*; *Heinneken. Posiblemente la mejor cerveza del mundo*.

– **Contraposiciones**: *Sí al verano. No a las arrugas*; *Decir todo en una sola palabra* (perfume de *Lancôme*); *Aura. O la tienes o no la tienes* (fragancia de *Loewe*).

– **Paronomasias**: *¿Te falta Tefal?*; *Sanex. Piel sana*.

– **Interrogaciones retóricas**, es decir, que no necesitan respuesta: *EN directo con Enrique. Tarot. ¿Qué te preocupa?*. En algunas se da a elegir la razón de la compra: *Polo Volkswagen. ¿Química o física?*.

– **Frases hechas**: *La pequeña Saxon dará mucho que hablar*; *Pensar en los tuyos es pensar en ti*; *El estilo es una cuestión de gusto, no de dinero* (anuncio de un móvil Siemens); *Nuevo Rexona for men. Más eficaz cuando más lo necesitas*.

– **Juegos de palabras**: *Suba a un Mercedes ahora que bajan*; *Adultos, a precio de niños; niños, a mitad de precio* (las rebajas).

Ejercicios

1. ¿Qué recurso sintáctico se produce en estos versos de García Lorca en el poema titulado *Llanto por Ignacio Sánchez Mejías*?

   ¡Qué gran torero en la plaza!
   ¡Qué gran serrano en la sierra!
   ¡Qué blando con las espigas!
   ¡Qué duro con las espuelas!

   ¿Y en este fragmento de Ortega y Gasset?

   Súbitamente, de mil lugares, de los altos rincones oscuros, de los vidrios confusos de los ventanales, de los capiteles, de las claves remotas, de las aristas interminables, se descolgaron sobre mí miríadas de seres fantásticos, como animales imaginarios y excesivos, grifos, gárgolas, canes monstruosos, aves triangulares.

2. ¿Qué fenómeno se observa en los versos de Góngora: *Infame turba de nocturnas aves / gimiendo tristes y volando graves* (Góngora)? ¿Y en estos otros del mismo autor, donde describe al cíclope Polifemo?

   Un monte era de miembros eminente
   éste que –de Neptuno hijo fiero–
   un ojo ilustra el orbe de su frente...

3. Lea despacio estos versos y coméntelos, dando cuenta de los recursos empleados en los tres planos de la lengua. Son la segunda parte del poema "El chopo" de Luis Cernuda, de su libro *Como quien espera el alba*. El autor está hablando del alma, una vez muerto el hombre. Y, a continuación, dice:

   Luego brote inconsciente, revestida
   del tronco esbelto y gris, con ramas leves,
   todas verdor alado de algún chopo,
   hijo feliz del viento y de la tierra,
   libre en su mundo azul, puro tal lira
   de juventud y amor, vivo sin tiempo.

4. ¿Qué figura predomina en esta letrilla de Quevedo?

   ¿De qué sirve presumir,
   rosal, de buen parecer,
   si aún acabas de nacer
   cuando empiezas a morir?
   Hace llorar y reír
   vivo y muerto tu arrebol
   en un día o en un sol;
   desde el oriente al ocaso
   va tu hermosura en un paso
   y en menos tu perfección.

5. Con lo que ha estudiado y con la ayuda del diccionario, anote el significado literal de estos tecnicismos, extrayéndolo a través de su prefijo: *heliotropismo*, *biotopo*, *hemograma*, *protozoo*, *cosmovisión*, *telemando*, *fotoalergia*, *democracia*, *hemíptero*, *plurivalente*, *psicofísico*, *anfibología*, *heterodoxo*, *panteísmo*, *metamorfosis*. ¿Reconoce algún híbrido?

6. Lea el siguiente texto e indique los términos científicos:

> *El experimento que marcó el comienzo de la era nuclear fue realizado en 1933 en Italia por un grupo de físicos. Bombardearon átomos de uranio con neutrones de baja energía (llamados neutrones lentos o térmicos) y encontraron que se formaban varios elementos de masas atómicas menores que el uranio. Enseguida se dieron cuenta de que estos productos procedían de la fragmentación del átomo de uranio. La reacción nuclear cuyo resultado es la fragmentación de un átomo en varias unidades menores se denomina reacción de fisión.*
>
> *Experimentos posteriores proporcionaron nuevos datos acerca de las reacciones de fisión. En primer lugar, sólo unos cuantos isótopos sufren reacciones de fisión cuando reciben un bombardeo de neutrones. El uranio-235 (U-235) es el único isótopo natural capaz de sufrir esta reacción, y sólo dos isótopos formados por bombardeo nuclear, el plutonio-239 y el uranio-233, sufren también reacciones de fisión. En segundo lugar, las reacciones de fisión nuclear desprenden una gran cantidad de energía. Finalmente, las reacciones de fisión producen neutrones y radiación gamma junto con otros elementos.*

7. Especifique los rasgos morfológicos y sintácticos del texto anterior.

8. Explique el significado de los siguientes latinismos (busque en el diccionario), distinguiendo entre los que se emplean en la lengua común y los que pertenecen exclusivamente al Derecho: *a posteriori*, *ab intestato*, *bienes nullius*, *exequátur*, *in fraganti*, *in situ*, *maremágnum*.

9. Lea estos Artículos del Código Civil. Indique las características que encuentre desde los puntos de vista morfosintáctico y léxico:

> **118.** *Aun faltando la presunción de paternidad del marido por causa de la separación legal o de hecho de los cónyuges, podrá inscribirse la filiación como matrimonial si concurre el consentimiento de ambos.*
>
> **164.** *Se exceptúan de la administración paterna los bienes adquiridos por título gratuito cuando el disponente lo hubiere ordenado de manera expresa.*
>
> **954.** *No habiendo cónyuge supérstite, ni hermanos ni hijos de hermanos, sucederán en la herencia los demás parientes del mismo en línea colateral hasta el cuarto grado, más allá del cual no se extiende el derecho de heredar abintestato.*

1.174. *El comodante conserva la propiedad de la cosa prestada. El comodatario adquiere el uso de ella, pero no los frutos; si interviene algún emolumento que haya de pagar el que adquiere el uso, la convención deja de ser comodato.*
1827. *La fianza no se presume: debe ser expresa y no puede extenderse a más de lo contenido en ella.*

10. ¿Percibe alguna ausencia desde el punto de vista sintáctico en estos dos titulares: *Pesimismo sobre la concertación ante el anuncio de otra oferta del Gobierno*; y *Ahora, un Catálogo de tareas serias*? ¿Cuáles podrían ser los elementos elididos?

11. ¿Qué figuras retóricas aparecen en *Berlín pedirá una reunión de Ministros de la UE* y en *Casa Mingo lleva cien años seduciendo a los amantes de la comida casera*? Explique el sentido de la segunda.

12. ¿Qué fenómenos observa en *Tiene por delante los dos principales "miuras" que deberá lidiar el alcalde Gallardón*: *la reforma de la M-30 y la construcción de las instalaciones olímpicas*?

13. Identifique en qué género periodístico se encuadran los siguientes textos. Exponga brevemente el tema.

Saber latín

No se sabe de nadie que haya aprendido latín solamente por los estudios de bachillerato. Sin embargo, su valor de base de los idiomas peninsulares parece hacerle fundamental para el conocimiento de estos, y su supresión en los nuevos planes de enseñanza media no resulta aconsejable. Hace años, un ministro franquista, Solís, que gobernaba nada menos que la Falange y los sindicatos oficiales, se alzó contra el latín (a favor del deporte, cuando no son incompatibles) y recibió la adecuada reprimenda de los líderes de la cultura. No se puede hoy repetir aquel error.

Tres factores han hecho odiosa la asignatura: uno, su consideración de lengua muerta, que le daba una apariencia de inutilidad; el segundo, el sistema arcaico de enseñanza, que obliga a la memorización de declinaciones y conjugaciones y a la traducción de párrafos llenos de trampas que hacen exultar de júbilo a los profesores ante la torpeza de los muchachos; el tercero, su entrega habitual a personas del clero que repiten lo aprendido con otras finalidades en el Seminario y le dan un carácter sacro que contribuye a alejarlo de la cotidianidad práctica.

Aunque las lenguas de raíz sajona ofrezcan hoy el vértigo técnico y la comunicación directa con fuentes de riqueza y poder, las de España, salvo el *euskera*, están directamente implicadas en el latín, y algunas de las estructuras mentales con las que trabajamos, como el derecho o el conocimiento cultural, están firmemente basadas en el latín, sin que ello suponga ningún enfriamiento en el desarrollo, ninguna esclerosis en las tradiciones. Por lo demás, el inglés culto se beneficia también de las raíces latinas. Y el estudio del latín es en sí un fabuloso entrenamiento para el uso de la razón dialéctica.

Una forma práctica de la enseñanza del latín sería que el estudio de los cursos de la asignatura estuviera directamente implicado con nuestra actualidad: es decir, no como lengua muerta ni eclesial sino como esencia de unas personalidades labradas en el tiempo. Su renuncia parece una cesión resignada a sistemas culturales de los que indudablemente hay mucho que recibir, pero mediante una asimilación que no destruya nuestra propia identidad. La supresión del latín en los estudios es, en definitiva, el anuncio de un empobrecimiento cultural y la demostración de que o Solís no era tan torpe o estos que ahora gobiernan no son tan duchos.

TEXTO 1

Galicia y Asturias unen hasta el día 6 sus gastronomías

S. H., **Madrid**

Dos de las mejores cocinas españolas con mucho en común, la asturiana y la gallega, se hermanan hasta el próximo 6 de junio en unas jornadas en las que participarán diez restaurantes de ambas regiones: los gallegos La Casa Gallega, El Orzán, O Grelo, O Cachelo, O Recanto y La Flor de Galicia, y los asturianos La Panera, Ferreiro (dos) y Oviedo. El precio de las degustaciones estará entre 40 y 60 euros.

Galicia ofrece sus recetas más antiguas, como la empanada (con una tradición de siglos sin apenas variaciones), junto a pescados y mariscos. La cocina asturiana apuesta por el pote, la fabada, los bolos preñaos o el churrasco, y, entre los postres, el arroz con leche, entre otros. Dos bodegas acompañarán a los diez menús que se han elaborado: un Rías Baixas y un Pagos del Galir.

Estas jornadas gastronómicas están patrocinadas por el Ayuntamiento de Marín (Galicia), y el pregonero del evento fue el periodista asturiano Javier de Montini.

TEXTO 2

14. Señale los procedimientos gramaticales y retóricos que aparecen en los siguientes eslóganes:

    a) *Terra Mítica. Emoción que supera la ficción.*
    b) *Donuts Light. ¡Son sólo 145 maravillosas calorías!*
    c) *Quien calcula compra en Sepu.*
    d) *Este verano disfruta del sol. Disfruta la fruta.*
    e) *Para mi bebé, tarritos Nestlé.*
    f) *Simon Life. Bébete la vida.*
    g) *Tu moda cómoda* (para ella). *Cómodo a tu modo* (para él).
    h) *La nueva lavadora AEG hace lo más difícil: ponértelo fácil.*
    i) *Piel Delial. Piel ideal.*

15. Descubra cuáles son los argumentos que subyacen en los siguientes eslogánes:

    a) *Vacheron Constantin. La manufactura más antigua del mundo. Ginebra. 1775.*
    b) *Brummel. Cuando las distancias son más cortas* (desodorante).
    c) *PRIMERA LÍNEA. Sana y natural. Pan fresco integral. Elaborado con los mejores ingredientes. Sin colesterol.*
    d) *Prepárate. Porque el El Alfa Romeo GT supera todas tus expectativas.*
    e) *Revolcanic. El Poder del Agua volcánica. La fuerza de la Hidratación Profunda.*
    f) *Neumáticos Michelin. Agárrate a la carretera. Agárrate a la vida.*
    g) *Siente las sensaciones de un masaje Spa Palmolive Thermal.*
    h) *Audi. Sabrás lo que es volar.*
    i) *Voy a dar la mano a mi adversario. Voy a llevar su bandera. Va a llevar mi bandera. Voy a llorar con su himno. Va a llorar con mi himno. Juegos Olímpicos 2004.*

Tema 23

Lengua y dialecto. Las lenguas de España. Variedades geográficas y dialectos del español

Manuel Esgueva Martínez

4. La lengua española en América
   4.1. Penetración del español en América
   4.2. Características lingüísticas
      4.2.1. Fonética y fonología
      4.2.2. Morfosintaxis
      4.2.3. Léxico
         4.2.3.1. Léxico indígena americano
         4.2.3.2. Dialectalismos, arcaísmos y otros usos
   4.3. El porvenir de la lengua española en América y su unidad

Ejercicios

Introducción

En el presente tema daremos una visión sobre la estrecha relación existente entre lengua y dialecto, así como sus diferencias. Las lenguas que conviven en el territorio español tienen sus propias peculiaridades, sus rasgos diferenciadores, son cooficiales con el español en sus respectivas comunidades autónomas y poseen una considerable irradiación cultural. Las variedades geográficas tienen una mayor limitación y están más restringidas en las diferentes zonas aunque posean estructuras semejantes.

1. Lengua y dialecto

La noción de ***lengua*** se ha empleado con diversos valores: como un instrumento de comunicación, un producto social o un sistema lingüístico con una tradición literaria importante. El término *lengua* se relaciona con otras palabras: *dialectos, hablas, bables,* que implican también sistemas de comunicación. La característica definitoria de lengua es la existencia de una tradición literaria y de un estatuto social.

El ***dialecto*** es también un sistema, cuyo origen está en una lengua viva o desaparecida, con una estructura fónica, léxica y sintáctica propia, y con mayor limitación geográfica que la lengua. La prioridad de unos dialectos sobre otros obedece a causas históricas o sociales. Si hacemos gramática histórica del dialecto aragonés o del leonés, llegamos a lenguas como el latín, el celta o el ibero.

El dialecto, al no adquirir el estatuto cultural y social de la lengua, independiente de su origen, está excluido de las relaciones oficiales y de la enseñanza básica, y se emplea sólo en parte del país. Por ejemplo, al fragmentarse el latín, un dialecto surgido de esta lengua, el castellano, que se desarrolló hace un milenio en una pequeña comarca, se impone a los otros dialectos del latín, el aragonés y el leonés; estos quedan marginados como hablas regionales y son erosionados y desintegrados por la lengua oficial, aunque posean una literatura muy particular.

En el siglo XIX surge el interés por la lengua del pueblo, las hablas populares; la dialectología se interpuso a todo tipo de manifestaciones lingüísticas y se afirmó la preeminencia de la lengua hablada sobre la escrita. Así se vino a consolidar una lingüística autónoma con los medios y fines utilizados para la recolección y elaboración de materiales. Hoy sería imposible elaborar una historia de la lengua sin el estudio de los dialectos, considerados el depósito más rico en tradiciones y creencias populares.

Para conocer mejor la lengua común y enriquecer la información de la lingüística general, hay que hacer su inventario antes de que la tendencia niveladora de los medios de comunicación lo haya hecho desaparecer. De la dialectología derivan técnicas importantes como la geografía y estratigrafía lingüísticas, nuevos métodos cuyos frutos estamos cosechando. La repartición dialectal peninsular no es consecuencia de la evolución de los hablantes en los respectivos territorios, sino de la historia, que condiciona su ulterior evolución en cada territorio.

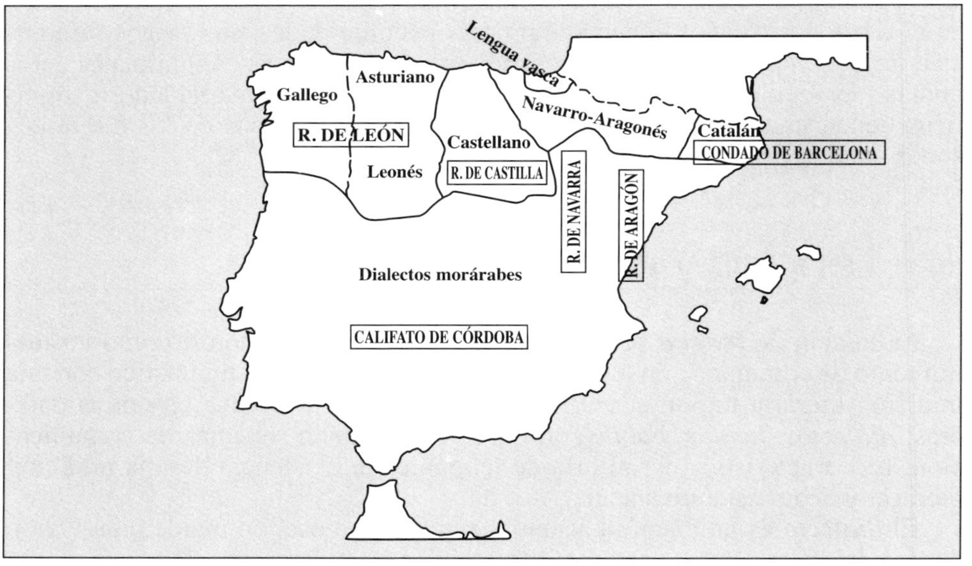

Mapa 1. *La Península Ibérica a finales del siglo X.*

2. Lenguas de España

Como se vio en el Tema 1, la diversidad étnica, cultural, religiosa y lingüística caracteriza a los pueblos peninsulares primitivos. Los **íberos,** procedentes del norte de África, se extienden sobre todo por el sur y el oeste; la proximidad al área tartésica y a los enclaves coloniales determina su mayor grado de civilización y hace que reciba la influencia lingüística fenicia y griega. Los **celtas,** procedentes del área germánica, se establecen en el centro y noroeste peninsular, donde su procedencia determinará profundas transformaciones culturales y étnicas.

Tras el desembarco en Ampurias en el siglo II a. C., los romanos obligan a los cartagineses a abandonar la Península, iniciándose la **romanización** e incorporación de Hispania al Imperio como una provincia más.

Como consecuencia de la conquista se impone el **latín,** lengua oficial e instrumento de comunicación de todo el Imperio y en todas las zonas urbanas y rurales empieza a utilizarse la lengua de los conquistadores. En los primeros siglos, según lugares y estratos sociales, se producirá un período de bilingüismo, pues la desaparición de las primitivas lenguas indígenas, íbero y celta no fue repentina.

Al final del Imperio, tras las **invasiones germánicas,** se fragmentan las provincias, con la consiguiente decadencia cultural. La disociación de la lengua oral de la lengua literaria acelera la evolución del **latín vulgar** entre las masas populares. En las distintas zonas se dan innovaciones fónicas, léxicas y gramaticales y, según los usos indígenas, se originan dialectos y lenguas, pues perduran rasgos de pronunciación y vocablos procedentes de lenguas indígenas primitivas (sustrato). Ya en Hispania, a pesar de la uniformidad del latín peninsular, los diversos procesos autóctonos van a marcar al desarrollo de los dialectos románicos. Los visigodos, los más civilizados entre los germanos venidos a España, se asientan en la meseta castellana y establecen su capital en Toledo y transforman el derecho y las costumbres. El romance hablado a finales de la monarquía visigoda tiene rasgos muy primitivos.

Desde el siglo VIII al XV, los árabes ocupan toda la Península, salvo pequeños núcleos cristianos en Asturias y los Pirineos. Los distintos dialectos procedentes de la fragmentación del latín se convierten en las cuatro lenguas que se hablan actualmente en España:

- Español o castellano.
- Catalán-valenciano.
- Gallego.
- Vasco o eusquera.

Son cooficiales, con el español, en sus respectivas Comunidades Autónomas.

2.1. El español

El habla burgalesa había adquirido estabilidad y fijeza imponiéndose en las tierras conquistadas. Tras situarse la corte en Toledo, con Alfonso X el Sabio, el habla toledana va a ser ejemplo del buen hablar castellano. Con la Reconquista, se propaga el modelo por las zonas meridionales, lo que da lugar a diferentes variedades dialectales –andaluz, extremeño, murciano y canario–, que se estudian en el apartado 3.

En el siglo XV, con los Reyes Católicos, se completa la unificación de la lengua literaria y el castellano pasa a convertirse en idioma universal coincidiendo con las mayores empresas nacionales y el momento de gran expansión, especialmente con el descubrimiento de América. Desde el siglo XVI, con Carlos V, el español comienza a difundirse por todo el mundo.

A partir de los Siglos de Oro (XVI y XVII), el español se estabiliza en un modelo que, sin cambios bruscos, se moderniza y se llega al español actual.

A comienzos del XVIII (1713) se funda la Real Academia Española, que desde el principio dedicó sus esfuerzos a la elaboración, en ediciones sucesivas, de obras fundamentales como son el *Diccionario de la lengua española, la Ortografía y la Gramática.*

En la actualidad, el español es la lengua de unos cuatrocientos millones de hablantes. Son veintidós los países que la poseen como vehículo de comunicación. De las lenguas romances es la que mayor número de hablantes posee y es instrumento de una comunidad de hombres de todas las razas. El español moderno posee una gran cohesión y unidad; en todo el ámbito hispánico actual los hablantes regionales se comunican y comprenden perfectamente tanto en el lenguaje hablado como en el escrito. En las asambleas y conferencias internacionales se acepta como lengua oficial y crece de forma incesante el interés por la lengua y la cultura hispánicas. Podríamos afirmar que el inglés y el español son las lenguas que mayor y más decisivo incremento han de tener en el futuro. El español ha sido y es vehículo de comunicación también en las zonas bilingües de España.

2.2. El catalán-valenciano

Es una lengua románica, como el español, que proviene del latín y es vehículo de comunicación en los territorios de Cataluña, Valencia y Baleares. En la actualidad existe una polémica sobre su denominación y sobre si se trata de una sola lengua. Según la Constitución, esta lengua es cooficial en las comunidades autónomas respectivas. En 1902 se funda el Institut d'Estudis Catalans y en 1998, la Acadèmia Valenciana de la Llengua.

Aunque en un principio presentara gran semejanza con los dialectos de Provenza y Languedoc, su evolución histórica y cultural hace el catalán-valenciano una lengua independiente.

Desde el punto de vista histórico, ya bajo el Imperio romano, la Tarraconense y la Narbonense estrecharon sus relaciones comerciales y sus colonizaciones. Cataluña forma parte de la Marca Hispánica, bajo los emperadores carolingios, y hasta principios del siglo XI no se independiza de la monarquía franca. El condado de Barcelona formó parte del reino de Aragón y sus reyes establecieron allí sus Cancillerías, abriendo sus conquistas por el Mediterráneo. Jaime I conquista Mallorca e Ibiza y esta lengua se extiende a las Baleares originando el mallorquín, que ha desempeñado un papel decisivo en el catalán literario del siglo XIX. Prosigue por Valencia, Alicante y Murcia.

Los dialectos occidentales de Cataluña incluyen el catalán de Andorra, el de Pallars, el de parte de Ribagorza, los elementos lexicales catalanes del Valle de Arán y la lengua de Tortosa, entre el catalán y el valenciano.

El catalán del reino de Valencia (o valenciano) presenta variantes en cada una de las tres provincias donde se habla.

Aunque los reyes aragoneses extienden sus conquistas por Sicilia, Nápoles y Cerdeña, la lengua catalana sólo va a permanecer viva en el Alghero, una pequeña comarca de Cerdeña en la que se habla catalán de modalidad arcaica y con fuerte influencia sarda.

Los castellanismos penetraron ya en épocas medievales –así lo demuestran los numerosos vocablos de esta lengua que aparecen en las Crónicas de Jaime el Conquistador– y continúan penetrando en la actualidad.

Es en el siglo XIV y a partir del siglo XIX cuando se produce el mayor desarrollo literario catalán, coincidiendo con deseos nacionalistas. Los escritores valencianos se separaron de la órbita de Barcelona ya en el siglo XV y han desarrollado una tradición literaria diferenciada.

2.3. El gallego

Como el español, proviene del latín y es, por lo tanto, una lengua románica. Es vehículo de comunicación en la Comunidad Autónoma de Galicia, donde es cooficial con el español, según la Constitución. A veces no resulta fácil marcar los límites del gallego con el portugués, ya que el origen es común.

Desde el punto de vista histórico, la lengua gallega se forma en el ángulo noroeste de España. Aún quedan restos en la toponimia de Galicia y Portugal, de un sustrato prerromano de origen celta.

Durante el Imperio romano, junto con el norte de Portugal y el occidente leonés, forma una unidad administrativa y constituye la España Citerior. Pronto se verá amenazada por los suevos, pueblo germano occidental que mantendrá su reino en Galicia hasta la llegada de los visigodos en el siglo VI. Éstos amplían el reino hasta el Tajo, y por el oeste peninsular traspasan el Miño y llegan hasta Coimbra (1064).

Los acontecimientos de la época reafirman la independencia política, pues Alfonso Enríquez, tras la conquista de Lisboa (1147), una de las más importantes capitales mozárabes, desplaza el centro de poder hacia el sur.

Comienza a florecer en Portugal una literatura en prosa; en cambio el gallego, lengua convencional de la lírica cortesana, entra en un proceso de decadencia regional a pesar de que hasta el año 1400, aproximadamente, gozó de la más alta reputación y protección de la Corte. Las cantigas de los cancioneros galaico-portugueses están escritas en esta lengua e incluso se utilizó para la redacción de obras en prosa.

A mediados del siglo XIV, rota la unidad de las dos lenguas, comienzan por separado su andadura. A ambos márgenes del río Miño se originaron diferencias fónicas, léxicas y sintácticas. Desde 1350 a 1500 el gallego conservó la oficialidad en su región y mantuvo muchos de sus rasgos a pesar de la influencia del castellano. Fue considerado como lengua inapropiada para usos legales y quedó relegado durante siglos al entorno familiar. Las grandes ciudades como La Coruña, Lugo, Santiago, Vigo, fueron focos de castellanización y sólo minorías cultivaban el gallego.

Después de varios siglos sin literatura propia renació en el siglo XIX el interés por la lengua vernácula y surgieron grandes poetas. Para la defensa de los estudios regionales se creó, en 1906, la Real Academia Galega y se fomenta la literatura en prosa de manera notable.

En la actualidad, el gallego es una lengua hablada por unos tres millones de personas, no sólo en el ámbito familiar, sino también en el de Administración.

2.4. El vasco

El vasco o eusquera no es una lengua románica, ya que no procede del latín. El origen del vasco lo relacionan algunos con las lenguas caucásicas y otros con las norteafricanas, pues presenta términos semejantes al bereber, copto y lenguas semíticas africanas. Como el vocabulario y la estructura del íbero se parecen al vasco, se ha pensado también en su posible origen ibérico, pero la identificación no es segura. Lo cierto es que el íbero, junto con elementos célticos, griegos y púnicos, formó el sustrato del latín de Hispania.

Los emplazamientos del área vasca en la antigüedad eran mayores que los actuales, pues extendían a ambos lados de las estribaciones del Pirineo central y occidental. La frontera norte, estacionaria en Bayona desde el siglo XIII, debió de extenderse antiguamente hasta Burdeos. Allí, como en el valle del Ebro, existía una vía de penetración que unía Narbona con Tolosa y Burdeos, facilitando la influencia romana.

Los vascos mantienen contacto con los cántabros, antecesores de los antiguos castellanos, y entre ambas tribus la conexión política y social es estrecha, resistiendo a los romanos y oponiéndose a los invasores visigodos. Al contrario que otras lenguas, el vasco no ha sucumbido ante otros pueblos, con un mayor nivel cultural, como el celta o el romano, y se ha mostrado conservador manteniendo su vocabulario.

A partir de la publicación de los poemas de Dechepere en 1545 y del *Nuevo Testamento* de Leizarraga en 1571, el vasco comienza a ser ya bien conocido.

El aislamiento durante milenios hizo que el vasco se subdividiera en múltiples dialectos, con diferencias locales y generacionales tan notables que no siempre posibilitaban la comunicación entre unas zonas y otras. Desde 1968 se acordó normalizar la lengua vasca, fragmentada en dialectos históricos, basándose en el vasco oriental y las hablas navarras, y se fijó el *batua,* vasco normativo para las actividades públicas.

Su sistema vocálico consta de cinco fonemas como en español, y con un valor semejante, y el sistema consonántico coincide también parcialmente. Se habla vasco en las tres provincias vascas, donde es cooficial con el español, y en Navarra. Lo hablan actualmente unos seiscientos mil habitantes. En 1919 se creó la Euskaltzaindia o Real Academia de la Lengua Vasca.

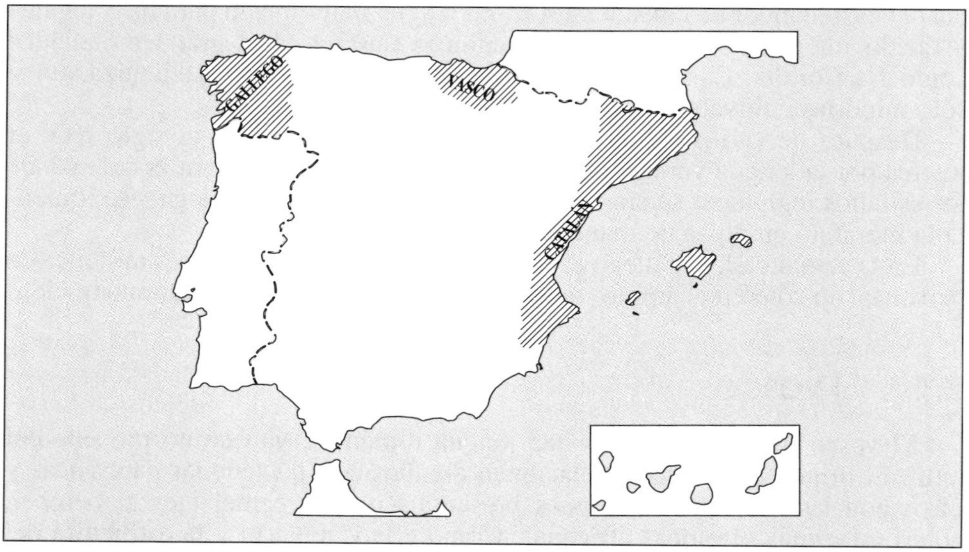

Mapa 2. *Zonas Bilingües.*

3. Variedades geográficas y dialectos del español

La lengua española se ha impuesto y extendido como lengua usual y de cultura por todo el dominio peninsular e insular. Hay que distinguir, sin embargo, zonas donde convive con otras lenguas vernáculas: en Cataluña, Baleares y región valenciana, en Galicia y en Vasconia. Las variedades lingüísticas existentes en la geografía española se diferencian en dos tipos:

- Los **dialectos romances** (resultado de la evolución experimentada por el latín), como son el **astur-leonés** y el **navarro-aragonés**).
- Los **dialectos del español,** que son el **andaluz,** el **extremeño,** el **murciano,** y el **canario.** A estas variedades del español hay que añadir el **español de América.**

Mapa 3. *Distribución lingüístico-dialectal de España.*

3.1. El astur-leonés

El dialecto astur-leonés, como el castellano, surgió del latín en el antiguo reino de León. Unidos León y Castilla en el siglo XIII, el castellano más innovador llevó la iniciativa, se impuso en la cancillería de ambos reinos y obtuvo una fijación literaria en detrimento de los dialectos astur-leoneses; éstos se repliegan a las zonas montañosas del norte ante la expansión del castellano y allí han pervivido hasta la actualidad.

Quedan regiones de gran vitalidad, lo que hace a veces separar el asturiano del leonés; el **asturiano** o **bable,** no obstante, es una variedad leonesa.

El estudio geográfico del leonés, disperso por los valles de la cordillera cantábrica, por León, Zamora y Salamanca permite distinguir: *a)* El leonés oriental, que ocupa parte de Santander y el territorio que extiende desde el alto Cea al bajo Araduey. Fonéticamente hablando, el castellano próximo al leonés oriental presenta un área fronteriza sin solución de continuidad. El carácter diferenciador se debe a una organización primitiva: la divisoria de cántabros y astures. *b)* El leonés central o bable se extiende por los valles asturianos. *c)* El occidental, en zonas de Astorga y Ponferrada, es un bable híbrido, de clara influencia gallega, donde se incrustan elementos asturianos; las apreciaciones toponímicas coinciden con el habla. Al sur, los límites son más bien difusos, penetra en Extremadura y alcanza el norte de Huelva.

Como otras autonomías, Asturias en su Estatuto manifiesta la necesidad de cuidar de este patrimonio e intenta crear una «lengua asturiana» artificial que unifique los bables.

Los rasgos generales del dialecto leonés son los siguientes:

- El cierre de vocales finales *-e, -o en -i, -u*: *esti* por *este, fuegu* por *fuego, añu* por *año, vinu* por *vino*.
- La vitalidad de los diptongos decrecientes *ei, ou*: *enteiro* por *entero, cousa* por *cosa*.
- Los plurales en *-as* pasan a *-es*: *cases* por *casas*.
- La *-r* final desarrolla un elemento vocálico: *mare* por *mar, mayore* por *mayor.*
- Se conserva la *f* inicial o se aspira: *felecho* por *helecho, fornu* o *jornu* por *horno; fio, fiyo, fiu* por *hijo*.
- Palatalizan la *l-* y *n-* iniciales: *llobu* por *lobo, ñal* por *nido* o *nidal; yuna* o *chuna* por *luna; ñariz* por *nariz*.
- Mantienen el grupo *-mb-*: *palumba* por *paloma, lamber* por *lamer.*
- Los diminutivos se forman con los sufijos *-in, -ina*: *niñín, niñina*.
- Se mantienen formas diptongadas del verbo ser: *yes* por *es*.
- Utilizan verbos pronominales sin pronombre: *caí* por *me caí, caíste* por *te caíste*.
- Se evita al principio de frase el pronombre personal átono: *acuérdome de ti, viome pasar.*

El leonés sólo cuenta con una literatura de corte popular recogida en cuentos y canciones.

3.2. El navarro-aragonés

Es el resultado de la evolución del latín en las zonas de Navarra y Aragón, cercanas al Pirineo.

Las cancillerías de Pamplona y Zaragoza utilizaban el aragonés, y tras la unión con Cataluña figuró el catalán como lengua oficial en el Reino de Aragón. Aunque circunscrita a las cancillerías de Barcelona, Valencia y Mallorca la presión del castellano sobre el aragonés, lo mismo que sobre el leonés, siguió adelante. Tras la unión de Castilla y Aragón (1479), el castellano terminó por imponerse oficialmente, y el aragonés quedó reducido a los valles pirenáicos. Poco a poco las hablas locales se van castellanizando y marcan la transición entre el catalán y el español, lo mismo que el leonés se establece como paso de unión entre el gallego y el español.

Se ha intentado difundir un aragonés unificado, la *fabla,* pero los hablantes se han inclinado por las variedades locales: el cheso (Hecho), el ansotano (Ansó), el chistavín (Gistaín), etc.

Entre sus rasgos más destacados figuran:

- Las diptongaciones *ua* y *ue* del latín *o* y *e*: *buano* por *bueno, fuen* por *fuente,* ya que la vocal final *e* se pierde en casi todo el habla viva.
- El habla vulgar tiende a suprimir el hiato (*carriar* por *acarrear*) e incluso lo deshace con una consonante (*agún* por *aún*).
- Conservan la *f-* inicial latina, sobre todo en *ferrar* por *herrar, finojera* por *hinojera.*
- Conservan los grupos *pl, cl, fl*: *plorar* por *llorar, clau* por *llave, flama* por *llama.*
- La *n-* inicial se mantiene y en ocasiones pasa a *ñ-*: *ñido* por *nido, ñublo* por *nublado.*
- Conserva las sordas intervocálicas: *lupu* por *lobo, capeza* por *cabeza, faneca* por *fanega, apella* por *abeja;* y las sonoras *rader* por *raer.*
- El grupo *-kt-* y *-ult-* del latín evoluciona a *-it-*: *peito* por *pecho.*
- Conjugan los imperfectos en *-eba, -iba*: *teneba* por *tenía, dormiba* por *dormía.*
- El sufijo diminutivo dominante es *-ico*: *pajarico, buenico.*
- La formación del plural se hace en *-s*: *señals* por *señales, diens* por *dientes.*
- El acento tiende a ir sobre la penúltima sílaba en las palabras proparoxítonas: pajaro, arboles.

> El astur-leonés y navarro-aragonés son hablas locales enclavadas en los dominios del castellano o español. No son dialectos del español y han derivado del latín igual que el gallego, el portugués, el catalán-valenciano o el mismo castellano. Al no conseguir imponer el habla como modelo de lengua aceptada por la mayoría de los hablantes y crear una literatura propia, como las otras lenguas, se han quedado en dialectos.

3.3. El andaluz

Al realizarse la reconquista andaluza en épocas históricas distintas, desde principios del siglo XIII hasta finales del siglo XV, conoce estratos diferentes. Aun en la época de Felipe II se realizan repartos de tierras y vienen gentes del norte de la Península. Por ello, el dialecto andaluz posee una variada riqueza, donde se mezclan rasgos castellanos, leoneses, aragoneses y catalanes con múltiples arabismos y arcaísmos. Su complejidad fonética no es comparable con ninguna otra.

Los rasgos lingüísticos principales son:

- Posee vocales de timbre medio (normales) y vocales de timbre abierto, y está supeditado a la suerte de la *-s* en posición final implosiva.

- La aspiración de la *s* en las hablas meridionales lleva consigo la abertura vocálica, como sucede en el andaluz occidental, y se da la igualación singular-plural. En el andaluz oriental, singular/plural se diferencian por el cierre o abertura de la vocal final en un grado más extremo que en español. La *s* es distinta de la castellana: esta es apicoalveolar y, en cambio, la *s* andaluza ofrece doble realización: la predorsal (utilizada en Sevilla, Cádiz, Málaga y zonas de Córdoba y Granada) y la coronal (de uso más frecuente en Huelva, Córdoba, Jaén, Granada y Almería).
- El andaluz, al reducir las sibilantes del español medieval, origina la realización del fonema /s/ como seseo [s] o como ceceo [θ].
- Mantienen la distinción /ʎ/ - /y/ en algunas zonas, pero la mayoría son yeístas: *yover* por *llover*, *caye* por *calle*.
- Se da la igualación fonológica de *-r* y *-l* finales y se produce la pérdida de las consonantes sonoras intervocálicas en el habla coloquial más descuidada: *perdío* por *perdido, núo* por *nudo*.

3.4. El extremeño

Las hablas extremeñas, de estructura lingüística castellana, poseen profunda raigambre leonesa. Los rasgos extremeños coinciden, sobre todo, con las características del leonés oriental. En la parte sur, sobre todo en Badajoz, la penetración andaluza es fuerte. Las dos tendencias se fomentan por las naturales condiciones geográficas, materiales y sociales de la vida regional. El habla local es el «chinato».

Los rasgos más destacados del extremeño son:

- La aspiración del occidente peninsular se da con gran vitalidad en Cáceres; la epéntesis de yod (*grancias* por *granzas*) es un rasgo leonés, lo mismo que la cerrazón de *e* y *o* en *i* y *u* (*pobri* por *pobre, abaju* por *abajo*).
- La pervivencia de *s* sonora y *z* sonora es un rasgo típico, aunque arcaico, de algunas comarcas salmantinas y extremeñas.
- En cambio, la pronunciación rehilada del yeísmo es un rasgo meridional más acusado en el andaluz que en el extremeño.
- La aspiración de *-s* final se da indistintamente en Cáceres y Badajoz, si bien la influencia leonesa se deja ver más en Cáceres, mientras que en Badajoz está más marcada por el andaluz.

3.5. El murciano

Posee un marcado carácter oriental, y es un habla de tránsito en el extremo sur-oriental. Jaime I conquista el Reino de Murcia y tras la sublevación morisca, se establece en su territorio, y después de haber hecho un reparto de tierra a aragoneses y catalanes por su participación en la Reconquista, se la entrega a Castilla (siglo XIII). Más tarde, Jaime II vuelve a ocupar de nuevo el territorio hasta principios del siglo XIV.

El murciano recibe la influencia de las corrientes históricas aragonesas y actualmente del valenciano y del andaluz. Se extiende por la provincia de Murcia, parte de Alicante y Albacete. En la huerta murciana se da una variedad rústica de habla llamada «panocho».

Los rasgos lingüísticos principales son:

- Se produce la aspiración de *-s* final (su pérdida a veces provoca la transformación del timbre vocálico, como sucede en el andaluz).
- Se mantiene la distinción /ʎ/ - /y/, pero las zonas urbanas son yeístas.
- Se da la identificación de *-r* y *-l* en posición final de sílaba.
- Se conservan las consonantes sordas intervocálicas: *acachar* por *agachar, pescatero* por *pescadero*.
- Se pierde la *-d-* y la *-b-*, consonantes sonoras intervocálicas: *piazo* por *pedazo; caeza* por *cabeza*.
- Se da la presencia de infijos nasales (*muncho* por *mucho*) y la abertura de *ei* > *ai* (*vainte* por *veinte*).
- En su vocabulario abundan los catalanismos y valencianismos. Los aragonesismos son frecuentes, y no son raros los arcaísmos castellanos.

3.6. El canario

Tras la conquista de Canarias, bajo el reinado de los Reyes Católicos, estas islas sirvieron de plataforma durante siglos a las expediciones de portugueses y españoles a América. su repoblación se realizó desde puertos andaluces y allí confluyeron todos los rasgos de hablas meridionales. Su vocabulario explica bien estos influjos, donde se cruzan, por ser lugar de tránsito, voces leonesas, gallego-portuguesas, andalucismos, arcaísmos, guanchismos, occidentalismos, etc.

- El habla canaria recuerda la fonética occidental de la Península:
  - Conserva la aspiración de la *f-* inicial latina y de la *-s* final de sílaba.
  - La *s* es predorsal y el seseo es general.
  - Se da la igualación de *-r* y *-l* en posición final de sílaba.
  - El yeísmo, predominante en las ciudades, se va extendiendo por zonas rurales.
- Un rasgo propio de las islas es la nasalización motivada por la n final de sílaba: *cafen* por *café, lan don* por *las dos*.
- El empleo de *vosotros* se desconoce en el habla general de las islas y el *ustedes* es lo usual.

4. La lengua española en América

4.1. Penetración del español en América

A finales del S. XV Cristóbal Colón ofrece un gran proyecto a Juan II de Portugal para explorar el Atlántico por el oeste, a fin de llegar a tierras asiáticas. Ni Portugal, ni las Cortes francesas e inglesas aceptan la idea. Tras la expulsión de los judíos y la toma del Reino de Granada, los Reyes Católicos aceptan el proyecto. Embarcan y después de varias semanas de navegación, el 12 de octubre de 1492, Colón llega a Guanahaní, isla del archipiélago de los Lucayas. Se inicia un proceso de gran trascendencia para nuestra lengua al ser trasplantada a un territorio desconocido y sometido a múltiples intereses. Recurren a las señas, envían grupos de indios a España traídos por los que regresan para aprender la lengua, pero unos mueren y otros al volver huyeron. Dice, el almirante que los territorios eran "un mosaico de lenguas y no se entienden los unos con los otros". Más tarde en sus escritos se lamentaba de no saber dar nombre a las cosas que veía por primera vez. La lengua que oyó Colón y los españoles fue el arahuaco o taíno.

Los frailes españoles predican valiéndose de intérpretes, los llamados "indios lengua" o "los lengua", que llegaron a aprender español. Son los primeros medios de entendimiento, pero como al principio el indio no aprendía español, los misioneros deciden aprender las lenguas indígenas. Elaboran sus gramáticas, fijan las lenguas y las dignifican describiendo su uso, codificándolas según modelos de corrección. Sin estas gramáticas no hubiéramos conocido estas lenguas.

A medida que se desarrolla la conquista aparecen numerosísimas lenguas diferentes; comienza el proceso de adaptación y gran cantidad de palabras penetran en la lengua, creando lazos entre aborígenes y españoles. Esta situación les desesperaba y se quejaban, como el comisario de Guatemala en 1551, pues eran muy pocos para enseñar la lengua de Castilla a indios. Se dio una progresiva emancipación y el **proceso de hispanización se llevó a cabo por el mestizaje** y sorprendentemente alcanzó a la mayoría. Dicho proceso se inició en la isla el mismo día del descubrimiento, prosiguió en el continente y se oficializó en 1503 por instrucción real.

En la época colonial hubo 24 Universidades donde se fomentaba el estudio del latín y de las lenguas indígenas denominadas generales, el quechua y el nahuatl. Los sacerdotes tenían que adoctrinar a las comunidades indígenas en quechua y así se favoreció la lengua de los nativos. Posteriormente en 1770 Carlos III impuso la lengua española como obligatoria.

El nahualt y quechua, así como otras lenguas indígenas (taíno, guaraní, chibcha, araucano, etc.) han dejado grandes reliquias en el español actual.

4.2. Características lingüísticas

4.2.1. Fonética y fonología

La mayoría de los españoles que llegaron a América en los primeros siglos de la colonización eran de origen andaluz y canario y el resto sobre todo castellano-leoneses; antes de embarcar pasaban meses en distintas ciudades andaluzas. Por ello la pronunciación del español con rasgos meridionales se fue imponiendo en las diferentes regiones americanas.

Los fenómenos fónicos más frecuentes son:

- El **seseo,** o pronunciación de "c" y "z" ante e, i, o sea, el fonema /θ/ como /s/: [séna] *cena,* [sokéte] *zoquete,* [súmo] *zumo.*
- El **yeísmo,** o pronunciación de "ll" (l + l), o sea el fonema [ʎ] como "y" /ĵ/: [káĵe] *calle,* [gáĵo] *gallo,* [ĵorár] *llorar.*
- La **aspiración** o **pérdida** de /s/ en posición implosiva o final de sílaba: [dóh] *dos,* [póhte] *poste,* [tré] *tres.*
- La **confusión** o **neutralización** de /r/ y /l/ en final de sílaba: [árma] *alma,* [arto] *alto,* [puélto] *puerto.*

4.2.2. Morfosintaxis

La construcción de las frases posee innovaciones que perduran en el español peninsular. Uno de los fenómenos más extendidos es el voseo, consistente en el uso del pronombre *vos* en lugar del pronombre personal *tú,* en determinadas zonas: *vos tomás, a vos miro, señor.* También el pronombre personal de la segunda persona del plural, vosotros, es sustituido por *ustedes: ustedes habláis alegres,* tendencia vulgar española desde el S. XVI.

- La forma verbal -*ra* es frecuente en el lenguaje periodístico, por ejemplo: *Contempla el cuadro que usted pintara* por *ha pintado.*
- Laísmo, leísmo, loísmo. El pronombre *lo,* forma muy usada en Hispanoamérica, alterna con *le* en el habla y en la lengua escrita. Por ejemplo, conserva la oposición: *lo veo* (persona) objeto directo y *le regalo una pluma* objeto indirecto. Y en la península se sustituye esta oposición *le veo* (persona) objeto animado y *lo deseo* (cosa) objeto inanimado.
- Empleo de -*n* enclítico. A veces se une a los pronombres en las terceras personas del plural: *sientensen.*
- Conservan varios adverbios o expresiones propias como *no más* por *únicamente, cómo no* por *sí,* adverbio de afirmación; *recién* ha adquirido varios significados. Por ejemplo, *lo tomó recién vino,* por *lo tomó apenas vino, recién ahora* por *sólo ahora.*

4.2.3. Léxico

4.2.3.1. Léxico indígena americano

Colón incorpora ya a su vocabulario, desde el primer día, algunas voces indígenas y lo mismo Nebrija en 1493. Las voces de origen **arahuaco** o **taíno** (hablado en las Antillas y el Caribe) se impusieron a otros pueblos más desarrollados; su terminología afecta a toda la naturaleza. Ejemplos: *barbacoa, batata, canoa, piragua, cacique, maíz, bohío, guateque, macuto, sabana, magüey, iguana, guacamayo, tabaco.*

Caso diferente es el **nahualt** (hablado en Méjico), lengua de gran cultura, cuyos préstamos acreditaban la existencia de sucesos complejos. Fue un pueblo belicoso y tenía bajo tributo a más de 350 tribus o pueblos, poco propicios a aceptar su yugo. Los conquistadores lo apoyaron frente al **maya** (hablado en Méjico y Yucatán) y así fomentaron su desarrollo llevando muchas palabras aztecas a su territorio. Ejemplos: *aguacate, tomate, tiza, jícara, cacahuete, hule, cacao, chocolate, zopilote, ocelote.*

Del **quechua** (hablado en Perú y Ecuador, y extendido por los misioneros al Norte de Chile y Noroeste de Argentina) tenemos ejemplos como *carpa, pampa, cóndor, puma, llama, alpaca, vicuña, coca, guagua, totora, cancha, guano.*

El **tupi-guaraní** (hablado en Paraguay y Brasil) no tuvo la importancia de las lenguas anteriores; fue lengua general de la evangelización jesuítica y gracias a ellos fue grande, dejándonos préstamos como *coatí, ñandú, tapir, jaguar, mandioca, tapioca, ananás, mucama, yacaré, capibara.*

El mapuche (asentado en el centro de Chile y en la región del Arauco), nos ha dejado términos como *gaucho, malón, maloca, poncho,* etc.

Ya desde el Siglo de Oro aparecen indigenismos en nuestra lengua en la obra de escritores como Cervantes, Lope de Vega, Góngora, Quevedo, etc. Incluso pasaron a otras lenguas europeas a través del español.

4.2.3.2. Dialectalismos, arcaísmos y otros usos

Para designar lo autóctono los conquistadores y primeros pobladores toman voces indígenas o usan equivalencias o creaciones analógicas. Ejemplo: armadillo, lagarto, etc. El léxico americano no indígena procede del español, ya sean meridionalismos de Andalucía y Canarias o de occidentalismos de aportación leonesa y Castellana; bien es verdad que al poblarse América apenas se diferenciaba el léxico de Castilla y León del de Andalucía y Canarias. Otro factor que ha de tenerse en cuenta es el léxico no indígena afronegroide, por ejemplo *gandul, ñame, dengue, marimba, mambo, merengue,* etc.

A veces utilizan vocablos en desuso o arcaísmos que han sobrevivido por el aislamiento: en Méjico *recordar* por *despertar*, *demorarse* por *tardar*, en América Central, *mercar* por *comprar, cepillar* por *adular.*

También hay palabras con diferentes significados en España y América bien por la entrada de extranjerismos (*adición* por *cuenta, chequear* por *facturar* o *reconocer*) o por la creación específica de términos (*estampilla* por *sello, timón* por *volante*). Ciertos términos españoles han tomado un sentido diferente: así, en Argentina no debe usarse *coger* o *concha*, ni en Uruguay *pisar*, etc.

En el español de América se dan dos tendencias, el arcaísmo y el neologismo; este es de gran utilidad en la formación de nuevas palabras con sufijo: *-iar,* como *carniar* ('matar reses'), *cueriar* ('azotar'), o *-ada,* como *bailada* por *baile*. Se emplean otros tipos de neologismos léxicos como *sesionar* ('celebrar sesiones'), etc.

4.3. El porvenir de la lengua española en América y su unidad

En América hubo sentimientos de escisión y ruptura en algunos casos que fueron rechazados por el buen sentido común de la mayoría, que veía el gran bien de tener una lengua fuerte hablada por tantos millones. Actualmente se tiende a la integración y la lengua oficial, el español, no ha cedido a la variedad de lenguas indígenas y criollas.

En 1951 se convocó en Méjico el Primer Congreso de Academias de la lengua española para favorecer la unión, labor que se continúa actualmente en la Asociación de Academias de la lengua española.

La lengua está normalizada en el sistema fonológico, morfológico y sintáctico, y también el ortográfico, es decir, mantiene la unidad del sistema. Se ha establecido la norma culta panhispánica independientemente de las normas nacionales, regionales o locales, lo cual aleja el peligro de escisión y hace mirar con optimismo el futuro de unidad y vitalidad del español en América.

Las comunicaciones nos unen cada día más y las relaciones a ambos lados del Atlántico se han multiplicado. Mientras los escritores hispanoamericanos y españoles contribuyan con sus creaciones y los hábitos cultos se mantengan no peligrará dicha unidad.

Hay múltiples proyectos en proceso de elaboración: El *Atlas lingüístico de Hispanoamérica,* el *Diccionario de dudas panhispánico,* el *Diccionario de americanismos,* etc., todos ellos fruto de la colaboración de la Real Academia Española y las respectivas Academias de la Lengua hispanoamericanas: la Academia Colombiana de la Lengua Española, la Academia Mexicana de la Lengua Española, la Academia Cubana de la Lengua Española, y un largo etcétera, en el que se incluye la Academia Norteamericana de la Lengua Española, fundada en 1973.

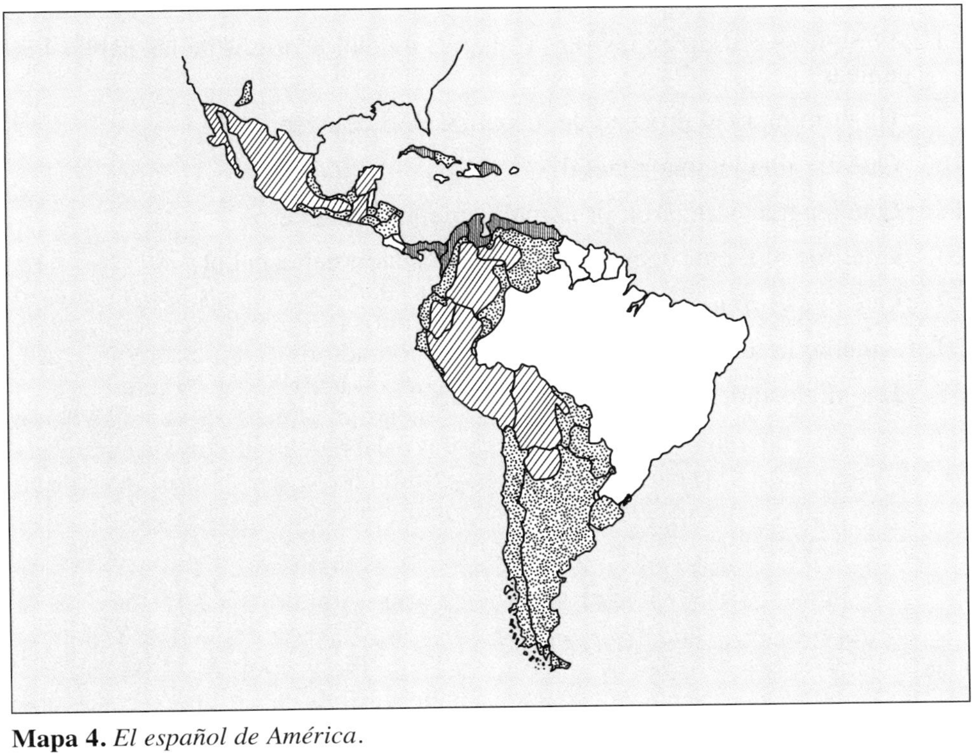

Mapa 4. *El español de América.*

Ejercicios

1. ¿El gallego es un dialecto del latín o un dialecto del español?
2. ¿Cuáles son las características fonéticas del andaluz?
3. ¿El catalán es un dialecto del español, una lengua romance, proviene de la lengua de oc?
4. En andaluz ¿se distingue claramente /l/ y /r/ en posición final de palabra?
5. ¿En qué siglo comienza a difundirse el español y se hace universal?
6. ¿De quién se hace independiente Cataluña en el siglo XI?
7. ¿De qué reyes dependerían los Condes de Barcelona?
8. ¿De cuántos fonemas consta el sistema vocálico vasco?
9. ¿Cómo se llaman las escuelas donde se difunde y se enseña el vasco?
10. ¿Existió un bable o lengua asturiana unificada?
11. ¿Cuándo terminó por imponerse el castellano oficialmente en la zona navarro-aragonesa?
12. ¿Las hablas extremeñas tienen rasgos semejantes a las leonesas?
13. ¿Cuál es la variedad rústica del habla murciana?
14. ¿Por qué se cruzan en las islas Canarias todos los rasgos de las hablas hispánicas?
15. ¿Ha terminado el proceso de hispanización de América?
16. ¿Qué era una lengua general?
17. ¿Qué lenguas utilizaron principalmente los misioneros?
18. ¿Cuál fue el factor decisivo para la expansión del español?
19. ¿Qué es *vos tienes*?
20. Comente la forma *vayansen*.
21. ¿Hay dialectalismos en Hispanoamérica?

Tema 24

Variación social del español y registros del habla

M.ª Antonieta Andión Herrero

Introducción

La variedad es un concepto inherente a las lenguas. Primero pensemos en la cantidad de lenguas existentes en el mundo: más de 6000 millones de personas utilizan 2700 lenguas para comunicarse en sus propias comunidades. Nadie duda de que la diversidad lingüística del mundo aporta riqueza multicultural, es un legado, una herencia preservable, pero también una dificultad para la comunicación global entre los habitantes del planeta. La diversidad de lenguas no necesita ser demostrada, es una realidad evidente que se puede dar hasta dentro de una misma nación.

Es importante en este tema que reconozcamos la incidencia de los factores sociales en el hecho lingüístico, así como también que la diversidad social de los individuos se manifiesta en su uso de la lengua. Veremos los factores que inciden en el comportamiento lingüístico de individuos y grupos de individuos. La adecuación del registro a la situación comunicativa cobra una relevancia especial como garantía del éxito del intercambio. Debemos entender que el comportamiento lingüístico forma parte del prestigio social y en dicho comportamiento incide el conocimiento que se tiene de la lengua.

1. La variación en la lengua

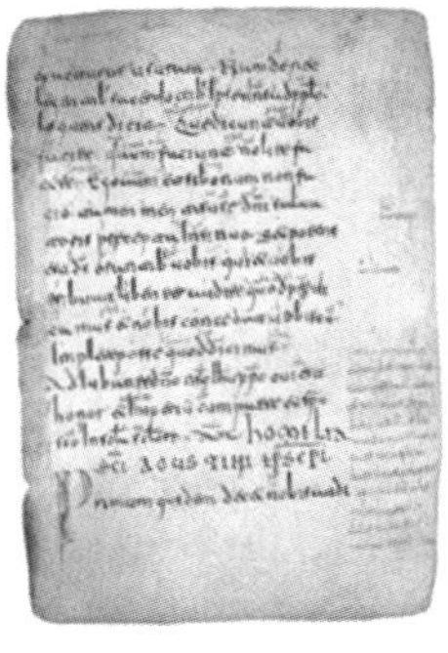

Las lenguas también varían con los años, los lustros, los siglos..., evolucionan dentro del propio dominio de sus hablantes a través de la historia. Qué lejano nos queda en el tiempo y el entendimiento a los hablantes actuales del español un documento que pertenece a nuestra lengua como las *Glosas Emilianenses*[1], cuya pequeña nota que aparece en el borde derecho de esta imagen no podríamos comprender. También, con algunos versos originales del *Cantar de Mio Cid* (1307 d. de C.), tendríamos ahora alguna dificultad de comprensión:

[CRONISTA] *Mio Çid Ruy Diaz por Burgos entraba,*
En su compaña, sesaenta pendones;
exienlo ver mugieres y varones:
Burgueses y burguesas por las finiestras son
Plorando de los ojos, ¡tanto habian el dolor!
De las sus bocas todos decian una razon:

[BURGALESES] *¡Dios que buen vasallo! ¡Si hobiese buen Señor!*

---

[1] Texto latino sobre *Vidas de Santos*, originario del Reino de Pamplona, con anotaciones o glosas en romance del siglo XI en los bordes para explicar términos latinos.

Ya en el español actual, en el tema anterior, sobre *lengua y dialecto,* hemos visto su diversidad geográfica. Nos toca ahora detenernos en la variación que se produce en la lengua, pero en su ámbito social, cuando los hablantes atienden a las situaciones en las que producen sus enunciados. Nos interesan especialmente las modificaciones que se dan en la lengua como respuesta a la adecuación contextual y social de sus hablantes. A estudiar la lengua desde una perspectiva social se dedica la Sociolingüística, disciplina bastante moderna.

2. La Sociolingüística y sus elementos

La Sociolingüística analiza los sociolectos, es decir, las modificaciones de la lengua, ya sean éstas de índole fonética, gramatical o léxica, asociadas a determinantes sociales: las personas y sus circunstancias, el lugar, el tema, etc. Esta disciplina lingüística se encarga de describir fenómenos de variación en el acto comunicativo y todos los factores que determinan esa variación. Así, un determinado comportamiento lingüístico en un hablante puede estar condicionado por diferentes factores de tipo geográfico (procedencia natural del hablante: rural o urbana), social y cultural (nivel sociocultural del hablante: bajo, medio o alto), etario (generaciones), sexual (hombres y mujeres) o contextual (registro: formal e informal).

Algunos de estos factores pueden modificarse en un individuo con el paso de los años y la incidencia de componentes como la instrucción, la adquisición de cultura, la promoción económica y social, etc. Así, una persona puede adquirir mayor nivel sociocultural a medida que tiene más edad y alcanza otros grados académicos (licenciatura, doctorado, etc.) o de reconocimiento social (es ascendido a puestos de trabajo mayor responsabilidad y sueldo, tiene un nivel de vida más alto, etc.).

No todas las comunidades sociales son iguales y ello se manifiesta en el uso de la lengua; las hay más rígidas, individualistas, o más conformistas. Depende de cómo establezcan los individuos de esa sociedad el contacto entre ellos. En español, los factores sociales no son tan tajantes en la determinación del uso de ciertos registros como lo pueden ser en otras culturas. En Japón, por ejemplo, es conveniente saber de una persona dónde trabaja y el puesto que ocupa en cuanto se le conoce, por ello se intercambian tarjetas de presentación rápidamente. Esto se debe a que el trato social está muy jerarquizado en esa cultura, y de esa información dependerá un determinado comportamiento lingüístico con el interlocutor.

2.1. La variación entre los individuos

Los individuos se distinguen por el uso que hacen de la lengua, es decir, todos y cada uno somos diferentes en cuanto a una forma muy personal en la que nos expresamos. Esto significa que no somos exactos, pero sí lo suficientemente parecidos a los demás como para hacer y decir lo mismo en determinadas circunstancias.

Hay factores, naturales y adquiridos, que nos identifican con unos y nos distinguen de otros. Hablemos más detenidamente de cada uno de ellos.

2.1.1. La procedencia

Aquí usamos *procedencia* en una dimensión local –no de variedades geográficas del español, ya tratadas en el Tema 23–, en el sentido de la oposición campo/ciudad y las creencias de prestigio asociadas a ella.

Cuando un hablante tiene una serie de marcas lingüísticas que muestran cierta rusticidad en el lenguaje o usos locales, podemos identificarlo como de procedencia rural –de una u otra zona si son muy característicos los rasgos–. Pero estas peculiaridades pueden modificarse por el traslado del hablante a una ciudad y la asimilación progresiva de los rasgos urbanos. Este proceso puede verse incrementado por la pérdida de contacto con su zona de procedencia, la propia creencia (valoración) del hablante hacia sus rasgos autóctonos y la disposición a imitar los nuevos hábitos lingüísticos.

Generalmente, una persona modifica los rasgos lingüísticos autóctonos cuando está fuera de su entorno lingüístico; es un proceso natural. Aunque, cuanta más edad se tiene, resulta más difícil perder los rasgos propios.

2.1.2. El nivel sociocultural

Los niveles socioculturales (NSC) se establecen de acuerdo con la instrucción del hablante, es decir, con su nivel escolaridad, y se conocen como **variedades sociales** o **diastráticas**. Inciden en el grado de conocimiento que se posee de la lengua y que se demuestra en su habilidad de uso y corrección. El entorno en el que se ha desarrollado como individuo viene marcado por un ambiente social y cultural, en el que también desempeñan un papel importante los recursos económicos de que dispone y que le permiten tener acceso a productos culturales.

Se distinguen varios niveles, el alto, el medio y el bajo:

- Los hablantes de nivel alto usan un código elaborado, una lengua más cuidada cuya marca es la corrección. Para ser incluido dentro de un nivel culto hay que tener una pronunciación esmerada, sin excesiva gesticulación, un buen dominio de la gramática (variedad, aprovechamiento y propiedad en el uso de sus recursos), madurez en la construcción sintáctica (complejidad y orden) y una demostrada riqueza léxica. Es usual atribuir a hablantes de este nivel la producción literaria y científica de una lengua. Pertenece a este nivel el siguiente fragmento del *Discurso de ingreso en la RAE* (2003), de Arturo Pérez-Reverte:

  Con profundo respeto y agradecimiento, como escritor que trabaja con la lengua española que el profesor Alvar tanto amó, tengo que recordar a mi insigne predecesor en este sillón que me dispongo a ocupar. Y por si no bastara el inmenso caudal de su obra, y mi deuda (nuestra deuda) con ella, tengo el privilegio de que algunos de sus discípulos, de esas decenas de miles que tiene repartidos por el mundo de habla hispana, sean mis amigos; y en boca de ellos obtuve hace tiempo la costumbre de pronunciar siempre el nombre de don Manuel Alvar con veneración absoluta.

- Los hablantes de **nivel medio** están dentro de los marcos de la corrección. A veces pueden estar considerados dentro del nivel alto, pero se caracterizan por usos más sencillos de la lengua, fundamentalmente en el léxico, por estructuras sintácticas menos complejas... Lo podemos encontrar representado en los medios de comunicación, en documentos de las instituciones y de los organismos oficiales. Es lo que se asocia con el estándar de una lengua, es decir, con lo normal. Vemos un ejemplo en este pequeño texto que nos habla del beneficio del agua:

  Mientras envejezcamos, desatamos nuestro deseo de sed. Esta es una razón por la cual deberíamos hacer un hábito beber agua aun cuando no tengamos sed. No nos esforzamos lo suficiente para beber 8 vasos de agua al día o más. El agua lleva nutrientes y oxígeno a las células a través de la sangre, y regula la temperatura corporal a través de la perspiración. El agua es aún más importante si usted tiene artritis o problemas músculo-esqueléticos, pues es un lubricante de las articulaciones.

- El **nivel bajo** está marcado por un código restringido. Es propio de personas con pocos estudios y menor nivel cultural. Las incorrecciones que en él se presentan revelan escaso conocimiento de la norma lingüística y se manifiestan en los diversos niveles de la lengua: la pronunciación, la morfología verbal, la construcción sintáctica en frases y oraciones, la repetición de palabras debida a la pobreza de vocabulario, la gestualidad muy frecuente, etc. Por ejemplo, al leer las intervenciones de Gorilo en el guión cinematográfico de *Héctor* (de Gracia Querejeta y David Planell), se evidencia que este personaje tiene un bajo nivel sociocultural:

  GORILO
  Si otra vez te has peleado con el jefe, mira que es soso el tío, ya sabes... a llorar a los padres Paúles.
  FANY
  ¿Y ésos quiénes son?
  GORILO
  No sé, lo dice mi viejo. Unos hijos de puta, fijo.
  FANY
  ¿Por qué vas de duro si eres un pedazo de pan?
  GORILO
  De pan duro, no te jode. Fany, déjate de leches.

Los niveles socioculturales altos están marcados por una búsqueda del cuidado estilístico o la precisión. Los rasgos que oponen a los códigos usados por los niveles extremos, alto y bajo, pueden detallarse en el siguiente cuadro:

	Código elaborado/ Nivel sociocultural alto	**Código restringido/ Nivel sociocultural bajo**
Pronunciación	Normativa, pausada, tensión articulatoria que produce sonidos perfectamente reconocibles.	Articulación relajada que produce sonidos poco reconocibles, confusos. Incorrecciones fonéticas.
Léxico	Variado, preciso y rico. Variedad de significados a través de adjetivos, uso de sustantivos abstractos. Matizaciones verbales con adverbios. Se usan eufemismos y frases corteses. Alternancia de sinónimos.	Repetitivo, poca variedad en matices de significado, pobre. Uso de palabras baúl *(cosa, chisme, rollo)*. Frecuentes impropiedades léxicas *(coger* por *caber*, etc.*)*. Exceso de deícticos *(ahí, esto)*. Mayor presencia de palabras tabú.
Sintaxis	Corrección en la construcción oracional y variedad de estructuras. Complejidad en la subordinación. Variedad de nexos y conectores.	Sencillez sintáctica, donde abunda la coordinación, la yuxtaposición y las oraciones simples. Errores de construcción *(me se dijo)*. Pocos nexos y repetidos. Vacilaciones y muletillas (*eh, este*).

2.1.3. El sexo

La diferenciación lingüística asociada al sexo resulta más significativa en unas lenguas que en otras –como también lo es la posición social de la mujer y la jerarquía de poderes en su sociedad–. En la lengua española no existe una marca demasiado evidente entre hombres y mujeres. No obstante, es más frecuente entre mujeres –según apuntan los especialistas– suavizar los calificativos negativos *(<u>un poco</u> tonto)*, intensificar la positividad *(<u>estupendamente</u>* por *bien)*, relativizar las opiniones, los deseos, las propuestas *(yo <u>casi prefiero</u>...)*, usar más estructuras y frases corteses, tener una entonación más acompasada, utilizar más eufemismos, hablar de temas más personales y afectivos, apoyar más los temas propuestos por otros, hacer menos superposiciones de turnos de palabra, usar menos partículas que sólo sirven para llenar la expresión o expletivos, estructuras más conservadoras en la sintaxis, etc.

La distinción sexual también se manifiesta en la lengua. Esto sucede porque los roles sociales están bien diferenciados entre hombres y mujeres desde tempranas edades. En sentido general, el habla de las mujeres se considera más conservadora, con formas más antiguas y el empleo de menos palabras tabú. De ahí que se les suela asociar la variante de más prestigio de su comunidad, la más correcta. Esta situación no es más que una reacción a la presión social que ha incidido durante siglos sobre las mujeres, a quienes se les ha exigido un comportamiento social más "correcto", menos permisivo; esta corrección también han tenido que manifestarla en su variante lingüística. Las investigaciones parecen demostrar que las mujeres suelen estar atentas a lo que la comunidad marca como prestigioso. Mientras, los hombres manejan más términos y fenómenos en general que no son estándar.

2.1.4. La edad

Las generaciones se distinguen por el uso que hacen de la lengua. Las experiencias vividas por una persona que tenía veinte años en 1955 no coinciden con quien tiene esa misma edad en 2006. El entorno ha cambiado, pertenecen a dos momentos cronológicos diferentes del desarrollo social y, si ahora comparten la misma comunidad de habla, sus posiciones son diferentes. Entre jóvenes y mayores suele haber una distancia que supone cierta incomunicación. Según estudios sociolingüísticos, las personas mantienen en su adultez la norma que aprendieron en su temprana juventud. Las investigaciones hechas permiten apuntar que las generaciones mayores suelen usar más eufemismos, términos más antiguos (*botica* por *farmacia, aeroplano* por *avión*); en cambio, las generaciones jóvenes emplean más palabras comodines (*tío/a, colega)*, de significados muy amplios (*rollo, cosa*), neologismos (*emplear, listero)*, apócopes (*profe, anarco)*, germanías (*marrón, muermo*), etc.

2.1.5. Las jergas

Las llamadas jergas son formas de hablar de grupos cuyos miembros comparten un estatus social, profesión, afición. Las utilizan cuando hablan dentro de su grupo y resultan un tanto inaccesibles para los demás. Las jergas profesionales se distinguen por un campo léxico-semántico muy específico, el de su profesión, mayoritariamente con tecnicismos. Es propio de matemáticos, *arista, didecaedro, elipse*; de vinateros, *bocoy, oloroso, varietal*; del medio taurino, *afarolado, diestro, manoletina*, etc.

Los jóvenes también suelen tener una forma peculiar de hablar. De las jergas juveniles suelen venir voces que se ponen de moda por algún tiempo, como *guay, la caña*, etc. Otros términos de su léxico han tenido más larga vida en la lengua *(empollar, molar)*.

Existe una jerga argótica (argot o germanía), propia de grupos sociales marginados. La utilizan como un código secreto, a modo de aislamiento y autoprotección frente a la sociedad (*búho* 'soplón', *pulir* 'robar, vender, *b/vasca* 'náusea'). A veces, la comunidad toma términos de germanía y los hace comunes, como *currar, estar al loro, abrirse*, etc.

3. La variación en el individuo: los registros

Los registros son la adecuación del uso de la lengua a la situación comunicativa en la que se encuentran los hablantes. Se denominan **variaciones diafásicas o funcionales.** Los registros están identificados por el grado de formalidad que impere en el intercambio. Van desde los grados más altos de formalidad hasta los más informales. Al registro formal también se le conoce como **culto**, y al informal, como **coloquial.** El hecho de que el hablante opte por uno u otro depende de varios elementos dignos de consideración, como el espacio físico donde se desarrolla el acto comunicativo, la relación de poder entre los interlocutores, de (des)conocimiento o confianza, el tema tratado...

Veamos un caso que combina varias circunstancias: para un hablante que se encuentra en un juzgado, ante un juez y declarando sobre un asunto de acoso laboral, es evidente que elegirá su registro más formal, acorde con una actitud de seriedad y respeto. Sin embargo, la naturaleza del propio intercambio es quien determina el registro por encima de otras consideraciones. Aunque estemos en un juicio y el abogado sea nuestro amigo, la formalidad será inviolable.

Cuando un hablante selecciona el registro formal/culto, usa sus mejores habilidades y recursos lingüísticos, se esmera por tener una pronunciación correcta, un léxico preciso y rico, y una adecuada corrección gramatical. En un registro informal/coloquial, que es el más frecuente en la vida cotidiana, la familiaridad situacional propicia comodidad al hablar. Ésta produce un efecto psicológico que permite relajarse en la pronunciación, emplear formas más simples en el vocabulario y la gramática. Debemos observar que lo coloquial está precisamente limitado por la informalidad, pero que debe ser distinguido de la vulgaridad, que constituye su nivel más bajo. La vulgaridad se consideraría ya lo malsonante u ordinario, de uso muy restringido a situaciones de mucha confianza o de gran tensión (ira, histeria, amenaza, etc.), nunca en lugares públicos o contextos formales, donde sería incorrecta.

En los buenos diccionarios podemos encontrar información acerca del registro al que pertenecen las palabras. Estas indicaciones de uso son marcas que aparecen acompañando al término. Por ejemplo, en el *Diccionario* de la RAE, *mogollón* aparece con la indicación abreviada *coloq*. (coloquial), que precede a las acepciones 'gran cantidad de algo' y 'lío, jaleo'; mientras que la frase *cagarla* viene acompañada por la marca *vulg*. (vulgar) para la acepción 'cometer un error difícil de solucionar'.

Si bien el registro formal busca atender a los requerimientos de protocolo de la situación, del acto comunicativo y sus participantes con la intención de alcanzar un determinado objetivo, el registro informal (coloquial) prefiere exteriorizar las emociones permitidas por el confort de una conversación relajada.

En cuanto a los registros formal e informal, el adoptado por el hablante suele ser mantenido por su(s) interlocutor(es), que lo detecta rápidamente por la selección del propio tono de las intervenciones, el cuidado o atención que se pone en lo que se dice, el nivel de corrección gramatical y fonética, la selección de las palabras, el tempo de emisión del habla, la frecuencia de fórmulas corteses, etc. Ambos registros pueden darse en lengua hablada y escrita, pero es más frecuente que el registro coloquial lo encontremos en la lengua oral. Se distinguen fundamentalmente por:

Registro formal (culto)	Registro informal (coloquial)
Coincide con los rasgos que caracterizan las formas que reconoce cada hablante como rasgos más cultos (según su propio conocimiento y nivel sociocultural). Es frecuente en lengua escrita.	Está marcado por la relajación y la sencillez en todos los niveles de la lengua. Su relación con la lengua oral caracteriza la aparición de vacilaciones, superposiciones, exclamaciones, interjecciones, onomatopeyas, apelativos, llamadas de atención, etc.

Ejercicios

1. Defina el nivel sociocultural y el registro de los siguientes textos:

   a) *Hace once años, uno de los poetas insignes de nuestro tiempo, el chileno Pablo Neruda, iluminó este ámbito con su palabra. En las buenas conciencias de Europa, y a veces también en las malas, han irrumpido desde entonces con más ímpetus que nunca las noticias fantasmales de la América Latina, esa patria inmensa de hombres alucinados y mujeres históricas, cuya terquedad sin fin se confunde con la leyenda.*

Nivel sociocultural ____________________ Registro __________________

   b) *Un hombre se acerca a otro y le dice:*

— *¿Sabes? Soy vidente, y por 10 euros te digo el futuro.*

— *¿10 euros? Vale, toma.*

— *Yo seré vidente, tú serás vidente, él será vidente, nosotros seremos videntes...*

Nivel sociocultural ______________________ Registro _________________

2. Explique por qué un texto escrito en un nivel medio es más accesible para un oyente/lector que uno culto.

3. Teniendo en cuenta que el *vulgarismo* es un fenómeno que muestra falta de cultura y desconocimiento de la lengua, según el nivel sociocultural de un hablante, ¿a qué código lo asociaría?

4. Medite y responda: ¿Una persona culta podría usar un registro informal? ¿Por qué?

5. De los dos registros de la lengua, ¿en cuál puede manifestar más espontaneidad el hablante? Explique su respuesta.

6. ¿En qué se diferencian los niveles socioculturales de los registros?

7. ¿Qué registro seleccionaría usted para las siguientes situaciones comunicativas?

   a) Carta al director del banco para pedirle un préstamo. ________________________

   b) Conversación telefónica con la directora del colegio de su hijo para tratar un asunto personal. ________________________

   c) Correo electrónico a un amigo para pedirle un favor. ________________________

   d) Preguntar a un guardia civil por qué está cerrada una calle al tránsito de vehículos. ________________________

   e) Entrevista con el director de su empresa para pedirle un aumento de sueldo. ________________________

   f) Postal a una amiga desde su lugar de vacaciones. ________________________

   g) Conversación en el mercado con el vendedor de frutas. ________________________

   h) Llamada de teléfono a su amigo enfermo para preguntarle por su salud. ________________________

   i) Conferencia en un congreso. ________________________

8. ¿A qué sociolecto pertenecen los siguientes fragmentos? Seleccione entre las opciones dadas.

   a) *El galache, precioso, terciado, mas con trapío, muy bien arnado y astifino, encastado, que era noble, seguía entregado a los vuelos de la muleta, que el maestro salmantino manejaba con soltura y mando. Relajada la figura, trenzaba los muletazos, y cada uno de ellos era el dominio absoluto por el que tenía que seguir el toro un semicírculo en torno al diestro, y el remate, limpio y preciso, para dejar a la fiera en la distancia adecuada. Hubo naturales inmejorables y de pecho grandiosos, y ayudados por alto y por bajo a dos manos, y pases de la firma, pero no se nos irá de la retina un natural ligado con el de pecho, y el dibujo de éste, con salida por el hombro contrario, quizá los más acabados muletazos que haya dado nunca El Viti*. (Julio Cortázar, "Lucas, sus clases de español", de *Un tal Lucas*)

Jerga médica   Jerga taurina   Jerga policial

b) *El depositante deberá indicar los productos o los servicios para los que se reivindica la protección de la marca, así como, si fuese posible, la clase o las clases correspondientes, según la clasificación establecida por el Arreglo de Niza relativo a la Clasificación Internacional de los Productos y Servicios para el Registro de las Marcas. Si el depositante no diese esa indicación, la Oficina Internacional clasificará los productos o los servicios en las clases correspondientes de dicha Clasificación*. [Arreglo de Madrid relativo al Registro Internacional de Marcas]

Jerga pedagógica   Jerga juvenil   Jerga jurídica

9. Lea atentamente este fragmento de una entrevista a Pilar García Mouton, autora del libro *Así hablan las mujeres* (editorial La Esfera de los Libros, 2003), y responda: ¿a qué tipo de variación lingüística se están refiriendo?

Periodista: *También señala en su libro que el hombre puede instalarse perfectamente en el silencio sin que tenga ningún problema. ¿Es un problema genético, de incapacidad o simplemente es una cuestión de comodidad?*

P. García Mouton: *Desde pequeños, a los hombres se les educa para hablar en público, pero no especialmente para hacerlo en privado. A las niñas, en cambio, se las educa para que no hablen demasiado en público, pero se les permite hablar en privado. Eso hace que de mayores los hombres hablen más fuera de casa y menos dentro de ella, mientras que las mujeres suelen hablar más, y más a gusto, en un ambiente conocido o familiar. Para los hombres, no hablar en la intimidad puede ser un signo de comodidad y un estado satisfactorio; pero, si una mujer no habla en la intimidad, lo más probable es que esté molesta o enfadada*.

10. Teniendo en cuenta la información dada en este tema sobre factores sociolingüísticos, comente la siguiente afirmación:

Los hablantes no hablan su lengua de la misma forma, ni la usan de igual manera en todos los actos comunicativos.

SOLUCIONES A LOS EJERCICIOS

Soluciones a los ejercicios del Tema 1

1. No, puesto que no procede del latín y, antes de la llegada del latín, ya se encontraba en la Península Ibérica junto al ibero y otras lenguas prerromanas.
2. La trascendencia del latín radica en ser la **lengua madre originaria** de las múltiples lenguas románicas europeas y peninsulares, cada una de ellas con su propia historia evolutiva como lenguas directamente derivadas del latín. El latín traído a la Península se superpuso a las diferentes lenguas prerromanas hasta hacerlas desaparecer (con la excepción del vasco), y fue lengua general en la época hispanorromana. Adoptado siglos más tarde por los visigodos, que abandonaron el uso de la lengua germánica sin que esta dejara en el español huella considerable, tuvo una vida floreciente en la época visigótica. El latín no es sólo primordial por ser la lengua del Imperio Romano, sino, esencialmente porque dio lugar a los dialectos peninsulares y a las distintas lenguas románicas.
3. Las lenguas romances proceden del **latín vulgar**, hablado por soldados, colonos y administrativos. La causa fue la rápida evolución de esta clase de latín, frente a la inmovilidad a que se vio sometido el latín clásico. Los cambios de todo tipo en el interior de ese latín vulgar provocaron el hundimiento del clásico y favorecieron la aparición de los distintos dialectos (o lenguas romances).
4. Los dialectos peninsulares eran entonces el gallego-portugués, el catalán, el astur-leonés, el navarro-aragonés, el castellano y el mozárabe.
5. Castellano es el **dialecto**, español es el **idioma**. **Castellano** es la denominación que se usaba hasta el siglo XVI para designar uno de los dialectos peninsulares: el de Castilla. Ya en ese siglo se convirtió en **lengua española** por razones de predominio frente a los otros dialectos. La conciencia de nacionalidad revelada en ese siglo, la difusión de su uso como lengua hablada y de su literatura por Europa –y más tarde por América– y el hecho de haber procurado para España la unidad lingüística española provocaron su oficialidad, su hegemonía y su expansión. Por lo tanto, cuando lo llamamos **castellano**, estamos haciendo referencia al dialecto, y si lo denominamos **español**, nos estamos refiriendo a la lengua española, oficial e internacional, por encima de sus variedades dialectales.
6. Son dialectos del español los dialectos del castellano: el murciano y el extremeño; el andaluz, el español de las áreas bilingües de España (el que hablan catalanes, gallegos y vascos) y el español de América; a ello hay que añadir los dialectos no peninsulares: el canario, el judeoespañol, el español de Guinea, el español de Filipinas y el español de Guam.
7. Son cuatro: español, gallego, catalán y vasco. Sí, en sus respectivas Comunidades Autónomas.
8. En Filipinas, Guinea y algunas islas de Oceanía.
9. Es oficial en veintiún países. Los países con mayor número de hablantes son México, Colombia, España, Argentina y Venezuela.

Soluciones a los ejercicios del Tema 2

1. **1.1.** Los profesores autores del libro de texto, que son quienes han propuesto el ejemplo. **1.2.** Usted, que es el lector. **1.3.** La Lengua española. **1.4.** El enunciado completo. **1.5.** El canal es visual. **1.6.** Las unidades lingüísticas que lo enmarcan *El* [...] *de Lengua Española*. **1.7.** En una situación extralingüística: usted es un estudiante (características personales y sociales del receptor) que, probablemente, se encuentra sentado ante una mesa (lugar) en un momento apropiado para el estudio (tiempo).
2. **2.1.** Referencial. **2.2.** Apelativa. **2.3.** Fática o de contacto. **2.4.** Metalingüística. **2.5.** Expresiva. **2.6.** Poética.
3. El signo lingüístico es **bilateral** (consta de significante y significado), **convencional**, **arbitrario** y **lineal.**
4. Relaciones sintagmáticas. Podemos responder la pregunta desde el punto de vista sintáctico considerando que se han formado un sintagma nominal más sintagma verbal.

   SN [det[Los] N[alumnos]] + SV [V[han resuelto] SN[det[este] N[ejercicio]]].

   También podemos responder la pregunta desde el punto de vista morfológico: Artículo **Los** + sustantivo **alumnos** + verbo **han resuelto** + adjetivo determinativo **este** + sustantivo **ejercicio**.
5. Paradigma: *pregunta, cuestión, problema*. Todas estas palabras pertenecen a la categoría gramatical de sustantivo y pueden aparecer en la misma posición que ocupa *ejercicio*.
6. La **lengua** es **permanente, comunitaria** y **abstracta**; el **habla** es **momentánea**, **individual** y **concreta**.
7. A la **norma.**

Soluciones a los ejercicios del Tema 3

1. Un fenómeno físico perceptible sólo por el oído.
2. Cinco: /i-g-e-r-a/.
3. "c" y "z".
4. Sí.
5. No.
6. La distinción entre sonidos sonoros (cuando vibran) y sordos (cuando no vibran).
7. Cuando el velo del paladar está separado de la pared faríngea.
8. Cinco.
9. La que presenta mayor intensidad.

10. Sí, existe en todas, excepto en *decíais*.
11. No, por ejemplo: *ahumar, desahucio*.
12. *Baúl, creímos, raído*.
13. De /b/, /d/, /g/.
14. Laterales y vibrantes.
15. La pronunciación de /ʎ/ como /ĵ/.
16. "qu", "c", "k".
17. Linguovelar fricativo sordo: /x/
18. /báka/.

Soluciones a los ejercicios del Tema 4

1. *e-xa-men, te-o-di-ce-a, cán-ti-co, des-ha-cer.*
2. *Ca-sa, pá-ja-ro, pa-la ,ce-ni-ce-ro, ve-le-ta, ca-la-ba-za*.
3. *Cor-tar, plas-mar, par-tir, mar-char, tre-par.*
4. Dos.
5. dos, tres y cuatro.
6. *Acuático*: 4, *porfíe*: 3; *latía*: 3; *bióxido*: 4; *continúo*: 4.
7. No. Es de acento libre.
8. Poner de relieve alguna parte del enunciado.
9. Sí.
10. _´_ _
11. Sí.
12. Sí.
13. De oración.
14. Sí.
15. La función ligüistíca de los suprasegmentos.
16. Sí.
17. Sí.
18. Tres.
19. ↓↓↓
20. a)↓, b)↑

Soluciones a los ejercicios del Tema 5

1. A es un ejemplo de lengua hablada, una fragmento de una clase de Lengua Española. Se observan las típicas partículas utilizadas en este tipo de discurso, repeticiones, frases incompletas, preguntas, etc.
   B es un ejemplo de lengua escrita: una entrada en un diccionario de lingüística, una definición. El lenguaje no presenta ninguna de las características anteriores.

2. a) La madre se lo dice al hijo a las 7 de la mañana. *Despierta y levántate*.
   b) El conductor del coche fúnebre delante de una sala de un tanatorio. *Es la hora de salida prevista de la comitiva hacia el cementerio*.
   c) Un funcionario a las 14h en punto. *Se cierra la ventanilla de atención al público*.
   d) Un albañil con una tartera y un termo a las 10:30 h. *Pausa para almorzar*.
   e) Un bedel, asomándose al aula. *La clase ha terminado*.

3. Relacionamos como saludo adecuado a las características del interlocutor a-2, b-3, c-5, d-1, e-4.

4. a) Establecer contacto social (Presentación de excusas); b) Establecer contacto social (Presentaciones); c) Ejercer influencia sobre el interlocutor (Consejos, advertencias, sugerencias); d) Aportación de información; e) Manifestar aprecio afectivo (contrariedad); f) Discutir (Acuerdo); g) Discutir (Expresión lógica de causa).

5. *Diabetes*, (un) *taxi*, *dentífrico, abuela*, *también*, *treinta*, *os vais*, *cónyuge*, *desternillarse (de risa)*, *convicción*, *pifia*, *frustrado*, *juntémonos*, *desparramar*, *parálisis*, *para nada, rascar*, *inconsciente*, *calentísimo*, *aeropuerto*, *cotidianidad*, *aprieta*, *circunstancia*, *fragmento*, *sentaos*, *eclipse*, *rector.*

6. a) *El lenguaje culto y elaborado es un factor diferenciador de clase sociocultural*. VERDADERO. El uso del registro culto distingue a quien lo emplea de quien no puede hacerlo.
   b) *La carencia del conocimiento lingüístico que permite adecuar el discurso a la situación comunicativa es un factor de discriminación social*. VERDADERO. El hablante que no puede cambiar de registro por falta de formación lingüística revela un nivel sociocultural bajo.
   c) *Un hablante instruido no debe hacer uso nunca de los registros coloquial y vulgar*. FALSO. No hay ningún inconveniente en que los use siempre que los alterne con el registro culto y lo haga en el contexto adecuado.
   d) *La capacidad de cambiar de registro según la situación comunicativa indica que se domina el uso del idioma*. VERDADERO. El cambio de registro implica la posesión de estrategias y recursos lingüísticos adecuados.

Soluciones a los ejercicios del Tema 6

1. d). Dos vocales medias (*oe*, *eo*) o una abierta y otra media (*ae*, *ea*, *ao*, *oa*) nunca forman diptongo: *poema*, *teatro*.
   La a) no es correcta porque es hiato lo que se produce cuando la vocal cerrada de una secuencia vocálica lleva tilde: *grúa*.
   La b) no es correcta porque hay monosílabos que llevan tilde por razones homonímicas (tilde diacrítica): *No lo sé*.
   La c) no es correcta porque, para que exista triptongo, sólo es posible la secuencia vocal cerrada + vocal abierta + vocal cerrada: *presenciéis*.
2. c). Son incorrectas las acentuaciones *tí* y *dí* (monosílabos) y *ésto* (pronombre neutro).
3. d). La palabra *mi* no lleva tilde si es adjetivo posesivo, pero lleva acento ortográfico si es pronombre (*mí*).
   Llevan siempre tilde los pronombres, adjetivos y adverbios interrogativos (a); el adverbio de afirmación *sí* (b); y *más* cuando indica cantidad, sea adjetivo, pronombre o adverbio (c).
4. a). En las palabras compuestas con unión gráfica, la tilde sólo puede marcarse en el segundo constituyente; de ahí que no sea válida la opción c).
   b) y d) no son correctas porque tanto las mayúsculas (*Ángeles*) como los latinismos (*referéndum*) siguen las normas generales de acentuación.
5. c). Los enunciados breves interrogativos o exclamativos pueden escribirse separados por comas. Si se escriben con inicial mayúscula, debe entenderse que están separados por punto; en este caso, el punto del signo de cierre de la interrogación o exclamación actúa como el punto y seguido. Esta circunstancia explica la anomalía de a).
   La opción b) es incorrecta porque sobra la coma situada delante del paréntesis; d) no es correcta porque el vocativo debe quedar fuera de la pregunta (*Luis, ¿no vienes?*).
6. b). La *u* lleva diéresis cuando, teniendo realización fonética, forma diptongo con una vocal palatal (*i*, *e*); de ahí que la respuesta c) sea incorrecta (lo correcto es *agüita*); en el resto de los casos (a, d), su uso es anómalo porque no aparecen las secuencias *ui*, *ue*.
7. b). Las pausas delimitan una aposición explicativa.
   Deben ir entre pausas (comas) ciertas locuciones (como *o sea*) (a) y todas las subordinadas adjetivas explicativas (c).
   La opción d) es incorrecta porque la cita literal, contra lo que la norma dicta, no aparece entrecomillada (*Hay un letrero que dice: «Aquí vivió Jacinto Benavente»*).
8. c). La palabra *etcétera*, cuando se apocopa, debe llevar punto tras la última letra conservada (*etc.*).

Soluciones a los ejercicios del Tema 7

1. Sí. La construcción *Apareció un nuevo heredero* es una oración, porque constituye una unidad de sentido, con entonación autónoma y, sintácticamente, compuesta de sujeto (*un nuevo heredero*) y predicado (*Apareció*).

2. La interjección *¡olé!* viola el requisito gramatical de la oración como unidad compuesta de sujeto y predicado. Desde el punto de vista semántico, carece de significado proposicional; su significado es sólo pragmático: está vinculado a la situación comunicativa.

3. La secuencia *el día anterior* es un sintagma porque es una unidad compuesta por varias palabras relacionadas entre sí (existe una relación sintagmática entre el núcleo y sus modificadores: el determinante y el adyacente) con una función única (p. ej., la de complemento circunstancial en la oración *El accidente ocurrió el día anterior*). El sintagma constituye una categoría intermedia entre la palabra y la oración.

4. *El* (artículo), *otoño* (sustantivo), *llegó* (verbo), *rápidamente* (adverbio), *en* (preposición), *el* (artículo), *bosque* (sustantivo), *las* (artículo), *hojas* (sustantivo), *se tornaron* (verbo pronominal), *rojas* (adjetivo), *y* (conjunción), *amarillas* (adjetivo).

5. Las palabras *habitáculo* e *infatigable* son adscribibles a una única categoría: sustantivo y adjetivo, respectivamente; el resto puede pertenecer a clases distintas: *tarde* puede ser sustantivo, adverbio y verbo (subjuntivo); *flautista* es normalmente sustantivo, pero puede usarse como adjetivo; *talar* es verbo y, en un uso muy restringido, adjetivo (aplicado a vestimenta); *dos* puede ser sustantivo y adjetivo numeral.

6. Las expresiones *a espuertas*, *en un plis plas*, *ahuecar el ala* y *mosquita muerta* son locuciones. Funcionan y significan en bloque: respectivamente, 'mucho, en grandes cantidades', 'rápidamente', 'huir, marcharse' y 'persona aviesa de apariencia inofensiva y mansa'. Tales combinaciones no están formadas de acuerdo con las normas de la sintaxis; son construcciones fijas. Adviértase que no están permitidas las operaciones habituales que experimentan los sintagmas: **a una espuerta*, **a grandes espuertas*, **en un rápido plis plas*, **ahuecar las alas*, etc.

7. c).

8. d). *in-* es prefijo; *-dese-* es el lexema; *-a-* es el morfema que marca la conjugación (vocal temática); *-d-* es el morfema de participio pasado; *-o-*, el morfema de género masculino; y *-s*, el morfema de plural.

9. a). *pens-* es el lexema; *-á-*, la vocal temática; *-ba-*, el morfema de tiempo (pretérito imperfecto) y modo (indicativo); y *-mos*, el morfema de 1.ª persona y número plural.

10. b). El adverbio no dispone de variaciones flexivas (género, número). La a) no es correcta porque el verbo no tiene morfema de género; tampoco lo son la c) porque el sustantivo en español sólo puede ser masculino o femenino (aunque sí existen pronombres neutros: *eso*, *ello*, etc.), ni la d) porque sí existen adjetivos invariables en género (*marrón*, *rectangular*, *dócil*, etc.).

11. c). El verbo *enloquecer* (parasintético) se forma a partir del adjetivo *loco* aplicando simultáneamente el prefijo *en-* y el sufijo verbal *-ec* + morfema de infinitivo *-er*; el verbo *rematar* (derivado) se crea a partir de *matar* mediante la adjunción del prefijo *re-*.

12. a). Son palabras compuestas mediante la unión de dos palabras (lexemas): *buque* + *escuela* y *saca*(*r*) + *punta*(*s*). El primer tipo de compuestos se conoce por el nombre de **compuesto sintáctico** o **sintagmático** y el segundo por el de **compuesto gráfico** o **propio**.

Soluciones a los ejercicios del Tema 8

1. ***niñas***: *niñ-* lexema; *-a-* morfema de género femenino; *-s* morfema de número plural (*niñ - a - s*).
subclase:; *sub-* morfema derivativo prefijo *-clase* lexema (*sub - clase*).
librería: *libr-* lexema; *-ería* morfema derivativo sufijo (*libr - ería*).
sillita: *sill-* lexema; *-ita* morfema apreciativo diminutivo sufijo (*sill - ita*).
limoncillo: *limon-* lexema; *-c-* interfijo; *-ito* morfema apreciativo diminutivo sufijo (*limon - c - illo*).

2. Núcleo del sintagma nominal.

3. ***apéndice***: masculino; ***Guadalquivir***: masculino (como todos los ríos); ***artista***: común; ***hambre***: femenino; ***jirafa***: epiceno; ***dinamo***: femenino; ***aceite***: masculino; ***harina***: femenino; ***ligazón***: femenino; ***índole***: femenino; ***do***: masculino (como todas las notas musicales); ***cónyuge***: común; ***perdiz***: epiceno; ***azúcar***: ambiguo; ***ka***: femenino (como todas las letras del abecedario); ***interrogante***: ambiguo.

4. *bióloga*, *emperatriz*, *capitana (también la capitán)* , *nuera*, *reina*, *la consorte*, *duquesa*, *institutriz*, *gorila hembra*, *gallina*, *médica*.

5. Como puede comprobarse en el diccionario, son todos sustantivos que tienen distinto significado según se usen en masculino o en femenino.

6. ***mastines***, ***eslóganes***, ***alhelíes o alhelís***, ***menús***, ***cafés*** (no **cafeses*), ***faralaes***, ***las dosis***, ***icebergs***, ***caracteres*** (atención a la acentuación), ***réquiems***, ***bonsáis***, ***sed*** (es un *singularia tantum*), ***currículums o currículos***, ***especímenes***, ***chándales*** o ***chándal***, ***chisgarabises*** (no **chisgarabíes*).

7. *Caries* y *parálisis* son invariables; *traspié* (no **un traspiés*); *víveres* no tiene singular (no se puede decir **víver*): es un *pluralia tántum*.

8. ***libro***: común, inanimado, individual, contable; ***soldado***: común, animado, [+humano], individual (su colectivo es *ejército*), contable; ***harina***: común, inanimado, no contable: ***tigre***; común, animado, [-humano], individual, contable; ***arboleda***: común, inanimado, colectivo (su individual es *árbol*), contable; ***enjambre***: común, animado, [-humano], colectivo (su individual es *abeja*), contable; ***Pedro***: propio, animado, [+humano], individual, contable.

9. ***cualquier***: determinativo indefinido; ***denso***: calificativo; ***gran***: calificativo; ***todo***: determinativo indefinido; ***muchos***: determinativo indefinido; ***vuestros***: determinativo posesivo; ***santo***: calificativo; ***cien***: determinativo numeral cardinal; ***isósceles***: calificativo; ***sendos***: determinativo indefinido.

10. ***claras***: *clar-* lexema; *-a-* morfema de género femenino; *-s* morfema de número plural (*clar - a - s*).
débiles: *débil-* lexema; *-es* morfema de número plural (*débil - es*).
amable: *am-* lexema; *-a-* vocal temática procedente del verbo *amar*, del que deriva - *ble*: morfema derivativo sufijo; (*am - a - ble*).
insano: *in-* morfema derivativo prefijo; *-san-* lexema; *-o* morfema de género masculino (*in - san - o*).
grandota: *grand-* lexema; *-ot-* morfema apreciativo aumentativo sufijo; *-a* morfema de género femenino (*grand - ot - a*).
besucón: *bes-* lexema; *-uc-* interfijo; *-ón* morfema apreciativo sufijo (*bes - uc - ón*).

11. En a) *grande* es adyacente del núcleo sustantivo de un sintagma nominal; en b) *cansado* es núcleo de un sintagma adjetival.

12. No. En la primera, es un adjetivo que funciona como adyacente del núcleo *hombres* del sintagma nominal *hombres jóvenes*. En la segunda, está sustantivado por el artículo *los* y asume la función sustantiva de núcleo del sintagma nominal *los jóvenes de hoy*.

13. ***más grande que***: comparativo de superioridad; ***rapidísimas***: superlativo absoluto mediante el sufijo *-ísim(as)*; ***el más alto***: superlativo relativo; ***mínimo***: superlativo absoluto irregular de *pequeño*; ***paupérrimo***: superlativo absoluto irregular de *pobre*, mediante el sufijo *-érrim(o)*; ***extrafino***: superlativo absoluto mediante el prefijo *extra-*; ***ligero***: grado positivo; ***sumamente alegre***: superlativo absoluto mediante adverbio; ***tan limpio como***: comparativo de igualdad; ***rebueno***: superlativo absoluto mediante el prefijo *re-*.

14. Deben corregirse, por incorrectos, d) *Su coeficiente es mayor* ***que*** *la media*; e) *Sucedió en una fecha posterior* ***a*** *esa*. Son correctos a) *Es un hombre valientísimo*; b) *Los adornos son simplísimos*, (más frecuente y culto *valentísimo*); (cuidado *simplicísimos);* c) *No es inferior a ti*.

15. Deben corregirse, por incorrectos, a) *Han urbanizado* **toda esa** *área*; c) *Estaban justo detrás* **de nosotros**; e) *Fueron a visitar el Palacio* **de El** *Pardo*; f) *Juan tenía entonces* **veintiún** *años; María,* **treinta y dos**; g) *Es un dramaturgo* **cuya** *obra se inspira en Calderón*. Son correctos b) *Les dio sendos apretones de manos* (uso correcto de *sendos*); d) *No había ningu-*

na arca con tesoros (uso correcto de *ninguna*, aunque ante /á/ es más frecuente *ningún*).

16. a) *Vino* ***alguno*** *desde Australia*: pronombre; b) *¡**Qué** días tan felices!*: adjetivo; c) *Llama a* ***cualquier*** *amigo*: adjetivo; d) *Se matricularon* ***treinta*** *alumnos*: adjetivo; e) *¿**Cuántos** se inscribieron la* ***otra*** *vez?*: pronombre y adjetivo, respectivamente.

17. a) *A la falda* ***la*** *sobran los volantes*: laísmo de cosa (uso de *la* por *le*); b) *A Enrique* ***le*** *puedo llevar yo*: leísmo de persona masculino singular (uso de *le* por *lo*); c) *Al delantero centro* ***lo*** *dieron un golpe*: loísmo de persona (uso de *lo* por *le*); d) *No tengo que pedir**la** permiso*: laísmo de persona (uso de *la* por *le*). El único admitido por la norma es b).

Soluciones a los ejercicios del Tema 9

1. Temeremos: lexema > tem-; vocal temática: -e-; morfema de futuro de indicativo: -r-; morfema de 1.ª persona plural: - emos.
   Comíamos: lexema > com-; morfema de imperfecto de indicativo: -ía-; morfema de 1.ª persona de plural: -emos.
   Amásemos: lexema > am-; vocal temática: -a-; morfema de imperfecto de subjuntivo: -se-; morfema de 1.ª persona de plural: -mos.
   Cantaré: lexema > cant-; vocal temática: -a-; morfema de futuro simple indicativo: -r; morfema de 1.ª persona: -é.

2. Presente subjuntivo de:
   - Haber: haya, -as, -a, -amos, -áis, -an.
   - Hacer: haga, -as, -a, -amos, -áis, -an.
   - Ser: sea, -as, -a, -amos, -áis, -an.
   - Ir: vaya, -as, -a, -amos, -áis, -an.
   - Oír: oiga, -as, -a, -amos, -áis, -an.

3. Imperfecto de subjuntivo:
   - Abstraer: abstrajera o abstrajese, etc.
   - Extinguir: extinguiera o extinguiese, etc.
   - Manifestar: manifestara o manifestase, etc.
   - Soltar: soltara o soltase, etc.
   - Difundir: difundiera o difundiese, etc.

4. Abstraer: abstraído y abstracto.
   Confesar: confesado y confeso.
   Confundir: confundido y confuso.
   Corregir: corregido y correcto.
   Despertar: despertado y despierto.
   Extinguir: extinguido y extinto.
   Incluir: incluido e incluso.
   Manifestar: manifestado y manifiesto.

5. a) Valor de futuro.
   b) Valor permanente.
   c) Presente habitual.
   d) Valor de pasado.
   e) Valor de futuro.

6. a) Condicional.
   b) Narración infantil.
   c) Discurso anterior presupuesto.
   d) Cortesía.
   e) Condicional.

7. a) Probabilidad en el pasado.
   b) Cortesía.

8. Presente con valor de mandato.

9. a) No es perífrasis: ir a un lugar a/para.
   b) Perífrasis aspectual incoativa.
   c) Perífrasis modal obligativa.
   d) Perífrasis modal de suposición.
   e) Perífrasis aspectual durativa.

10. a) Estando con extranjeros.
    b) Estando ya claro el asunto.
    c) Mintiendo tanto.
    d) Sonriendo.
    e) Preguntando.

11. a) Llevo bailadas.
    b) Llevaba dichas.
    c) Tenía entusiasmada.

12. a) Correcta.(=al tiempo que cantaba)
    b) Incorrecta. Que vestía.
    c) Incorrecta. Márchense.
    d) Incorrecta. Gerundio de posterioridad. Y se fue.
    e) Correcta.

13. a) lloviendo.
    b) Ir.
    c) Cantar.
    d) Acabada.
    e) Decir.

14. *Echarse a* + infinitivo, *romper a* + infinitivo.

15. *Llevar* + participio, *tener* + participio.

Soluciones a los ejercicios del Tema 10

1. a) *lejos*. Es un adverbio y, por lo tanto, invariable (sin morfema de género ni de número).

2. Admiten morfemas sufijos apreciativos (*deprisita*, *arribita*, *lueguito*) y morfemas de grado (*arribísima*, *súper bien*).

3. En a), *lejos* es núcleo de un SAdv; en b), *enormemente* es modificador del núcleo de un SAdj; en c), *bien* es el núcleo del SAdv *muy bien*, y *muy* es modificador del núcleo *bien*.

4. *Siempre*: de tiempo; *cerca*: de lugar; *ya*: de tiempo; *actualmente*: de tiempo; *acaso*: de duda; *sí*: de afirmación; *tampoco*: de negación; *pausadamente*: de modo; *aposta*: de modo; *deprisa*: de modo.

5. a) *Así,* ***difícilmente*** *acabaremos el trabajo* (falta la tilde); b) *Lo ha hecho* ***motu proprio***; c) *Fíjense,* ***sobre todo****, en la grafía*: (en dos palabras); d) *Es la villa* ***adonde*** *acuden todos los veranos* sin tilde: es adverbio relativo, no interrogativo; e) *Enseguida les indicarán la manera* ***como*** *tienen que cumplimentar el impreso*: cuando lleva antecedente, el adverbio relativo *como* no lleva tilde; *enseguida* es correcto, aunque también lo sería *en seguida* (en dos palabras).

6. a) *Me esforcé <u>por</u> no ponerme nerviosa.*
   b) *El suelo estaba construido <u>sin</u> desnivel.*
   c) *Me sentía muy indignada <u>contra</u> él.*
   d) *Había un espantapájaros <u>con</u> la chaqueta llena <u>de</u> remiendos.*
   e) *Descubrí <u>por</u> algunos gestos una profunda censura <u>hacia</u> mí.*
   f) *Hay que hacer la programación <u>para</u> los cursos <u>de</u> primavera.*
   g) *Me quedé un rato delante <u>de</u> la puerta gris.*
   h) *<u>En</u> caso <u>de</u> que el botones esté enterado, no dirá nada.*
   i) *Había un traje oscuro <u>sobre</u> el respaldo <u>de</u> una silla.*
   j) *Pese <u>a</u> que abrió la ventana, hacía bastante calor.*
   k) *<u>Entre</u> el alféizar <u>de</u> tus labios silba la brisa <u>de</u> mi corazón.*
   l) *Sigue viviendo <u>a</u> costa <u>de</u> sus padres.*

7. Locuciones prepositivas: g) *delante de*; l) *a costa de*.
   Locuciones conjuntivas: h) *En caso de que*; j) *Pese a que*

8. a) *Se cruzaban entre sí, <u>mas</u> no se miraban.*
   b) *No diré que sea una gran cosa, <u>pero</u> se dan ustedes un aire de familia.*
   c) *¿Bajamos del autobús <u>o</u> seguimos?*
   d) *Me acerqué, <u>e</u> iba a abrir despacito, cuando me tocaron en el hombro.*
   e) *Carlos se volvió <u>y</u> nos miró con asombro.*
   f) *No son olivos, <u>sino</u> acebuches.*
   Son conjunciones adversativas las de a), b) y f). Es conjunción disyuntiva la de c). Son conjunciones copulativas las de d) y e).

Soluciones a los ejercicios del Tema 11

1. a). *Él* y *dos entradas de fútbol* son sintagmas nominales: sus núcleos son un pronombre personal (*Él*) y un sustantivo (*entradas*), respectivamente. El sintagma *de fútbol* es preposicional y es adyacente del núcleo del segundo sintagma nominal.
2. b). Son, ambos, adverbiales porque sus núcleos (*encima* y *sensiblemente*) son adverbios.
3. d). El sintagma adjetival *más pequeña* es adyacente del nombre *puerta*: el núcleo es el adjetivo *pequeña* y su modificador, el adverbio *más*, frente a lo que se afirma en c). Las demás respuestas no son correctas porque *la*, como artículo, sólo puede funcionar como determinante (a), mientras que *en*, como preposición, no puede desempeñar esta función (b).
4. c). El sintagma *tras la puerta* es preposicional porque *tras* es una preposición, mientras que *detrás de la puerta* es adverbial porque *detrás*, que funciona como núcleo, es un adverbio.
5. a). El sintagma nominal está compuesto por su núcleo, *vehículo* (c), y sus determinantes y adyacentes, como es la oración de relativo adjetiva *cuya matrícula es de Valencia*; de ahí que tanto b) como d) sean incorrectas: en b) sólo se da cuenta del núcleo y su determinante y en d), de estos mismos y de sólo uno de sus adyacentes, el adjetivo *rojo*.
6. b). Aunque en los dos casos el núcleo es la palabra *tarde*, en *Muy tarde*, *tarde* es adverbio en tanto que, en *mucha tarde*, *tarde* es sustantivo.
7. a). Se trata de dos sintagmas nominales en aposición: *capital olímpica 1992* es aposición explicativa del sintagma nominal *Barcelona*. Ambos, a la vez, funcionarían, por ejemplo, como sujeto en la oración *Barcelona, capital olímpica 1992, es una ciudad de Cataluña*.

   Por lo dicho, no son correctas las demás respuestas: la b), porque *capital olímpica 1992* es precisamente un sintagma nominal que tiene por núcleo el sustantivo *capital*; la c), porque se trata de dos sintagmas y no sólo de uno; la d), porque el núcleo del segundo sintagma nominal no puede ser un adjetivo (*olímpica*), sino un sustantivo (*capital*).

Soluciones a los ejercicios del Tema 12

1. a // La tarde de fiesta **S > SN** / estaba **V > FVS** / muy hermosa **A > Sadj** //.

   b // Aquellos muchachos **S > SN** / no sabían **V > FVS** / su nombre **CD > SN** //.

   c // El ruiseñor **S > SN** / se puso a cantar **V > FVP-encl.** / a la hora del amanecer **CC > SPrep** //.

   d // En aquella ocasión **CC > Sprep** / había **V > FVS** / demasiadas personas **CD > SN** / en la plaza **CC > Sprep** //.

e // El coche deportivo **S > SN** / no volvió a acelerar **V > FVP** / aquella mañana **CC > SN** //.

f // El niño **S > SN** / se **CD > PRON** / había mirado **V > FVC** / en el espejo **CC > Sprep** / muy atentamente **CC > Sadv** //.

g // Se acostumbró **V > FVS-enclit.** / a las palabras cálidas de su abuela **CP > Sprep** //.

h // Estos jóvenes **S > SN** / ya **CC > SAdv** / se han vuelto **V > FV-enclit.** / muy responsables **A > SAdj** //.

i // Entonces **CC > SAdv** / hacía **V > FVS** / un frío tremendo **CD > SN** / en esa región norteña **CC > Sprep** //.

j // Apoyado sobre la mesa de la cocina **CC > Sub-particp.** / se **CI > PRON** / quitó **V > FVS** / el chaleco **CD > SN** //.

k // El árbol **S > SN** / cayó **V > FVS** / fulminado por el rayo **Cpred > Sadj** //.

l // Es **V > FVS** / preferible **A > Sadj** / no volver a su casa **S > Sub.sust. infin.** //

m // Cuentan **V > FVS** / cosas asombrosas **CD > SN** / sobre los duendes **CC > Sprep** //.

n // Se escapó **V > FVS-enclit.** / de casa **CP > Sprep** / en una mañana fría de febrero **CC > Sprep** //.

o // Les **CI > PRON** / prescribió **V > FVS** / medicamentos muy caros **CD > SN** //.

2. a> atributiva, b> predicativa transitiva, c> predicativa intransitiva, d> impersonal, predicativa, transitiva, e> predicativa intransitiva, f> predicativa transitiva reflexiva, g> predicativa transitiva, h> atributiva, i> impersonal predicativa transitiva, j> predicativa transitiva reflexiva, k> predicativa intransitiva, l> atributiva, m> impersonal, predicativa transitiva, n> predicativa transitiva, o> predicativa transitiva.

3. a) Imperativa, b) Enunciativa negativa, c) Exclamativa, d) Desiderativa, e) Imperativa.

Equivalencia de siglas no conocidas:
FVS: forma verbal simple, FVC: forma verbal compuesta, FVP: forma verbal perifrástica, FV-enclít.: Forma verbal con morfema enclítico, FV-lexía: forma verbal lexía compleja.

Soluciones a los ejercicios del Tema 13

1. Oraciones complejas: a), b), e).
   Oraciones compuestas: c), d).
   Oraciones subordinadas: en a) *Si no puedo verte*; en b) *que valió la pena*; en e) *que te dieron ayer*.

2. Oraciones coordinadas copulativas: a), f), g), i).
   Oraciones coordinadas disyuntivas: b), d).
   Oraciones coordinadas adversativas: e), h).
   Oraciones coordinadas consecutivas: c), j).

3. Compuestas por yuxtaposición: a), c), e).
   Compuestas por coordinación: b), d).
   En f) se establece yuxtaposición entre sintagmas, que en esta oración funcionan como CD.

4. a) Oración compuesta por coordinación adversativa.

Una tristeza profunda velaba sus ojos, *pero* *él nunca dijo el motivo*.
or. coordinada 1 — nexo — or. coordinada 2

sujeto (SN) — NP — CD (SN) — sujeto — CCT (SAdv) — NP — CD (SN)

b) Oración compuesta por yuxtaposición.

Las ventanas están siempre cerradas; *nadie habita aquellas estancias*.
or. yuxtapuesta 1 — or. yuxtapuesta 2

sujeto (SN) — NP — CCT (SAdv) — atrib. (SAdj) — sujeto — NP — CD (SN)

c) Oración compuesta por coordinación copulativa.

El cielo estaba lleno de estrellas *y* *corría una brisa veraniega*.
or. coordinada 1 — nexo — or. coordinada 2

suj. (SN) — NP — atributo (SAdj) — NP — sujeto (SN)

d) Oración compuesta por coordinación consecutiva.

Isabel aprobó el curso, *de manera que* *su familia lo celebró*.
or. coordinada 1 — nexo — or. coordinada 2

sujeto (SN) — NP — CD (SN) — sujeto (SN) — CD — NP

Soluciones a los ejercicios del Tema 14

1. a) Función de sujeto.
   b) Función de adyacente prepositivo dentro del sintagma nominal / la clave/.
   c) Función de sujeto.
   d) Función de complemento directo.
   e) Función de sujeto.
   f) Función de complemento directo.
   g) Función de complemento preposicional.
   h) Función de adyacente prepositivo del sintagma / sus anhelos/.
   i) Función de complemento preposicional.
   j) Función de sujeto.

2. a) Preguntaron a los estudiantes **si habían terminado** el trabajo práctico.
   b) Dicen cada día a sus vecinos **que esos** árboles de **su** jardín son preciosos.

c) Anunciaron por la televisión **que** el número premiado en la lotería **acababa** en siete.
d) Nos juró de forma contundente **que no volvería** a cometer **ese** delito.
e) Les pidieron a sus amigos **que** por favor **les prestaran** la bicicleta.

3. a) Relativa especificativa. b) Relativa explicativa. c) Relativa explicativa. d) Relativa especificativa. e) Relativa especificativa.

4. a) Tus tíos dijeron: «**Iremos** a **vuestra** casa en primavera».
b) Os prometimos: «**Seremos** juiciosos y prudentes en **este** viaje».
c) Enrique pensaba: «La vida **es** demasiado difícil en **estas** circunstancias».
d) Los carteles de las elecciones anunciaban: «Todos los problemas **se acabarán** si se vota a **nuestros** candidatos».
e) Mis profesores dijeron: «Si no **estudiáis** duramente, no **aprobaréis**».

5.
- / *el día que fui a visitarla* / –Relativa especificativa.
- / *al sanatorio de las afueras en donde la cuidaban* / –Relativa especificativa.
- / el penoso deber *de rememorarlo ahora en detalle* / Proposición sustantiva de infinitivo en función de adyacente del nombre deber.
- / *Para los que no conocen la obra* / Relativa sustantivada.
- / me limitaré *a precisar que la abuela no me reconoció* / Proposición sustantiva de infinitivo en función de complemento preposicional de *me limitaré*.
- / *Que la abuela no me reconoció* / Proposición sustantiva en función de complemento directo de *precisar*.
- / al mundo opaco que la amparaba en sus desdichas y en el que vivía... / Relativas especificativas.

Soluciones a los ejercicios del Tema 15

1. a) *Diseñaba los trajes <u>inspirándose en fotos familiares</u>.*
or. sub. de modo

b) *Lo llaman el flautista de Hamelin, <u>porque tras él van muchos alumnos</u>.*
or. sub. causal

c) *<u>Como las cortinas estaban corridas</u>, la mansión estaba en penumbra.*
or. sub. causal

d) *<u>Aunque trabaja en Córdoba</u>, vive en Madrid.*
or. sub. concesiva

e) *<u>Siempre que entra al despacho</u>, abre la ventana.*
or. sub. temporal

f) *El traje llevaba tanta cola <u>que pesaba mucho</u>.*
or. sub. consecutiva

g) *<u>Como vengas pronto</u>, iremos a verlos.*
or. sub. condicional

h) *Tiene más cubiertos* <u>*que platos*</u>.
or. sub. comparativa

i) *Vienen* <u>*a instalar la antena*</u>.
or. sub. final

j) *Llegaron* <u>*hasta donde les dijeron*</u>.
or. sub. de lugar

2. a) <u>*Mientras*</u> *nadaba en el mar, su piel se llenaba de reflejos azules*. Introduce una subordinada temporal.
   b) *Colocaba las fotos en el álbum* <u>*como*</u> *le había dicho su madre*. Introduce una subordinada de modo.
   c) *Sergio pidió la palabra* <u>*porque*</u> *quería hablar de su situación laboral*. Introduce una subordinada causal.
   d) *El director nos escribió una carta* <u>*con el fin de que*</u> *todos conociéramos su programa*. Introduce una subordinada final.
   e) *Javier asistió a la ceremonia,* <u>*si bien*</u> *no se quedó al convite*. Introduce una subordinada concesiva.
   f) <u>*Como*</u> *Juan trate a sus amigos así, los perderá*. Introduce una subordinada condicional.
   g) *Las flores habían crecido tanto* <u>*que*</u> *el suelo parecía una alfombra*. Introduce una subordinada consecutiva.
   h) *David aprobó menos asignaturas* <u>*que*</u> *Ana*. Introduce una subordinada comparativa.

3. a) <u>*Amanecía cuando Juan terminó su jornada*</u>.
or. impersonal

Amanecía: NP
cuando Juan terminó su jornada: CC (or. sub. temporal)
cuando: nexo; Juan: suj. (SN); terminó: NP; su jornada: CD (SN)

b) <u>*Carmen*</u> <u>*aparcó*</u> <u>*el coche*</u> <u>*donde le recomendó el guardia*</u>.
Carmen: suj. (SN); aparcó: NP; el coche: CD (SN); donde le recomendó el guardia: CCL (or. sub. de lugar)
donde: nexo y CCL; le: CI; recomendó: NP; el guardia: sujeto (SN)

c) <u>*Pensó*</u> <u>*en la casa donde nació*</u>. suj. elípt. (3.ª pers. sing.)
Pensó: NP; en la casa donde nació: CP (SP)
en: nexo; la casa donde nació: SN
la: det.; casa: núcl.; donde nació: adyacente (or. sub. adjetiva)
donde: nexo y CCL; nació: NP; suj. elípt. (3.ª pers. sing.)

d) <u>*No*</u> <u>*enciendas*</u> <u>*las luces*</u>, <u>*que nos ilumina la luna*</u>. suj. elípt. (2.ª pers. sing.)
No: neg.; enciendas: NP; las luces: CD (SN); que nos ilumina la luna: CC (or. sub. causal)
que: nexo; nos: CD; ilumina: NP; la luna: suj. (SN)

e) <u>*Carlos*</u> <u>*necesita*</u> <u>*tiempo*</u> <u>*para terminar su tesis*</u>.
Carlos: suj. (SN); necesita: NP; tiempo: CD (SN); para terminar su tesis: CC (or. sub. final de infinitivo)
para: nexo; terminar: NP; su tesis: CD (SN); suj. semántico: *Carlos*

f) *La carne no estaba sabrosa* *a pesar de que Luis la condimentó abundantemente*.

or. principal — or. sub. concesiva

La carne	no	estaba	sabrosa	a pesar de que	Luis	la	condimentó	abundantemente
suj. (SN)	neg.	NP	atrib. (SAdj)	nexo	suj. (SN)	CD	NP	CC de modo (SAdv)

g) *Comprando antes de las doce*, *le llevamos su compra*.

or. sub. condicional de gerundio — or. principal

	Comprando	antes de las doce	le	llevamos	su compra	
suj. semán.: *Usted*	NP	CCT (SAdv)	CI	NP	CD (SN)	suj. elípt. (1.ª pers. plural)

Soluciones a los ejercicios del Tema 16

1. Denotación. Significado. Connotación. Significante. Referente.
2. DENOTACIÓN: Significado literal, Referente, Significado propio, Carácter informativo, Rigidez, Objetividad, Significado explícito.
   CONNOTACIÓN: Matiz de significado, Significado en el contexto situacional, Carácter valorativo, Flexibilidad, Subjetividad, Significado implícito.
3. *¡La puerta!* Significado denotativo: 'Armazón de madera, que, puesta en el quicio y asegurada por el otro lado, sirve para impedir la entrada y salida'. Significado connotativo: Están tocando a la puerta y quiero que vayas tú (o alguien) a abrirla.

   Estoy con la tortilla. Significado denotativo: Cocino un plato elaborado con huevos (y patatas). Significado connotativo: No puedo ir a abrir porque se me quemaría la tortilla. Ve tú (u otra persona).
4. Los seres humanos utilizan el instrumento de comunicación más eficaz de todos los seres vivos para interactuar con el contexto físico que los rodea, nombrarlo, clasificarlo, describirlo, narrar su movimiento y desarrollo, así como el comportamiento de otros seres humanos. Además, expresan sus impresiones, sentimientos, juicios y valores. Para ellos se valen de las palabras.
5. Porque tienen significado léxico y permiten la descripción y clasificación de la realidad, expresar los juicios del pensamiento, etc., dada su gran carga informativa. Ejemplos: *inteligencia, feliz descansar, cerca, ...*
6. 'Sangre': Connotación. 'Color': Denotación. 'Pasión': Connotación.
7. El tabú es una valoración negativa que se asocia a ciertas palabras y que por ello se evitan. El eufemismo es la palabra que sustituye al tabú y neutraliza sus connotaciones negativas.
8. Persona de la tercera edad: *viejo, vieja*
   Pasar a mejor vida: *morir*
   Estar rellenito/a: *estar gordo o gorda*
   Películas X: *películas pornográficas*
   Centro penitenciario: *cárcel*
   El Maligno: *el diablo*
   Auxiliar de vuelo: *azafata, azafato*

Conflicto bélico: guerra
Estar contrariado/a: cabrearse
Estar mal de fondos: estar arruinado o arruinada
Barman: camarero, camarera
Estar mal del estómago: tener diarreas
Ser poco espabilado/a: ser tonto o tonta
Ir al baño: mear

9. Se refieren a *morir* y tienen en relación con este término tabú una connotación eufemística.

10. Disfemismo: Término que se opone a *eufemismo* para designar la palabra que alude a un concepto con un matiz peyorativo o despectivo. «El disfemismo es un esfuerzo para liberarse de la actitud admirativa o respetuosa que gravita, en general, sobre la humanidad media. Consiste, sobre todo, en la sustitución de los términos nobles, o simplemente normales, por expresiones tomadas en dominios más vulgares, más familiares, más regocijantes» (Carnoy). Así, por ejemplo, el llamar *terrado* a la cabeza, *dátiles* a los dedos, etc.".

Soluciones a los ejercicios del Tema 17

1. Son todos sinónimos.
2. En ese contexto, no son totalmente intercambiables, pero sí son sinónimas. *Sepelio* suele emplearse para las personas; *entierro*, para las personas y las cosas.
3. Sí. Son todos adverbios de duda en español. Es fácil encontrar un enunciado en el que cualquiera de ellos pueda usarse: *Tal vez/Quizá/Posiblemente/Probablemente el avión llegue con retraso.*
4. Sí; no será sinonimia absoluta, pero sí sinonimia parcial.
5. En los pares *límpido - limpio*, *ósculo - beso*, *corcel - caballo*, *rapsoda - poeta*, *hado - destino*, el primer término de cada pareja es más culto o literario que el segundo. En *dinero - pasta*, *tocadiscos - tocata* , los segundos son más coloquiales que los primeros. En *cogorza - borrachera* y *chorizar - robar*, los primeros llevan en el *DRAE* la etiqueta de *vulgar*, de la que carecen los segundos. Las diferencias entre *aceituna - oliva*, *raposo - zorro*, *zafa - palangana* son de carácter dialectal. En el par *caca - suciedad*, el primer término pertenece al habla infantil. *Oftalmólogo* es término profesional frente a *oculista*.
6. a) préstamo - término nativo; b) palabra tabú - eufemismo; c) cultismo latino - término patrimonial; d) acortamiento - término extenso.
7. No. *Horrendo* es más extremo que *feo*; *sacamuelas* añade el matiz peyorativo de 'mal dentista'; *cicatero* es también peyorativo ('mezquino, ruin, tacaño') frente a *ahorrativo* ('que reserva una parte de lo que dispone para sus gastos').
8. No. Las palabras *flor*, *pájaro*, *escritor* y *edificio* son los hiperónimos de sus correspondientes hipónimos: *clavel*, *gorrión*, *novelista* y *palacio*.

9. Los pares formados por *falso - auténtico*, *arriba - abajo*, *siempre - nunca*, *delgado - gordo* son antónimos léxicos (diferente lexema); los pares *lógico - ilógico*, *agrado - desagrado*, *discreto - indiscreto*, *deslizante - antideslizante* son antónimos gramaticales, todos ellos obtenidos mediante un prefijo de carácter negativo.
10. *Hervíboro* y *carnívoro* son antónimos no graduales: no podemos decir *El caballo es un animal muy herbívoro*, ni *El león es bastante carnívoro*. Sólo en sentido figurado, caben expresiones como *Me estoy volviendo carnívoro* ('Prefiero la carne al pescado, a las verduras, etc.'). *Claro* y *oscuro* son antónimos graduales, ya que admiten intensidades intermedias: *clarísimo - muy claro ... oscurísimo - tenebroso*.
11. No. Todos los homónimos son homófonos.
12. Pertenecen a la misma clase de palabras *horca* ('artefacto para ajusticiar') - *orca* ('cetáceo'), sustantivos, y *sentimos* (1.ª pers. plural presente y pretérito indefinido de *sentir*); este es, además, homónimo paradigmático. El resto pertenece a distintas categorías gramaticales: en *corte* y *lava* confluyen, respectivamente, un sustantivo y un verbo; en *ola - hola*, un sustantivo y una interjección; en *huno - uno*, un sustantivo o adjetivo y un pronombre indefinido o numeral.
13. Sí; se juega con la homonimia *plata no - plátano*.
14. Es homonimia. Las tres razones que aducimos son: a) tienen etimología distinta; b) dos de ellas pertenecen a una clase de palabras distinta a la de la otra; c) en el *DRAE*, por ejemplo, figuran en entradas separadas.
15. En el español normativo, todos ellos son parónimos. Para un hablante que sesea o cecea, *taza - tasa* serán homónimos, lo mismo que *ralla - raya* para un hablante yeísta.
16. Término real, término metafórico, fundamento de la metáfora e imagen de la metáfora.
17. a) metonimia (designa a una persona por el instrumento que utiliza); b) metonimia (en concreto, una sinécdoque que designa el todo por la parte); c) metáfora antropomórfica; d) metonimia (antonomasia, por alusión al orador griego Demóstenes); e) metáfora animal; f) metáfora animal ('alguien importante, con poder'); g) metonimia (designa un producto por el nombre del lugar de procedencia: una lana originaria de Cachemira, al oeste del Himalaya); h) metáfora; i) metáfora inspirada en los fenómenos naturales; j) metáfora sinestésica (vista → oído).
18. Las metáforas de c), f) e i) son nominales; la metáfora contenida en e) es adjetival; las de h) y j) son metáforas verbales.

Soluciones a los ejercicios del Tema 18

1. Sólo son verdaderos c), e) y h).

2. d).
3. b).
4. ***monseñor***: préstamo asimilado; ***slogan***: tal como está escrito, es extranjerismo (la forma correcta es *eslogan*, puesto que se trata de un préstamo asimilado); ***sándwich***: fase de aclimatación (mantiene grupos consonánticos extraños a nuestro idioma, pero lleva tilde); ***copy-right***: extranjerismo; ***estándar***: préstamo asimilado; ***windsurfismo***: fase de aclimatación (grupo consonántico extraño al español, pero admite sufijación); ***alzacuello***: calco léxico; ***rosbif***: fase de aclimatación (ha modificado la grafía inglesa, pero conserva f- final, que en español sólo existe en otros préstamos: *golf*, *naif*); ***marcapasos***: calco léxico del ingl. *pacemaker*.
5. *disc-jockey*: **pinchadiscos**; *christmas*: ***tarjeta navideña***; *boîte*: ***sala de fiestas*** o ***discoteca***; *debut*: ***presentación***; *fútbol*: ***balompié*** (calco del inglés que no ha logrado imponerse); *córner*: ***saque de esquina***; *living*: ***sala de estar***; *cicerone*: ***guía***; *maillot*: ***traje de baño*** o ***camiseta*** de ciclista; *short*: ***pantalón corto***; *film*: ***película***; *conductor de un programa*: ***presentador***; *show*: ***espectáculo de variedades***.
6. Los préstamos, los compuestos, los acrónimos y los acortamientos son neologismos de forma; las metáforas y las metonimias son neologismos de sentido.
7. ***apolítico***: negación; ***pluricelular***: cantidad; ***prehistórico***: tiempo (anterioridad); ***multimillonario***: cantidad; ***anticlerical***: contrario a; ***polisílabo***: cantidad; ***postraumático***: tiempo (posterioridad); ***cuatrimestral***: cantidad; ***anteproyecto***: tiempo (anterioridad); ***paranormal***: espacio ('al margen de'); ***macroconcierto***: tamaño; ***reconstruir***: repetición; ***extracomunitario***: espacio ('fuera de'); ***codirector***: colaboración; ***megadiscoteca***: tamaño; ***procomunista***: 'a favor de'; ***seudoescritor***: 'falso'; ***entrecomillado***: 'en medio de'; ***ultramontano***: espacio ('más allá de').
8. ***barbero*** (de *barba*, sust.); ***fondear*** (de *fondo*, sust.); ***grabado*** (de *grabar*, verbo); ***desmontable*** (de *desmontar*, verbo); ***batidora*** (de *batir*, verbo); ***homogeneizar*** (de *homogéneo*, adj.); ***proliferación*** (de *proliferar*, verbo); ***anclaje*** (de *ancla*, sust.); ***fluidificar*** (de *fluido*, sust.); ***algebraica*** (de *álgebra*, sust.); ***predicamento*** (de *predicar*, verbo); ***solidaridad*** (de *solidario*, adj.); ***arterial*** (de *arteria*, sust.); ***barrigudo*** (de *barriga*, sust.); ***marear*** (de *mar*, sust.).
9. Por parasíntesis, es decir, se han añadido simultáneamente prefijos y sufijos: ***enjaular*** (del sust. *jaula*); ***atornillar*** (del sust. *tornillo*); ***atardecer*** (del sust. *tarde*); ***empobrecer*** (del adj. *pobre*).
10. ***hombre rana*** (sust. + sust.), ***malacostumbrado*** (adv. + adj.), ***largometraje*** (adj. + sust.), ***patilargo*** (sust. + adj.), ***pegapases*** (verbo + sust.), ***bienmesabe*** (adv. + pron. + verbo), ***paga extraordinaria*** (sust. + adj.), ***coche de paseo*** (sust. + sust.), ***castellano-leonés*** (adj. + adj.), ***boquiabierto*** (sust. + adj.), ***altavoz*** (adj. + sust.).
11. Compuesto culto; ambos componentes son de origen griego.

12. ***ovni***: sigla (*objeto volador no identificado*); ***apartohel***: acrónimo (*apartamento + hotel*), a su vez, préstamo del inglés; ***opa***: sigla (*oferta pública de adquisición*); ***telediario***: acrónimo (*televisión + diario*); ***peneuvista***: sigla, con sufijación posterior; ***mir***: sigla (*médico interno residente*); ***frontenis***: acrónimo (*frontón + tenis*).
13. Hay muchos: *mili* (*servicio militar*), *teleco* (*Ingeniero de Telecomunicación*), *progre* (*progresista*), *híper* (*hipermercado*), *busca* (*buscapersonas* o *mensáfono*), etc.
14. ***pez espada***: metáfora; ***sevillanas***: metonimia; ***berrear***: onomatopeya; ***lenguado***: metáfora, debido a la forma de lengua de este pez; ***los antiinflamatorios***: reconversión categorial de adjetivo en sustantivo; ***leotardo***: metonimia; ***procesionaria*** ('oruga'): metáfora; ***la estilográfica***: reconversión categorial de adjetivo en sustantivo.

Soluciones a los ejercicios del Tema 19

1. *Girar visita de inspección*, "inspeccionar", y *darse a la fuga*, "fugarse", están tomadas del lenguaje jurídico. Al tecnológico y científico pertenecen: *poner la antena* por "escuchar conversaciones ajenas", *fundírsele a uno los plomos* por "ofuscarse", *patinarle a uno las neuronas* por "no estar en sus cabales", *desconectar* por "dejar de estar en contacto o preocupado por algo".
2. a) *Importante*, 'conveniente o interesante' no se aplica a *calor*. Dígase *Está haciendo un calor* ***tremendo***.
   b) *Remodelar* es 'reformar algo modificando alguno de sus elementos y variando su estructura'. Equivale a *cambiar*, y su sustantivo *remodelación*, a *cambio*. Pintar y lijar el parqué no suponen cambios estructurales. Habría que decir *La casa precisa una* ***reforma***.
   c) *Gama* significa 'escala, gradación de colores' y en el lenguaje de la música, 'escala musical'. Lo correcto sería *Me he comprado todo el* ***conjunto*** *de productos Diadermine*.
   d) *Exclusivo*, 'que excluye', no debe usarse por selecto, 'el mejor entre las cosas de su especie': "*Próxima construcción de 20 chalés* ***selectos***".
3. a) *Debemos* ***concienciarnos*** *de los problemas del Tercer Mundo*.
   b) *En los exámenes* ***se confiaba***, *y por eso suspendía*.
   c) *En democracia se produce* ***la alternancia*** *de los partidos políticos*.
   d) *No me atrevo a* ***opinar*** *sobre los últimos acontecimientos*.
4. a) *reacio*; b) *remiso*; c) *terco*.
5. a) *No admito* ***injerencias*** *en mi trabajo*.
   b) *Rato* ***ocupó*** *el puesto de vicepresidente durante ocho años*.
   c) *Vosotros no* ***previsteis*** *las consecuencias de aquella mala acción*.
   d) *La joven tenista* ***se reveló*** *como la ganadora del torneo*.
   e) *La policía* ***dispersó*** *a los manifestantes*.
   f) *Vistiendo el maillot amarillo, subió al podio* ***en olor de multitud***.

6. a) *La nueva línea de metro* ***entrará en funcionamiento*** *el año que viene.*
   b) *¡Yo creía que* ***el problema*** *de la cerradura ya estaba resuelto!*
   c) *Me gustó el diseño del arquitecto, pero parecía poco* ***práctico****.*
   d) *Quedó con Marcos. Tenía que comentarle algunas cosas* ***concretas****.*
7. b) ***confirmar****.*
8. a) *El sofá del salón ya está* ***anticuado****.*
   b) *Guti marcó el gol* ***al final*** *del partido.*
   c) *El atasco que se produce todas las mañanas en la autopista no es* ***insólito****.*
   d) *Era tan intelectual que carecía de* ***aptitudes*** *para las manualidades.*
   e) *En sus ratos libres se dedica a* ***ojear*** *los cuadros del Museo del Prado.*
   f) *Las procesiones de Semana Santa pertenecen al* ***acervo*** *de las tradiciones nacionales.*
9. a) *Puso énfasis en la doctrina nietzscheana.*
   b) *Llegados a este punto de la explicación, voy a poner un ejemplo.*
   c) *Si algo no queda claro, insistiré en ello.*
   d) *Solía ir a nadar con su hermana.*
   e) *Se trata de optimizar la rentabilidad de las acciones.*
   f) *Dice que está desalentado porque no tiene proyectos.*
10. a) *Es conveniente* ***acabar*** *la reunión.*
   b) *No creí que fueras a* ***dudar de*** *mis palabras.*
   c) *En este asunto,* ***debemos tener presentes los siguientes*** *hechos.*
   d) *La policía* ***intervino*** *para detener al kamikaze.*
   e) *Al final del homenaje, le* ***entregaron*** *el premio.*
11. a) *Todo puede solucionarse* ***mediante*** *el diálogo.*
   b) *El partido terminó* ***sin*** *goles.*
   c) *Estuvo hablando* ***durante*** *tres horas.*
   d) *Es muy bueno* ***en*** *los idiomas.*
   e) *Expusieron el proyecto* ***con*** *los datos de que disponían.*
12. a) *Juan* ***abrigaba*** *la esperanza de que lo admitiesen en el grupo.*
   b) *Los marroquíes* ***profesan*** *la religión musulmana.*
   c) *Al llegar a su casa,* ***sintonizó*** *la emisora que más le gustaba.*
   d) *En los Multicines* ***proyectan*** *una película que no quiero perderme.*
   e) *La entrevistaron para una obra de teatro y le pidieron que* ***recitara*** *un poema.*
   f) *En aquel crimen* ***concurrían*** *algunas circunstancias extrañas.*
   g) *El gobierno* ***arbitrará*** *medidas para solucionar la crisis.*
   h) *A medida que pasaba el tiempo, Laura se* ***había forjado*** *ilusiones con aquel chico.*

Soluciones a los ejercicios del Tema 20

1. El texto no es adecuado respecto al propósito comunicativo: para tratarse de una solicitud, presenta un tono excesivamente confianzudo e irrespetuoso según las convenciones sociolingüísticas que rigen el diálogo entre una *bibliotecaria y un lector.*

2. *Un jefe de tren dio la bienvenida al convoy* (sinónimo) *a Marina. La mujer* (hiperónimo) *se sentó dejándose caer pesadamente en el asiento del compartimento* (cambio de posición, va antepuesto) *asignado en el billete* (elipsis: se omite la repetición de *del tren, asignado en el billete*). *Marina estaba cansada. El jefe de tren le* (referencia endofórica- anáfora) *preguntó si deseaba cenar en el vagón restaurante* (elipsis: se omite *del tren*). *Ella (sustitución por pronombre gramatical) le* (referencia endofórica-anáfora) *contestó que prefería comprar un bocadillo y una botella de agua al camarero encargado del servicio ambulante restaurante* (elipsis: se omite *del tren*). (Elipsis: se omite *Marina*) *Quería comérselo* (sustitución de *un bocadillo* por pronombre gramatical) *y beber* (elipsis: se omite *la botella de agua*) *a solas en el* (sustitución del posesivo *su* por el definido *el*) *compartimento* (elipsis: se omite la repetición de *del tren*).

3. Algunas posibilidades de la introducción de conectores para relacionar los enunciados son:

   Su marido estaba preocupado porque ella no quería volver a trabajar
   Mientras su marido estaba preocupado, ella no quería volver a trabajar.
   Aunque su marido estaba preocupado, ella no quería volver a trabajar.
   Como su marido estaba preocupado, ella no quería volver a trabajar.
   Si su marido hubiera estado preocupado, ella no habría querido volver a trabajar.

   Otras posibilidades, cambiando el orden de los enunciados, son:
   Ella no quería volver a trabajar, sin embargo, su marido estaba preocupado.
   Ella no quería volver a trabajar, para que su marido no se preocupase.
   Ella no quería volver a trabajar, en consecuencia, su marido estaba preocupado.
   Ella no quería volver a trabajar, debido a que su marido estaba preocupado.

No se agotan con estas propuestas las posibilidades de establecer conexiones entre los enunciados; como se ve, cada uno de estos encadenamientos permite generar hipótesis textuales acerca de la situación a la que remite el ejemplo.

Soluciones a los ejercicios del Tema 21

1. Historia, crónica, biografía, anécdota, noticias y reportajes periodísticos.
2. Descripción técnica.
3. Descripción literaria.
4. Descripción de un animal. Prosoprografía.
5. Porque opinar es expresar un juicio, pero argumentar es recorrer el camino razonado que nos lleva a una conclusión (juicio). Recomendamos consultar las acepciones que da el *Diccionario de la Lengua Española* (Real Academia Española, 22.ª edición, www.rae.es) de estas palabras.

6. Los hablantes tenemos la responsabilidad de salvaguadar la lengua que hemos heredado. Modalidad argumentativa.
7. Los divulgativos y los especializados. a) Especializado; b) Divulgativo.
8. Modalidad expositiva.
9. De que no es un buen orador. Pertenece a la argumentación.
10. En la expositiva.

Soluciones a los ejercicios del Tema 22

1. Existe *paralelismo*. Obsérvese que la estructura de los cuatro versos es idéntica: *pronombre interrogativo* + *adjetivo* + *preposición* + *artículo* + *sustantivo*.

   En el trozo de Ortega y Gasset, hay *correlación* entre los cinco elementos:

altos rincones oscuros	➜ *animales imaginarios y excesivos*
vidrios confusos de los ventanales	➜ *grifos*
capiteles	➜ *gárgolas*
claves remotas	➜ *canes monstruosos*
aristas interminables	➜ *aves triangulares*

2. En el primer ejemplo, hay *aliteración*, o repetición de sonidos con predomino *de vocales velares*, y de consonantes nasales y vibrantes que provocan una sensación de oscuridad y tinieblas, e incluso miedo: ***In**fame* ***turb**a de* ***nocturnas*** *aves*. También se da *paralelismo* entre los dos versos: *adjetivo* + *sustantivo* (*Infame - nocturnas*, *turba - aves*); *gerundio* + *adjetivo* (*gimiendo - volando*, *tristes - graves*). En el segundo, la *aliteración* de nasales en ***Un mon**te era de* ***miem**bros* ***em**i**n**e**n**te* contribuye a la finalidad del tema: comparar al cíclope con un monte, exaltar su ser de gigante y su fuerza. Además, existe *hipérbaton* en dos versos: ***Un monte era de miembros eminente*** (= era un monte eminente de miembros), ***de Neptuno hijo fiero*** (= hijo fiero de Neptuno).

3. La rima no se ajusta a ninguno de los cánones estudiados: es libre. Llama la atención el uso constante de epítetos con fines artísticos y ligados al tema principal: la reencarnación del alma en un chopo. Son estos: *esbelto* y *gris*, *leves*, *feliz*, *libre*, *azul*; y con forma de participio: *revestida*, *alado*, *vivo*. Encontramos varias prosopopeyas cuando el poeta atribuye al chopo esbeltez, felicidad, libertad y pureza: *tronco esbelto*, *hijo feliz*, *libre* y *puro* [...] *de juventud y amor*; hay metonimia en *las ramas son verdor alado de algún chopo*, así como metáforas prosopopéyicas: el chopo es *hijo feliz del viento y de la tierra*, además de ser *libre en su mundo azul* (obsérvese la sinestesia en *mundo azul*). Por otra parte, el chopo es comparado con una lira: *puro tal lira*, la cual, a su vez, por ser *de juventud y amor*, constituye otra metáfora. Por último, se observa la antítesis en *vivo sin tiempo*.

4. Predomina la *antítesis*. Es una contraposición continua entre la vida y la muerte de la rosa mediante las oposiciones: *vivo y muerto tu arrebol* y la antítesis con paralelismo (o *paralelismo antitético*): *si aún acabas de nacer / cuando empiezas a morir*, reforzado por *Hace llorar y reír*, y al que se suma la oposición entre la salida del sol y su desaparición: *desde el oriente al ocaso*.
5. *Heliotropismo*: 'movimiento de ciertas plantas por el cual se orientan según la posición del sol'; *biotopo*: 'lugar donde se da la vida'; *hemograma*: 'gráfica sobre la composición de la sangre'; *protozoo*: 'primer organismo vivo'; *cosmovisión*, 'manera de ver el mundo', *telemando*, 'mando a distancia', *fotoalergia*: 'reacción alérgica de la piel a la luz', *democracia*: 'intervención del pueblo en el gobierno'; *hemíptero*: 'insecto de cuatro alas, membranosas, dos anteriores y dos posteriores', *plurivalente*, 'que vale para muchas cosas', *psicofísico*: 'relación entre lo físico y lo mentalsensitivo'; *anfibología*: 'doble sentido que tienen algunas palabras'; *heterodoxo*: 'disconforme con el dogma religioso o con doctrinas admitidas'; *panteísmo*: 'creencia de que Dios está en todas partes del Universo'; *metamorfosis*: 'cambio o transformación'.

   Son **híbridos** *cosmovisión* (de cosmo- y *visión*, del latín *visĭo, -ōnis*) y *telemando*: (de *tele*) = 'a distancia', 'lejos' y *mando*, del español *mandar*.
6. Se observan términos de dos clases: simples (una sola palabra) y de dos palabras (sustantivo y adjetivo). Por orden de aparición, encontramos ***átomos***, ***uranio***, ***neutrones***, ***isótopos***, ***uranio-235***, ***plutonio-239***, ***uranio-233***. ***Era nuclear***, ***baja energía***, ***neutrones lentos***, ***neutrones térmicos***, ***masas atómicas***, ***reacción nuclear***, ***reacción de fisión*** y ***radiación gamma*** constituyen sintagmas y aparecen definidos como tales en los diccionarios científicos.
7. La morfología del texto es muy simple. Lo más destacable son los tecnicismos (o términos científicos que conforman la respuesta 6.), que son signos monosémicos, esto es, cada uno posee un significado *inequívoco*. Sin embargo, aunque no conociésemos su significado, algunos aparecen explicados en el presente texto, que es claro, preciso y comprensible hasta para un profano en la materia. El resto de las palabras (*elementos*, *productos*, *unidades*, *bombardeo*, *fragmentación*, o los verbos *proporcionaron*, *reciben*, *desprenden*, etc.) son compartidas con la lengua general.

   Esto enlaza con la sintaxis, también sencilla, con nueve oraciones simples (cuatro de ellas coordinadas), y alguna compuesta. De estas, las relativas: ... *cuyo resultado es la fragmentación de un átomo en varias unidades menores*... y *El experimento que marcó el comienzo de la era nuclear*... contribuyen al carácter esencial de la Ciencia. Abundan las oraciones subordinadas que expresan circunstancias: la adverbial de tiempo (*... sólo unos cuantos isótopos sufren reacciones de fisión cuando reciben un bombardeo de neutrones*) y otras que encierran consecuencias: *Bombardearon átomos de uranio con neutrones de baja energía* [...] *y encontraron que*...; *La reacción nuclear cuyo resultado es*...; ... *el plutonio-239 y el uranio-233 sufren también reacciones de fisión*; *las reacciones de fisión nuclear desprenden una gran cantidad de energía*; ... *las reacciones de fisión producen neutrones y radiación gamma*...

Llama la atención la enorme cantidad de repeticiones. Las palabras *átomo*, *nuclear*, *isótopo*, *fisión* y *reacciones de fisión* constan 3 veces cada una, y otras tantas la forma verbal *sufren*; *neutrones* (4), *uranio* (5) y *reacción* (8). Tienen el fin de sentar lo expuesto.

8. *A posteriori*, 'después de examinar el asunto de que se trata'; *ab intestato*, (lit. 'por intestado'), 'sin testamento'; *bienes nullius*, 'bienes sin dueño'; *exequátur*, 'ejecútese': es el reconocimiento en un país de las sentencias dictadas por tribunales de otro Estado; *in fraganti*, 'en el mismo momento en que se está cometiendo el delito o realizando una acción censurable'; *in situ*, 'en el lugar'; *maremágnum*, 'muchedumbre confusa de personas o cosas'.

   Son usados en la vida normal: *a posteriori* y *maremágnum*; sólo se emplean en Derecho: *ab intestato*, *bienes nullius* y *exequátur*. *In fraganti* e *in situ* son comunes a los dos.

9. En el léxico, predominan los sustantivos abstractos: *presunción*, *paternidad*, *filiación*, *consentimiento*, *propiedad*, *convención*, tan típicos en materia jurídica; los adjetivos son escasos y aquí van siempre pospuestos (hay que destacar *supérstite*: 'que sobrevive'); los participios de presente latinos: *disponente* y *comodante*. *Comodante*, *comodatario* y *comodato* son palabras exclusivamente jurídicas, que forman una familia semántica; hay dos latinismos: *supérstite* y *abintestato*, 'procedimiento judicial sobre herencia y adjudicación de bienes de quien muere sin testar'.

   La morfología es sencilla. Hay empleo del futuro imperfecto de indicativo con valor imperativo en *sucederán* y del futuro de subjuntivo en *hubiere ordenado*. *Podrá inscribirse* y *haya de pagar* son perífrasis verbales con valor potestativo; *deja de ser*, *debe ser* y *no puede extenderse* son obligativas. Hay dos oraciones impersonales: *Se exceptúan...* y *... no se presume*.

   Sintácticamente, hay tres oraciones condicionales: *No habiendo cónyuge supérstite...*; *... si concurre el consentimiento de ambos*; *si interviene algún emolumento...*, y una concesiva: *Aun faltando la presunción de paternidad*.

10. Sí, falta el verbo en ambas oraciones. Los verbos elididos son *reina* y *se impone*: *<u>Reina el pesimismo</u> sobre la concertación ante el anuncio de otra oferta del Gobierno*; *Ahora <u>se impone</u> un Catálogo de tareas serias*.

11. Hay dos personificaciones de lugares: *Berlín <u>pedirá</u>* y *Casa Mingo <u>seduce</u>*. En la segunda, por medio del sentido figurado, se ensalzan las cualidades culinarias de *Casa Mingo*, especialista en comida y sidra asturianas.

12. Hay dos metáforas: *lidiar* y *miuras*.

13. El **Texto 1** es un artículo de opinión; como no va firmado, se trata del **editorial** de un periódico sobre la importancia del latín y el peligro que conlleva su exclusión de los planes de estudio. Es muy interesante la comparación que se hace con el inglés, idioma de amplio dominio hoy en día, que no por ello entorpece el desarrollo de otras lenguas. Finalmente, ofrece una solución a la desidia por parte de algunos hacia el latín como lengua

muerta, pero que es esencial en el estudio del español, sin la cual nuestra lengua no existiría. Tiene forma argumentativa (Tema 17).

El **Texto 2** es una breve **noticia** sobre unas Jornadas gastronómicas. En ella se nombran algunos restaurantes y unos pocos platos de la inmensa riqueza culinaria de ambas regiones españolas. Tiene forma narrativa (Tema 17).

14. a) Se da la supresión del artículo antes de *emoción*. *Emoción* y *ficción*, vocablos muy próximos en el significante, forman una paronomasia.
    b) Empleo del adjetivo *maravillosas*, que no casa muy bien con *calorías*. *¡Son sólo 145 maravillosas calorías!* es una oración exclamativa.
    c) Es una frase hecha, que sigue el esquema del refrán: *A quien madruga, Dios le ayuda*.
    d) Hay dos oraciones imperativas, con un verbo que se repite: *disfruta*, y una paronomasia en *Disfruta la fruta*. El producto que se quiere vender es un zumo.
    e) El adjetivo posesivo *mi*, al ser de 1.ª persona, provoca cercanía y participación: está hablando el receptor, que se involucra de lleno en lo que se anuncia. Y se recurre a la rima asonante: *bebé-Nestlé*.
    f) En *Bébete la vida* hay metáfora e hipérbole.
    g) Hay elipsis verbal en los dos eslóganes. Se emplea el adjetivo posesivo *tu* de 2.ª persona en ambos sintagmas, que intentan acercar al interlocutor. El mensaje es muy directo. Existe paronomasia en *Tu <u>moda</u> <u>cómoda</u>* y juego verbal en <u>*Tu moda cómoda. Cómodo a tu modo*</u>.
    h) El pronombre personal átono *te* en *ponértelo* indica que el mensaje se construye pensando en la mujer. Existe contraposición en *fácil-difícil*.
    i) Paronomasia.

15. a) dinero y tradición; b) amor; c) salud (adelgazamiento); d) estatus; e) juventud; f) seguridad; g) bienestar; h) libertad; i) solidaridad deportiva.

Soluciones a los ejercicios del Tema 23

1. Un dialecto del latín.
2. Seseo, yeísmo, ceceo, aspiración de -s.
3. Una lengua romance.
4. No. Se da una igualación fonológica.
5. En el siglo XVI.
6. De la monarquía franca.
7. De los reyes de Aragón.
8. De cinco fonemas como el español, /i, e, a, o, u/.
9. Ikastolas.
10. No. Hubo muchos bables sin unificar.

11. Tras la unión de Castilla y Aragón en 1479.
12. Sí. Perteneció al Reino de León y fue repoblada por los leoneses y castellanos.
13. El «panocho».
14. Porque fue poblada por gentes de todas las regiones de España y sirvió de plataforma a las expediciones de portugueses y españoles de América.
15. No.
16. Las lenguas más importantes de América que utilizaron principalmente los misioneros para la evangelización y que extendieron por el continente.
17. Las lenguas generales.
18. El mestizaje.
19. Mezcla de voseo y tuteo: uso de *vos* y persona *tú*.
20. Se trata del empleo de *-n* enclítico.
21. Sí, leonesismos y lusismos.

Soluciones a los ejercicios del Tema 24

1. Nivel sociocultural alto. Registro formal ("La soledad de América Latina", Discurso de aceptación del Premio Nobel 1982. Gabriel García Márquez)

   b) Nivel sociocultural medio o estándar. Registro informal.
2. Porque utiliza estructuras gramaticales y un léxico más sencillos aunque también correctos, por lo que más personas pueden comprenderlo.
3. Al código restringido y al nivel sociocultural bajo.
4. Sí, usaría un registro informal cuando la situación comunicativa así lo precisara, por ejemplo, en reuniones con amigos.
5. En el registro informal o coloquial, que es más frecuente en la lengua hablada, en situaciones relajadas donde el hablante se expresa de manera más natural.
6. Se diferencian en que los niveles se establecen de acuerdo con la formación o preparación del hablante y la calidad de la lengua que usa, mientras que los registros atienden al grado de formalidad de la situación comunicativa.
7. a) Registro formal. b) Registro formal. c) Registro informal. d) Registro formal. e) Registro formal. f) Registro informal. g) Registro informal. h) Registro informal. i) Registro formal.
8. a) Jerga taurina. b) Jerga jurídica.
9. Se refieren a la variación sexual.
10. Para responder a esta pregunta debe tener en cuenta la variación que se puede producir en un hablante de acuerdo con su procedencia, edad, sexo, nivel sociocultural y registros.